復興の〈周縁〉で

山崎真帆
YAMAZAKI Maho

Peripherality & Marginality

〈境界的な被災地〉における東日本大震災のエスノグラフィ

ナカニシヤ出版

目　次

序章

1 はじめに

本書は、筆者が東日本大震災（二〇一一年）の被災地域で実施してきた人文・社会科学的な調査研究の成果をもとに執筆した、災害復興のエスノグラフィである。本書の刊行を通し、眼前あるいは来るべき将来の災害事象に向き合う際に重要となる新たな視座を提示したい。

二〇二四年の元旦に発生し、最大震度七の揺れをもたらした能登半島地震から、本書執筆時点で一年あまりが経過した。避難生活などのなかで亡くなった災害関連死を含め犠牲者が五〇〇人を超えるなど被害は甚大であり、交通アクセスの脆弱さも相まって道路やライフラインの復旧に遅れが目立った。一方そのような厳しい状況下にありながらも、六月には石川県が復旧・復興の基本方針とする「創造的復興プラン」を策定し、復興に向けた議論も始まった。能登半島地震をテーマとする学術的な研究集会等でも、当初の報告が発災メカニズムの解明、被害状況の共有に軸足を置いていたのに対し、今では筆者と同様に人文・社会科学的な立場から避難や復興を主題とした分析、報告、質疑応答も活発化している。

災害は、人間・社会と自然の交わりにおいて生じる。二〇世紀前半まで、災害は人為的な要素の薄い個々の「自然現象」（室井 2006: 11）であり、あくまで一時的な・異常時の出来事であるという捉え方が支配的であった。災害研究の主眼は現象の解明と事前の予測（理学的アプローチ）、災害への対応や制御の手法（工学的・技術的アプローチ）にあって、人文・社会科学における災害は周辺的な研究課題であった。しかしながら、二〇世紀最後の四半世紀に突入した頃より、温暖化や都市化に起因する災害被害の甚大化を背景に、自然と対峙する人間の技術や社会、文化といったさまざまな社会的要素が絡んだ「社会的」現象としての災害認識が浸透し、人文・社会科学的な災害研究が活発化した（Hoffman and Oliver-Smith eds. 2002=2006）。こんにち、頻発化、大規模化の一途をたどる災害は地球社会が抱えるグローバルな共通課題として捉えられている[1]。人文・社会科学的な災害研究の必要性はますます高まっているといえよう。

災害の頻発化、大規模化の傾向は日本においても指摘されている。環太平洋地震帯に立地し、豪雨や豪雪が発生しやすい気候帯に属する日本は、世界有数の災害大国である。平成の時代は続けざまに大規模災害（一九九五年の阪神・淡路大震災、二〇一一年の東日本大震災、二〇一六年の熊本地震、二〇一八年の西日本豪雨など）に見舞われ、「災害の時代」とも表現された。一方で第2章でも触れるように、皮肉にも日本社会における人文・社会科学的な災害研究が体系化され、飛躍的に発展したのもこの期間であった。たとえば、本書の主題である「復興」という概念の整理がなされたのも、平成中期の二〇〇〇年代後半である。

残念ながら、令和の時代に至っても大規模災害が相次いでいる。冒頭でも触れたように、二〇二四年一月に発生した能登半島地震は、東日本大震災と同様にもとより過疎化が進行していた地域に甚大な被害をもたらした。さらに、身近に迫る大災害の脅威も、近年の日本社会を取り巻く雰囲気を特徴づける。二〇二四年八月に巨大地震を警戒する南海トラフ地震臨時情報が発せられたことは記憶に新しい。

また、近年目立つのが短い期間に同じ地域や人びとが繰り返し被災する事例である。一つの災害からの復興が完了する間もなく次の災害に見舞われる状況は「多重被災」などと呼ばれ、度重なる被災により再建に向けた気持ちをそがれるなど、特有の困難な状況が注目され始めている。たとえば、二〇二一年二月に震度六強の地震に見舞われた福島県と宮城県の一部地域は、翌二〇二二年三月にも再び震度六強の揺れに襲われた。佐賀県武雄市は、二〇一九年と二〇二一年、豪雨の影響で広範囲が浸水している。

能登半島は二〇〇七年にも大規模な地震被害を受けたことに加え、半島北部は二、三年前から群発地震に見舞われており、多重被災を受けた地域であるとも捉えられる。筆者が知人研究者の協力を得て二〇二四年八月に行った石川県輪島市におけるインタビュー調査でも、市職員の男性が二〇〇七年の地震の際は「復旧できるイメージ」があったというが、今般の地震については「復旧・復興のイメージができない、〈被災家屋の公費解体後は〉更地で終わってしまうのではないか」と不安を吐露していた。その後、同年九月に能登半島北部を今度は豪雨災害が襲った。能登半島地震後に整備された仮設住宅八〇〇戸あまりで浸水被害が生じ、生活再建の停滞が懸念される事態となっている。

このような状況下で支持を得ているのが、近い将来における厄災の回帰を前提に、今日を〈災後〉ではなく〈災間〉の時代として捉えようとする立場（仁平 2012）である。カタストロフィックな巨大災害の「間」かつ災

（1）　国連国際防災戦略（ＵＮＩＳＤＲ）の報告によると、一九九八〜二〇一七年における世界全体の自然災害での死者数は一三〇万人である。経済損失額は二兆九〇八〇米ドル、年平均発生件数は三二九件で、前の二〇年に比べて約二倍（一兆三一三〇億米ドル、一六五件）となっている。（UNISDR 2018）。この間に生じた大規模災害には、スマトラ沖地震津波（二〇〇四年）、ハリケーン・カトリーナ（二〇〇五年）、四川地震（二〇〇八年）、ハイチ地震（二〇一〇年）、東日本大震災（二〇一一年）などがある。

害が絶え「間」なく生じる〈災間〉の時代において求められるのは、過去の災害復興を多角的に捉え、厄災が繰り返すなかでも持続可能であるような、しなやかな地域社会の構築へとつなげていく手がかりを探ろうとする営みである。

本書はこうした思いのもとに書き進めた災害復興のエスノグラフィであり、東日本大震災（二〇一一年）からの復興に照準する。被災地域における筆者の復興支援活動と、その後始めた地続きの文化人類学的フィールドワークのなかで収集したデータに基づき、生きられた復興過程を描出する。そうした作業を通し、災害復興という現象を再考し、復興をめぐる学術的な議論、そして復興の現場における実践に対して新たな視点を提示することを目的とする。

2　問題の所在

「災害の時代」を象徴する東日本大震災は、政治、経済、生活といった日本社会のさまざまな側面に大きな影響を与えた巨大災害であった。二〇一一年三月一一日に発生した日本観測史上最大規模の地震は巨大津波をともない、東北地方を中心とする東日本沿岸部に甚大な被害を与えた。地震と津波、およびその後の余震により引き起こされた震災の名称が「東日本大震災」である。被災エリアが東北地方から関東地方まで及んだこと、地震・津波・原子力災害・火災など災害が多岐にわたったことから、「広範性」「複合性」がその特徴とされる[2]。発災当初に政府が定めた東日本大震災からの復興期間はすでに終わり（二〇二〇年度末）を迎えたが、なお、約二・九万人もの人びとが、全国四七都道府県八二九市区町村で避難生活を送っている状態である（二〇二四年八月現在）[3]。

発災後、災害の分野に参入する研究者の数や研究業績は急速に増加した。特に、どのように地域を再建するか、復興フェーズに社会的な注目が集まり、多くの研究成果が世に送られた。東日本大震災から一四年が経過したこんにち、震災を主題とする論文・書籍の刊行は一時期に比べ落ち着きつつあるものの、第1章にて取り上げるように、これまでとは異なる位相から震災を語り直そうとする試みについては、むしろ勢いづいているように思える。

本書もこうした近年の研究潮流と軌を一にするものであり、従来研究の多くが「被災コミュニティ」「被災者」に向き合うのに対し、①津波浸水地域に隣接する地域（以下、津波浸水隣接地域）とそこに暮らす人びと、②津波被災自治体に隣接する自治体（以下、津波被災隣接自治体）とそこに暮らす人びとに目を向けて、津波被災自治体の復興を捉え返すことを特徴とする。本節では、①②それぞれについて、本書における対象地域の事例に基づき説明したい。

（2）　第3章であらためて述べるように、東日本大震災復興対策本部による「東日本大震災からの復興の基本方針」（二〇一一年七月決定、八月に改訂）において、復興期間は一〇年（二〇一一～二〇二〇年度、前半五年が「集中復興期間」、後半五年が「復興・創生期間」）と設定された。復興を円滑に遂行するために設置された復興庁の設置期限についても二〇二〇年度末とされ、一〇年という期間は行政的な復興の節目となった。しかしながら、一〇年間で展開した総額三〇兆円超の復興事業により、地震・津波被災地域ではハード事業がおおむね完了し、総仕上げの段階に入ったのに対し、原子力災害被災地域では一〇年を経てもなお本格的な復興に着手したばかりの自治体もみられた。こうした状況を踏まえ、政府は法改正を経て復興庁の設置期限を二〇三〇年度末まで一〇年延長し、二〇二一年度から二〇二五年度までの五年間を新たな復興期間として「第二期復興・創生期間」と位置づけた。「第二期復興・創生期間」では、一・六兆円程度の事業規模で地震・津波被災地域における心のケア等の被災者支援、原子力災害被災地域における本格的な復興・再生が取り組まれている。「第二期」の設定により、当初の「復興・創生期間」を「第一期復興・創生期間」と表記する行政資料もみられるが、発災から一〇年を射程とする本書では、従来の表現を使用することとした。

（3）　復興庁「全国の避難者数」二〇二四年、復興庁のウェブサイト（https://www.reconstruction.go.jp/topics/main-cat2/sub-cat2-6/904/20240906hinansyatyouas.pdf 二〇二四年九月一七日最終閲覧）。

津波浸水隣接地域における語り

災害の被災地において被災からしばらくして展開されるのが、一般的に復興と呼ばれる回復過程である。日本では行政、とりわけ被災した基礎自治体がその主要な担い手となり（第2章）、被災自治体の復興状況は社会的・学術的な関心を集める。

本書が対象とするのは、宮城県北東の沿岸部に位置し、東日本大震災により沿岸部が甚大な津波被災を受けた本吉郡南三陸町（図0-1）である。同町は震災報道を機に知名度が急上昇し、「象徴的な被災地」（松山 2013）として全国的に知られるようになった。

> 本当にありがたいね。全国からこんなにご支援いただいて。だけど、与えられたものを食べて、与えられたものを着て生きていくだけなら私らは家畜と変わらない。私らはそろそろ被災者から復興者にならないといけない。でも復興までかかる時間は大体一〇年。（内尾 2018: 110、二〇一三年九月三日の語りより抜粋、傍点筆者）

右記の語りは、南三陸町における震災復興のエスノグラフィ『復興と尊厳――震災後を生きる南三陸町の軌跡』（内尾 2018）に収録された、同町の津波被災者である佐藤清太郎氏の語りの抜粋である。佐藤氏は、著者の内尾太一によるインタビュー調査に応じた二〇一三年当時、隣接する登米《とめ》市に建設された南三陸町の仮設住宅団地において、自治会の会長職にあった。最大時約一〇〇〇人を数えた入居者の行く末を案じていた彼にとって、復興はまさに眼前につきつけられた「私ら」の課題である。傍点を付けた「復興者」という言葉には、復興に主体的に取り組んでいこうとする、佐藤氏の強い思いが込められていよう。

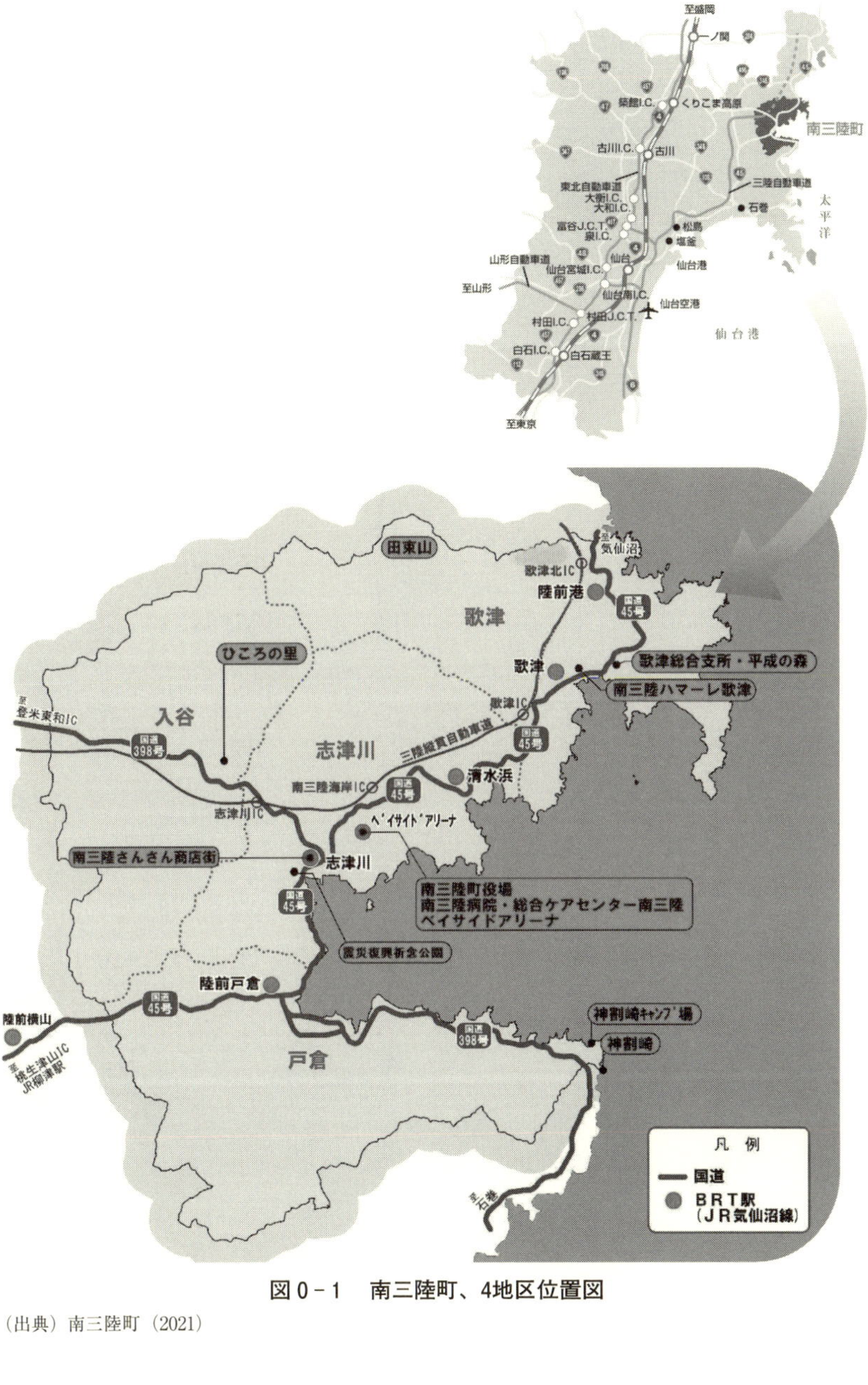

図０－１　南三陸町、4地区位置図

（出典）南三陸町（2021）

一方で同じ町には、復興について左記のように語るA氏のような住民もいる。

町が復興のためにっていうことで沿岸部の人たちを主体に、今、一生懸命復興事業をやってる。そうすると、やっぱり、年数がたつにしたがって、山手のほうとか、〔自宅が〕被害にあわない方々が、俺たちは置き去りにされているっていう思いを感じていると思うね。〔……〕町の、なんていうのか、〔復興の〕仕事の枠の中からはみ出されているっていうようなかんじがするのね。（二〇一九年六月二一日）

傍点を付けた一文目に注目すると、佐藤氏とは対照的に、町における復興の主体は「俺たち」ではなく、「沿岸部の人たち」と表現されている。A氏は発災当時、町内入谷《いりや》地区（図0-1）において行政区長会の役員をつとめていた。山あいに位置する同地区は、津波被災自治体である南三陸町において津波による住家への浸水被害をほぼ免れている。

災害は空間的な広がりをもち、衝撃を全面的に受ける地域もあれば、影響が少ない地域もある（Wallace 1956: 3; Raphael 1986=1989: 22）。自治体という単位でみても、一帯に均質な被害がもたらされることはなく、被災状況は個々の地域や住民によってさまざまである。本文中でも述べるように、東日本大震災では津波被災の状況について、「壊滅」という表現が頻繁に用いられた。しかしながら、津波が届かなかった地域の住家や産業用施設、公共施設ではライフライン以外の被害は相対的に少なく、「壊滅」という表現が妥当しないことも冷静にみておく必要がある[4]（岡田 2012: 13）。

南三陸町においても、住家の罹災率は六〇・九パーセントであり（南三陸町 2024: 43）、A氏と同様に自宅の流出や浸水被害を免れた住民も多い。東日本大震災による被災地域では、こうした直接的な津波被災を受けていない住家が小規模な避難所となり、津波により住家を流失した近隣住民や親戚などを受け入れていたことが明らかになっている（大矢根 2015b）。第6章で取り上げるように、入谷地区も公設の指定避難所や民間の住宅に多くの避難者を受け入れた。自らも自宅に避難者を受け入れた入谷地区のB氏は、当時の「どっちつかず」の状況について以下のように語った。

私たちは〔被災者支援は〕ないんですよ。被災者じゃないから。ある意味被災者と同じような位置にいても、うちがあったりするから。（二〇一六年八月二四日）

災害はそれぞれの集団や個人によって異なって体験され、一つの事象・過程に対して複数の解釈が生み出されるものである（Hoffman and Oliver-Smith eds. 2002=2006: 31）。右記のような研究結果やA氏、B氏の語りから、東日本大震災の津波被災自治体の住民において、住家への津波被害（より具体的には流出）の有無により、被災から復興までの過程の経験、復興の解釈や表象のあり方が大きく異なること、すなわち多様な被災・復興経験が存在することが推測できる。

しかしながら、メディアや研究者の手を通し社会に流通するのは、定型化された震災の物語である（標葉編 2021）。東日本大震災からの復興の文脈でいえば、南三陸町のような津波被災自治体における「震災」「復興」が

（4）　南三陸町と同じく代表的な津波被災自治体として頻繁にメディア、研究者らに取り上げられる宮城県気仙沼市についても、同市の「震災復興計画」（二〇一一年一〇月策定）をみると、総面積に占める浸水面積の割合は五・六パーセント、被災世帯の割合は三五・七パーセントであり、直接的な津波被害を免れた住家・住民の割合のほうが大きいことがわかる。

調査研究、メディアによって取りざたされるなかで、その主要な対象となったのは、佐藤清太郎氏のような直接的な人的・物的津波被害を受けた人びとの経験であり、語りであった。こうした関心の偏在のなかで、直接的な津波被害を免れ、自宅に津波被災者を受け入れた人びとの姿は後景に退いてきた。(5) 彼らは津波被災自治体における復興過程を、どのように経験してきたのだろうか。

津波被災隣接自治体における語り

さらに、同町の復興について従来とは異なる観点から語り直すにあたっては、佐藤氏らが暮らした仮設住宅の立地自治体である登米市（図0-2）に目を向けることも重要となろう。

一般に、被災自治体は自治体内において避難者に対応しようと試みる（第3章第2節参照）が、関東大震災や阪神・淡路大震災、三宅島の噴火災害等、過去の多くの大災害において、自治体外への避難は行われてきた。東日本大震災の被災地域においても、被害の甚大さや原子力災害による影響等から、自治体外、県外、さらには国外といった遠隔地への広域避難が実施された。避難先自治体への移住を選択した避難者も多い。本書では、被災を契機とした自治体間の行政界を越える避難や移住行為について、〈越境〉と表現したい。

公的機関の役割が大きい日本社会では、災害復興という局面においても自治体単位で展開される復興事業が軸となるため、避難者の〈越境〉をめぐっては、避難元自治体が避難者の所在地の把握に苦慮する一方で、避難先自治体は住民票を「残して」きた避難者への対応に頭を悩ませるなど、さまざまな問題が生じる。すなわち、〈越境〉は自治体単位の災害復興の枠組みから（前述のA氏の言葉を借りれば）はみ出す行為であるといえる。次章以降であらためて取り上げるが、東日本大震災後の社会において、〈越境〉者たちは既定路線として推進された行政主導の復興政策から半ば排除されるかたちとなった。

図０－２　南三陸町、登米市位置図

（出典）「白地図ぬりぬり」を利用し筆者作成

国内の災害研究においては、阪神・淡路大震災以来、〈越境〉者の生活再建過程が対象となってきた。一方で東日本大震災発災後は、彼らの〈越境〉先であり、受け入れ側・支援側である人びとや団体に焦点化する研究も進められた。一例として、原発避難者最大の受け入れ先であるいわき市民における被災者受け入れへの認識に着目し、両者の間に生じた軋轢について論じたいわき明星大学（現医療創生大学）の研究グループの調査（たとえば菊池・高木 2015）がある。また、新潟大学の松井克浩は、新潟県内の各市町村が予想外の事態に戸惑いながらも、被災経験を活かして原発避難者に対する最大限の支援を行ったことを報告している（松井 2011）。さらに、避難側・受け入れ側を包括す

（5）　たとえば、朝日新聞が「東北の被災地に生きる人々の声」として定期的に掲載してきた「今伝えたい「千人の声」」シリーズでは、二〇一九年一二月までに延べ四八名の南三陸町民の「声」を取り上げているが、そのうち自宅や商店、事業所、船などの流出体験について語っていないのは五名のみである。同シリーズは継続取材のスタイルをとっており、読者は、蓄積された「声」をたどり、津波被災地における復興事業の進捗や、津波被災者の復興の歩みを追うことができる。しかしながら、山あいの地域の様子や、A氏のような、発災以前からそうした地域に暮らす町民の姿を、「声」のなかに見出すことはできないだろう。また、南三陸町の「復興」に焦点をあわせた既存研究についても、本書で言及しただけで内尾（2018）、関・松永（2014）、本間（2016）などがあるが、やはり焦点となるのは直接的な津波被害を受けた地域社会、人びとである。

る視点から原子力災害による避難をめぐって生じたさまざまな問題・葛藤・軋轢について論じたもの（山下・開沼編著 2012）もあり、〈越境〉という現象・実践が多面的に論じられている。

しかしながら、こうした受け入れ側の動向は避難者支援の文脈で論じられることが多く、また、対象となるのはたいていが原子力災害にともなう広域避難のケースである。一方本書では、南三陸町西部と広く隣接する登米市に着目し、津波被災自治体から隣接自治体への〈越境〉について、避難者支援の文脈に加え、復興の文脈においても論じていく。

宮城県北東部の内陸に位置する登米市は、発災後、南三陸町が設置した全二一九五戸のプレハブ仮設住宅のうち四八六戸が建設されるなど、同町の津波被災者における最大の避難先となった。発災後に同市への移住を選択した同町出身者も、二〇一五年度までの約五年間で一五〇〇人を超えた（第7章参照）。

いやあ、〔地震で〕家潰れてしまったやあって〔いっても〕、何、津波よりいいんでねえって、そんな程度だよ。他人のことなんて。実際その立場になるとさ、そんなもんだなって思うよ……だからどうだっていうこともないいんだけど。ただ内陸部の被災者は、遠慮があったのは確か。（二〇一九年六月二五日）

右は二〇一一年の地震により自宅が全壊した登米市民C氏の発言であり、南三陸町の復興過程において、多くの町民が両自治体の行政界を越え行き来するなかで発出されたものである。登米市も先の地震で甚大な被害を受けたが、津波被害と福島第一原子力発電所事故の衝撃のなかでその被害は注目されず、「登米市はB級被災地だから」といった自虐的な表現が聞かれた(6)。

本書では、このC氏や前出のA氏、B氏のような語りが聞かれる地域、すなわち東日本大震災からの津波被災自治体の復興を論じるにあたって見落とされがちな、住家へ直接的な津波被害を受けず、津波被災者の避難・移住を受け入れた自治体内外の地域に着目する。

彼らの語りを分析する際は、先に引用した発言「ある意味被災者と同じような位置にいても、うちがあったりするから被災者じゃない」を手掛かりに、境界概念を導入する。被災／非‐被災の「どっちつかず」の状況を〈境界的な被災〉として概念化し、右記のような地域を〈境界的な被災地〉（被災地でありながら被災地でないような、どっちつかずの地域）と位置づける。そしてそこに住まう人びとの語りから、津波被災自治体として全国的に知られた南三陸町の復興過程を描き直し、災害、復興という現象の多元的な広がりを捉えることを企図する。

結論を先取りすれば、本書では〈境界的な被災地〉における語りを引き出し、そこに暮らす人びとが自らのポジショナリティに苦悩して災害体験について語ることを躊躇するさま、復興をめぐる〈当事者〉性に逡巡しつつも結果的に復興に深く関与するさまが描かれ、復興の当事者をめぐる議論を発展させることが目指される。すでに述べたように、〈災間〉を生きる我々は、目前に迫る次なる巨大災害、絶え間のない災害への対応を迫られるが、宮本匠らによれば、災害の頻発化・大規模化のなかで経験豊富な外部支援者はそれぞれの被災地に分散してしまうことが予想される。阪神・淡路大震災以降の日本社会において、外部支援者が被災地に常駐し、外部支援のネットワークの結節点となって外部の支援を被災地につなげながら支援を展開するスキームが構築されてきたが、〈災間〉の時代においてはこうした前提をもった災害対応が機能するとはかぎらない。また、人口減少にともなって行政機能も縮小するなかで、「被災住民自身による災害対応の比重が自然と増していく」と考えられる

(6)　宮地尚子によれば、「B級被災地」という表現は、東日本大震災により影響を受けた茨城県の被災者からも聞かれたという（宮地 2011: 51）。この表現の含意については、第8章で検討していきたい。

（宮本ほか 2023）。こうした状況下で、被災地における復興への関わり方の複数性に着目する本書は、災害事象に向き合う新たな社会的態度の醸成に寄与するものとして位置づけられる。

3　筆者自身のポジショナリティ

前節で示した問題意識は、筆者が東日本大震災発生後の社会のうねりに巻き込まれ、偶然獲得した固有のポジショナリティにおいて、災害、そしてそこからの復興という現象の広がり、そして複雑さを肌で感じるなかで形成されたものであった。本節では、筆者自身のポジショナリティについて明記することで、次章以降の議論への橋渡しとしたい。

次章で取り上げる『メディアとサバルタニティ』は本書にとって特に重要な先行研究の一つであるが、著者の坂田邦子は同書の冒頭で「私は、私自身が持つ〈当事者性〉に対して自覚的でありたい」（坂田 2022: 38）と、仙台市の内陸部で被災した彼女自身の「中途半端な立ち位置あるいは自己認識」について言及している。それは「この場所からしか記述・説明・分析できないことに対して、自覚的でありたいと考えている」ためであり、また、「一方でそれ自体をつまびらかに記述しながら、他方でそれを客観的に分析するという作業を同時に行なう」ためでもある。

次章では、災後の社会における「語る権利（資格）」や「〈当事者〉性」をめぐる近年の主要な先行研究を吟味することで、本書が〈境界的な被災地〉における語りに注目する意義を示す。結論からいえば以下に記述するような南三陸町、登米市における筆者自身の経験は、本来であれば「語る権利（資格）」を得にくかったのかもしれない人びとの語りをすくい上げる回路となったと考えている。また第8章で触れるように、筆者の経験はそれ自体が〈境界的な被災〉によってもたらされる混淆性と創造性を実証することともなった。固有のポジショナリティにおいて見出した研究課題に対し客観的な分析を行うためにも、筆者自身が対象地域にどのように関わってきたのか、また〈境界的な被災〉という切り口の着想をどのように得たのかについて、ここで明記しておきたい。

二〇一一年三月一一日、東京都に所在する大学の二年生だった筆者は、東京の自宅で震度五弱の揺れに見舞われた。幸いなことに物的な被害は自宅の外壁が損傷する程度であったが、授業の開始時期が二週間ほど後ろ倒しとなるなど生活への影響はそれなりに大きかったといえる。体育館が大きく損傷したために当時所属していたバドミントン部の活動再開時期も見通せないなか、自宅にこもり連日報道される津波や原発事故の映像にくぎ付けとなっていた日々を覚えている。

授業が始まり三年生から始まる専門ゼミ（演習）へと配属された筆者は、担当教員の指導のもと、ゼミの同級生たちとともに発災後の社会における異様な雰囲気に自分たちなりの言葉をあてがおうと議論を重ねていった。そのなかで「被災地を自分の目で見なくては」というある種の使命感にも似た思いが大きくなり、五月末からは被災物（がれき）撤去や被災家屋の清掃などに従事する災害ボランティアとして、宮城県・福島県沿岸部の津波被災地域に足を運ぶようになった。その後、自分の力を活かせるような支援活動をと考え、当時津波被災地域における支援活動を主たる事業としていた特定非営利活動法人（以下、NPO法人）「人間の安全保障」フォーラムのスタッフとして、二〇一三年六月から二〇一五年三月までの二二か月間、被災した子供たちを対象とした学習支援活動に従事することとなった。

右記の期間、筆者は、登米市（二〇一三年六月から二〇一四年一一月）や南三陸町（二〇一四年一一月から二〇一五年三月）に生活拠点を置き、両自治体のほか、近隣の気仙沼市、石巻市の仮設住宅において津波被災者を主たる対象とした復興支援事業に従事していた。活動は週四日行っており、活動のない残りの三日については、登米市内の農家で手伝いをしたり、スポーツクラブに入会したりして、主に登米市民との交流を楽しむ日々であった。そのような生活のなかで、筆者は、支援活動の会場であり、学習支援の「教え子」たちが暮らしていた団地も含め、登米市内の仮設住宅はすべて、南三陸町からの避難者を対象としたものであることを知り、前述の南三陸町・登米市間の避難者の〈越境〉がもたらす影響について、次第に意識するようになった。

加えて、登米市民と交流するなかでは、同市自体も先の地震で震度六強の強い揺れに見舞われ二〇〇〇棟を超える建物が全半壊するなどの被害を受けていること、しかしながら津波被害と原子力発電所事故の衝撃の陰でその被害は注目されなかったこと、また、発災後の登米市は「被災地」として扱われるかわりに、沿岸部の津波被災地支援の前線基地となり、自衛隊や消防、警察に多くの土地を提供したことが折に触れて語られた。筆者から登米市の人びとに震災時の経験について尋ねたこともあったが、「待ってました」とばかりに饒舌になる方が多かったこと、細かい部分について繰り返し問い質すようなことがあっても、辛抱強く受け答えをしてくださる方が多かったことが印象的であった。そのようなやり取りのなかで耳にしたのが、前掲の「登米市はＢ級被災地だから」という自虐的な表現である。こうした経験を通し、筆者は、被災地でありながら被災地でないような、どっちつかずの地域に身を置いていること、そしてこうした地域に暮らす人びとの災害経験が津波被災者のものとは大きく異なるであろうことを意識するようになった。[7]

どの時点から支援活動という実務上の関心のなかに学術的な関心が育ち始めたのかについては定かではないが、二〇一四年の夏に活動記として執筆した原稿（山﨑 2014、左記はその一部を抜粋したものである）には、支援活動のなかで相対した課題に対して学術的にも向き合おうとする姿勢が示されている。ここから、筆者にとって支援活動と調査研究活動が不可分であったことがうかがえる。

もちろん津波による沿岸部の被害は甚大であり、登米市の被害はそれに比べれば小さかったかもしれない。しかし、被害の大きさによって「被災地」に事実上の線引きがなされたことは、（無意識的にせよ）「支援活動の拠点」に住む人々の「被災者」への感情に何らかの影響を与えたのではないだろうか。

二〇一五年四月の大学院進学後、本格的な学術調査に従事するようになってからは、調査者として南三陸町や登米市に出入りするようになった。ただし、インタビュー調査や参与観察を行う際に右記のような筆者自身の経験について（かなり時間はかかるが）毎回説明するようにした。調査依頼時には「復興の研究をしているのになぜ自分に話を聞くのか」と訝しげに問うてきた協力者が、右記の説明を経ると途端に饒舌になった体験を重ねたため、アイスブレイクを兼ねた自己紹介として定着したのである。また、第7章で言及するように、二〇一九年に実施した長期的なフィールドワークにおいては、それまでとは別のかたちで支援者という立場にも復帰し、災害・復興の支援者、調査者、地域活動の支援者という、対象地域における筆者の多面的なポジショナリティが形成されたのであった。

なお、筆者を支援活動へといざなった「被災地を自分の目で見なくては」という思いについては、発災から一〇年を経てもなお「なぜそのような思いをもったのか」を説明することができなかった。「自分の目で」がまとうエゴイスティックな響きを恥じていたこともあり、支援活動に参入した動機について問われた際はしかたなく、「若い自分には何かできることがあるはずだと使命感にかられた」という後付けのストーリーを語ってきた。しかしながら発災からおよそ一二年がたった頃に手に取った『メディアとサバルタニティ』の記述から、手掛かり

（7）　第7章でも触れるように、同市の最大震度については、震度七であるとみる向きもある。

が得られたように思う。

坂田は、「自分たちが被災地の〈外〉の存在であることを強く意識」(坂田 2022: 241)し、語ることを躊躇していた大学生たちが、実際に被災の現場に身を置いてそのリアリティを確認し、当事者と直接対話をしたこと、すなわちメディアによる二次情報ではなく、一次情報に接したことで、自らを「語るべき」主体として位置づけ直した経緯について紹介している。彼らは、現場のリアリティに直接触れることで、被災地を遠くから眺める悩める「他者」から、「語ることへの許可」を得て自ら語り、伝える主体へとポジショナリティを変化させていった(坂田 2022)。

筆者自身が被災地支援へと身を投じたことも、「語ることへの許可」を求めた行動だったのではないか。震災から一三年以上が経過した頃より、筆者は発災後の自らの経験に対して新たな物語を語るようになり、本書の出版準備に着手したのであった。

4 本書の構成

本章で述べてきた問題設定に基づき、本書は以下のように構成される。

第1章では、本章で示した本書の課題に取り組むにあたってのアプローチと分析視角、調査・研究の手法について説明する。特に、「語る権利(資格)」を切り口とした災害・復興の「当事者」をめぐる近年の議論を整理し、本書の意義を確認する。なお、第2節第1項の記述は、既刊論考(山﨑 2021)に依拠している。

続く第2章では、第1章の議論に目配りしつつ、日本社会における復興をめぐる議論と復興実践に焦点を当て、国内の災害研究における近年の復興パラダイムを確認する。また、復興概念に対する本書の視座を示す。

第3章以降は、具体的な事例から本書の課題に迫っていく。まず第3章では、第4章からの主題である南三陸町の復興が埋め込まれているマクロな文脈を浮き彫りにするため、日本社会における基本的な復興のスタイルであり、基礎自治体が一義的な主体となる「既定（の）復興」様式において展開されてきた東日本大震災からの復興を、自治体の視点から描出する。

そして第4章から第7章にかけては、東日本大震災による津波被災自治体である南三陸町という行政空間の周縁・外部から、同町の復興過程を照射していく。

まず第4章では、地勢・気象といった環境や成り立ち（歴史）、地域間の〈差異〉とつながり、災害、暮らしといった観点から、震災前夜の南三陸町を多角的に捉える。なお、第4章の記述は筆者の修士論文（山﨑 2017）第3章を大幅に書き直したものである。

次に第5章では、第3章の議論を踏まえ、ハード中心のまちづくり、人口減少、資源循環型社会としてのブランディング、交流・関係人口といった観点に着目し、行政の視点から、南三陸町における復興過程の実相を描出する。

第6章では、聞き取った地区住民の語りに基づき、第4章で明らかにした南三陸町をめぐる固有の社会・文化的脈絡を前提に、直接的な津波被害を免れた町内入谷地区の視点から、前章で整理した町の復興過程を捉え直す。本章は、既刊論文（山﨑 2020a）の一部が基礎となっている。

第7章では、南三陸町の避難者の主たる〈越境〉先であった登米市の視点から、同町の復興過程への同市住民の関与のあり方について、前章と同様に住民の語りを軸に記述する。

最後に第8章では、本書の総括的な考察を行う。特に第1節においては対象地域におけるローカルな脈絡に南三陸町の復興過程を位置づけること、第2節においては〈境界的な被災地〉に特有の「〈当事者〉になりにくい構造」を検討すること、第3節においては境界概念を導入し、〈境界的な被災〉概念を提示した背景について説明したうえで、対象地域にみられた復興への関与のあり方を、〈境界的な被災〉に付随する混淆性の観点から吟味することが課題となる。なお、第2節の記述は、二編の既刊論文（山﨑 2020a, 2020b）の一部を軸に大幅な加筆修正を行ったものである。

終章では、本書の成果を整理し、復興の当事者をめぐる議論との接続をはかったうえで、本書の課題に加え、今後の展望について明示する。

第1章　本書のアプローチ

1　課題へのアプローチ――災害・復興の〈当事者〉は誰か？

（1）「語らない」被災者

災後の「語り」と「語られるかもしれないこと」

本章では、序章で設定した本書の課題に取り組むにあたってのアプローチと分析視角、そして本書を執筆するにあたって用いた調査・研究の手法について説明する。本節では、「語る権利（資格）」を切り口とした災害・復興の「当事者」をめぐる近年の議論から、どっちつかずの〈境界的な被災地〉における語りに着目する本書の意義を示す。

「語り（narrative／ナラティブ）」は、近年の人文・社会科学において、分野を問わず注目を集めている。「語り」は、人が自己の経験を他者に説明する際に、複数の出来事をつなげて、意味づけ、説明するという語り手と聞き手の相互行為の文脈において行われる自己の物語のプロセス（森岡 2015: 3-14）であり、「語り」に注目する研究手法は、構造の要素に還元され論じられてきた個人に照準する（桜井 2002: 14）。「語り」の研究分野においては、「ドミナント・ストーリー」をめぐる問題が繰り返し議論されてきた。日本でライフストーリー論をけん引してきた桜井厚は、ドミナント・ストーリーあるいはマスター・ナラティブを「全体社会の支配的言説（支配的文化）」であり「社会的規範やイデオロギーを具現する語り」（桜井 2002: 36）と位置づけている。

本章、第2章で取り上げるように、人文・社会科学的な災害研究の分野では、災害を引き起こしたり、拡大させたりする社会的な構造や、その後の復興過程に注目する研究が蓄積されてきた。並行して、ミクロなレベルにおける人びとの日々の生活や実践、あるいは「語り」に注目する研究群もまた、積み重ねられてきた（標葉編 2021: 12）。被災者へのインタビューによって「語り」を集めるオーラル・ヒストリー、またその一環として「語り」を被災者自らが物語り、伝達するストーリー・テリング（storytelling、日本では「語り部」活動等と呼ばれている）などが注目を集めてきた（菅 2021: 114）。

定型化された物語が社会に定着することについては、渥美公秀が「ドミナントストーリーの増殖」と表現したように、災害研究の立場からも警鐘を鳴らす向きがある（渥美 2004）。また、矢守克也は、被災体験に関するドミナント・ストーリーとして、「喪失・悔恨の語り」「苦闘・悲嘆の語り」「美談・献身の語り」「教訓・備えの語り」を挙げる。そして、「政治・経済的な、あるいは社会・文化的な資源の分布や権力関係に影響されて、私たちが出来事について語るときに依拠するフレームワークが特定のものに偏向したり、出来事の当事者が必ずしも望まないフレームワークが第三者によって公然とあるいは暗黙のうちに強制されたり」することによって、それらの「～の語り」が出来事の多様性を縮減し、「何かを抑圧している」可能性について示唆している（矢守 2018: 97–99）。

東日本大震災の発災から一〇年を迎えた頃より、矢守により提起された「何か」、すなわち「災害に関する語り」に共通して欠落している要素（矢守 2018: 99）をめぐる議論が深められていく。[1]二〇二一年、標葉隆馬らは災禍（自然災害がもたらす災い）をめぐる「語り」としての「語られること」と、「語られないこと」の間にある、「語られるかもしれないこと」に注目するアプローチを提示した（標葉編 2021）。標葉によれば、「語られるかもしれないこと」とは災禍をめぐる記述の形成・「語り」の蓄積において捨象されてしまう「リアリティ」[2]である。標葉は、被災者の多様な生、そのなかで刻一刻と変化する「リアリティ」の多くが引き出されないまま「語られるかもしれないこと」に留め置かれる背景として、以下三点の課題に言及している。

一点目は、メディアの関心の偏りによる物語の固定化である。メディアの関心に沿って切り取られたごく一部の「リアリティ」が「記録」として流通し、定型化された「物語」として消費される。そうした「物語」は社会的関心を方向づけるため、それ以外の多くの被災をめぐるリアリティが捨象されてしまいかねない。二点目は、研究者や記者ら記述者のフレーミングによる「語り」の捨象とその権力構造である。記述者の関心に沿って多くの「語られるかもしれないこと」が捨象された「記述」は限定的である一方で、公式のものとしての性格を帯びる。

そして三点目は、災禍の当事者をめぐる「語りにくさの構造」を背景とした、「語られないこと」の多さである。「語りにくさの構造」は、「もっとつらい目にあっている人がいる」といった主観的／客観的比較や外部者ら

（1）矢守自身は、その「何か」の一つとして、災害という出来事が起こる「前」の被災者の生活世界に関する語り（「Days-Before」の語り）を挙げている（矢守 2018: 100）。

（2）災禍に際しては、その災禍の実態を把握するための重要な手がかりとして、「死者〇〇人」のような被害・影響の規模を示す表現が流布する。本書でも東日本大震災の実態を記述する際にこうした表現を用いている。しかしながら、こうした数字（記録）が残されていくなかで、その背景にあるはずの一人ひとりの生活、災禍をめぐる無数の経験・感情・思考とそれらの変化（標葉らは、その総体を「リアリティ」と呼ぶ）は切り落とされてしまう（標葉編 2021: 2）。

による「語りの制限」、定型化された物語の流布、人災であれば加害／被害のあいまいさなどをめぐって形づくられる。加えて、時として「語ることができる」物語も、定型的な物語の型にはめ込んだかたちで構築されていく。標葉らが編著『災禍をめぐる「記憶」と「語り」』において向き合う「語られるかもしれないこと」とは、こうした構造を超え、時間をかけて「にじみ出してくるかもしれない」ものである。

被災の苦しみについて「語る権利（資格）」

災後の社会において、どのような人びとの声が「語られるかもしれないこと」に留め置かれるのであろうか。言い換えれば、災害について「語れない」、あるいは「語らない」ことで、未だに物理的・精神的な苦しみが社会に表出されていないのは、どのような人びとだろうか。サバルタン・スタディーズとメディア論を接続する立場から、東日本大震災後の社会に現れた新たな「サバルタニティ＝サバルタン的な状態」について論じた『メディアとサバルタニティ』（坂田 2022）の議論を参照したい。

坂田邦子は、ポスト3・11の「サバルタニティ」について、「言説における不均衡、つまり社会的あるいは言説的に弱者が語ることのできなくなってしまうような状況、あるいは語っても声が届かない状況」（坂田 2022: 8）として整理している。坂田によれば、こうした状況に置かれた者がサバルタンとなるが、彼らは従来のサバルタン・スタディーズが主眼とする・重視する社会的属性や階層によってのみ生じるものではなく、「支配的言説に対する従属、あるいは支配的言説が強すぎるがためにその陰に隠れて語れなくなってしまった人々」（坂田 2021: 17）である。なお、坂田による「サバルタニティ」の定義は前掲の「語りにくさの構造」が形成された状態と重なり合う部分が多いと考えられるため、これ以降、本書では両者を接合して「サバルタニティ＝語りにくさの構造」と表記する。

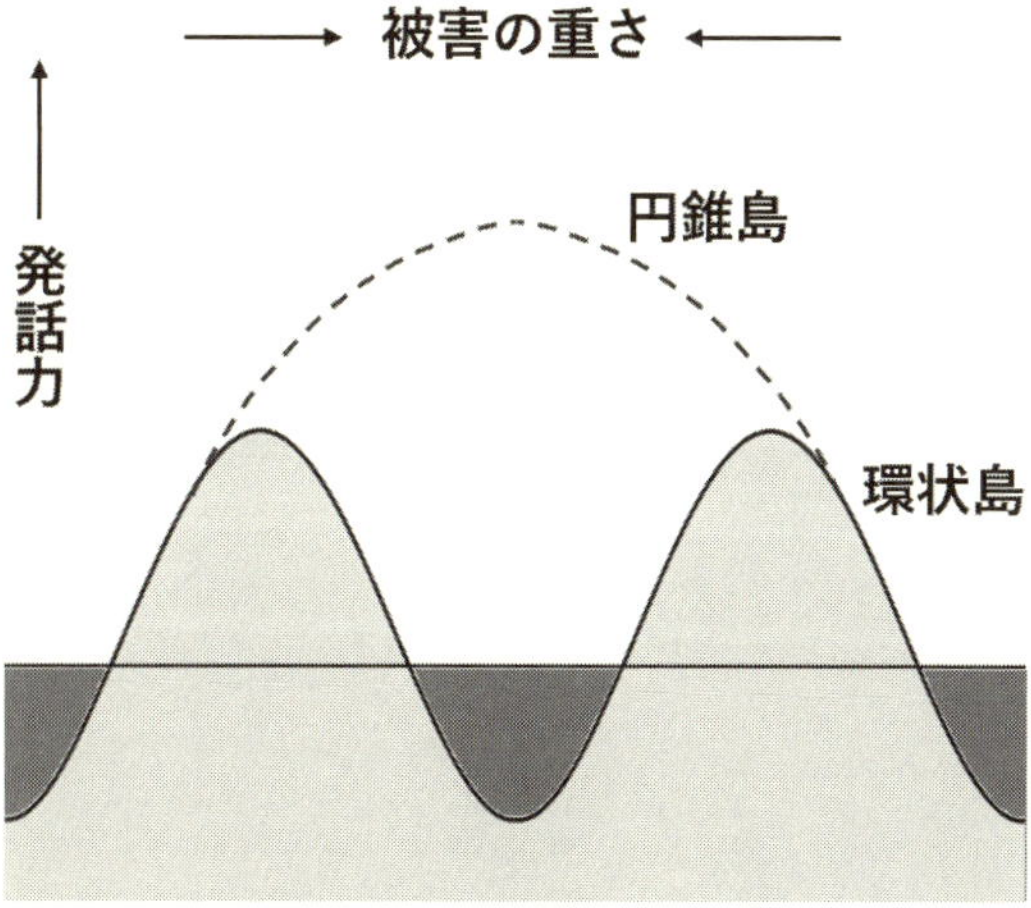

図1－1　宮地による〈円錐島〉と〈環状島〉モデル
（出典）宮地（2011）をもとに筆者作成

坂田によれば、東日本大震災のようなカタストロフは、まずもって、被害や失ったものの大きさや悲しみで途方に暮れ、トラウマやサバイバーズ・ギルド（生存者の罪悪感）によって「語れない」サバルタンを創出する。戦争ならば敵を憎むことができるかもしれないが、天災の場合は憎しみの対象がともすれば自分自身に向けられるため、はけ口が見つからず、余計に言葉を呑んでしまう。彼ら自身の語りは震災から一四年が経過したこんにちにおいてもなお、ほとんど公にはなっていない。

　この点について理解を深めるには、宮地尚子が提起した〈環状島〉モデルが助けとなる。精神医学者である宮地は、トラウマの臨床に携わるなかで犠牲者や被害当事者、支援者、傍観者などトラウマをめぐる人びとのポジショナリティや相互の関係性、それぞれが果たしうる役割を整理し、真ん中がくぼみ海面下にある環状島をメタファーとするモデルを提示した。宮地によれば、「私たちの多くが無意識のうちに、被害が重い人ほど、その問題について発言する資格があり、かつ、その能力があると思っている」（宮地 2011: 10）。宮地はこれを〈円錐島〉モデルと呼ぶ。しかしながら、実際は「トラウマのまっただ中にいる者は声を出せないし、生き延びることのできなかった死者が証言することはでき」ず、「トラウマが語られる、もしくは表象される空間は中空構造」（宮地 2007: 9）となる（図1-1）。一番被害の大きかった当事者は環状島の〈内海〉[3]に沈み、語ることができない。二〇一一年、宮

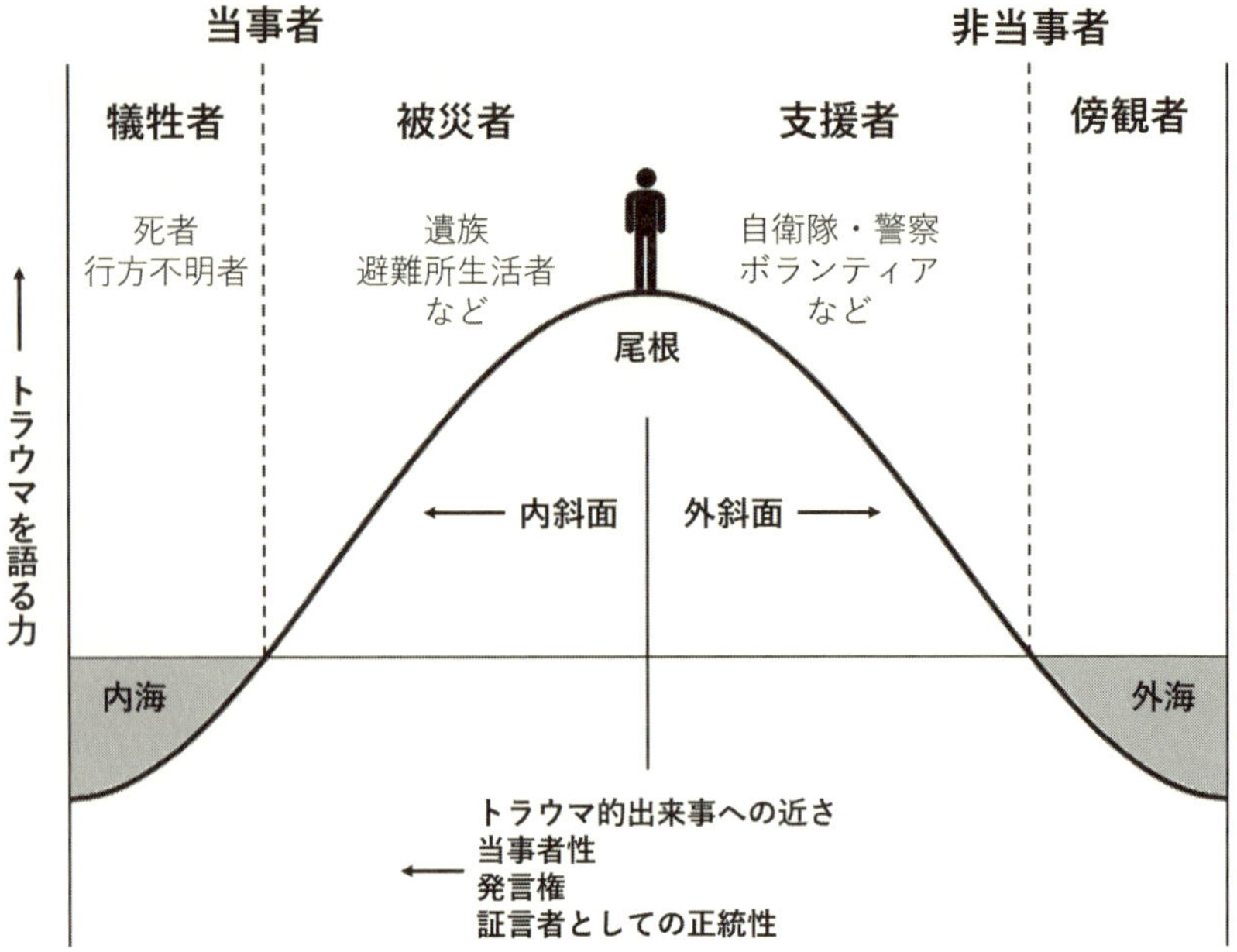

図1－2　宮地による震災の〈環状島〉モデル

（出典）宮地（2011）をもとに一部筆者加筆

地はこの〈環状島〉モデルを東日本大震災後の社会に適用した（図1-2）。〈内海〉には死者、〈内斜面〉には被災者、〈外斜面〉には支援者、〈外海〉には傍観者が位置する。死者は声をもたず、また〈内斜面〉に立つ被災者もトラウマの反応や症状としての〈重力〉により〈内海〉に引きずり込まれ沈黙してしまう（宮地 2011）。

一方で『メディアとサバルタニティ』が主眼とするポスト3・11の社会に特徴的なサバルタンは、語るべきことをもっていたとしても[4]「語らない」人びとである。[5] 彼らが陥るサバルタニティについて、坂田は、標葉らも注目した震災後のメディアの状況に加え、コミュニティ内、あるいはコミュニティの内と外において発災からの時間の経過とともに顕在化してくるさまざまな差異や格差——被災格差、支援格差、環境格差、経済格差、政治的な立場性——からも生じるとみる。

「語れない」「語らない」(6) 人びとは、従来のサバルタン・スタディーズが向き合ってきた、聞き手がおらず語りが成立しないという発話の場をめぐるポリティクスの問題以前の存在である。そこでは、聞き手が聞き耳を立てて待っているにもかかわらず「語れない」「語らない」というコミュニケーションの不全が生じている。特に同書が注目する「語らない」人びとの語りが標葉らのいう「語られるかもしれないこと」に留め置かれている背景にあるのは、「当事者性」の問題である。彼らは、実際に語ろうと思えば語ることができるはずだが、自らは〈当事者〉ではないがゆえに語るべきではないと考え、口を噤んでいるのである。

坂田は、前提として、東日本大震災は「被災地だけでなく、この震災を〈経験〉したすべての人たちに少なからぬ傷を負わせ」たのであり、「極端に言えば、全世界の人々が〈当事者〉となった」と明言する（坂田 2022: 10）。しかしながら震災後の社会では時間の経過とともに多くの〈差異〉が顕在化し、物理的ないし精神的な傷が癒えた者から順に自身の〈当事者〉性への疑問をもち始めた。「語る権利は誰にあるのか」という問いに対し、

---

(3) 天田城介は、〈当事者〉について、アガンベンの議論を引きながら「底に触れたゆえに自らの身に語るべきことがありながら／あるからこそ、語りえない〈何か〉を内在している存在」と表現している（天田 2010: 125）。ここでいう「底」は、宮地の〈内海〉と相通じるメタファーであると考えられる。

(4) ただし、自らが声を発するべきだと考える以前に、何か語りうるものがあることさえ認識していないサバルタンは多いという（坂田 2022: 308）。

(5) 坂田は、東日本大震災の文脈で「発言に影響力がありすぎるがゆえに発言できないという逆説的なオピニオンリーダー」の存在についても言及している。彼らと、自らが置かれた立場を過剰に意識するために発話できない一般人を総じて〈隠れサバルタン〉と称している（坂田 2022: 118）。

(6) 坂田はポスト３・11のサバルタンの特質について、「「語れない」のではなく、積極的に「語らない」」のだと整理している（坂田 2022: 126）。本書における「語れない」「語らない」サバルタンの整理は坂田の議論に拠りつつも、二つの表現により「トラウマやサバイバーズ・ギルドのために「語れない」」人びとと「自らは〈当事者〉ではないがゆえに語るべきではないと考える「語らない」」人びととを区別している。

多くの人は「語る権利は当事者にしかない」、あるいは「他者には代弁＝表象する権利はない」といった「良心的な解答」を導き出す（坂田 2022: 145）。〈差異〉の網の目のなかで自らの当事者性に疑問をもつ者が、語る権利は誰にあるのか、自分に語る権利はあるのか、といったことに逡巡してしまい、一様にサバルタンになってしまった（「当事者でないから語らない（語ってはいけない）」）のだ。

仙台市の内陸部で被災し、津波被災を免れ原子力発電所事故の影響も相対的に軽微だった坂田自身、〈当事者〉を自称することには「何とも言えない落ち着かなさ」がともない、当初より〈当事者〉性に揺らぎを抱えてきたと吐露している(7)（坂田 2022: 58）。〈境界的な被災地〉に着目することで本書が照準するのは、こうした〈差異〉、特に〈境界的な被災地〉を生み出す被災をめぐる〈差異〉を背景とし、〈当事者〉性の揺らぎを核とする複層的なサバルタニティ＝語りにくさの構造である。こうしたサバルタニティ＝語りにくさの構造が形成される具体的なメカニズムについては、本書の対象地域における固有の脈絡に位置づけたうえで、第8章にてあらためて取り上げたい。

（2）災害・復興の〈当事者〉は誰か

〈当事者＝被災者〉主義の呪縛

前項では先行研究の検討を通し、東日本大震災後の社会においては災禍の当事者をめぐる「サバルタニティ＝語りにくさの構造」が形成されたこと、被災の苦しみについて「語る権利（資格）」は〈当事者〉にある（裏を返せば〈非‐当事者〉には権利がない）という理解が素朴に共有されている一方で多くの人びとが自身の〈当事者〉性に疑問をもつことを明らかにしてきた。ここからは、抽出されたキーワードである〈当事者〉について災害・復興という文脈に即して考えていきたい。

まずは、「当事者」概念をめぐる近年の議論を簡単に整理する。一般に、当事者とは「ある事柄や事件に直接関わる者」を指す概念である。もとより訴訟をめぐる法律用語としてよく知られていたが、近年は当事者として長く障害者自立生活運動を展開した中西正司と社会学者上野千鶴子による共著『当事者主権』（中西・上野 2003）[8]を皮切りに、「新しい社会運動」の興隆とも連動した社会科学領域における学術的な議論が活発化し、「「当事者」ブーム」（上野 2013: 27）ともいうべき状況が生じている。

「当事者」ブームには、重なり合いつつも差異化しうるいくつかのアプローチがみられる。[9] たとえば、質的調査における調査倫理問題を念頭に置き、当事者と代弁者としての研究者との関係のあり方、当事者自身が問題を語り直す当事者研究のインパクトを検討するものである。「当事者」を題名に冠する二冊の論集『あなたは当事者ではない』（宮内・今尾編著 2007）、『〈当事者〉をめぐる社会学』（宮内・好井編著 2010）には、この問題を扱う論考が多く寄せられている。こうしたアプローチの関心は、上野が指摘するように、文化人類学が長らく課題としてきた調査者と情報提供者（インフォーマント）との間の非対称な権力関係をめぐるジレンマと相似形であろう（上野 2013）。

一方、本書においてより重要なのは、当事者の本質性・自明性を問い、当事者とはどのような人びとか、当事

（7）　坂田が「戦略的当事者性」と定義した自身のポジショナリティは、語るための許可を得るための手続きでもあった。

（8）　同書は実践の現場で専門知の普遍性を問い直し、状況や自己を定義する権利を、当該の問題に向き合う本人（＝当事者）に取り戻そうと試み、障害者や高齢者、女性、不登校などの「当事者」による運動と学問の融合を目指して「当事者学」を提唱している。

（9）　そもそも、「当事者」である／ないという区分に終始するあまり「当事者」を排他的な領域として切り分けてしまいがちな関係的な議論自体を対象化し、乗り越えを企図する研究もある（たとえば、坂本2007）。また、関連して『当事者主権』にみられるような、当事者の絶対的優位や代理表象の不可能性を前提とする（「本人が言うのだから間違いない」）姿勢を問いなおすアプローチもみられる。そうした姿勢では、論議が一部の集団において自己完結し、社会全体のものにならず、当事者と非‐当事者の応答を不可能にしてしまう（豊田 1998）。本節において取り上げる災害・復興の当事者をめぐる先行研究の論旨とも密接に関連する重要な視点である。

者性とはどのようなものか、理論的に整理しようとするアプローチである。そもそも「当事者」はその指し示す範囲が非常にあいまいな概念であるが（野崎 2004）、「当事者」ブームのなかで生じたのが「当事者」概念を拡張解釈する「当事者インフレーション」（上野 2013: 28）であった。「「当事者」の生成が動態的な過程であり、状況依存的であること」は多くの論者によって了解される。そうである以上、「「状況の定義」を構成する複数の関与者が、それぞれの立場で「当事者」であることを排除できない」（上野 2013: 28）のである。上野は「当事者インフレ」に警鐘を鳴らし、拡張的な「当事者」概念の使い方についてステーク・ホルダーという用語への置き換えを提唱する。

ただし、こうした「当事者」の外延を特定しようとする態度には、「「真正な当事者」を設定しそこから零れ落ちるものを周辺化する」懸念もある（貴戸 2007: 91）。生きづらさを抱える人びとに照準する貴戸理恵は、障害の文脈では「問題から撤退することができない」という点で当事者は（少なくとも第一義的には）本人であるのに対し、特定の社会的属性に結びつくわけではない「生きづらさ」の文脈では、「当事者と非当事者の境界は暫定的で、曖昧である」と指摘した（貴戸 2012: 66-67）。貴戸は前者の文脈における当事者を「マイノリティとしての当事者」、後者を「関与者としての当事者」と呼んで区別する。貴戸によれば、近年の日本社会においてなんらかの「競争」を経て「漏れ落ち」、「生きづらい」状態に積極的に「関与」せざるをえない状況に置かれることによって、人は「関与者としての当事者」になるのだという（貴戸 2012）。

『メディアとサバルタニティ』では、右記の貴戸の議論（貴戸 2012）を引きながら、震災の文脈においても〈当事者〉を固定化された絶対的な存在ではなく、「文脈や関係性によって絶えず変動する揺らぎのある概念」として捉えることを提案する（坂田 2022: 11）。災害により何らかの傷を負っている者だけが当事者というわけではなく、「傷を負った状態」に関与することによって、〈当事者〉性を獲得することになるのである。こうした見地からみれば、本質的な当事者なるものは存在せず、震災の当事者とは誰か、という問いに対して明確な答えを出すことは困難である。

しかしながら、東日本大震災後の社会においては、〈当事者〉性の強度を測るある種の尺度が共有されていた。この点に関し、二〇二三年に刊行された哲学対話実践「てつがくカフェ」の記録『震災に臨む』における議論を取り上げたい。

「てつがくカフェ」は、坂田と同じく仙台で被災した臨床哲学者西村高宏と同市の公共施設「せんだいメディアテーク」により共同運営され、発災直後の二〇一一年六月から二〇二二年度までに八〇回以上にわたって開催された。西村は発災後の社会における〈割り切れなさ〉や〈わからなさ〉のうちで苦悩する人びとがわかりやすい専門用語や物言いに飛びつき、思考を閉ざしてしまったことを憂い、「てつがくカフェ」において参加者それぞれが他者との〈対話〉のなかで震災を幅広く捉え返し、それをもとに自分自身の言葉によって震災と自分との関係を整理することを目指した。カフェのテーマは多岐にわたるが、特に多くの参加者が口にした震災を語ることへの〈負い目〉の感覚や〈当事者〉性の問題は、文脈を変えつつ何度も問い直されてきた。

〈負い目〉という言葉遣いに対し、西村は、「被災のなかを生き延びた自分自身が、この未曽有の状況を前になにか決定的に責任を果たしていないのではないかといった感覚、さらには自身に課せられている責任がどのようなものであるのかさえまったく見当もつかない状況にいることへの引け目や疚しさ」といった、発災直後の社会における独特の〈気分〉を垣間見る。そのなかで特に西村が気にかけたのが、仙台で被災した参加者が口にした、〈語ることができる〉立場から震災について語ることへの〈負い目〉であった（西村 2023: 36）。

そうした〈負い目〉の背後にあったのが、被災の直接的な経験を基点としてその〈当事者〉性の強度や〈負い目〉の度合いを測ることができるといった、「一見もっともらしい尺度」（西村 2023: 40）である。すなわち、自分自身のいのちを落とす、家屋の倒壊や愛する家族を喪うといった極めて直接的な被災に遭遇した者をまさにその〈当事者〉性の基点として据え付け、そこからグラデーション的にその当事者性の度合いを測ることができるとする発想である。こうした発想は、震災に関連した議論はすべて直接的な被害を受けた〈被災者〉による語りや考えを軸に進められるべきであるとする〈当事者＝被災者〉主義へと一気に突き進む（西村 2023: 124）。

そこで立ち上がってくるのが、当事者と非‐当事者との狭間で、どちらに振り切れることも許されずに自らの立ち位置を寄る辺もなく漂わせ続ける、「中途半端な被災者（当事者）」（西村 2023: 42）という存在である。会場となったメディアテーク自体が津波被害の大きかった沿岸地域ではなく仙台市の中心部（内陸部）にあったことも影響してか、てつがくカフェでは、この被災の「中途半端さ」に由来した〈語ることができる〉立場から震災について語ることへの〈負い目〉、〈被災者〉に値する存在ではないのではないかといった〈負い目〉に関する発言が、多くの参加者から寄せられた[10]。

このように、災後の社会においては直接的な被害を受けた〈当事者＝被災者〉にしか被災の苦しみについて「語る権利（資格）」（坂田 2022; 西村 2023）がないという認識、そして彼らはそれについて語ることができるという認識（＝〈円錐島〉モデル）が共有される傾向にある。そして自身が被災者なのかそうではないのかどっちつかずの状況にある場合、突きつけられた〈当事者〉性の希薄さ、あるいは〈非‐当事者〉性により言葉が奪われてしまうのである。

すでに述べたように、被災格差という〈差異〉をめぐって「語る権利（資格）」に逡巡してしまうことが、ポスト3・11に特徴的なサバルタニティの要因の一つであった（坂田 2022）。本書の視座からすれば仙台市の内陸部もまた、〈境界的な被災地〉であろうし、序章で引用した語りからは、本書が注目する南三陸町内外の〈境界的な被災地〉に暮らす人びともまた、やはりこうした被災の〈差異〉を基点とするサバルタニティに陥っていたことが推察される。

　もちろん、西村が留意するように、被災という現象について知ろうとするのであれば、まさに直接的な被害の中心にいる〈被災者〉の声を脇に置くことなどありえない。しかしながら、次節でその定義に触れるように、災害を、単なる自然現象による危機的事象としてではなく、個々人それぞれの立場性、文脈のもとに立ち現れる、広範かつ多元的な現象として捉え、読み解こうとする際には、「〈当事者＝被災者〉主義の呪縛」を解き放ち、「わたしたちが囚われがちなこの〈当事者〉観」（西村 2023: 127）を押し広げ、多様な語りから災害現象を再構成する必要があろう。本書の議論はこうした視座のもとに展開する。

　震災の当事者について論じるにあたり、『震災に臨む』では「当事者」ブームの火付け役である『当事者主権』の議論を引く。同著はパターナリズムのもとに置かれてきた社会的弱者が当事者として人生の主権を行使する「当事者主権」を広めるべく執筆されたものであり、当事者については「ニーズを持った」行為遂行的な存在として定義している。誰もがはじめから「当事者である」わけではなく、「現在の社会のしくみに合わないために「問題をかかえた」人々が、「当事者になる」」（中西・上野 2003: 9）。さらに踏み込めば「問題を自分で引き受けたとき、人は当事者になる」のであり、当事者になることは「みずからの主権者になるという能動的な行為」である[11]（中西・上野 2003: 196–197）。

　西村は、彼らの議論を震災の文脈で解釈し、「目の前の出来事に対して自分なりの問題関心を強く抱くことで人々は「当事者」になる」というオルタナティブな当事者観を提示している（西村 2023: 130）。こうした発想の

---

(10)　てつがくカフェにおいては、多くの場面で自身のことを「中途半端」もしくは「プチ被災者」などと称して、過酷な被害を受けた人びととの微妙な距離感や度合いの差を感じさせる言葉を無意識に選び出す参加者が多かったという（西村 2023: 45）。

もとでは、直接的な被害を受けた〈被災者〉でなくとも（であっても）、関心やニーズを抱き行動する者は誰もが〈当事者〉となりうる。すなわち、本人の意思に関わりなく〈当事者〉であることを強いられた者（＝「与えられる〈当事者〉性」）に対し、ニーズに突き動かされ、実際に行動を起こすことであとから震災の〈当事者〉になる者（＝「獲得する〈当事者〉性」）としても当事者を捉える視点を提示したのである（西村 2023: 159-160）。先に紹介した坂田も同様の概念整理を行っている（災害により何らかの傷を負っている状態により生じる当事者性と「傷を負った状態」に関与することにより獲得される当事者性）が、両著が示す「獲得する〈当事者〉性」は中西・上野が提起しその後上野が精錬を続けた「ニーズの帰属主体」としての当事者性とは異なり、直接的なニーズ（災害の文脈でいえば支援や復興のニーズ）の外へと開かれていることが特徴的である。

本書でも、複数の〈当事者〉性の存在を前提としたうえで、どっちつかずの〈境界的な被災地〉における語りから復興のあり方を描き直すことで、災害・復興の当事者をめぐる議論を発展させることを目指す。

復興の当事者を拡大する

先に示した災後の社会における当事者性を捉える二つの視角と密接に関連するのが、災害被害からの回復をはかるフェーズとしての復興における当事者性の問題、すなわちこれまで吟味してきた①災害被害についての語りにくさ＝サバルタニティと不可分の関係にある②復興過程における主体性という問題である。

第2章でも指摘するように、災害被害からの復興に関して、日本ではその焦点が「ハコモノ」の建設や経済政策中心の復興事業を主眼とした「大文字の復興」に偏りがちであることはたびたび指摘されてきた。「大文字の復興」では個々の人や地域の文脈、多様な被災の実態はときに見過ごされ、「「数字」だけが一人歩きする復興にならざるをえなくなる」（吉原 2017: 12-13）。これを問題視した社会学者の吉原直樹は、数字に還元しきれない個々の文脈に注目することで大文字の復興を超克しようとする試みとして、被災者の多様な「生きられた世界」の再興を企図する「小文字の復興」を提唱してきた。本書の議論にひもづければ、「小文字の復興」は、ドミナント・ストーリーが創り出す大きな物語としての「大文字の復興」に回収、あるいは捨象されゆくミクロな文脈や「語り」[12]に目を向け、〈当事者＝被災者〉に復興の主導権を取り戻そうとする装置であろう。

しかしながら前出の標葉は、「被災者の多様な生、そのなかで刻一刻と変化するリアリティが必ずしもつぶさには「語られないもの」である」ことが大きな理由となり、「小文字の復興」もまた、難しさを抱えると指摘する[13]（標葉編 2021: 8）。本節で整理してきた坂田や西村の議論と接続すれば、未来へ向けた復興まちづくり（どのようなまちをつくるのか）の局面においても、被害や失ったものの大きさや悲しみによる「語れなさ」のみなら

（11）その後の著作（上野 2008, 2013）においても示された、上野による自己決定する主体としての当事者概念の設定には、「ニーズを引き受けることによって当事者になる」という方向性以外の当事者性（たとえば、ニーズのあいまいな主体の当事者性）が不可視化されてしまうといった問題もある（関水 2011: 116–117）。上野による当事者論を批判的に検討した関水徹平は、当事者性を自己のポジショナリティに自覚的に向き合うこととして再定義し、自己のポジショナリティに同一化する「位置的主体化を果たす主体」としての当事者性と、自己のポジショナリティを模索する「問題経験の主体」としての当事者性という二つの水準を区別している（関水 2018）。

（12）寺島英弥は、「被災地で聞かないのに外で語られる言葉への違和感、当事者とのギャップの広がり」について指摘し、その例として、遠くから現場の惨状をひとからげにする「被災者」「がれき」「壊滅」、そして被災地では反語的に使われる「復興」といった言葉を挙げている（寺島 2016）。こうした「外で語られる」言葉が、個別具体的な被災者の経験や語りを「社会化」（川﨑・匹田 2021）し、「大文字の復興」の物語に回収していくものと考えられる。

（13）「語り」の研究分野においては、研究者が形成に関与する「モデル・ストーリー」の作用に警鐘を鳴らす向きもある。桜井厚によれば、モデル・ストーリーは「特定のコミュニティ内で」「特権的な地位をしめる語り」（桜井 2002: 36）であり、ドミナント・ストーリーに同一化することもあるが、矛盾や齟齬をきたしたり、拒否や対抗、競合したりすることもありうる。桜井はモデル・ストーリーに権力性を認め、調査者の構え（志向性）とは異なる語りを聞くに値しないものとして抑圧する側面があることを指摘している（桜井 2002: 169–171）。前項における標葉らの議論から、災禍をめぐる語りの文脈においても、「大文字の復興」（ドミナント・ストーリー）に加え、「小文字の復興」として照射される物語もが、固定化されモデル・ストーリーとして多様なリアリティを抑圧しかねないことがうかがえよう。

ず、〈非‐当事者〉性により「語らない」、すなわち「声をあげない」ことを選択する「サバルタニティ＝語りにくさの構造」が形成されることが推測できよう。

繰り返しの指摘となるが、災後の社会について考えるにあたっては直接的な被害の中心にいる方々の声を蔑ろにすることは許されない。それは復興という局面においても同様である。けれども、被害の中心にいる人びとの声を尊重することと、そこに「いない」人びとが声をあげてはいけないと主張することとは等価ではない。本節で取り上げてきた先行研究は、「何よりも直接的な被害をとおして過酷な経験を強いられた〈被災者〉自身による語りや問題関心を一番に優先」し、「直接的な被害を被っていない部外者が自分自身の問題関心からだけでそれらについて口を挟むこと自体慎むべきだと見なす」思考の傾向に疑問を投げかける（西村 2023: 124）。こうした災後の「良心的な」社会的潮流のなかで復興をめぐる「サバルタニティ＝語りにくさの構造」に絡め取られた人びとは、〈負い目〉や〈引け目〉を感じ、自らを復興の〈当事者〉とみなして復興まちづくりの過程に主体的に関わることが困難になるのではないか。本書は〈境界的な被災地〉においてこの点についての検討を進めたい。ただし、そうした試みは本章の射程を超えるため次章以降に譲り、ここでは復興に関わる〈当事者〉（観）を押し広げていこうとする近年の研究・実践の潮流を確認する。

二〇二二年七月にラウンドテーブル形式で開催された東日本大震災復興シンポジウム「みやぎボイス2022——災害が日常になった今」[14]（以下、みやぎボイス2022）では、〈当事者〉の範囲をめぐる意見交換が二つのテーブルで行われた。テーブルE「被災者の住まいの再建と復興事業——居住選択の自由と災害危険区域」では、石巻市雄勝地区の事例から、復興の主体となる〈被災者〉が地区内に継続的に居住するかあるいは避難先から帰還した住民に限られてしまっている（「残った一〇〇〇人で頑張ろう」）こと、すなわち地区外移転者が復興の〈当事者〉とみなされないことが、同地区出身の阿部晃成より問題提起された。この場では「被災者すべてが復興の主人公にならないと復興はできない」こと、「災害によって何かを失った人はすべて被災者である」ことが確認されている。

津波により自宅が全壊した阿部は、父親とともに雄勝地区の震災復興まちづくり協議会を経て地区中心部の住民組織「雄勝町の雄勝地区を考える会」に参加し、高台移転および低平地のかさ上げをしたうえでの現地再建、地区外への移転を含んだ多様な意見を取りこぼさない復興案をまとめあげた経験をもつ。しかしながら行政はこの復興案を聞き入れず、高台移転のみによる住宅再建を決議した。その後研究者としても復興に向き合い続けている阿部は、みやぎボイス２０２２登壇後に執筆した原稿において、復興過程から地区外移転者が除外される問題についてさらに議論を深めている（横山・山下ほか 2023; 山下・横山編 2024）。阿部は、「当事者性が土地に過剰に縛られて理解される」ことがまずもって問題であると考える（山下・横山編 2024: 161）。雄勝地区における復興の当事者（「残った一〇〇〇人」）には、自らの意思で地区外に移転した住民に加え世帯主の判断に従い周辺地域で暮らす若者も含まれていない。彼ら若者には今でもふるさとへの思いをもつ者も多いが、行政は彼らに目を向けるのではなく都市部住民からの交流・定住人口の増加に取り組んでいるという。

阿部が筆を執った『被災者発の復興論――3・11以後の当事者排除を超えて』（山下・横山編 2024）には、雄勝地区の事例に加え、原発事故に際し帰還／移住ではない選択肢としての避難継続を選んだ福島県双葉郡富岡町の住民が、復興過程から排除されていく様が記述されている。同書は、こうした事例から、既定路線として推進

(14)　みやぎボイスは、二〇一二年に開かれた日本建築家協会東北支部の震災復興シンポジウムを契機に立ち上げられた東日本大震災からの復興まちづくりのプラットフォームであり、毎年テーマを変え、地域住民、行政、支援者、事業者、専門家が一堂に会するラウンドテーブル形式のシンポジウムを開催している。本節におけるみやぎボイス２０２２に関する記述は、みやぎボイス連絡協議会編集の報告書（みやざきボイス連絡協議会編 2022）に基づく。

された行政主導の復興政策により当事者発の復興が退けられ、行政主導の復興に「のる人」だけが「復興の主体」とされてのらない／のれない当事者は「わがまま」「こわい」などと否定的にみられ、復興に関わる決定プロセスにおけるステークホルダーから排除されたと断じる。ここで提起された問題は日本社会における復興制度と複雑に絡むものである。本書では第3章、そして南三陸町からの〈越境〉者を受け入れた登米市の事例（第7章）から、その顛末についてあらためて検討したい。

一方、みやぎボイス2022のテーブルF「災害復興における「地域」と「当事者」の範囲を考える」では、ファシリテーターを務めた石塚直樹より、「災害からの復興において、当事者の中心性みたいなものが大事であるということは大前提ではあるんですけれども、一方でそれが大事にされるあまりに、「当事者であるかどうか」、または「地域の人かどうか」というような内と外の線引きが必要以上になされた面があるのではないかと思っています」という問題提起がなされた。テーブルFでは、福島県いわき市在住のアクティビスト小松理虔を中心に、こうした問題提起に呼応した議論が展開した。

小松は、「当事者が強まれば強まるほど」「私はこれの問題の当事者じゃないので語る資格がない」と考えてしまう人、特に「若い世代」が多いとしたうえで、多様な「よそ者」が復興に携わっている実態に触れ、復興の当事者について「どんどん拡張されていく方向のイメージ」をもっていると明かした。こうしたイメージは、先に取り上げた西村の「〈当事者〉観を押し広げていく」発想と近しい。

『新復興論　増補版』において小松は、今般の震災、原発事故について「真の当事者などいない」にもかかわらず、当事者が限定され、「内」と「外」がつくられ、閉じた言論空間において「当事者性を悪用した排除（お前は黙れ）」、「自説の補強」、「外部を切り捨てた復興」が行われたと喝破する。「福島を語る」ためには「まじめ」であることが要求されるが、小松は、自分の好きなこと、興味のあることをやる「ふまじめさ」こそがさまざまな立場性をフラットにし、当事者を拡大し、ひいては活動の持続性を高めると説く（小松 2021）。

加えて、小松は自身のような「当事者なんだけど当事者じゃないと思っていたりとか、当事者じゃないんだけど当事者だと思っているとか、そこの間の揺らぎのなかにいる」人びとの役割として、よそ者と地元の「翻訳」に言及する。こうした「割り切れない存在」は「凝り固まった課題の中に外の風」をもたらし、よそ者と地元の人がなじめる「汽水域みたいな場所」をつくることで、「外からの関わりしろ」を増やすことができる。すなわち、「その課題に直接携わるわけではないのに、結果として課題解決に結びついてしまうような」存在である（小松 2021: 406: みやぎボイス連絡協議会編 2022: 136）。『新復興論　増補版』は、震災の記憶を風化させないため、「当事者とされていない人たち、当事者の「そば」にいる人たち」の声にも耳を傾けるべきだ、と希望を込めて提案し、筆をおく（小松 2021: 409）。

ただし、小松の「当事者を拡大」しようとする姿勢に対しては「困難を宿命づけられた人たち」（前掲の議論における「与えられる〈当事者〉性」）を無視するような言動につながりかねないという批判が向けられている（みやぎボイス連絡協議会編 2022）。前掲『被災者発の復興論』においても、立場の異なる論者が原発事故からの復興を語る際、当事者がどのように表象されるのかを整理した宮本楓美子により、小松の議論は外部を志向することで「「当事者性が濃い」人々の当事者性を不当に薄め」「当事者不在の復興を誘発する危険」をはらむものとして批判されている（宮本 2024: 43-44）。宮本が危惧するのは、小松によるいわき市あるいは浜通りの「復興」論が福島を代表することで、当事者としての被災者を排除してきた国の復興政策の正当性を示し、それを支えてしまうことである。

小松はこうした批判に対し、課題に直面した本人やその家族、支援者や有識者など、「直接的に事に当たる」「当事者的な関わり」に対し、前述した「割り切れない存在」の、結果として何らかの課題に関わってしまうような「事を共にはしている」あり方を「共事」と称し、「共事者」（小松 2021: 442）という概念を編み出している。本書では、こうした近年の〈当事者〉（観）の拡大をめぐる議論、あるいは二つの〈当事者〉性、「翻訳」「共事者」など本項で検討した概念を糸口に、〈境界的な被災地〉において実際に展開した復興過程の分析を進める。

なお、当事者／非 - 当事者の線引き自体、状況や問題を定義することと相即的である（喜多・浦野 2017）ため、復興の当事者について考えるにあたっては、復興それ自体の外延、すなわち何をもって復興と呼ぶのかを整理することが重要となる。前述の『被災者発の復興論』では原発事故の被害をどのように捉えるか（実害か、風評被害か）によって、想定される当事者の範囲が異なることが示されたが、同じことが津波被災、そしてそこからの復興についてもいえるだろう。第2章では復興概念の定義をめぐる議論を整理したうえで本書が対象とする復興の射程を示し、一連の議論を結論として当事者の議論に接続する際の足掛かりとする。

本節においてたびたび取り上げてきた『被災者発の復興論』は直接的な津波被害を免れた若者の事例に触れながら復興に関わる〈当事者〉（観）の拡張を企図する阿部の原稿を含む一方で、「この震災・原発事故では、日本国民みなが当事者であるとしても」「絶対的な被害の核心に対する、それぞれの置かれた立場の相対化は明確にでき」、「その核心の経験を持った者のみが、この震災・原発事故の被災・避難・被害当事者として、ものを言う資格があるということだ」と論じており（山下・横山編 2024: 202-204）、全体としては明確に〈当時者＝被災者〉主義を打ち出している。その背景には、〈環状島〉モデルを前提（「最も語る資格を持つ人は、最も語ることが難しい人なのである」）とし、〈当事者＝被災者〉の主体性を重んじる「人間（の）復興」（第2章第2節参照）を提唱する立場から、復興の主体を〈当事者＝被災者〉から別のもの（行政主導の復興事業に携わる者）へとすり替えようとする復興言説に抵抗し（「当事者性のポリティクス」）、当事者性の高さゆえに口を噤む被災者（＝坂田の議論における「語れない」被災者）の声を拾うという目論見がある。本書では、行政主導の「既定（の）復興」に対抗するかたちで提唱された「人間（の）復興」パラダイムの意義を前提としながらも、〈境界的な被災地〉において収集した「語られるかもしれないこと」の分析から、それ自体をあらためて吟味していく。

（3）〈境界的な被災地〉における「〈当事者〉になりにくい構造」

これまでで整理してきたように、時間の経過を経て、近年、これまでとは異なる視点に基づき東日本大震災の捉え直しを企図する著作が相次いで世に送られてきた。本節では五冊の書籍、一冊の報告書を取り上げたが、これらは学術的に「語る権利（資格）」、災害・復興の〈当事者〉を主題化すると同時に、それ自体が「語る権利（資格）」の桎梏へと挑戦し、他者との対話を通して〈当事者〉（観）を拡大しようとする実践の記録でもあった。たとえば標葉らは、沈黙の領域から「語られるかもしれないこと」を引き出し「語られたこと」として紡ごうとする視点・実践を、災禍をめぐる言説へのアクセスの不均衡を是正し、災禍のリアリティに対するより豊かな言説の土壌を構築する基盤となるものとして捉えて重視し（標葉編 2021: 28）、せんだいメディアテークにおいて取り組まれてきた市民参加型のコミュニティ・アーカイブ活動「3がつ11にちをわすれないためにセンター（わすれン！）」などの活動を紹介している。

坂田は、前述したサバルタニティをめぐる議論を前提に、研究者に求められていることとして、「必ずしもサバルタンたちの声を直接聞き取るメディアになること」ではなく、「彼らの声を誘発し、すくい上げ、届けるための、新たな回路としての、あるいはオルタナティブなメディアを準備すること」（坂田 2022: 153）を位置づける。そのうえで、中心と周辺の関係性の間にある空間としての「あわい（間）」という概念に拠りながら、自身が携わった二つのプロジェクト（「サバルタン化した小さな語りの断片を拾う」『語りと記憶のプロジェクト』と、「〈被災地〉と〈被災地外〉、〈当事者〉と〈非当事者〉、そして〈私〉と〈あなた〉の間に回路を準備し、対話の場を創出する」

『Bridge! Media 311』）を紹介している。

前掲「てつがくカフェ」の取り組みは他者との対話を通し自分自身の言葉によって震災と自分との関係を整理することを目指したものであったし、「みやぎボイス」というプラットフォームはさまざまな立場の声を共有する場を提供しているといえる。「みやぎボイス」で復興の当事者をめぐる問題提起を行った阿部は、『被災者発の復興論』において、復興の当事者から排除された者として、〈当事者〉（観）を拡張せんとする自身の苦闘の記録をしたためている。また、すでに述べたように本節で取り上げている他の著作と趣を異にしながらも、復興の現場に関わる研究者や専門家の役割として、マイノリティ化し語れなくなっている当事者たちに語らせ、その背景にある問題構造や主観的な意味世界を言語化し、政策現場へと接続していくことを挙げている。加えて、本節では取り上げることはできなかったが、『新復興論　増補版』では、「もっと自由に、自分なりの視点で原発事故を語ることが出来る環境」（小松 2021: 266）を取り戻すことを目指す小松が主導してきた海洋調査プロジェクト「いわき海洋調べ隊うみラボ」や地元の鮮魚店で福島の酒と魚を楽しむ「さかなのば」などの活動が紹介されている。

「語る権利（資格）」の桎梏へ挑戦し、〈当事者〉（観）の拡大を目指し、多様な他者と震災について語る対話の場を創造する実践と研究、あるいは言論とを掛け合わせたこれらの取り組みとは異なり、本書は筆者個人が実施した支援活動とフィールドワークの成果に基づき執筆したエスノグラフィである。ただし、従来の復興を主題化する調査研究や報道から零れ落ちてきた「語り」に照準する立場は同じである。筆者は前章で示したようなポジショナリティに身を置き、多様な人びとと直接的な関わりをもった支援活動・フィールドワークをチャネルとして、〈境界的な被災地〉における語りを引きだしてきた。そのうえで災害をめぐる語り、具体的には南三陸町における被災、復興をめぐる語りを複数化し、災害復興という多元的な現象の広がりを捉えることを企図する。考察を行う第8章では、本節で示した議論を礎とし、序章で取り上げたような登米市の地震被災者（C氏）の言葉が捨象され、入谷地区のA氏が自身は復興の主体ではないと考えるような状況を、「語りにくさの構造＝サバルタニティ」を包摂する「〈当事者〉になりにくい構造」として概念化する。そのうえで対象地域固有の脈絡を踏まえつつ、地域に存在するさまざまな〈差異〉を中心に「〈当事者〉になりにくい構造」の組成を検討し、〈当事者＝被災者〉主義が招きうる問題を浮き彫りにする。本書の目的は、こうした作業を通して復興をめぐる議論、特に復興の当事者をめぐる議論を発展させる一助となることである。

次節で述べるように筆者は本書を文化人類学的視点・手法による災害研究として位置づけているが、津波浸水隣接地域、隣接自治体に目を向けた〈当事者〉性という切り口によるアプローチは、災害研究としての本書の独自性を際立たせている。すでに各所で明示しているように、本書では境界概念を取り込み、被災／非‐被災のどっちつかずの状況を〈境界的な被災〉として概念化する。

境界とは、空間的、時間的な社会の分節化を通して人間社会の秩序を画する基軸である（第8章第3節参照）。一方で、境界は反復される実践によってダイナミックに構築される可変的なものであり、境界が隔てる内部（うち）にも外部（そと）にも所属しないような「どっちつかず」の人びとが生み出される。本書では、被災と非‐被災を区切る〈境界〉とそれが構築されるダイナミズムに着目する。本書が耳を澄ませる「語り」が語られるのは被災地でありながら被災地でないような、どっちつかずの地域においてであり、語り手は被災者でありながら被災者でないような、どっちつかずの人びとである。

2 方法論――災害復興のエスノグラフィ

（1）災害復興のエスノグラフィ

災害研究の展開

前節では本書におけるアプローチについて記述したが、本節では、本書を執筆するにあたって用いた方法論に焦点を当てたい。本書は、人文・社会科学的な災害研究の蓄積に立脚し、なかでも人類学ないし文化人類学的アプローチを重視する。以下では、人文・社会科学的な災害研究の展開を整理したうえで、前掲のアプローチをとるにあたっての文化人類学的な理論と方法論がもつ有用性を確認する。

災害研究とは、災害を対象とする研究領域の総称である。災害について、「災害」と「それ以外」とを線引きするような定義は非常に困難であるが、その特徴として、社会、テクノロジー、環境などさまざまな要素が複雑に関係する「接触面（interface）」において長期にわたり展開する「多次元的」な現象である（Hoffman, Susanna. and Oliver-Smith eds., 2002=2006: 7）ことが挙げられる。それゆえ災害研究は、人文・社会科学系から自然科学系にいたるまであらゆる知が動員される、極めて学際的な領域となっている。

社会学を中心とする人文・社会科学系の災害研究は、災害多発国で必要に迫られて発達した流れがあり、カナダやフランス、日本などでも先駆的な業績がみられたが、特に中心的舞台であり続けてきたのがアメリカである（Quarantelli 1987）。萌芽的な災害研究は早くも二〇世紀初頭にみられ[15]、戦争災害研究の要請を経て、地理学において発達した、地震など異常な自然現象や火災といった災害因（ハザード）に着目するアプローチと、社会学を中心とする、災害下の各レベル（個人や組織、機関）における行動に焦点化する行動科学的アプローチが台頭し

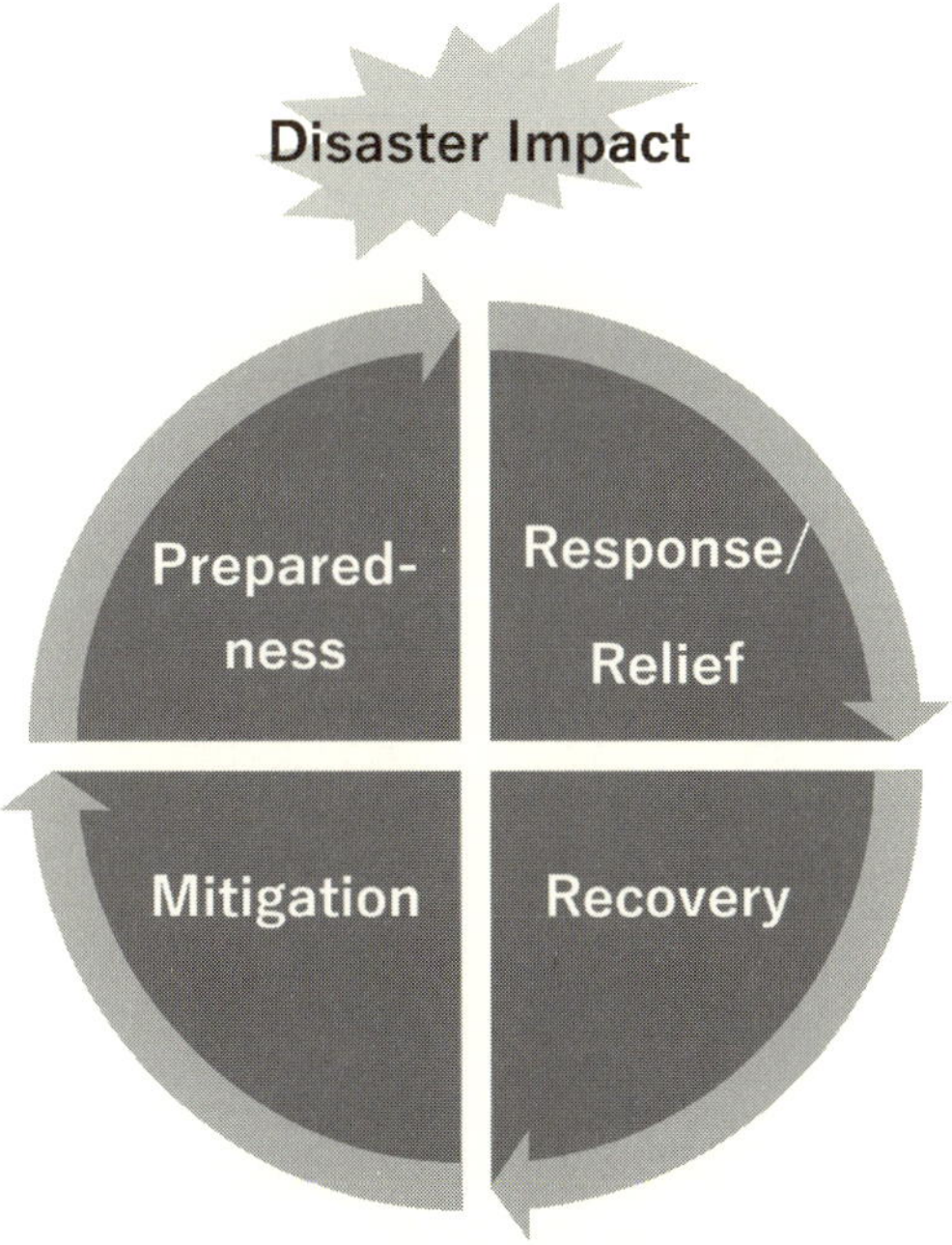

図１－３　防災対策サイクル

（出典）筆者作成

た一九五〇年代に本格的な展開をみた（Oliver-Smith 2009）。

後者のアプローチでは、一九九〇年代初頭にかけ、合理的な判断と選択をする人間像に基づいた「災害対応の合理的制御」に向けて理論的・実践的な研究を蓄積した（浦野 2007a: 19）。また、当初は発災時に限定されていた時間軸も、長期的な視座から捉えられるようになり、「災害のフェーズ」や「災害サイクル」などと時系列的・循環論的に災害が把握・表現されるようになった。こうしたモデルにはさまざまなバリエーションが存在するが、最も普及しているのは災害の発生を契機としてResponse/Relief（応急対応）、Recovery（復旧・復興）、Mitigation（被害抑止）、Preparedness（被害軽減）[16]という四つのフェーズを設定するアメリカの「防災対策サイクル」（Disaster Management Cycle）である（図1-3）。このモデルに沿えば、本書では、応急対応から復旧・復興期までの期間を扱う

(15)　災害研究の嚆矢としては、一九〇七年にカナダのハリファックス港で起きた爆発事故を扱った、アメリカのサミュエル・ヘンリー・プリンスによる『カタストロフィと社会変化（*Catastrophe and Social Change*）』に言及する研究書が多い。

ことになる。ただし当時の災害研究は、あくまでもハザードによる衝撃とそれが社会に影響を及ぼしていく過程を中心に研究が組み立てられていた。主たる関心は予知や警報システムの構築による事態の収拾にあり、「眼前」の災害現象、被災事象（大矢根 1992: 134）を把握しようとするものであった。

こうした研究枠組みをドラスティックに組み替えたのが、災害前から社会に内在する構造、文脈に強い関心を寄せる地理学者、そして災害人類学の第一人者であるアンソニー・オリヴァー＝スミスら人類学者らの手による研究である。

災害研究と（文化）人類学——脆弱性とレジリエンス、二つのパラダイム

文化人類学は災害研究に参画する一つの学問分野であり、欧米の人類学では災害人類学という概念も確立している[17]。調査中のフィールドにおいて突如生じた自然災害と向き合うなど（たとえば Oliver-smith 1986; 清水 2003）、なかば偶発的に始まった災害人類学であるが、二〇世紀末にかけて、災害の現場において生じる多様な現象、問題に対し、固有の社会・文化的文脈のなかでの説明づけを試みながら、人類社会にとっての災害の普遍性を探る試みに発展した[18]（関谷・高倉編 2019: 5）。

オリヴァー＝スミスらがフィールドとしたのは、ペルー地震（一九七〇年）やグアテマラ地震（一九七六年）といった大地震が次々と発生した南米を中心に、アメリカのような災害対応の制度・公的組織が未整備であり、組織論的な枠組みの適用が困難な「第三世界」であった。綿密なフィールドワークにより明らかとなったのは、地域固有の文脈に埋め込まれた災害のありようである。すなわち、地震の壊滅的な被害や復興による悪影響の背景にある、植民地支配下における開発を通じた地域独自の社会・経済・文化的安全装置の破壊や、先進国の技術に基づく政府や国際機関による「上からの」「画一的な」介入などといった、災害を発生・拡大せしめる文脈へと

目が向けられたのであった（Oliver-Smith and Hoffman eds. 1999; 木村 2013）。

このような研究成果は、地理学において台頭していた、脆弱性（vulnerability）との関係で災害を定義する立場と、災害を、ハザードを契機としながらも、平時から社会に内在する構造的諸要素との結びつきのなかで展開[19]

(16) 序章で触れたように、近年みられる「多重被災」という状況は、一つの災害においてこのサイクルが完結する前に次の災害が生じることを意味する。

(17) 国内研究者の手による本格的な災害人類学的研究としては、先住民アエタの被災と生活再建の歩みを追った清水展による『噴火のこだま』がその嚆矢として位置づけられる。清水は、被災を契機としてアエタが民族として「新生」されていくような状況をつぶさに描いている（清水 2003）。また、国立民族学博物館の林勲男による論文集『自然災害と復興支援』（林編 2010）も、スマトラ沖地震津波の実相を多角的に明らかにしている。ただし、日本において領域としての災害人類学が形成されたのは、東日本大震災発生後のことである。この震災を契機に災害の分野に参入する研究者の数や研究業績が著しく増加し、従来海外の社会を主たる研究対象にしていた日本の人類学者が、日本社会を対象にし始めたのであった（高倉 2021）。東日本大震災をめぐり公刊された災害人類学的研究としては、本書で繰り返し引用する内尾（2018）のほか、ギルほか編（2013）、竹沢（2013）、高倉・滝澤編（2014）、関谷・高倉編（2019）などがある。

(18) オリヴァー＝スミスは、災害を「ある社会における社会的機構の本質」を明るみに出し「人間の社会性の研究を容易にさせる」ものであると捉え、人類学的視座に基づいた災害研究のもつ可能性は大きいと指摘する（Hoffman and Oliver-Smith eds. 2002=2006: 14）。すなわち、「研究の対象であるだけでなく、研究のパースペクティブとして方法論的意義をもつ」（室井 2020: 15）ものとして災害を捉えているのである。近年は、国際機関や政府などマクロ、メゾレベルの論理に基づいて推進される政策と地域住民との間のせめぎ合いに着目する（たとえば Barrios 2017）など、とりわけコミュニティやローカルな生活が、外部からの影響や介入を受け、復興過程においてどのように変化するか、どのような新しい動きが生まれているのかといった観点から研究が蓄積されている（たとえば、清水 2003; 木村2013; 内尾 2018）。

(19) 脆弱性とは、情報セキュリティ、心理学など、非常に広範囲な分野で使用されている「弱さ」を表現する言葉である。地理学における脆弱性のパラダイムでは、脆弱性はそれぞれの人びとの災害への晒されやすさや対応能力として説明され、社会の大状況における根源的な原因（root causes）が、人びとの生活状況に深甚な影響を及ぼしながら脆弱性を形成し、それが極端な物理的出来事（ハザード）を引き金に現実の被害として顕在化するという図式が提示された（Wisner et al. eds.［1994］2004）。具体的には、同じ被災地においても年齢やジェンダー、階級、エスニシティなどによって被害の受け方に違いがあり、社会の側の脆弱性が高まれば災害の被害規模が拡大するという説明がなされている。

するプロセス（Hoffman and Oliver-Smith eds. 2002=2006）として捉えようとする姿勢を共有し、社会学中心の災害研究における既存の分析枠組みを揺るがした。歴史的・文化的に形成された社会の脆弱性に注目する視点が形成され、分析の時空間的枠組みが拡大されたのである。

脆弱性論は途上国における災害被害の深甚さというグローバルな課題と結びつき、今日に至るまで、開発問題と災害への取り組みを結びつける主要なアプローチとなっている。しかしながら脆弱性論は一面的な構造決定論に陥りやすく（室井 2018: 19）、住民やコミュニティを受動的な存在として捉える傾向がある。人類学者らは定性的な調査を通じ、外部指標としての脆弱性概念が住民やコミュニティを受け身の存在として捉えてきたことを批判し、彼らの主体性を重視するよう提唱してきた（木村 2013: 25）。この視角において駆使されたのが、復興の早いコミュニティ（あるいは、そうしたコミュニティがもつ力）に着目するレジリエンス概念である（Aldrich 2012=2015）。

レジリエンス[20]（resilience）は、一般的に「外部から力をくわえられた物質が元の状態に戻る力」や「人が困難から立ち直る力」といった意味合いで用いられる用語である。一九七〇年代以降、各分野において比喩的に使用されるなかで定義が多様化し（Klein et al. 2003: 35）、近年はコミュニティや組織、システムに関する社会科学的な知見とも接合し、分野を越えた大きな広がりをみせている。災害研究の文脈においてレジリエンスは、災害の発生する背景的要因に着目しつつも、脆弱性を促進させる客観的な環境や状況に着目する視点からは見落とされがちな、地域固有の「文化や社会的資源」のなかにその地域を「復元＝回復していく原動力」をみようとするもの（浦野 2007b: 32）として導入され、脆弱性論につづく近年の災害研究、防災政策における最も新しいパラダイムとなった[21][22]。

本書では、これまで整理してきた災害研究に対する人類学的アプローチによる問題提起（災害を平時から社会に内在する構造的諸要素との結びつきのなかで捉えるという姿勢の重要性、復興過程における住民やコミュニティの主体性の重視）を踏まえたうえで、脆弱性、レジリエンス、といった災害研究の知見を適宜取り入れつつ、東日本大震災からの復興についての分析を進める。

災害復興のエスノグラフィ

最後に、研究手法としてのエスノグラフィと災害研究との接合点に着目したい。災害は人間・社会と自然との交わりにおいて生じるものであり、また、どれほど大きくともまずはローカルなレベルで、個人それぞれの立場性において経験される。社会‐自然関係において人間のあり方を思考し、長期のフィールドワークを通じて当事者と関わり、全体論的パースペクティブからエスノグラフィを執筆する人類学的な理論と手法は、多元的かつ広範性を特徴とする災害の理解に際し有用であろう。

人文・社会科学から災害研究への貢献としては、社会・文化的要素の解明、人道支援や復旧・復興の対応に関

(20)　語源は、ラテン語で「jump back」（跳ね返る、飛び戻る）を意味する「resilio」であるとされる（Klein et al. 2003: 35）。

(21)　災害研究の領域においては、比較的早い時期から、災害に直面した人びと、コミュニティの「持てる力」に注目する視座が提示されていた（たとえば Fritz 1961）。一方で、現在主流となる生態システム・社会生態システムにおけるレジリエンス概念が導入されたのは、二〇世紀最後の四半世紀のことである。

(22)　復興の地域・コミュニティ差をもたらす規定因として近年重視されているのは、ソーシャル・キャピタル（以下、ＳＣ）である（Zolli and Healy 2012=2013）。ロバート・パットナムによれば、ＳＣは「個人間のつながり、すなわち社会的ネットワーク、およびそこから生じる互酬性と信頼性の規範」である（Putnam 2000=2006: 14）。代表的論者である政治学者のアルドリッチは、時代背景や文化など条件の異なる複数の復興事例を検討し、より高い水準のＳＣが情報伝達と資源入手に関して重要な役割を担うこと、災害からの効果的で効率的な復興をもたらし、保有する社会的資源がその地域のレジリエンスを生み出すことを実証的に明らかにしている（Aldrich 2012=2015）。

する課題の析出等が期待されるが、文化人類学へ具体的な社会的要請があるわけではない（林・川口 2013: 50)。一方でその方法論については、比較的早くから災害研究において援用されてきた。

阪神・淡路大震災（一九九五年）後、日本の災害研究では、災害未体験の人びとに災害について「リアリティ」をともなった認識をもってもらい、将来の災害対応に生かしてもらうための手法として、エスノグラフィが導入された（林 2011)。インタビューでは、被災者や対応従事者になるべく自由に自らの体験を語ってもらい、「災害の現場という予測不可能な状況のもとで発生した出来事を、普遍性をもつ知識体系として構築していく」ことが目指されたという[23]（林 2013: 21)。

ただし林勲男は、こうした災害エスノグラフィが「災害の現実を当事者の視点から描き出すもの」であるのに対して、人類学的フィールドワークとそれに基づくエスノグラフィ（以下、災害「の」エスノグラフィ）は、「当事者の生活誌にアプローチすることによって、災害発生の背景を社会的・歴史的・文化的にとらえようとする試み」であると差異化している（林 2011: 260)。

人類学的フィールドワークとエスノグラフィにおいては、「脈絡・文脈（context）」の理解が何よりも重要となり、一般に、現象の表面的な記述ではなく、その背後の脈絡を踏まえた「厚い記述」が求められる。災害人類学者グレゴリー・バトンの主張によれば、災害も他の社会・文化的事象と同じように、フィールドにおける全体的脈絡に位置づけ比較分析することが重要であり、人類学的なエスノグラフィはそれを可能にする手法である（Button 2010)。災害「の」エスノグラフィにおいては、災害エスノグラフィのように発生直後の混乱した被災地の状況に焦点化するというより、「混乱期を経験した被災社会や人びとのその後のあり方や将来像の描き方、さらには支援組織・団体とのかかわり方、あるいは早ばつや風水害の常襲地域におけるハザードとの共存戦略や、予測される火山噴火や地震発生への対応などを長期間にわたって総体的に研究する」（林 2011: 246）ことになる。

本書は、本節で述べてきたような関心のもとに彫琢されてきた文化人類学的視座・手法を採用し、災後の社会における主流の語りから零れ落ちてきた「何か」（矢守 2018）に耳を澄ます災害「の」エスノグラフィとして執筆した。被災後の南三陸町が再編されていく動態的な場における語りとその背景となるさまざまな〈差異〉を含みこんだ脈絡を民族誌的に記述したうえで、復興をめぐる災害研究の知見を導入し、複合的な分析を練り上げていく。

（2）フィールドワークの展開

本書では時間的視野を発災からおおよそ一〇年という期間に設定している。これは、日本社会における災害復興の一義的単位が基礎自治体であり、本書も南三陸町という単位での復興を主軸に据えているため、行政的な復興の節目である一〇年を「区切り」としたものである(24)。

本書の議論を支える調査・研究手法は、以下の通り文献調査とフィールドワークに大別される。これらの調査は特に、①対象地域における社会・文化的脈絡の探究、②日本社会における災害復興制度の探究、③〈境界的な被災地〉における「語り」の収集という三点の課題に対する取り組みを軸に進めてきた。

(23)　マスメディアによる災害報道がある種ステレオタイプ化されているなかで、災害エスノグラフィは災害未経験者が災害とはどのような状況なのかを知る貴重な手立てであり、災害対応を主題としたワークショップで教材として用いられるなどしている（林 2011 249–254）。

(24)　序章注2で指摘したように、新たな復興期間（「第二期復興・創生期間」）の設定、復興庁の設置期間延長（二〇三〇年度末まで）により、当初一〇年後として示された復興期間の「終わり」はあいまい化した。ただし、津波被災自治体では国の復興交付金事業が廃止された二〇二〇年度末に大規模な復興事業を軸とした復興に一定の目途がついている。こうしたことから、象徴的な津波被災自治体である南三陸町の復興に照準する本書では、一〇年という期間に照準を絞ることとした。

表1－1　フィールドワークの3フェーズ

	第1期	第2期	第3期
筆者の立場	支援者兼調査者	調査者	調査者兼支援者
期間	2013年6月～2015年3月	2015年8月～2019年4月（4日～3週間程度の日程で10回程度断続的に滞在）	2019年5月～9月（その後も2021年3月に至るまで断続的に滞在）
主たる関心	避難者の行政的〈越境〉と受け入れ	避難者の社会・文化的〈越境〉と〈越境〉先における被災	〈越境〉先における復興
聞き取り調査の対象	迫町佐沼大網地区の地域住民、同地区近郊に設置された「イオン南方店跡地応急仮設住宅」入居者、登米市・同市社会福祉協議会職員、同市NPO法人スタッフなど被災者支援活動従事者	入谷地区や大網地区の地域住民、とりわけ発災後の救援・支援活動に従事した人びと	入谷地区や大網地区の住民、特に各対象地区やその近隣地区の住民、民生・児童委員、行政区長らに加えて、南三陸町と登米市の職員、両自治体の社会福祉協議会職員、NPO法人スタッフなど被災者支援活動従事者、南三陸町への移住者

（注）各期間におけるフィールドワークはそれぞれの観点において差異化されるが、これは調査の進展にともなう筆者の関心の移り替わりというよりも、対象地域との関わりのなかで調査結果を積み重ね、彫琢されてきた本研究の「まなざし」のあり方を反映したものである。

文献調査では、先行研究を収集・精読・整理し、特に課題①については、現在の南三陸町にあたる志津川町や歌津町に加え、現在の登米市を構成する登米郡の旧町の郷土史を精読した。また、課題②に対してオンライン上や公共図書館等において各レベル（国、県、町）の行政資料や文献資料を収集・分析した。

並行して、特に課題③を念頭に、南三陸町と、隣接する登米市においてフィールドワークを実施した。具体的には、序章で示したとおり甚大な津波被害を受けた沿岸部からの避難者を受け入れた町内外の二地域[25]（町内中山間地域の入谷地区と、登米市の中心市街地）を中心に、聞き取り調査や参与観察、資料収集等を行った。

足掛け七年にわたって断続的に実施してきたフィールドワークは、時間軸に沿って大きく三つのフェーズに整理できる（表1-1）。すでに述べたように、筆者は復興支援活動と地続きに学術的なフィールドワークを行った。〈境界的な被災地〉における語りを拾い上げようとする本書の関心は、当初より綿密に企図されていたものではなく、序章で示したようなポジショナリティにおいて、つまり支援者あるいは調査者として、筆者が紡いできたさまざまな人びととの偶発的な関係性のなかで、徐々に形づくられたものである。前章で述べたように、被災の現場に身を置いた筆者は、坂田も指摘した被災格差、被災の〈差異〉に徐々に自覚的になり、自らのポジショナリティを協力者に開示することを通して、前述の標葉の表現を借りれば、「語りにくさ」の構造を超えた「語りの場」を創出する媒体ともなった。表1-1には、各フェーズのフィールドワークについて、いくつかの観点から整理している。

筆者がNPO法人「人間の安全保障」フォーラムのスタッフとして現地に滞在していた第一期は、調査を主たる滞在目的とはしていなかったが、本書の視座を着想するに至る重要な期間であった。序章で述べたように、当時の筆者は津波被災者を主たる対象とした復興支援事業に従事するなかで「登米市はB級被災地だから」という自虐的な発言を聞き、自身が被災地でありながら被災地でないような、どっちつかずの地域に身を置いているこ

(25)　本書では、「地域」という語で一定の地理的範囲とそこに暮らす住民やその関係性を表現している。原則、日常生活圏の範囲に近い区域を想定するが、文脈によって拡大縮小する相対的なものとして捉え、厳密に範囲を特定しない形で用いている。

と、こうした地域に暮らす人びとの災害経験が津波被災者のものとは大きく異なるであろうことを意識するようになった。関心の変化にともない、次第に津波被災者を念頭に置いた支援活動から学術的な調査へと軸足を移すこととなったが、第一期の終盤に至ってもなお筆者の立場は完全な調査者であったとはいえず、支援者の立場との間をつねに往来しているような状態であった[26]。

第二期では、当初から一貫して調査者としてふるまった。この期間における主たる関心は引き続き避難者の〈越境〉（序章参照）にあったが、自治体間の行政界に目を向けた第一期とは異なり、自治体内に現象した社会・文化的な分節（第4〜8章にて詳述）に着目したため、聞き取り調査においては入谷地区の住民を主たる対象としている。また、震災から五年が経過した時点であり南三陸町も未だ復興の途上であったことから、特に「被災」という観点から語りの収集を行っている。

第三期では、第一期とは違ったかたちで「支援者」の立場に復帰している（第7章）。聞き取り調査の主たる対象となったのは引き続き〈越境〉者の受け入れ側住民であったが、「被災」に着目した第二期に対して、復興の進展を背景に「復興」をめぐる語りに焦点化した。

第一期において、調査の枠組みに未熟な・未整理な部分が多分に含まれたのに対し、第二、三期では学術的観点から調査手法を整理している。聞き取り調査においては、これまでの調査協力者から紹介を受けるスノーボールサンプリングを採用して対象者を選定した。また、技法としては各対象者との関係を踏まえ、半構造化面接法と非構造化面接法のどちらを選択するか、個別に決定するなど柔軟に対応した。許可を得られた場合は会話を録音し、適宜テープ起こしを行った。また、日常生活を共にするなかでの観察や会話において得られた情報をフィールドノートとして可能な限り記録した。なお、本書において調査で得られた人びとの「語り」を引用する際は、筆者とのやり取りも適宜含めつつ、できるだけ原発言のまま記載し、多声性の確保を試みている。

小括

本章では、〈境界的な被災〉という切り口から復興という現象を描き直すにあたってのアプローチと分析視角を設定し、調査・研究の手法を提示した。

第1節では、近年公刊された先行研究の議論を整理したうえで、復興を主題化する従来の調査研究や報道から零れ落ちてきた〈境界的な被災地〉における「語り」に照準する本書の立場を明示した。第8章では、本章で整理した東日本大震災後の社会に現出したサバルタニティ＝語りにくさの構造、当事者性に関する議論を手がかりに、〈境界的な被災地〉における「〈当事者〉になりにくい構造」を吟味する。

第2節では、人類学者による災害研究領域への問題提起（災害を平時から社会に内在する構造的諸要素との結びつきのなかで捉えるという姿勢の重要性、復興過程における住民やコミュニティの主体性の重視）を整理し、前述のアプローチをとるにあたっての文化人類学的な理論と方法論がもつ有用性を確認した。本書ではこうした災害人類学的な知見を導入したうえで、第6～8章において、〈境界的な被災地〉における語りの検討を行う。

(26)　たとえば、毎年三月一一日に仮設住宅内で開催された追悼式など各種行事の参与観察を行う際は、周囲から「支援者」として扱われながら「調査者」として観察を行った。

第2章　復興とは何か

1　主題としての「復興」

繰り返しとなるが、本書では「どっちつかず」の状況において復興過程から周縁化されてきた人びとの語りを引き出し、復興を再考すること、そしてそうした作業を通して復興の当事者をめぐる議論に寄与することを目指す。後述するように復興は非常に多義的・多元的な現象・概念であり、さまざまなアプローチから学術研究や言説の対象となってきた。本章では日本国内において蓄積されてきた災害研究の知見を中心に、本書が対象とする「復興」の外延を画定する。まず第1節では復興概念の定義を整理し、本書が復興を検討するうえでの視座を設定する。第2節ではあるべき復興の姿をめぐる議論の内容と展開を整理し、近年の災害研究における復興パラダイムを示す。

（1）日本社会における災害研究の展開

まずは、日本における人文・社会科学的な災害研究の展開を概観する[1]。アメリカ災害研究における成果の輸入が始まり、日本で組織化された研究が展開されるようになったのは、一九七〇年頃のことである[2]（田中淳 2007: 29）。ただし、一九八〇年代頃までの国内の災害研究は主に発災直後に着目した観点から論じられた。そのため、社会の構造や変動の分析という点では課題を残すものであり、その後の災害研究に残した影響は限定的である。

その後、一九九〇年代以降の災害研究は、組織的、継続的にではなく、断続的に発生する大規模災害のあとで「アドホック」に展開した（室井 2019: 42）。また、同時期におけるアメリカ災害研究の展開と呼応し、地域社会やコミュニティを対象とし、被災地域に対する社会的影響を扱う長期的な視野の研究が蓄積され、研究領域としての災害研究が確立されることとなった。

特に大きな影響をもたらしたのは、一九九五年に発生した阪神・淡路大震災である。大都市神戸を襲ったマグニチュード七・三の巨大な地震は、死者六〇〇〇人以上という人的被害、二五万棟もの住家が全半壊した物的被害のみならず、経済面や文化面での被害など、連鎖的複合的な被害をもたらした[3]。災害不在の高度経済成長期に発展した近代都市を襲ったこの災害は、社会のもつさまざまな歪みをクローズアップし、災害と開発や階層的不平等の関連、復興のフェーズにおける社会的な課題を浮き彫りにした。そのなかで地域社会の相互扶助機能や、それまで縁もゆかりもなかった人びとが駆けつけて展開したボランティア活動など、「人間そのものの生のあり方」に多くの注目が集まることとなり[4]（林 2011: 249）、それまで周辺的な領域とみなされがちであった災害研究に、多数の人文・社会科学者が参入する重要な契機ともなった。

その後、二〇〇〇年代に入ってからも大規模な災害が相次ぐなかで、とりわけ地域社会学の領域において「復興」のフェーズに焦点を合わせる研究が蓄積されてきた。災害復興の研究にとって転換点となったのは、二〇〇四年に発生した新潟県中越地震である。この地震により過疎化・高齢化が進行していた中山間地域において甚大な被害が生じ、人口流出が加速化した。困難な状況からの復興のあり方について議論が求められるなか、「そもそも、復興とは何か」という問題提起が行われる。

（2）復興とは何か

日本語の「復興」

「復興」の字義は、「一度衰えたものが、再び盛んになること」であり、宮原浩二郎は、災害分野における復興を「一度衰えた被災者および被災地が再び盛んになること」と表現している[5]（宮原 2006: 23）。アメリカを中心とする災害研究で導き出されたモデル（第1章第2節参照）が設定する四つのフェーズのうち、ハザードによる被

（1）なお、この領域における研究動向を概観する研究はすでに複数存在する。本項の議論は、特に室井（2019）の整理を参考にしつつ、独自の視点から再構成したものである。

（2）特に重要な転換点となったのは、災害研究の大家である社会学者クアランテッリらを中心とするオハイオ州立大学のDisaster Research Centerと、秋元律郎ら日本の社会学者らとの接触であった。アメリカと同様、日本においても、社会学が人文・社会科学的な災害研究を主導したが、先行したのは理工学的な災害研究であった。室井はその背景として、「災害を研究対象として取り上げることを妨げる方向に作用した」近代社会学に特有の「認識論的枠組や社会科学と自然科学の役割分業観」に加え、日本固有の要因（高度経済成長期に都市での大災害の発生がなかった、防災を官が独占するという法制度的枠組みが災害に対する社会学的アプローチを困難にした）の存在を指摘している（室井 2019: 38）。

（3）消防庁「阪神・淡路大震災について（確定報）（平成18年5月19日）」二〇〇六年、消防庁ウェブサイト（https://www.fdma.go.jp/disaster/info/assets/post1.pdf 二〇二四年九月二八日最終閲覧）。

（4）さまざまな社会的・経済的・身体的状況で被災者となった当事者の体験に注目する災害エスノグラフィ（第1章第2節参照）の取り組みも、阪神・淡路大震災が端緒となっている。

（5）この点に関し、室崎益輝は「災害によって衰えたものの回復をはかるのか」、「災害以前から衰えていたものも含めて回復をはかるのか」で復興の意味づけや復興の目標が大きく異なると指摘している（室崎 2020: 33）。本書の議論とも関わる重要な指摘である。

害からの回復もしくは適応を意味するRecoveryが、一般に日本語文献において「復興」と翻訳される概念である。

しかしながら、Recoveryは必ずしも「復興」に一対一で対応しない[6]。たとえば、邦訳された防災対策サイクルや、日本語話者の研究者が作成したモデルをみてみると、Recoveryのフェーズには「復興」ではなく「復旧」と「復興」の語が並記されることが多い（図2-1）。

図2－1　防災対策サイクル

（出典）林（2001）を参考に筆者作成

災害復興の分野において、「復旧」は防災施設などハード面を従前の状態や機能に回復することとされるのに対して、「復興」は「災害前とまったく同じ施設、機能にもどすのではなく、地域が災害に見舞われる前以上の活力を備えるように、暮らしと環境を再建していく活動」（林 2003: 116）であり、「ソフト面」における再建を包摂するものとして説明される[7]（宮原 2006）。また、法制度上では被災した公共施設の再建は原則「原形に戻す」（＝復旧）こととなっていることから、行政用語としても「復旧」と「復興」は明確に区別されていることがわかる[8]（岡村 2017）。

ただし復興は復旧とは異なり明確な基準が設定されないうえ、定量的評価の困難なソフト面を射程に含んだことにより、必然的に何をもって復興と呼ぶのかといった議論を呼んだ。災害関連法においてもかねてより復興の定義は規定されておらず、法的概念としては存在していないことが指摘されており（宮原 2006）、また、日本語の「復興」が埋め込まれた社会・文化的な脈絡の存在[9]や、語の政治性（永松 2020a, 2020b）に着目する見方も提起されてきた。

復興をめぐる議論の整理

先に触れたように、学術界においてこの復興の定義をめぐる議論が活発化したのは、新潟県中越地震が発生した二〇〇〇年代の半ばであった。

議論の舞台となったのは、この時期に相次いで設立された災害復興を主題とする学術的組織である。たとえば、社会学者の山中茂樹らにより設立された関西学院大学災害復興制度研究所[10]（二〇〇五年一月設立）、社会心理学者の渥美公秀ら、阪神・淡路大震災と新潟県中越地震の被災地において復興に携わってきた研究者・実務者らが集った「復興デザイン研究会」[11]（二〇〇六年一月発足）などが挙げられる。

（6）反対に、「復興」にあたる英語は Recovery 以外にも Rehabilitation や Reconstruction、Revitalization、Restoration など多数あり、それぞれのニュアンスも異なっている。
（7）ただし、ハード施設であっても従前の状態へ完全に回復することは困難であり、復旧と復興を厳密に峻別することは難しい。
（8）ただし、原形復旧では脆弱性が改善されず安全確保できない場合や、原型復旧より改善復旧のほうが費用も含め合理的である場合には、「改善復旧」を行うことができるとされている（中林 2020: 7）。
（9）たとえば、「復興とは何かを考える連続ワークショップ」（後述）において議論を総括した社会学者の大矢根淳は「恐らく復興は、日本独特の考え方であるし、言説なのです。近代化とその思想や政治、法体系の枠組みの中における公共性の概念というところから、生み出されてくる産物なのです」と述べている。
（10）関西学院大学は、阪神・淡路大震災により二三人もの学生・教職員を失っており、被災体験からの教訓の抽出と復興に関わる新しい理念の構築を目指して同研究所を立ち上げた。二〇一〇年一月に発表した「災害復興基本法試案」では、起案に関わったそれぞれの研究者が、復興について「市民主権の獲得」「人間の尊厳を取り戻す作業」などと仮定義を試みている（青田ほか 2010）。

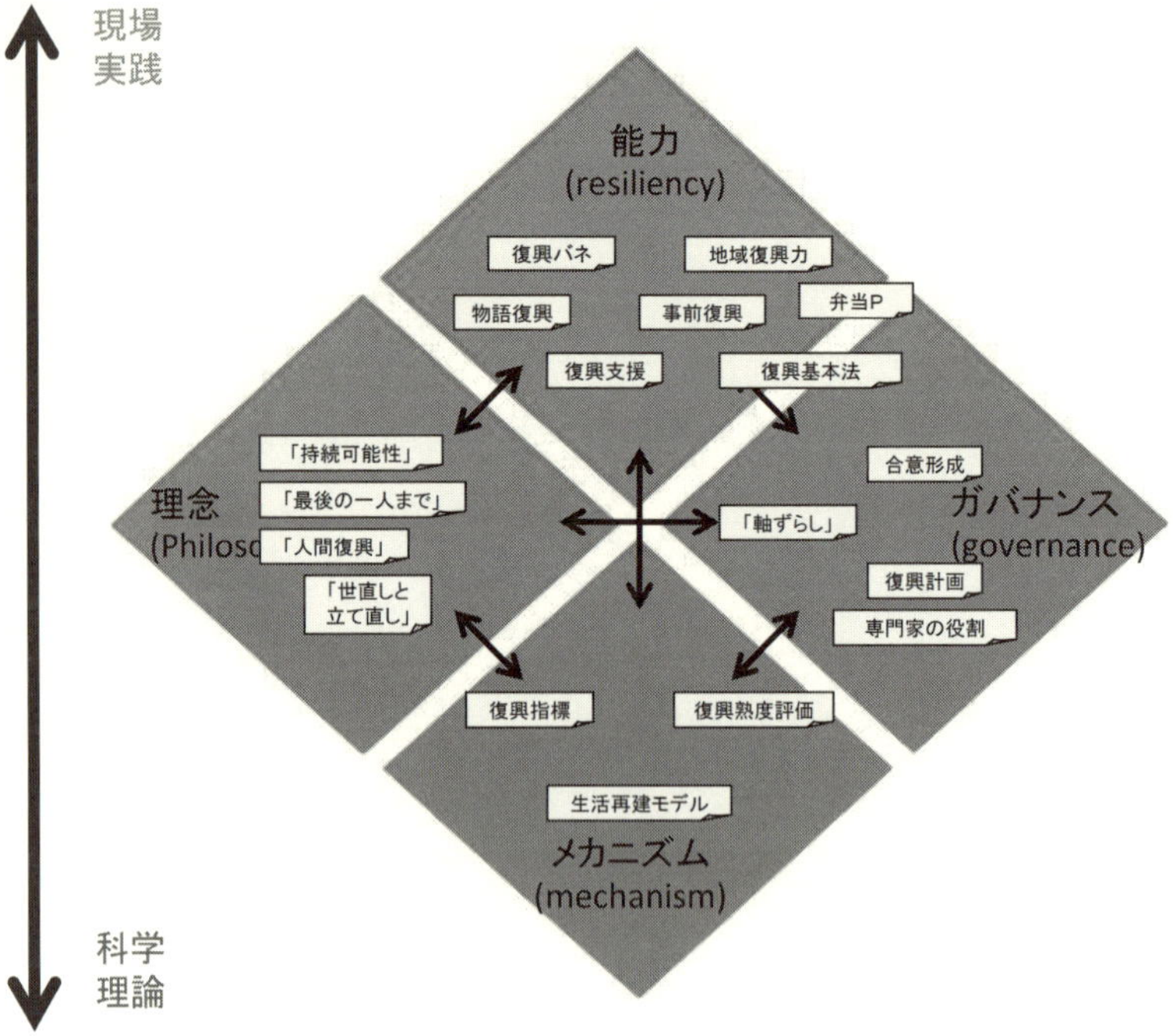

図2－2　「復興とは何か」という問いに対する研究アプローチの４類型

（出典）永松（2010）

二〇〇八年には、右記二団体に関わる研究者や実務家らが発起人となり、日本災害復興学会が創設された。設立趣旨に「「復興」についての定義すら定かでない」ことが明記されるなど[12]、「復興とは何か」という問いは学会の存立課題たりつづけている。学会の「復興とは何かを考える委員会」（二〇〇九～二〇一〇年度、以下、復興委員会）では、それまでに蓄えられた知見が網羅的に整理され、「復興」概念やあるべき「復興」について、共通理解を形成することが目指された[13]。一四回の研究会と二度の公開討論会を通し、委員会では、「復興とは何か」を一義的に定義することはできないと結論づけた一方で、「復興とは」という問いに回答する四つのアプローチ（理念・メカニズム・能力・ガバナンス）を抽出した[14]（永松 2020b）。図2-2はこの四つのアプローチを図示したものである。

委員会の取りまとめを行った永松伸吾の整理によれば、四つのアプローチは相互に作用し、それぞれ次のような特徴をもつ（永松 2020b）。まずは、理念（philosophy）的アプローチである。このアプローチは、復興の目標やあるべき社会像を提示することで、復興とは何かという問いに答えようとするものである。このアプローチをとる研究実践のなかで練り上げられたのが、後述する「人間復興」（山中 2010）などの概念である。(15)

(11)「復興を考える」ことを主眼としたこの研究会では、二〇〇六年五月の設立総会において、復興概念を「復興とは人々が元気・活力を取り戻すこと　復興とは過程であり時間がかかるが、目標の共有も大切」と暫定的に整理し、「法末宣言」として公表している（渥美 2007: 25）。

(12)日本災害復興学会「趣旨」二〇〇七年、日本災害復興学会ウェブサイト（https://f-gakkai.net/about2/ 二〇二二年三月二八日最終閲覧）。

(13)日本災害復興学会「復興とは何かを考える委員会09-10」日本災害復興学会ウェブサイト（https://f-gakkai.net/what-is-reconstruction-ws/what-is-reconstruction09-10/ 二〇二二年三月二八日最終閲覧）。なお、委員会の設立にあたっては、多くの学会理事より復興の定義を固定化することへの懸念が提起された。そこで、委員会の目的は、あくまで学会が扱う復興という概念の広がりを把握するといったところに置かれ、委員会としての最終的な見解を提起するということについては必ずしも目的とされなかった。また、委員会での議論は自然災害からの復興に限定されているため、大規模事故や戦争などからの復興との共通性は必ずしも担保されていない（永松 2020b: 11–12）。

(14)「復興委員会」や後述する「復興ＷＳ」に参与した研究者らが、復興を問う際の論点について独自の視点から整理しているケースも多い。たとえば、中林一樹は、だれが（復興主体）、なにを（復興対象）、どのように（復興意向）復興するのか、という三つの視角から論点を整理し、さらに理念・目標・空間・過程・未来・時制を加え復興の概念を構成する九つの軸線として提示している（中林 2020）。また、上村靖司は、自身が携わった新潟県中越地震からの復興を振り返り、①復興の主語は何か、②復興のゴールはどこか、③復興とは主観か客観か、④復興の進捗はいかに測るか、⑤復興は復旧と何が違うのか、⑥良い復興とはどのようなものか、⑦良い復興をするには何をすべきか、といった疑問があったと整理している（上村 2020: 62–63）。

(15)これらの理念に異論が提起されることはなかったが、第一三回の研究会で議論された「より災害に強い社会をつくる」という理念には、次なる災害への備えを口実にハードに巨額の投資を行う復興を批判する立場から懸念が表明された（永松 2020b: 13）。この論争は、本章第２節の主題とも関わってくる。

次に、メカニズム（mechanism）的アプローチは復興に必要な要素やそれらの関係性を明らかにしようとするものであり、再建された住宅の量などから、復興の程度や質を客観的に評価しようとする研究などが行われている。また、「復興する力」を問う能力（resilience）的アプローチには、当時日本の災害研究に輸入されたばかりだったレジリエンス概念の有効性をめぐる研究も含まれる。最後に、ガバナンス（governance）的アプローチは、復興の主体、プロセス、手続きのあり方を主題とする。ガバナンス的アプローチにおける重要な論点の一つに、「復興の主体は誰か」という問いがある。復興の主体には複数性があり（たとえば、国、県、基礎自治体、集落、個人）、それぞれが取り組む復興は必ずしもイコールではない。加えて、本書の主題とも密接に関わる点であり詳しくは後述するが、近年は〈当事者＝被災者〉こそ復興の一義的な主体たるべきと提唱する論者が多い。ただし、〈被災者〉の定義は必ずしも明確ではない（第8章第2節参照）。

なお、東日本大震災発災後は、「東日本大震災復興基本法」や「大規模災害からの復興に関する法律」などの法律において「復興」の文言が頻繁に用いられるようになった。しかしながら、大規模な災害からの復興を進めるにあたっての基本的な理念等は示されたものの、「復興」に明確な定義が与えられているとはいえず、法制度上の概念化は未だ途上である。学術界においても、二〇一八年度、日本災害復興学会において「復興とは何かを考える連続ワークショップ」[16]（以下、復興WS）が企画され、二〇二〇年には論文集第一五号において復興委員会、復興WSの成果を取りまとめた特集「復興とは何か」が組まれるなど、「復興」の定義をめぐる議論は、近年再び活発化している。

実践過程の総体としての復興

以上、国内の災害研究における復興をめぐる議論、アプローチの整理を行ってきた。議論に終止符が打たれていないことに留意しつつ、本節の最後に、本書が復興を検討するうえでの視座を設定する。

全体論的パースペクティブを特徴とする人類学の視座において、復興はどのようなものとして立ちあらわれるだろうか。災害をイベント（出来事）ではなく過程として捉える災害人類学（第1章第2節参照）では、復興は、所与の地域社会における固有の文脈のもとで、ハザードを契機に急激に変化する状況において、文化・社会・環境・制度・政治といった諸要素が相互に関連し、影響しあって展開する複雑なダイナミクスとして描かれてきた（Oliver-Smith 2009）。近年はそこにグローバル・ナショナル・ローカルなレベルの外部との相互作用に着目する視点が挿入されている。人類学的アプローチが対象化する「実態としての復興」[17]とは、被災からの回復を目指す多様な主体による実践の過程、そのダイナミックな相互作用の総体としての復興であり、そのただ中において社会関係を再構築する（環境の変化に適応しようとする）被災者の固有の生であるといえる（Tierney and Oliver-Smith 2012）。

社会的な過程としての災害復興に着目する論者は、災害社会学にも多い。たとえば大矢根淳は、「「復興」とは何らかのゴールではなくプロセスである」（大矢根 2007b: 22）とし、「そのプロセスとは、多様な主体（もちろん

（16）　日本災害復興学会の設立一〇周年記念企画として、二〇一八年度通年で実施された。筆者は事務局学生スタッフをつとめ、計六回のワークショップと一回の最終討論会すべてに出席した。ワークショップの成果については小林（2020a）に詳しい。本書において本ワークショップにおける議論に触れる際は、小林の記述にとどまらず、筆者自身が実際に作成したメモと議事録の記述にも拠っている。

（17）　復興WSに講師として登壇した文化人類学者の木村周平は、「復興とは何か」を考えるにあたっての「前提的な枠組み」を以下のように整理している。すなわち、「復興」はさまざまな事業や行為、事態などを緩やかにまとめた集合に張り付けられるラベルであり、「復興とは何か」をめぐる議論は「実態として生じたこと」を踏まえて「理念としての復興」を鍛えていこうとするものである。ただし「理念としての復興」にも①普遍的な理念や価値、②個別的な計画という二つのレベルが想定される。さらに、計画をめぐってはさまざまなズレ（主体間のズレ、計画と実態のズレ）が生じる。「実態」はこうした複雑なズレについての、いずれかの立場・時点からの評価である（木村 2020）。

被災者を主体とする）によるローカル、ミクロな政治過程」（大矢根 2012: 101）であるとする。また「「復興」には共有されるイメージは一義的には存在しない。それに向かって皆で紡ぎ出す物語が復興であり、その過程において「復興」の像が柔軟に描かれ続ける」（大矢根 2007b: 22）とし、多様な主体による相互作用の過程として復興を捉えている。また、本章の議論が拠るところの多い社会学者の小林秀行も、右記の大矢根の議論等に目を配りつつ、復興を「戻るべき過去に復していくこと、被害を再発させないために新しい未来へと進んでいくことなどを含めた「災後の社会」の再編成、そしてそうした「災後の社会」への適応という悪戦苦闘の過程」（小林 2020a: 28）であり、「被災地という場を中心にしながら、被災地内外の多様な関係者のネットワークのなかで編み上げられていく」（小林 2020c: 1）ものとして説明している。

以上の先行研究を踏まえ、本書では、復興を「被災からの回復を目指す多様な主体による実践の過程、そのダイナミックな相互作用の総体」として捉える。ただし、本書が耳を傾けるのは、その「ただ中」ではなく〈周縁〉から社会関係を再構築しようとする人びとの語りである。〈周縁〉というポジショナリティについては、第6章・第7章の記述を経て第8章で説明する。

2 「既定（の）復興」とオルタナティブの模索

（1）「既定（の）復興」

日本社会における復興様式

前節では、復興が多義的な概念であることを確認したうえで、本書で採用する、災害復興を社会的な実践過程の総体として捉える視点を示した。本節では、日本社会における過程としての復興の特質について、主に制度的な枠組みの観点から検討し、あるべき復興の姿をめぐる議論を整理することで、本書が検討を加える近年の復興パラダイムを明示することが目的となる。

関東大震災（一九二三年）からの帝都復興事業として都市計画事業（土地区画整理事業）が採用されて以来[18]、日本社会では、復興計画に基づく都市計画事業が復興の「デフォルト」として定式化してきた（大矢根 2015a: 54）。特に公共事業による利益散布が福祉国家における社会保障の代替物として機能してきた一九七〇年代から一九九〇年代を中心に日本社会に現出した「土建国家」の時代に、福祉国家の試みの一部というかたちで定着したのであった[20]（小林 2020b: 160）。本書が着目する過程としての復興も、この政策的スキームに大きく規定される。

大矢根は、こうした日本社会における基本的な復興スタイルを、「既存の基盤再整備の公共事業（復興都市計画事業）が疑義なく重ねられていく」という意味で「既定（の）復興」と呼んだのであった。行政を一義的な主体とし、基礎自治体の単位で展開する「既定（の）復興[21]」では、被災自治体が被災前に策定した中長期的な総合計画が復興計画に盛り込まれるなど[22]、復興は地域開発が数十年前倒しで実現される好機となる（大矢根 2015a:

---

(18)　帝都復興事業では、「インフラ＋国策」という復興の図式（室﨑 2020: 30）が強く押し出され、それ以前の都市の近代化の遅れを一気に取り戻すべく、国を挙げて大規模な区画整理事業が実施された。帝都復興院（総裁＝後藤新平）が帝都復興計画を策定し、「市街地建築物法」と「（旧）都市計画法」により被災市街地に面的整備を実施した。アジア・太平洋戦争終戦後は、戦災により焦土と化した市街地に対し、やはり土地区画整理事業を核としたハード中心の復興が行われた。また、その後は地震、大火、台風といった災害も相次ぎ、広幅員の道路や緑地帯を取り入れて荒廃した市街地の改変が進められた。

(19)　そもそも、復興計画がなくても現実的には復興を行うことが可能であり、東日本大震災発生以前は日本の法制度上に国や自治体が復興計画を策定する法的根拠はなかった（牧 2013: 52-54）が、「大規模災害からの復興に関する法律」により法的に位置づけられた。

(20)　木村周平は、こうした「既定（の）復興」が可能となった背景として、日本社会における特質、すなわち「行政的な範囲と住民のまとまりやコミュニケーションの範囲がある程度まで一致しており、町の再建と被災者個々人の生活の立て直しや精神的な恢復とがリンクしやすい」ことを指摘している（木村 2020: 108）。

57)。

開発主義的な色彩の濃い「既定（の）復興」スキームは、経済成長に陰りが見えた頃に発生した阪神・淡路大震災（一九九五年）からの復興においても継承されている。先に述べたように、この震災は大都市神戸を中心に極めて甚大な被害をもたらした。神戸市は、一九九五年六月に「神戸市復興計画」を発表し、木造家屋の密集する市街地が集中的な被害を受けたとして都市空間の安全性を向上するという視点から、都市計画による復興事業に着手した。一方、こうした事業を進めるにあたり各地域で、住民参加を進め合意形成の受け皿となる「復興まちづくり協議会」という住民組織が相次いで結成された。

他方で兵庫県は、「単に震災前の状態に戻すのではなく、高齢化、国際化、情報化などの時代潮流を見据えて「二一世紀の成熟社会にふさわしい復興を成し遂げる」として「創造的復興」[23]理念を掲げ、概算事業費約一七兆円の「阪神・淡路震災復興計画（ひょうごフェニックス計画）」（一九九五年七月）を策定した（復興10年委員会 2005）。この「創造的復興」の旗印のもと実施されたのは、兵庫県の総合計画「兵庫2001年計画」（一九八六～二〇〇一年）を踏まえた地下鉄海岸線建設、関西空港二期埋立て、神戸空港の建設といったインフラ整備の巨大プロジェクトであり、国際競争力の強化と経済成長の回復への強い志向性がうかがえる（宮入 2018）。

開発型の復興への批判

「既定（の）復興」により、日本社会は幾度となく災害からの回復を遂げてきた。しかしながら災害研究の立場からは、「既定（の）復興」がはらむ問題も指摘されている。

まず、前述したように復興それ自体はソフトな要素を含みこむ概念であるのに対して、「既定（の）復興」様式は都市計画的、開発的性格が強く、インフラの復旧、公共施設の建設といった公共土木事業による「街」の復興が、「人」、すなわち被災住民の生活再建よりも重視されてきたことが批判されている[24]（山中 2010）。また、土地区画整理事業を軸とする都市空間の改変は私権の制限をともなうものであり、「既定（の）復興」政策の基盤には、「公共の福祉が当事者の私権に優先する」という論理が存在している。[25] こうしたスキームに基づく復興実践は、結果として被災者支援の役割を果たしてはきたものの、その内実は「行政計画にもとづいて〝まち〟を作り変えることであり、被災者支援を主たる目的とはして」いない（小林 2020a: 27）。阪神・淡路大震災の被災地

---

(21) 同様の視点において、建築雑誌会誌編集委員会の中島直人らも建築学の立場から、阪神・淡路大震災までに成立し、政府・官僚主導、基盤整備優先、国庫補助による標準型の事業メニューに特徴づけられる復興のあり方として、「近代復興」という概念を提起している（中島 2013: 12）。

(22) なぜなら、そうした行政計画は「災害前の近い過去に、当該地域の議会において民主主義的手続きを経て承認されていて、導入は既に決定していた」ため、災害後の混乱のなかで「一から復興プランを練り始めるより、既存の承認済みプランを持ち込んだ方が」収まりが良く、「全国総合開発計画のような国全体の諸計画との整合性も高い次元で担保されている」ためである（大矢根 2015a: 57）。

(23) 「創造的復興」は貝原兵庫県知事（当時）が提唱したもので、山中茂樹は「貝原ドクトリン」と呼び、「従来の国や地方創成の思想を劇的に変えるパラダイムシフト」であるとして評価している（山中2018: 22-23）。「創造的復興」の提起と実践は、近年、国際連合を中心とするグローバルな枠組みにおいて広まりをみせる「Build Back Better」（より良い復興、以下、ＢＢＢ）という標語の源流ともなった（小林2020b）。国連防災機関（ＵＮＤＲＲ）の定義によれば、ＢＢＢは「災害後の復興フェーズを機会として捉え、国やコミュニティのレジリエンスを高めるために、災害リスク軽減の手法を、物理的インフラや社会システムの復旧、そして暮らし、経済、環境の再建と統合すること」を意味する。すなわち、「物的な安全面でのレジリエンスを求めるだけではなく、生活再建や経済・環境面の改善を重視する包括的な政策体系」であり、被害からの回復としての復興に特化したものではなく、広く減災の達成を目標に置いた概念である（豊田2020: 7）。

(24) 二つの復興の対立構造については、「空間復興と人間復興」（山中 2010）に加え、「開発型復興と生活型復興」「都市復興と生活復興」「被災地の復興と被災者の復興」などと論者によって少しずつ異なる表現で言及されてきた。こうした「復興」観の混在が、「復興」の意味のあいまい化を引き起こし（宮原 2006: 21）、本章で取り上げている復興をめぐる議論を喚起している。

(25) 小林秀行によれば、「既定（の）復興」には、都市基盤整備、そしてそのための計画策定を通じて、復興主体としての自治体と、自治体が策定した計画に対して賛否を選択させられる被災者という構造を再生産する機能もある（小林 2020c: 2）。

では、復興事業の実施にともなう地価の上昇のために、災害で住居を失った借家人らが従前居住地を追われる「ジェントリフィケーション」（大矢根 2015a: 55）などの問題も報告された。伊藤滋が指摘するように、個々の被災者にとって望ましい復興とは往々にして従前の状態への復帰であるが、「都市計画の立場でいう「復興」はけっして「原状復帰」ではな」く、「あくまでも「被災を契機としたより高度な市街地の改変」のみが、復興となる」（伊藤 2000: 5）。「既定（の）復興」に基づく復興実践の現場においては、この「復帰と改変」の間の矛盾が噴出するのである。

また、新たな視点に基づく都市の再生を目指して「阪神・淡路震災復興計画」に掲げられた「創造的復興」というスローガンも、内実は旧来の「開発的復興」であるとして批判的にも論じられてきた。前述のとおり復興計画には、神戸空港の建設など、地域開発を数十年前倒しで実現するようなハード事業が優先的に盛り込まれており、被災者の速やかな生活の再建にはつながらなかった（大矢根 2015a）。宮入興一によれば、「創造的復興」の本質は、大災害を奇貨として、平時では進められなかったハードな都市づくりを一挙に推し進めること、そして規制緩和などにより経済開発・成長の妨げとなるルールを取り払い、大企業のための新たなビジネスチャンスを一気につくり出すことの二点に集約される（宮入 2018）。被災地以外の大手企業を中心に復興による特需と利益が域外に流出してしまうため、被災地の経済復興へもつながりにくいという。

また、阪神・淡路大震災から一〇年が経過した二〇〇〇年代半ば、再開発事業等により高層化した市街地構造と疲弊した地域社会とのギャップが顕在化し、被災者に二次的な被害が生じた。塩崎賢明はこれを「復興〈災害〉」と呼ぶ。復興〈災害〉とは、復興過程において社会の仕組みによって引き起こされる、本来防ぐことができるはずの被害である。具体的には、災害公営住宅入居をめぐるコミュニティの崩壊、震災障害者、孤独死、借上げ公営住宅からの退去など、災害を生き延びた人びとが力尽きて命を落としたり、家庭が崩壊したり、地域が衰退したりすることを指す（塩崎 2014）。これまでみてきたような「既定（の）復興」の様式では、こうした復興〈災害〉があらかじめ黙認（奨励）されているのである（大矢根 2015a: 56）。

（2）オルタナティブな復興の模索

「人間（の）復興」パラダイム

復興〈災害〉の顕在化は、災害研究に携わる研究者、実務家を「復興」の問い直しへと向かわせた。また、同じ時期、バブル崩壊以降の長い構造不況のなかで、「右肩上がり」の成長社会の終焉が誰の目にも明らかになった。環境問題や資源エネルギー問題に対する意識も否応なしに高まり、「持続可能な（sustainable）社会」への転換が現実課題として迫りだしていた時期であった（宮原 2006）。加えて、明治期以降基本的に人口増の傾向にあった日本社会は、二〇〇五年に戦後初の人口減を経験する。このような時代に発生したのが、すでに過疎化・高齢化が進行していた中山間地域を襲った新潟県中越地震（二〇〇四年）であった。

都市成長を前提とした従来の復興は成長社会の要請に沿うものであり、低成長・高齢化の時代に突入したのちは、「暮らし」や「コミュニティ」等に着目するオルタナティブな復興のあり方を模索する動きが加速した。たとえば山中茂樹は、「これまで災害復興の主体は「都市＝空間」であった」と喝破し、主体を「人間」と「人間の集団」に置き換えるパラダイムシフトが必要であると主張している（山中 2010: 13）。「人間復興」は山中が創設に注力した前出の災害復興制度研究所が掲げる研究理念でもあり（山中 2023）、近年は、第1章で取り上げた『被災者発の復興論』（山下・横山編 2024）をはじめ災害復興に携わる多くの研究者に支持されている。

岡田知弘も、関東大震災時に後藤新平の「帝都復興ノ議」に異を唱えた福田徳三の主張に依拠する立場から、被災者の生活再建とそれを支える被災地の地域産業の再生を最重要視する理念として、「人間の復興」を提唱した[26]。岡田は「人間の復興」理念に基づいて復興を遂げた地域として、中越地震の際に全村避難を強いられた山古《やまこ》志《し》村（現在の長岡市）に言及している。山古志村では、「山古志に帰ろう」というスローガンのもとに、住民が集落ごとに入居した仮設住宅で話し合いを繰り返し、生活領域である昭和期の旧村単位で復興ビジョンを策定した。結果的に七割の人が山古志に戻り、生活と生業を再建したという（岡田 2012）。

「ものさし」の再考

また、「人間（の）復興」を展望する潮流とあわせて、復興の「ものさし」を再考しようとする動きがある。国内外問わず、一般に復興を測るものさし（指標）としては、経済や人口が選択されることが多く、災害による影響で減少した経済や人口が再びもとの水準にもどれば、復興したとみなされる（たとえばAldrich 2012=2015）。一方で「人間（の）復興」論の立場からは、人口の問題として復興を語る語り口により、個々の「人間」の復興が、集合的な「人口」の問題にすり替えられることへの懸念が表明される（たとえば山下・横山編 2024）。「人口」の観点からすれば、阪神・淡路大震災からの復興過程において生じた「ジェントリフィケーション」のように被災者が従前居住地を追われたとしても、総体として人口が増え、経済活動が活発化すれば復興は成し遂げられたものと判断されるのである。

さらに、経済や人口のトレンドが横ばいか下降している時代にあって、復興のものさしが経済や人口でよいのか、また、もとの水準までの回復が難しいとしても、もとのトレンドにまで戻れば復興したと判断することはできるだろうかといった指摘も行われている（たとえば上村 2020）。こうした立場から提唱されたのが、地域固有の「ものさし」を形成しようとする「軸ずらし」の概念である。たとえば、新潟県中越地震の被災地域では、地元住民が自分たちの直面している難問から一時視線を「ずらし」て、多様な視角（たとえば外部・学生ボランティアたちの視線や、集落の歴史的蓄積・隠れた文化的財産を再評価する視線など）から地域の良さを再発見しようとする動きがあった[27]（大矢根 2007a: 157）。

一方、評価軸における旧状回復という復興像に対し、「創造的復興」理念のように「より良い」状態を目指すことをもって復興と捉えるアプローチもある。ただしこうした「より良さ」をめぐっては、いくつかの論点が提起されている。まず、「より良さ」を誰が、どのように設定するのか、というものがある（西 2020: 121）。加えて近年では、災害前よりも「低い」目標レベルの設定を提唱する動きもある[28]（たとえば矢守 2020）。

主体としての〈当事者＝被災者〉

本項では「人間（の）復興」を中心に、近年提起されてきたオルタナティブな復興のあり方について述べてきた。では、具体的にどのような「人間」が、復興の「権理」（山中 2015: 174）をもつ当事者として想定されているのだろうか。

---

(26) 福祉国家論の先駆者である福田は、一〇万人あまりの犠牲を出した関東大震災を「理想的帝都建設ノ為真ニ絶好ノ機会ナリ」と捉え東京の大改造を目指した後藤新平に対峙し、「人間の復興」という復興理念を提唱した。福田は、著書『復興経済の原理及若干問題』のなかで「人間は、生存する為に、生活し、営業し労働しなければ」ならず、したがって、生存機会の復興をはかるためには「生活、営業及労働機会（此を総称して営生の機会という）」の回復が必要だと指摘した。福田によれば、「道路や建物は、この営生の機会を維持し、擁護する道具立てに過ぎ」ず、それらを復旧しても「営生の機会が復興せられなければ何にもならない」のである（山中 2018: 8）。

(27) また、被災者による復興状況の評価とその規定要因を検討する「生活復興感」に関する研究など、「主観的」指標も導入されている。

(28) 矢守克也は、「より良さ」を目指す進歩的な復興哲学と日本社会の大きなトレンドの「ミスマッチ」を指摘する。社会経済的に「定常・停滞・縮小」のフェーズに入って久しい日本では、もと通りにすることすら難しい。こうした「定常・停滞・縮小」を基調にする社会にふさわしい復興像として、矢守はＢＢＢ（注23）に対して「Save Sound Shrink」（縮小・楽着的復興。被災者の生が静かに充実するなかで復興過程が「楽着」していく）を提起している（矢守 2020）。

本章でも整理したように、復興はさまざまな主体、すなわち公共機関、集落、被災者個人、近年では企業やNPO・NGOなどが織りなす実践過程の総体として捉えられる。一方で、すでに第1章でも触れたとおり、今日の調査研究、あるいはアカデミックな議論の場において、「人間（の）復興」論の立場から、第一義的な主体、すなわち自らの意思と意向・目標をもって復興に主体的に取り組む当事者たるべきものとして措定されるのは、〈被災者〉である[29]（たとえば青田ほか 2010; 山中 2023）。

しかしながらすでに述べたように、「既定（の）復興」スキームの基盤には「公共の福祉が当事者の私権に優先する」という論理が存在する。山中茂樹は、先に紹介した永松による整理に依拠しつつ、災害復興のメカニズムを「集団主義的復興論」と「個別主義的復興論」に大別する。集団主義的復興論とは、「災害からの復興を被災地全体でとらえ、個人的価値を超越した社会的価値の最大化を復興の目標として求める考え方」である。空間変容、インフラ整備を旨とする「既定（の）復興」はおおむねこの路線を主流として実施されてきた。対して個別主義的復興論とは、「人間（の）復興」に代表される「個々人の幸福追求権を最大化すれば社会全体も復興していく」という考え方である[30]（山中 2013: 7-8）。

本章において整理してきた議論からも明らかなように、日本社会においては前者の復興観が深く浸透しており、復興の当事者としての被災者は、往々にして「既定（の）復興」の圧力にさらされてしまう。公共の福祉を旨とする復興は「絶対的正義」であるとみなされ、いかに眼下の復興事業に不満があっても、それに反対することは難しい。また、具体的にどのような事業を復興に盛り込むかは極めて政治的であり、権力側によって定義された内容と異なる復興を志向する取り組みに対して、公共の復興事業は極めて暴力的なものとなる（永松 2020a: 5-6）。たとえば、新しく創造された美しい街並みにおいて、被災者が一丸となって生活再建に取り組むといったイメージが社会に共有されると、復興事業に疑問をもったり、声をあげたりするような被災者はその枠内から疎外されてしまうのである。[31]『被災者発の復興論』（山下・横山編 2024）の表現を借りれば、既定路線として推進された行政主導の復興に「のる人」だけが「復興の主体」とされるということだ。

復興の現場において流布する優位なイメージ、言説は、ドミナント・ストーリーとして被災者個人の復興の「リアリティ」を「既定（の）復興」の枠組みへと回収するか、あるいは彼らを置き去りにして独り歩きする（第1章第1節参照）。多様な主体が織りなす過程としての復興は都市計画事業の進捗状況によってリフレーズされ、「終了時期」をもち、「遅れ」「速度」が問題となる「既定（の）復興」の時間軸に絡めとられてしまう（友澤 2018）。

災害研究においてはドミナント・ストーリーに回収されゆく個々の人びとの復興実践に焦点化し、掬い上げようとする試みがある。これまで、研究者が提唱してきたいくつかの概念——前出の「復興〈災害〉」、「人間（の）復興」のほか、「内なるショック・ドクトリン」[32]（金菱 2013）や「私たちの復興」[33]（桐谷 2020）など——は、第1章で紹介した「小文字の復興」と共通の視座のもと、「既定（の）復興」の圧力に対峙する個々人の生のあり方に接近し、〈当事者＝被災者〉に復興の主導権を取り戻そうとする装置である。第1章で述べたように、〈環状

(29) 前出の復興WS最終討論会（二〇一九年三月開催）においても、事務局より、通年の議論に通底していた論点の一つとして「被災者主体の復興は現実的にどこまで可能なのか、どこまで必要なのか」が、提示された。
(30) 文化人類学者の箭内匡も同様の視点から、「上から与えられた筋書きのもとでの全体的復興」と「個人個人が各々の内に持った「資本」を活かして、様々な新たな物事の結び合わせを作ってゆく無数の過程の総体」を区別している（箭内 2019: 48-49）。またロシア研究家の尾松亮も、露和訳、和露訳の経験を踏まえ、日本語の「復興」がはらむ「不可避的に主語を「地域（市町村、東北、東日本、日本）」や「集団（コミュニティ）」とする「全体主義」的な性格」を懸念する（尾松 2020: 118）。
(31) 復興の場合、復興予算が執行されなければ復興そのものが遅れる、また不可能になることで、住民自身が不利益をこうむるという特殊な事情がある。行政権力に対する抵抗が、ともすれば復興を遅らせる要因にもなりうるということは、復興の現場で、住民が直面することになる現実である（小林 2020d: 31）。

島〉モデルを採用する『被災者発の復興論』（山下・横山編 2024）は、復興を進めるにあたって研究者や専門家が「語ることができない」「真の被害当事者」の声を見つけ出し、自らに語らせ、あるいはかわりに声をあげる必要性を説くものであったが、右記の〈当事者＝被災者〉的な概念装置を提唱する論者も同様の関心を共有していると考えられる。

こうした観点からすれば、阪神・淡路大震災以降、復興公共事業を進める際の住民側のカウンターパートとして立ち上げられるようになったまちづくり協議会など住民主体のまちづくり組織には、「既定（の）復興」枠組みのもとでの〈当事者＝被災者〉の主体性を高める役割が期待できよう。

小括

本章では、世界有数の災害大国である日本において蓄積されてきた災害研究を中心に「復興」をめぐる議論を整理し、本書の論点を提示した。

第1節では、本書が復興を検討するうえでの視座として、「被災からの回復を目指す多様な主体による実践の過程、そのダイナミックな相互作用の総体」として復興を捉え、その〈周縁〉において社会関係を再構築しようとする、直接的な津波被害を免れた人びとの語りに耳を傾けていくことを明示した。次章以降、とりわけ第6～8章にかけて、こうした視座に立ち、復興過程を記述していく。また右記の作業を通し、本章第2節で示した「既定（の）復興」という復興様式、そして「人間の復興」という復興パラダイムをあらためて吟味したい。

(32) ショック・ドクトリンとは、ある社会に壊滅的な惨事が発生した直後の、人びとがショック状態に陥り茫然自失のまま抵抗力を失っているときに、そのような衝撃的出来事を「好機」と捉え、巧妙に利用して大胆な政策を推進する手法である（Klein 2007＝2011）。一般に、災後の被災地において展開される新自由主義的な政策を糾弾する際に用いられる用語であるが、金菱清は、被災した地域コミュニティや漁業における当事者が、被災を契機に地域社会が内包していた構造的な問題について「創造的破壊」をともないつつ改善していく動きを「内なるショック・ドクトリン」と呼んだ（金菱 2013）。

(33) 桐谷多恵子は、都市計画史としての被爆地広島の「復興」と生活当事者としての被爆者の「復興」を対置し、当事者の言葉を用いて後者を「私たちの復興」と呼んでいる。桐谷によれば、「私たちの復興」は「これは、復興ではない」という否定表現を通じて間接的に接近できるものである（桐谷 2020: 136）。

第3章　東日本大震災からの復興

1　「既定（の）復興」様式と創造的復興

本章から、本書の課題に取り組むための事例分析に取り掛かる。まず本章では、前章で示した「被災からの回復を目指す多様な主体による実践の過程、そのダイナミックな相互作用の総体」として復興を捉える視座から、東日本大震災からの復興の実相を、主に人口の回復に苦慮する自治体の視点から描出していく。そうした作業を通し、第4章からの主題である南三陸町の復興が埋め込まれているマクロな文脈・構造を浮き彫りにすることが本章の目的である。

第1節では、基礎自治体が一義的な主体となる「既定（の）復興」様式が、東日本大震災からの復興においても踏襲され、「創造的復興」理念が継承・発展されたことを示す。次に、第2節では復興過程における人口減少に焦点を当て、第3節では「地方創生」の枠組みが復興に結びつけられ、多くの被災自治体が交流・関係人口の創出と拡大に舵を切ったことを示す。

（1）創造的復興理念のもとでのつくり変え

二〇一一年三月一一日、太平洋三陸沖を震源として発生した日本観測史上最大規模の地震（東北地方太平洋沖地震）は巨大津波をともない、東北地方を中心とする東日本沿岸部に甚大な被害を与えた。地震と津波、およびその後の余震により引き起こされた震災の名称は、閣議決定により「東日本大震災」とされた。震災による死者行方不明者は関連死を含め二万二〇〇〇人を超え、建物被害は全半壊合わせて四〇万戸を上回る。経済被害額は、内閣府の推計では約一六〜二五兆円とされ、阪神・淡路大震災（国土庁推計約九・六兆円）を大幅に上回っている（宮入 2018: 40）。

国の復興政策の枠組みを定めた東日本大震災復興構想会議では、第一回会議（四月一四日）に五百旗頭真議長が提出した資料において「単なる復興でなく、創造的復興を期す」ことが打ち出されている。また、復興関連法令等の文言からは、「創造的な復興」のねらいが読み取れる。復興の枠組みを定める「東日本大震災復興基本法」（六月二〇日成立。以下、基本法）では、基本理念として「単なる災害復旧にとどまらない活力ある日本の再生」を打ち出した。六月二五日には、復興構想会議が「復興への提言――悲惨のなかの希望」を取りまとめた。この提言は「地域のニーズを優先すべき」としながらも「来たるべき時代をリードする経済社会の可能性を追求する」ものでなければならないとして、経済成長戦略に沿った復興を強く求めている（岡田 2012）。提言の核となった「復興構想七原則」（五月一〇日）にも、「被災地域の復興なくして日本経済の再生なくして被災地域の真の復興はない。この認識に立ち、大震災からの復興と日本再生の同時進行を目指す」との文言がある。

こうした一連の文章においては「新たな地域社会」など「新しい」「新たな」という言葉が各所で標榜されている。この「創造的復興」による「この機につくり変えよう」「新しくつくり直そう」という考え方（片山 2016:

94）は、各被災自治体の復興計画に強く反映された。たとえば、村井宮城県知事は創造的復興を契機に宮城をつくり変えることを目指した。宮城県の震災復興計画においては、「県の農林水産業・商工業のあり方や、公共施設・防災施設の整備・配置などを抜本的に「再構築」」することが提起され、「選択と集中」、「拠点集約型の復興」という方向性が強く打ち出されている。具体的には、漁業に関連して、水産業復興特区と漁港集約化など[(1)](2)の「再構築」のための施策が検討・推進された。

この「つくり変え」は、社会の仕組み、制度を対象とする「つくり変え」、そして物理的な「つくり変え」に整理される。特に津波被災地一帯で大規模に展開されたのが、ハード面での「つくり変え」である。震災後、巨大な防潮堤の建設(3)、災害危険区域の指定とそれにともない低地部をかさ上げする盛土工事、高台移転地の整備、三陸縦貫自動車道の延伸など、大規模な公共土木事業を軸とした復興事業が展開されてきた(4)。津波被災地域にお

（1）　水産業復興特区とは、沿岸漁業に民間参入を促すために、「地元漁業者が主体となった法人が漁協に劣後しないで漁業権を取得できる仕組み」を「特区」の手法を活用して導入する施策である。特区は法人に優先的に漁業権を与えるだけでなく、それまで県漁協が共販（宮城県漁協の共同販売事業として市場を介さずに流通させる）として全量を取り扱っていた流通体制を崩す意味をも有している（片山 2016: 94–95）。

（2）　漁港の集約化は、宮城県内の一四二漁港について拠点漁港六〇港と拠点以外の漁港に再編する方針のことを指す。二〇一三年度までに加工場や海産物の処理場を拠点港に集約する一方、それ以外の港は必要最小限の復旧に限定するとされた（片山 2016: 95）。

（3）　被災地での復興まちづくりの前提となる津波浸水想定については、二〇一一年六月に中央防災会議の専門調査会が、「二つのレベルの津波を想定して考えるべき」との報告をまとめた。レベル１（Ｌ１）は数十年から百数十年に一度のやや規模の小さい津波（明治三陸津波、昭和三陸津波など）であり、防波堤や防潮堤などの海岸保全施設で防ぎうるものである。一方でレベル２（Ｌ２）は、数百年から一〇〇〇年に一度の巨大津波（東日本大震災）であり、海岸保全施設で防ごうとするのは現実的でなく、避難や土地利用などのまちづくりも含め、ハード整備とソフト対策を組み合わせた総合的な対策（「多重防御」）をとるべきものであるとされる。津波被災自治体のまちづくりは、こうした方針に沿って、Ｌ２の津波に対しても人命が失われることがないような土地利用計画や高台移転等を進めている（塩崎 2014: 126–127）。

（4）　こうした空間の改変は、主に土地区画整理事業、防災集団移転促進事業、漁業集落防災機能強化事業といった事業を用いて行われた。

ける復興は、住宅再建にあたって、「(津波に流された)もとの居住地への再居住の禁止」と「津波の届かない高台への居住地の移転」を原則的な条件とし、さらに、自治会や集落の維持のために、その移転は「集落単位」が望ましいとされてきた。このように高台の居住地と低地の中心市街地を分離した都市計画は、前例のない「実験的なもの」である(藤田ほか 2018: 133)。

現地復興ではなく高台移転を軸とした移転復興を、という方向性は、津波からの安全を確保したいという被災者の思いが反映されたものであるが、一方で国がかなり早い段階から打ち出したものでもあった。前出の第一回復興構想会議に提出された議長資料は、基本方針五項目の一つとして「創造的復興」を掲げ、「もう一度津波にさらわれる家と街の再建に終わってはならない」と述べている。他の四項目が一般的な記述にとどまるなか、「創造的復興」についてはさらに「高台に住宅・学校・病院等を、港や漁業などの拠点は5階建以上の強いビルを、避難できる丘の公園を、瓦礫を活用してつくる」と具体的な記述がつづいている。

「復興への提言」においても、具体的な復興事業の提起がほとんどみられない第2～4章に対し、第1章「新しい地域の形」は「まるで土木事業解説書のような」具体的記述になっている。その背景として、広原盛明は「国土交通省が総力を挙げて提言づくりに取り組み、公共事業の復活につながる〔……〕〝減災〟と〝多重防御〟をキーコンセプトとする土木事業を復興政策の目玉に据えることに成功した」ことを指摘する。被災自治体が復興計画を立てようとすれば、国交省が各種の土木事業を組み合わせた〝復興セットプラン〟を参考にしなければならないという仕組みが出来上がり、復興政策は「国交省の一人勝ち」状態であった[5](広原 2012: 6)。広原は、ソフト・ハード両面での「つくり変え」を進めることとなった「復興特区」制度と右記の「セット事業」化を、国の「二正面作戦」と呼ぶ(広原 2012: 10)。

復興庁「復興の現状と今後の取り組み(令和7年2月)」には、東日本大震災からの復興に対して、二〇一一年度から二〇二五年度までの一五年間（集中復興期間から第二期復興・創生期間にあたる）に三二・九兆円程度が投じられる見通しが示されている。一方で財務省主計局の「令和元年度決算の説明」から二〇一一〜二〇一九年度の復興予算の累計を算出した塩崎賢明によれば、復興特別会計における実質的な支出は三三兆四〇七五億円であり（見込み額含む）すでに右記の見通しを上回っている。このうち最大の支出項目は復興関係公共事業等の七兆五六八九億円であり、全体の二二・七パーセントを占める。これは災害復旧等事業、一般公共事業、施設費等に分かれるが、おおむねインフラ施設やハード系の事業とみられる。一方、被災者の生活や住まいの再建に直接結びつく事業は総額およそ二兆九〇〇〇億円（全体の八・八パーセント）であり、インフラ整備のハード系事業と比べると少額であるといわざるをえない（塩崎 2021）。

（2）創造的復興の内実

新自由主義的経済復興

東日本大震災発災後、災害研究の立場からは、今日の人口減少社会に「望ましい」復興のあり方が盛んに提起された。たとえば、「規模的復興（空間的復興）ではなく質的復興（社会的復興）」（中林 2011: 18）を目指すべきといった主張であり、前出の「人間（の）復興」パラダイムによるものである。しかしながら、実際の復興の現場において展開したのは、創造的復興理念のもとでの「つくり変え」であった。

宮入興一は、こんにちの「創造的復興」を「阪神・淡路大震災の時代」のそれと差異化し、「21世紀の本格的

（5）　広原によれば、東日本大震災の発生は（公共事業費の削減に喘ぐ）ゼネコンや土木コンサル業界にとっては「千載一遇の機会」であった。二〇一一年は小泉構造改革、民主党への政権交代後のマニフェスト（「コンクリートから人へ」）の影響で「さすがの土建業界も悲鳴を上げていた」時分であったという（広原 2012: 7）。

なグローバル期の到来によって、多国籍大企業に主導された日本経済のグローバルな新自由主義的改革のリード役としての機能を格段に進化させている」と指摘する（宮入 2018: 42）。すなわち、東日本大震災からの復興においては、「創造的復興理念」のもと、従来の災害復興の本流だった都市空間復興から、新自由主義的経済復興へと舵が切られたものと捉えられる（浅野 2015; 山中 2018）。発災後、日本経団連や経済同友会など財界主流から、大幅な規制緩和、「復興特区」、TPP導入、農業・漁業の大規模集約化、道州制の導入など、新自由主義的な政策要求を多分に含む復興構想が矢継ぎ早に表明された。こうした要求は前出の「復興への提言」に採り入れられ、復興基本法や基本方針、各自治体における復興計画へと反映された。こうした動き、とりわけ前出した宮城県の「選択と集中」、拠点集約型の復興という方向性について、日本型の「ショック・ドクトリン」であるとして批判が高まった[6]（広原 2012; 古川 2015; 宮入 2018）。

災害パターナリズムの流布と予算の流用

また、物理的な「つくり変え」を通した「予算の流用[7]」についても焦点化されている。宮入は、ハード偏重の復興財政に透けてみえる開発・成長主義型復興の優位性を鋭く糾弾したうえで、「予算の流用」の典型例として、沖縄県や高知県の国道整備、国税庁の首都圏庁舎の耐震化、東京国立競技場の耐震化等に支出された「全国防災対策費」（二〇一一五年度までで約一・六兆円）に言及している（宮入 2018: 45）。こうした「流用」が可能となった経路について、塩崎賢明は、前出の「復興構想七原則」の五番目「被災地域の復興なくして日本経済の再生はない。日本経済の再生なくして被災地域の真の復興はない。この認識に立ち、大震災からの復興と日本再生の同時進行を目指す」という文言に着目する。ここにみられる被災地の復興と日本経済の再生を並列する考え方は、前出の財界の意向とも合致する。こうした考えが復興基本法にも反映され、被災地以外での事業も復興事業であるという合法的なしかけがつくられたのである（塩崎 2014: 62、142）。

また、「次なる危機への備え」の必要性が喧伝されたことも、「流用」を推し進める結果となった。日本が「天地動乱の大災害時代」（宮入 2018: 58）に突入したとされ、南海トラフ地震や首都直下地震による巨大地震災害、あるいは地球環境の悪化と関連した巨大台風や豪雨災害などに備えることが重要とされたのである。また、東日本大震災では、復興においてその方向性を強く規定する「災害パターナリズム」（植田 2012: 77）が現出した。命を守ることを至上命題とする「災害パターナリズム」（「何が何でも津波から命を守れ」「危ないからもうそこに住んではいけない」）は、右記の南海トラフ地震への対策、「インフラ・クライシス論」(8)などと絡み合い、全国に波及していった。こうした状況下で「次なる危機への備え」を前面に打ち出し、予算を勝ち取ったのが国土交通省であり、復興予算は全国的な防災へと「流用」されたのであった（広原 2012）。

（6）浅野慎一は、こうした動きが維持される最も根底的な原因について、震災復興の目的（＝合理性の評価基準）自体の多様さにあると指摘する。すなわち、「被災者にとっての生活再建、被災自治体にとっての地域再建、資本にとっての利潤増殖・資本蓄積、そして国家にとっての資本蓄積を基軸とする国益最大化等、主体によって目的は多様」であるが、復興事業の主なアクターが国家・資本である以上、「創造的復興＝資本蓄積を主目的とするショック・ドクトリン」が主流になるのは必然」である。その意味で「既定（の）復興」における創造的復興は、「資本・国家にとって、目的の合理的達成、順調な「成功である」」と考えられる（浅野 2015: 45）。

（7）会計検査院は、二〇一一年度補正予算と一二年度予算現額を分析して、被災者・被災地に関わる「復興直轄事業」が件数で九一二件（六五・〇パーセント）であるのに対して、「全国的復興関連事業」は三五三件（二五・二パーセント）、どちらともいえない「混在事業」は一三六件（九・七パーセント）と推計している（宮入 2018: 45）。

（8）高度経済成長期に敷設された道路や橋といったインフラが次々と老朽化し、崩壊の危険があることを指す。

2 「既定（の）復興」がもたらす人口減少

(1) 災害復興と人口

前節で述べてきたように、東日本大震災からの復興では創造的復興理念のもと、制度的・物理的なつくり変えが進行した。本節では社会過程としての復興の実相について、「既定（の）復興」様式における主たるアクターである自治体の視点から、特に物理的なつくり変えとともに進んだ人口減少に焦点を当てて描いていく。

そもそも自治体とは、ある区域に住民が居住することで成立する人間の集団であり（金井 2012: 14）、自治体にとり災害時の人口減少は、その存亡とも関わる問題である。災害による人口や世帯数などの変動とその予測は、被災自治体が復興に取り組むにあたっての「基礎資料」（水谷 1989: 208）となり、行政が実施する復興対策需要の見積もりを大きく左右する（池田・中林 1999: 125）。また、第2章でも述べたように、人口回復の程度は、被災自治体の災害復興を評価する有力なものさし（指標）として取り扱われてきた。関東大震災の時代から、行政は、他地に逃れた避難者の状況を把握し、彼らに被災地に戻る意志があるのかどうか確認することに強い関心を寄せたのであった（北原 2016: 308）。

一般に大規模災害が生じると、死者・行方不明者の発生による人口純減に加え、住家の破壊による居住困難を主な原因として、被災地域の人口は急激な減少をみる。そこに、災害の規模が大きくなるにつれて、食料不足やライフライン破壊による生活困難、環境、治安悪化による社会不安、施設破壊や地域経済活動の低下による失業などの原因が加わり、人口はさらに減っていく（水谷 1988: 60）。

一方で過去の災害では、復興過程において人口の回復を遂げたケースも多い。たとえば関東大震災では、災害直後の混乱期が終わると、避難者の帰還に加え復旧活動や復興需要などのための新規流入により、人口は急速に回復した[9]（水谷 1989）。本書の対象地域が位置する三陸沿岸でも、度重なる津波被害にもかかわらず、豊富な自然資源が誘因となり、人口回復を成し遂げてきた（藤田ほか 2018: 120）。「成長社会と成熟社会の端境期」（稲垣 2008: 192）に発生した都市型災害であった阪神・淡路大震災（一九九五年）でも、「創造的復興」の理念のもと復興都市計画事業により瀟洒な環境（街並み）が整備され、それに惹かれた人びとが外部から集まることで人口回復を遂げている[10]（第2章第2節参照）。

ただし、前章でも述べたように、人口回復は自治体を単位とする「既定（の）復興」の枠組みにおける復興の評価指標たりえても、そのまま個々の被災者のレベルにおける生活復興のものさしとなるわけではない。それどころか、復興〈災害〉の事例（第2章第2節参照）からもわかるように、自治体のスケールにおける人口回復が、個々の被災者の復興とは矛盾することすらある。

加えて、二一世紀に入ると、災害・復興と人口をめぐっては別種の問題が生じた。日本社会は低成長・少子高齢化にともなう人口減少の時代に突入し、特に地方の農山漁村地域の現状は深刻で、高齢者人口が半数以上を占める、いわゆる「限界集落」が急増している状況である。すなわち、（地価の上昇を前提とする）開発型の「既定（の）復興」による人口増が見込めない時代に突入したのである。

東日本大震災が発生したのはこうした時代においてであり、加えて、中心的な被災地域となったのは、すでに

（9）ただし、分析対象とする範囲を縮小あるいは拡大すると、人口の回復が進んでいないケースもある（北原 2016）。これは、他の災害においても同様である。

（10）ただし、大都市の神戸であっても、災害前の水準まで人口回復するまでに一〇年を要した。また、前出の「ジェントリフィケーション」が生じるなどの問題も報告されている。

過疎化・少子高齢化が進行していた東北地方の太平洋沿岸部であった。

（2）東日本大震災と人口減少

被災地域の特質

日本の人口は二〇〇八年をピークに、二〇一一年から恒常的な人口減少の局面を迎えた。ただし、県庁所在都市への人口集中、東京方面への若い世代の流出などを背景に、一九五〇年代に戦後の人口のピークを迎えていた地域も多い。三陸地方の沿岸もそのような地域であり、一九六〇年の南米チリ沖で発生した地震による津波（チリ地震津波）後の復興政策により一九七〇年代に増加に転じたものの、その後は減少傾向に拍車がかかっている（藤田ほか 2018: 122–123）。国勢調査に基づき六五歳以上人口を示す高齢化率（二〇一〇年）についてみても、気仙沼市（三〇・八パーセント）、南三陸町（三〇・一パーセント）、石巻市（二七・三パーセント）、女川町（三三・五パーセント）と、当時の全国平均（二三・〇パーセント）を大きく上回る数値となっている。

こうした状況は、東北地方の沿岸部が長年周辺化されてきた帰結でもある。長谷川公一は、「中山間地や沿岸部に冷淡な「国土のグランドデザイン」」、すなわち「明治以来の中央集権的な国土政策、一極集中による地域間格差の拡大、新全国総合開発計画（１９６９年）が推しすすめた国土経営の効率化と地域間の機能的分業、高速交通網の整備」から取り残されたことにより、東北地方の中山間地や沿岸部の周辺性が形成されたとする（長谷川 2016: 5–6）。内陸側に偏重した高速交通網の整備（東北新幹線の開業、東北自動車道の開通）とそれにともなう工業化の進展により、郡山市、福島市、仙台市、盛岡市など内陸部の都市の拠点性は高まった。対して阿武隈山地や北上山地によって隔てられた沿岸部は、一九八〇年代以降の水産業の衰退もあいまって、内陸部との間に大きな地域間格差を抱えることとなった。三陸地方の内陸部では一九七〇年代後半に人口減少に歯止めがかかり、二〇〇〇年までおおむね維持されたのとは対照的に、三陸沿岸部の人口は一九八〇年代以降減少傾向に転換し、二〇〇〇年以降は減少のスピードが加速している[11]（長谷川 2016; 藤田ほか 2018）。

こうしたことから、「長年周辺的な地域とされてきた一帯が集中的に被災したこと」（長谷川 2016: 5）が東日本大震災の特質の一つであるといえる。ただし、このあとの議論とも関係してくるが、東北地方の太平洋沿岸部自治体のなかでも沿岸部から内陸部まで東西に広がる一〇〇万人都市の仙台市と名取市をはじめとするそのベッドタウンについては、震災以前から人口増加が続いていたことには留意しておきたい。

東日本大震災と人口減少

災害は、潜在的な社会の課題を浮き彫りとし、また、社会変動を加速するとされる。東日本大震災は周辺性の高い東北地方の太平洋沿岸地域に、どのような影響をもたらしたのであろうか。ここでは、人口動態の観点からみていきたい。

人口の増減は、出生数と死亡数の差による自然増・自然減と、他自治体との転入出数の差による社会増・社会減とに整理できるが、東日本大震災により甚大な津波被害を受けた三陸沿岸地域では、特に転出超過による社会減の傾向が強まった。本書が照準する宮城県の沿岸自治体について、二〇一〇年と二〇一五年の国勢調査におけ

（11）かつての三陸地域は、海を通じて結びついていた。一九〇八年に三陸汽船が設立され、戦前に岩手県宮古市から宮城県塩竈市を中心に三陸各港をつなぐ航路を運航していた。三陸沿岸部を結ぶ海上交通の発展は、地域経済を一気に繁栄させたが、一九三〇年代以降は日本の交通体系の中心が鉄道に代わり、三陸沿岸部にも鉄道駅が設置された。一九三三年には三陸汽船が廃業し、三陸を縦断していた海上交通から内陸部の幹線と櫛状につながるようになった。その後、三陸沿岸部は外部からアクセスしにくく、内部の連結も弱い状態が続いていたが、東日本大震災後の三陸縦貫自動車道の延伸にともない、交通アクセスの改善がみられる。（藤田ほか 2018: 134-135）

表3－1　宮城県国勢調査人口

	2015年	2010年との比較	
	人口	増減数	増減率
仙台市	1,082,159	36,173	3.46
石巻市	147,214	▲13,612	▲8.46
塩竈市	54,187	▲2,303	▲4.08
気仙沼市	64,988	▲8,501	▲11.57
白石市	35,272	▲2,150	▲5.75
名取市	76,668	3,534	4.83
角田市	30,180	▲1,156	▲3.69
多賀城市	62,096	▲964	▲1.53
岩沼市	44,678	491	1.11
登米市	81,959	▲2,010	▲2.39
栗原市	69,906	▲5,026	▲6.71
東松島市	39,503	▲3,400	▲7.92
大崎市	133,391	▲1,756	▲1.30
蔵王町	12,316	▲566	▲4.39
七ヶ宿町	1,461	▲233	▲13.75
大河原町	23,798	268	1.14
村田町	11,501	▲494	▲4.12
柴田町	39,525	184	0.47
川崎町	9,167	▲811	▲8.13
丸森町	13,972	▲1,529	▲9.86
亘理町	33,589	▲1,256	▲3.60
山元町	12,315	▲4,389	▲26.28
松島町	14,421	▲664	▲4.40
七ヶ浜町	18,652	▲1,764	▲8.64
利府町	35,835	1,841	5.42
大和町	28,244	3,350	13.46
大郷町	8,370	▲557	▲6.24
富谷町	51,591	4,549	9.67
大衡村	5,703	369	6.92
色麻町	7,238	▲193	▲2.60
加美町	23,743	▲1,784	▲6.99
涌谷町	16,701	▲793	▲4.53
美里町	24,852	▲338	▲1.34
女川町	6,334	▲3,717	▲36.98
南三陸町	12,370	▲5,059	▲29.03
県計	2,333,899	▲14,266	▲0.61

(注)▲はマイナス、網掛けは沿岸部被災地15市町を指す。

る人口の比較を行うと、災害前から人口増加[12]が続いていた仙台市とそのベッドタウンである名取市、岩沼市、利府《りふ》町の三自治体を除き、沿岸部の被災市町村は軒並み人口減を経験していることがわかる(表3－1)。ただし、後者も石巻・気仙沼のように災害前の人口減少率に戻る市、南三陸・女川《おながわ》といった災害後、人口減少率が高くなる町という二つのグループに分かれている(牧

2020: 76)。

対照的に、内陸部では転入超過となる自治体が多く観察されており（中野 2019）、柴田町のように震災前の人口減のトレンドから震災後に増加に転じた自治体もみられる。藤田昌久らによれば、二〇一〇年と一五年の国勢調査の間に、三陸沿岸部全体では二〇〇〇年代以降の人口減少加速化のトレンドをさらに上回る一〇パーセントの人口減少が起こった。他方で内陸部において二〇一〇年から一五年にかけて起こった人口減少は二〇〇五年から一〇年の期間よりも少なく、沿岸部から内陸部に人口移動が起こったことがうかがえる（藤田ほか 2018: 125）。

このような人口動向の背景には、沿岸部から内陸部への被災者の避難行動がある。日本の行政では基本的に基礎自治体が災害対応・復興の一義的な主体となり、避難所や仮設住宅を自治体内に設置する。しかしながら、過去の災害では、被災自治体内における生活の継続や住宅の確保が困難となり、結果として自治体外への避難行動がみられた。たとえば、阪神・淡路大震災でも、市外・県外に移転した被災者は数万人規模に及ぶと推計されている（紅谷 2013: 18）。被害が広域に及んだ東日本大震災でも、やはり多くの被災者が市町村境、都道府県境を越える広域避難を行った。広域避難を推し進める要因の一つとなったのが、本書でも取り上げる南三陸町と登米市の事例のような、内陸自治体に設置された沿岸自治体の被災者向け仮設住宅の存在である。

災害救助法は、自然災害などにより自宅を失い、自らの資力では住宅を新たに得ることのできない人に対し、

---

(12) 岡田知弘は、岩手・宮城・福島三県の復興に関する諸指標を比較し、福島県の遅れと人口流出、宮城県、とりわけ仙台市の人口増加などの特徴を明らかにしたうえで、「復興格差」として概念化している（岡田 2013）。復興過程を通じた仙台市の人口増加は、藤本典嗣によっても分析されている。藤本によれば、震災以前から仙台市は東北地方の中心都市であったが、このことは、中央政府からの公共事業を受注する省庁の出先機関が多く所在することが一因となっている。震災は、公共事業に依存する東北地方の地域経済の構造を、一層浮き彫りにした。復興予算の多くがインフラ復旧や除染などの土木事業にあてられ（本章第１節参照）、その結果、震災以前からの都市間の階層構造が強化されているという（藤本 2014: 151–158）。

地方行政が応急仮設住宅（以下、仮設住宅）を建設・貸与できるよう規定している。一般に被災自治体は、他自治体への転出による人口の流出を防ぎコミュニティを維持するために、自治体内への仮設住宅設置を目指す。また被災者も、行方不明者や家族・親戚・知人を残して遠方へ避難することへのためらいや、慣れ親しんだ土地を離れたくないという思いがあり、自治体外への避難を忌避する傾向がある。

東日本大震災により甚大な津波被害を受けた東北沿岸部では、地縁組織などの結束力が強いことに加え、すでに述べたとおり過疎化が進んでいたこともあり、行政、住民の双方から自治体外への仮設住宅の建設に対する抵抗がみられた。(13) しかしながら、津波による浸水のために自前で建設用地を確保できない沿岸自治体が相次ぎ、最終的に、宮城県では気仙沼市、女川町、名取市などが他自治体から用地の提供を受け入れている。(14) ただし、大多数の自治体では広域避難への事前の備えを十分に実施できておらず、〈越境〉先においてはさまざまな課題が生じることとなった(15)（第7章）。

また、東日本大震災の被災地において「民間賃貸住宅の借り上げ（みなし仮設）」が普及したことも、内陸部への人口流出の一因となった。仮設住宅の供与形態には建設型以外に、既存の公営住宅の空き家を利用する「公営住宅の一時利用」、被災県が民間賃貸住宅を借り上げて家賃補助という形で提供するみなし仮設がある。二一世紀に入り、災害被害の大規模化、建築型仮設住宅用地の不足と費用負担の増加、空き家の増加などを背景に、みなし仮設の需要が高まっている。東日本大震災の被災地では、県外を含む原住地の市町村外に住むことも可能とされ、また建設型の整備の遅れや立地の問題、収納スペースやプライバシーの問題などから、はじめて建設型を上回る数のみなし仮設が供給された。

みなし仮設として利用された民間アパートなどの空き物件・遊休ストックは都市部・市街地に多く、市街地が被災した沿岸自治体では不動産が不足した。被災者は地元を離れて内陸部自治体のみなし仮設で避難生活を送ったが、都市部のアパートなどに数年暮らした場合、被災した沿岸部よりも雇用機会が多いことや沿岸部の生活環境の整備が進んでいないこと、また人口流出により知り合いがいなくなるなどしてコミュニティとしての帰属意識がうすれてしまったことなどが要因となり、[16] もとの地域に戻ることが困難になった（藤田ほか 2018: 107; 塩崎 2021）。

また、岩手県遠野市や宮城県角田《かくだ》市などの内陸自治体では、沿岸部の被災者の転入を促す定住促進策を用意した。近藤民代によれば、ある内陸自治体は住宅再建支援メニューに関する近藤らの調査に対し、「住宅再建の資金面では十分ではないが、新しい土地で生活を再建する方々を幅広く救い、なおかつ、本市として定住人口増加につながる1つの手段として有効だと思う」と回答している。こうした他自治体からの転入者を支援対象とする施策は、被害の広域性を背景とした東日本大震災に特有のものであるが、全国的な人口減少を背景に被災自治体からの転入を期待する向きもあり、結果として市町村が競い合うかたちとなった（近藤 2014: 61）。

（13）内陸部自治体から用地提供の申し出があっても決断には至らず、原則建設禁止であった津波浸水地域をも候補地に選定するなど、自治体内で用地を確保しようとする被災市町が後を絶たなかったとされる。対応にあたった県職員は「津波浸水地域には原則として建設しないという大方針が、被災市町も含めて、なかなか理解されなかった。また、隣接する市町から多数の用地提供が寄せられたが、一歩内陸に引くという決断をなかなか下してもらえなかった」と述懐している。宮城県土木部住宅課「宮城県における応急仮設住宅の建設に関する報告　東日本大震災への対応状況（2013/1/7）」二〇一三年、宮城県ポータルサイト「東日本大震災宮城の震災対応記録」（http://www.pref.miyagi.jp/documents/861/126168.pdf 二〇二四年九月一七日最終閲覧）。

（14）気仙沼市が岩手県一関市からの申し出を受諾するなど、県境をも越える移動が生じたのであった。

（15）東日本大震災の教訓を踏まえた「防災対策基本法」の改正（二〇一二年）により、大規模で広域的な災害により避難者が多数発生した場合、被災していない市町村が避難者を受け入れできる調整規定が創設された。

（16）被災後の雇用問題に関しては、内陸部で高く沿岸部で低い水準にとどまった有効求人倍率の格差が人口移動を誘発し、沿岸部において復興事業に必要とされている職種と求人のミスマッチで人手不足が生じたことが指摘されている。また、ミスマッチの原因の一つには、沿岸部の通勤の不便さがある（藤田ほか 2018: 133）。

復興事業と人口流出

以上で述べてきたように、東日本大震災は被災地における人口推移（人口減少、内陸部への人口移動）のトレンドに輪をかけた。さらに、ここで注目したいのは、災害自体の影響のみならず、「既定（の）復興」枠組みのもとでの復興、すなわち阪神・淡路大震災では人口増の立役者となった大規模な復興事業が、今回はむしろ人口減少を加速する方向に作用したことである。

先述したように災害による人口や世帯数などの変動とその予測は、被災自治体が復興に取り組むにあたっての基礎資料となる。復興計画の策定にあたっては、過去の地域人口動態の特徴と被災による人口変動を考慮した将来推計人口を計画フレームとして織り込むことが重要となるが、東日本大震災からの復興においては、被災自治体がこれまでの趨勢に比べて過大な人口を前提とした復興計画を策定したとの指摘がなされている[17]（佐々木 2017: 89）。

東日本大震災復興対策本部による「東日本大震災からの復興の基本方針」（七月二九日策定、八月に改訂。以下、基本方針）では、長らく人口減少がトレンドとなっていた被災地域の特性を踏まえ、「高齢化や人口減少等に対応した新しい地域づくり」として、「高齢化や人口減少等の経済社会の構造変化を見据え、〔……〕地域づくり、インフラ整備を効率的に推進する」ことが提唱された。しかしながら被災自治体が取り組んだのは、「過大な人口」を前提とし、防災集団移転促進事業[18]や災害公営住宅[19]の整備といったハード事業を主眼とする復興実践であった。たとえば、「既定（の）復興」における主要な事業である土地区画整理事業について、「少子高齢化に対応しない規模」で実施された可能性が指摘されている（佐々木 2014: 13）。また、そもそも復興計画を策定した岩手、宮城両県三三町村のうち、将来の人口予測を記載したのは、南三陸町や釜石市など四市町のみであった。二〇二〇年九月一六日付の河北新報社の記事「幅広い解釈　流用を助長」によれば、初代復興大臣であった平野達男は、

表３－２　宮城県国勢調査人口、人口増減

	人口			人口増減			
	2010年	2015年	2020年	2010～2015年 実数	2010～2015年 増減率	2015～2020年 実数	2015～2020年 増減率
仙台市	1,045,986	1,082,159	1,096,704	36,173	3.46	14,545	1.34
石巻市	160,826	147,214	140,151	▲13,612	▲8.46	▲7,063	▲4.80
塩竈市	56,490	54,187	52,203	▲2,303	▲4.08	▲1,984	▲3.66
気仙沼市	73,489	64,988	61,147	▲8,501	▲11.57	▲3,841	▲5.91
白石市	37,422	35,272	32,758	▲2,150	▲5.75	▲2,514	▲7.13
名取市	73,134	76,668	78,718	3,534	4.83	2,050	2.67
角田市	31,336	30,180	27,976	▲1,156	▲3.69	▲2,204	▲7.30
多賀城市	63,060	62,096	62,827	▲964	▲1.53	731	1.18
岩沼市	44,187	44,678	44,068	491	1.11	▲610	▲1.37
登米市	83,969	81,959	76,037	▲2,010	▲2.39	▲5,922	▲7.23
栗原市	74,932	69,906	64,637	▲5,026	▲6.71	▲5,269	▲7.54
東松島市	42,903	39,503	39,098	▲3,400	▲7.92	▲405	▲1.03
大崎市	135,147	133,391	127,330	▲1,756	▲1.30	▲6,061	▲4.54
蔵王町	12,882	12,316	11,418	▲566	▲4.39	▲898	▲7.29
七ヶ宿町	1,694	1,461	1,262	▲233	▲13.75	▲199	▲13.62
大河原町	23,530	23,798	23,571	268	1.14	▲227	▲0.95
村田町	11,995	11,501	10,666	▲494	▲4.12	▲835	▲7.26
柴田町	39,341	39,525	38,271	184	0.47	▲1,254	▲3.17
川崎町	9,978	9,167	8,345	▲811	▲8.13	▲822	▲8.97
丸森町	15,501	13,972	12,262	▲1,529	▲9.86	▲1,710	▲12.24
亘理町	34,845	33,589	33,087	▲1,256	▲3.60	▲502	▲1.49
山元町	16,704	12,315	12,046	▲4,389	▲26.28	▲269	▲2.18
松島町	15,085	14,421	13,323	▲664	▲4.40	▲1,098	▲7.61
七ヶ浜町	20,416	18,652	18,132	▲1,764	▲8.64	▲520	▲2.79
利府町	33,994	35,835	35,182	1,841	5.42	▲653	▲1.82
大和町	24,894	28,244	28,786	3,350	13.46	542	1.92
大郷町	8,927	8,370	7,813	▲557	▲6.24	▲557	▲6.65
富谷市(町)	47,042	51,591	51,651	4,549	9.67	60	0.12
大衡村	5,334	5,703	5,849	369	6.92	146	2.56
色麻町	7,431	7,238	6,698	▲193	▲2.60	▲540	▲7.46
加美町	25,527	23,743	21,943	▲1,784	▲6.99	▲1,800	▲7.58
涌谷町	17,494	16,701	15,388	▲793	▲4.53	▲1,313	▲7.86
美里町	25,190	24,852	23,994	▲338	▲1.34	▲858	▲3.45
女川町	10,051	6,334	6,430	▲3,717	▲36.98	96	1.52
南三陸町	17,429	12,370	12,225	▲5,059	▲29.03	▲145	▲1.17
県計	2,348,165	2,333,899	2,301,996	▲14,266	▲0.61	▲31,903	▲1.37

（注）▲はマイナス、網掛けは沿岸部被災地15市町を指す。

「人口減を前提とした復興は口が裂けても言えない」という首長たちの空気を感じたという。

津波被災自治体では、当初設定された復興期間である一〇年が経過し、国の復興交付金事業が廃止された二〇二〇年度末で大規模な復興事業を軸とした復興に一定の目途がついた。しかしながら一部、農地や道路、防潮堤などの整備が残されており、河北新報社の調査によれば、岩手、宮城、福島三県の四二市町村で、二〇二一年度末までにハード面の復興事業が完了しなかった自治体は二七市町村にのぼる[20]。そのなかで、被災地域では人口の回復が進まず（表3-2）、復興によって「つくり変え」られた街並みに住民が不在となるのではないかという懸念が生じている。

このような現状に対し、「創造的復興」を理念的根拠とした物理的「つくり変え」を旨とする大規模な復興事業が「復興の遅れ」を招き、人口減少を加速化したことが指摘されてきた[21]。すなわち、大規模な宅地造成により工期が長期化したこと（膨大な地権者への同意取り付けが必要となり、またマンパワーや資材が不足した）、そしてそれを背景とした自治体外での避難生活の長期化（関耕平 2016: 70）により、地元に戻ろうとする被災者の意欲が削がれてしまったことが、人口流出の誘因となったのである[22]。津波被災地の面的整備事業が人口回復に及ぼした影響について分析を行った永松伸吾は、世帯当たりの面的整備の規模が大きな復興事業を実施した自治体ほど、人口の流出率が高く、流入が滞り、結果として人口回復が遅れていることを統計的に明らかにした。永松はそれを「復興のパラドックス（reconstruction paradox）」と呼び、大規模復興公共事業がコミュニティの復興を妨げた側面があると結論づけている（Nagamatsu 2018）。

以上でみてきたように、発災以前からの周辺性が被災により強められた東北地方の太平洋沿岸部では、広域避難とパラレルに進行した大規模な復興事業によりさらなる人口減少に見舞われた。被災地では医療過疎をはじめとしたさまざまな課題も露呈し、少子高齢化・人口縮小社会における課題が顕在化した「課題先進地域」であるとも揶揄されるようになった。また、若い世代の流出にともなう出生率の低下も指摘されている。被災地域においては今後もさらなる人口減少が継続していくことが推測できる状況であり、まさに、「地域そのものの持続可能性が懸念される事態」となっている（尾崎 2016: 41）。

こうした状況のなかで、被災自治体にとってはその持続可能性を高めること、具体的には、経済活動を活発化させ、雇用機会の創出によりこれ以上の人口流失を阻止することに加え、広域に分散した避難者の帰還をいち早く進めることが重要課題となった。基本的には防災集団移転促進事業[23]や災害公営住宅の建設[24]といった住宅再建のための事業も自治体内で完結する。他自治体への「移住」という選択肢は、被災自治体の存続を危うい状態にするものであり、帰還しない避難者は「復興」の枠内から排除され、受益者になることはできない。第1章で取り上げた『被災者発の復興論』が批判するのは、こうした復興の「当事者性が土地に過剰に縛られて理解され」

(17)　その背景としては、国が明確な人口見通し等を示さなかったことが指摘されている。そのため、東日本大震災後に制定された大規模災害復興法では、今後の巨大自然災害において、国および都道府県知事が人口の将来見通しや土地利用の基本方針を明らかにすることが明記されている（佐々木 2017: 89）。

(18)　防災集団移転促進事業とは、市町村が事業主体となり国の補助を得ながら、被災区域など住民の居住に適切でないと認められる区内の住民・集落に対し集団移転を行う事業である。

(19)　災害公営住宅とは、公営住宅法に基づき県や市町村が住宅を整備し、災害が発生した際に自宅を失い、自力での住宅再建が困難な被災者に低廉な家賃で恒久的に貸し出す住宅である。

(20)　同時点で完了時期は宮城が二〇二一年度末頃、岩手が二〇二六年度末頃の見通しであり、東京電力福島第一原発事故の影響が長引く福島県では、一部で完了すら見通せていない状況であった。河北新報「復興ハード事業の未完、64％　被災3県42市町村・首長アンケート」二〇二二年三月四日付。

(21)　「遅れ」の背景としては、本書が注目する大規模な復興事業の実施に加え、多くの論者により、復興財源をめぐる国と自治体の取り引き、復興交付金制度の硬直的な運営にともなう現場レベルでの負担増などが指摘されている。

(22)　震災から一〇年を前に、自宅が全壊・流出した宮城・岩手両県の被災者を中心に実施された質問紙調査でも、人口流出の原因について、回答者の六割が「復興工事で待たされた」ことを理由として挙げている（金子2021: 27）。

（山下・横山編 2024: 161）、かつ行政主導の復興に「のる人」だけが「復興の主体」とみなされる現状である。

3　復興と交流・関係人口

(1) 地方創生の取り組み

「地方の消失」と地方創生

人口の回復が進まない被災自治体が復興の要諦として注目したのは、定住人口に代わる交流・関係人口の増大である。

すでに述べたように、日本社会においては高度経済成長期以降、農山漁村から都市への人口移動が恒常化したが、二〇〇〇年代に入ると、以前ほどの大量流出はみられなくなる。新たに問題視されるようになったのは、残存人口の高齢化による農山漁村地域の衰退や縮小であった（作野 2019: 10）。マスメディアにより「限界集落」などといった言葉が喧伝され、農山漁村は課題が山積し、将来がみえないネガティブな場所として表象された。

二〇一四年、人口減少対策・地域対策の必要性を提唱する「増田レポート」[25]が公表され、「地方の消滅」に警鐘を鳴らした。このレポートは、「消滅可能性都市896」として八九六の市町村名と推計人口データをリストアップしたうえで、二〇四〇年推計人口が一万人以下の五二三市町村について「消滅する可能性が高い市町村」として名指し、自治体関係者やまちづくり関係者に大きな衝撃を与えた。

本項の主題である「地方創生」は、この「増田レポート」に応答するかたちで、第二次安倍政権が掲げた政策である。首相官邸のウェブサイトによれば、地方創生とは「人口急減・超高齢化という我が国が直面する大きな課題に対し、政府一体となって取り組み、各地域がそれぞれの特徴を活かした自律的で持続的な社会を創生」することである。(26)二〇一四年一一月には「まち・ひと・しごと創生法」が制定され、同年一二月には「まち・ひと・しごと創生長期ビジョン」と今後五年間の施策の方向性を示した「まち・ひと・しごと創生総合戦略」が定められた。これを受け、各自治体も人口の現状と将来展望を示した「人口ビジョン」と地方版の「総合戦略」を策定し、それに基づく事業を申請することによって補助金を得るという仕組みができた。とりわけ、都市から農

(23)　国土交通省の「東日本大震災の被災地における市街地整備事業の運用について（ガイダンス）」（二〇一三年九月）には「防集法では、事業計画の策定主体は市町村に限定されているが、東日本大震災による被害が極めて甚大かつ広範囲に及んでいることから、市町村が事業計画を策定することが困難な状況や1つの市町村の区域を越えて、複数の市町村が連携して対応することが必要な状況も想定される」と記されており、市町村からの申し出により、集団移転に都道府県が関与できるように法改正も行われている。しかし、実際の復興の現場において市町村の区域を越えて連携した取り組みは行われず、被災市町村それぞれが策定した計画に基づき、復興事業が進められた（中野 2019: 92）。

(24)　本書で繰り返し指摘するように、東日本大震災により津波被害を受けた自治体からは、多くの避難者が〈越境〉した。しかしながら災害公営住宅の建設は沿岸部のみに集中し、住宅の被害が比較的軽微だった内陸部の市町村では、基本的に、震災後に転入する被災者向けに災害公営住宅は整備されていない。沿岸部から内陸部への被災者の転出が進み、内陸部の市町村には災害公営住宅の潜在的な超過需要が発生する一方、沿岸部の市町村では、自治体外への転出により供給過剰に陥っている。中野英夫は、こうした需給のミスマッチに関し「住宅の再建を目指す政策の効果を著しく損なうものであり、復興交付金制度の見直しも含め、運用の改善を検討すべきものである」と指摘している（中野 2019: 88）。なお、岩手県では内陸部の一関市、花巻市、盛岡市などと共同で、沿岸部から転入する被災者向けにおよそ三〇〇戸の災害公営住宅の建設を行うなどの取り組みもみられる。

(25)　「増田レポート」は、元岩手県知事で元総務大臣でもある増田寛也氏を中心として作成された一連の文書、具体的には、①「壊死する地方都市」（『中央公論』二〇一三年一二月号に掲載された特集記事）、②「成長を続ける21世紀のために「ストップ少子化・地方元気戦略」」（二〇一四年五月八日、日本創成会議・人口減少問題検討分科会によるレポート）、③「消滅する市町村523――壊死する地方都市」（『中央公論』二〇一四年六月号に掲載された緊急特集の記事）の総称である（嶋田 2016）。『中央公論』二〇一四年七月号では、これらを受けて「すべての町は救えない――壊死する地方都市」という特集を組み、増田氏と著名政治家らとの対談が収録されている。なお「増田レポート」とそれらの対談は、増田寛也編著『地方消滅――東京一極集中が招く人口急減（中公新書）』（中央公論新社、二〇一四年）にまとめられている。

(26)　首相官邸「地方創生」二〇二〇年、首相官邸ウェブサイト（https://www.kantei.go.jp/jp/headline/chihou_sousei/index.html 二〇二四年九月一七日最終閲覧）。

山漁村へと人口還流を促す移住・定住政策の推進が、自治体における「地方創生」の一つの大きなトレンドとなっている[27]。

繰り返しとなるが、農山漁村地域から都市への人口移動が、高度経済成長期以来一貫した潮流である。一方で二一世紀、特に二〇一〇年代に入ると、国民の価値観の変化や地方創生の政策的影響によって、都市から農村への移住者が増加するいわゆる「田園回帰」の動きが起こり（筒井編 2021）、「社会的なムーブメント」（作野 2019: 10）として捉えられるようになった。

まずは二〇〇〇年前後から、団塊の世代を中心とした定年退職者が出身地へと帰る「帰農」、「ふるさと回帰」と呼ばれる現象がみられるようになった。また近年では、豊かな自然環境や環境にやさしい生活スタイルへのあこがれ、社会に役立てる場、生き甲斐、働き甲斐といった「ソーシャルな価値」（作野 2019: 16）を求めて農山漁村地域にU・Iターンする若い世代が増えた。代表的な受け入れ自治体としては、島根県の海士《あま》町や、邑南《おおなん》町、雲南《うんなん》市などが挙げられる。移住者の受け入れに積極的になった農山漁村と若い世代の「田園回帰」の動きは、相互作用的に大きなうねりを形成してきた（筒井編 2021）。後述するように近年の「田園回帰」の潮流には、頻発する大災害とそこからの復興が密接に関わっている。

地方創生と交流・関係人口

一方で、全国的に人口減少と低出生率が続くなか、各自治体が一律に定住人口を増やすことは現実的でないとして、定住にこだわらない人口増加のあり方も模索されてきた。たとえば二〇〇〇年代の中盤以降、国土交通省を中心に、都市住民が農山漁村部にも生活拠点を設けて都市部との間を行き来する二地域居住が、地方振興策として推進されてきた。

また、地域資源を活用した観光振興などにより交流人口を拡大させ、地域の活性化をはかろうとする動きも広がっている。交流人口とは、外部からある地域に何らかの目的で訪れる人口であり、「定住人口」に対する概念だといえる。訪問の理由には、観光、通勤・通学、ショッピング、レジャー、スポーツなどと幅広い動機が含まれる。都市‐農山漁村間での交流人口を拡大する動きとしては、一九八〇年代半ばから盛り上がりをみせた「都市農村交流」、一九九〇年代から推進されたグリーンツーリズム(28)が挙げられる。

さらに近年では、交流人口が拡大したとしても、地域の維持は困難であることの認識が広まり（作野 2019: 11）、「関係人口」(29)という新たな概念が提唱されている。関係人口は二〇一六年から二〇一七年にかけて広まった新しい概念であり、一義的な定義はなされていない。ただし、総務省による定義「「定住人口」でも観光に来た「交流人口」でもない、地域や地域の人々と多様に関わる人々(30)」と同様に、関係人口を「定住人口でも交流人口でもないもの」として捉える視点は多くの論者に共通している(31)。小田切徳美はさらに踏み込み、関係人口の「関係」

(27)　危機感をあおられた自治体により、「引っ越してくれば〇〇万円」といった移住者への特典の提供が行われるなど、「自治体間人口獲得ゲーム」の様相を呈する（山下 2014: 187）。
(28)　グリーンツーリズムは地域住民が農家民泊（以下、民泊）を提供するなどし、観光客による農林漁業や農山漁村の生活文化の体験、住民との交流に重点を置いた観光形態・ツーリズムを指す。
(29)　関係人口概念の端緒・源流としては、二〇一六年に出版された二冊の書籍、すなわち株式会社雨風太陽代表取締役社長高橋博之氏の著書『都市と地方をかきまぜる――「食べる通信」の奇跡（光文社新書）』（光文社、二〇一六年）、「未来をつくるＳＤＧｓマガジン『ソトコト』」の編集長である指出一正氏の著書『ぼくらは地方で幸せを見つける――ソトコト流ローカル再生論（ポプラ新書）』（ポプラ社、二〇一六年）が挙げられる。
(30)　右記の定義は総務省が運営する「関係人口ポータルサイト」参照。総務省は、検討会での議論を通して地域との関わりと想いを軸に、関係人口を①地域にルーツがあり、近隣に住む「近居の者」、②遠隔の「遠居の者」、③ルーツがなくても過去に勤務や居住、滞在の経験をもつ「何らかの関わりがある者」、④ビジネスや余暇活動、地域ボランティア等をきっかけにその地域と行き来する「風の人」の四類型に分類している（総務省 2018: 37）。

とは「関心」という意識と「関与」という行動の両者に及ぶとしたうえで、「地方部に関心を持ち、関与する都市部に住む人々」と定義した。小田切によれば、関係人口には①地域の特産品の購入、②地域への寄付、③頻繁な訪問、④地域でのボランティア活動、⑤準定住（二地域居住など）、⑥移住・定住という「関わりの階段」（小田切 2018: 16）があるが、必ずしも関係人口が定住を目指すわけではない。一方で社会学者の田中輝美は、小田切の定義を踏まえながらも、こうした議論が都市／農村論の文脈においてなされているものとし、より一般的な視点から「特定の地域に継続的に関心を持ち、関わるよそ者」として関係人口を定義づけた（田中 2021: 77）。

近年は関係人口に対し、行政の期待が急速に高まっている。というのも、住民票の所在が焦点となる定住人口では、どこかの自治体は増えてもどこかの自治体は減るという「ゼロサム」問題が発生するが、関係人口は複数の関係先が一人の関係人口を「シェア（共有）」（田中 2021: 59）することができるためである。総務省は二〇一七年に改訂された「まち・ひと・しごと創生総合戦略」において、はじめて関係人口の創出・拡大を掲げた。[32] また二〇一八～二〇二〇年度にかけて「関係人口創出・拡大事業」を実施し、延べ九九のモデル事業を採択した。

交流・関係人口は、潜在的な定住人口として人口減少の緩和、地域維持活動の担い手確保の有効な手立て（作野 2019）であるのみならず、さまざまな関わり方を通して地域外からやってくる「よそ者」として、地域の自然資源や暮らしの価値を再評価し、地域資源の発掘や魅力向上に貢献することが期待されている。[33]「地方創生」の枠組みでは、この「よそ者効果」を期待し、交流・関係人口を積極的に受け入れることで地域の振興をはかろうとする動きが活発化してきた。そしてこの枠組みは、東日本大震災の被災地において、「既定（の）復興」に接合されたのである。

（2）「復興・創生期間」における交流・関係人口

「復興・創生」

「東日本大震災からの復興の基本方針」は、復興期間を二〇二〇年度までの一〇年間と定め、復興需要が高まる二〇一五年度までの五年間を「集中復興期間」と位置づけた。およそ四年後、政府の復興推進会議が決定した「平成28年度以降の復旧・復興事業について」（二〇一五年六月二四日）は、「復旧・復興事業の完了に向けた見通しが立ちつつあり、復興は新たなステージを迎えている」との認識を示し、「集中復興期間」終了後の二〇一六年度以降の五年間について、「被災地の自立につながり、地方創生のモデルとなるような復興を実現していく観点から」、「創生」の二文字を挿入し、「復興・創生期間」と位置づけた。したがって復興期間の後半については、少子高齢化・人口減少が進む「課題先進地域」であり、避難者の帰還状況が芳しくない東日本大震災の被災地域において、「地方創生」の枠組みのもと、復興過程が展開していくこととなったのである。

---

(31)　交流人口は観光の文脈で捉えられることも多いが、国土庁の資料などから交流人口概念の系譜をたどった作野広和は、「交流人口」の概念は本質的に「定住人口を補完する人口」であり、来訪者のみならず「何らかの「関わりを有する者」」も含まれること、そして「交流人口には今日の関係人口の概念も含まれていること」を指摘している。しかしながら、交流人口の計測にあたって観光客や宿泊客といった収集可能なデータが用いられたこと、経済的側面において定住人口を補完するものとして捉えられたことから、交流人口において「関わり」という視点が欠如していったという（作野 2019: 19–20）。本書では、こうした作野の指摘を踏まえ、包括的な「交流・関係人口」という表記を用いる。

(32)　しかしながら急激な関係人口概念の普及のなかで、前出した定義のあいまいさに起因する混乱が生じている。田中輝美は、関係人口をめぐる混乱の一つとして、「人口」が人びとの総数を指す語でありながら、「関係人口の含意としては、数よりも関係の質を指している」という語句に内在する矛盾を指摘している（田中 2021: 312）。

(33)　たとえば、敷田麻実は地域づくりの現場における「よそ者効果」として、①地域の再発見効果、②誇りの涵養効果、③知識移転効果、④地域の変容を促進する効果、⑤しがらみのない立場からの問題解決、の五つを挙げている（敷田 2009）。

そのなかで、被災自治体が復興戦略の一つとして位置づけたのが、地域外からの交流・関係人口の創出と拡大であった。たとえば、甚大な津波被害を受けた岩手県釜石市は、二〇一六年三月に「釜石市オープンシティ戦略（釜石市総合戦略）」を策定した。これは、住民票上の人口増加を政策目標に設定せず、「活動人口」と「つながり人口」が相互に補完し合える環境のもと、これらの人口を増加させて、住民票上の人口減少を緩和させていこうとするものである。市民を指す「活動人口」に対し、「つながり人口」とは、必ずしも将来的な定住に捉われることなく、釜石の暮らしや産業、まちづくりに多様な関わりを有するすべての人びとを指しており、交流・関係人口と同義の概念であると考えられる[34]。

では、復興過程にある被災自治体にとって、交流・関係人口とはどのような人びとを指すのだろうか。尾崎寛直が被災地域に「新たな人材を外部から呼び込むモメント」として位置づけるように（尾崎 2016: 39-40）、その代表格は「災害ボランティア」であろう。

災害ボランティア

災害が多発する日本では、地縁・血縁による助け合いをはじめ、古くからさまざまな民間団体による無償の救援活動が行われてきた。それが災害のたびに大規模に展開される「災害ボランティア活動」として定着・拡大したのは、一九九五年の阪神・淡路大震災以降のことである。この震災では、新聞やテレビ報道で被災地の惨状を知った延べ一三七万人ものボランティアが全国から駆け付け、「ボランティア元年」と称された[35]。その後も大規模災害が相次ぐなかで、災害ボランティアに対する社会的な認知も大きく向上し、それまでの「自己犠牲・奉仕」のイメージは「誰でも気軽に参加できる」、自己充足・自己実現も可能な活動のイメージへと転換された（菅 2008: 60）。

当時の災害ボランティアは、発災直後の混乱期の救援活動として結集し、混乱した事態が一定程度収束する頃に「撤退」するという関わりが一般的であった（尾崎 2016: 40）。一方で近年の災害では、時限的な関わりに終わらず、活動を続けるなかでその地域や人びとに共感し、同じ支援先を繰り返し訪れたり、支援先に定住するなど、長期的な復興まちづくりおよび過疎化する被災地域の再生にまで関与するボランティアの形態も定着しつつある[36]。尾崎は、若い世代を中心とするこうした動きを「災害ボランティア２・０」と呼び（尾崎 2016: 43）、こうした彼ら・彼女らの存在が先述した「田園回帰」の動きにつながる「大きなきっかけ」であったと論じる。中越地震の被災地では、復興基金を財源とし、農山村における被災集落の持続可能性の向上を実現する仕組みをつくる人材として「地域復興支援員」制度が創設された。地域復興支援員は、集落づくりのコーディネート、集落同士の交流を促進するハブ機能、外部や行政とのつなぎ役などを担った。この制度は、その後の総務省の「地域おこし協力隊」[37]へと受け継がれ（尾崎 2016: 43）、都市部から地方への人口移動を促進した。

（34）釜石市「釜石市オープンシティ戦略（釜石市総合戦略・２０１８年５月改定版）」二〇一八年、釜石市ウェブサイト（https://www.city.kamaishi.iwate.jp/docs/2020051900010/file_contents/201806110087_www_city_kamaishi_iwate_jp_shisei_joho_keikaku_torikumi_chihousousei_detail__icsFiles_afieldfile_2018_06_01_opencitysenryakukaiteiban.pdf 二〇二四年九月一七日最終閲覧）。

（35）災害ボランティアには、個人参加のボランティアに加え、特定非営利活動法人（以下、ＮＰＯ法人）やさまざまな組織・団体に所属する者、医療や介護分野の職業ボランティアなど多様な主体が含まれる。阪神・淡路大震災におけるボランティア活動の盛り上がりは、「特定非営利活動促進法」（一九九八年）制定の直接の契機となり、以後、多くのＮＰＯ法人が設立された。

（36）たとえば新潟県中越地震の被災地域では、二〇〇五年にかけて約九万人ものボランティアが駆け付けた。ある仮設住宅では、二〇〇五年一二月から解体される二〇〇七年六月まで、大阪や新潟の大学生ら毎月かかさず通い、集会所で「足湯」を行った。また、二年半に及ぶ全村避難の末に人口が半減した旧山古志村（現長岡市山古志地区）では、支援活動をきっかけとする都市からの来村者や全国の被災地からの見学者などが訪れ、被災者との継続的な交流が行われている。発災後、同地には新たに農家レストランや民宿が生まれ、積雪期を除く約七か月間に毎月三〇〇〇人もの来村者があるという（中林 2020; 上村 2020）。

東日本大震災の被災地でも、当初は自粛論が流布したものの（尾崎 2016: 45）、これまでに多くの災害ボランティアが活動してきた。全国社会福祉協議会の報告によると、岩手・宮城・福島三県のボランティア・センター（以下、VC）で受け付けたボランティアの数は、二〇一八年一月までに一五四・六万人に達している。また、VCを経由せずNPO法人等で活動したボランティアも多数にのぼる。[38]

東日本大震災下のボランティアの活動形態について、坂田悠江は、被災した離島で支援活動を展開したある団体の事例から「短期」「リピーター」「長期」の三類型を示した。「短期」は一週間の短期ボランティアとして参加したメンバーを指し、「長期」は、半年から一年程度滞在した長期滞在型ボランティアの呼称である。一方、団体や支援先地域、そこに住まう人びとに愛着を感じ、「短期」あるいは「長期」経験後も個人的に繰り返し支援先を訪れたメンバーは「リピーター」と呼ばれる（坂田 2014）。こうした類型・呼称は、被災地で活動した他の支援団体のウェブサイト等にも示されており[39]、東日本大震災の被災地において一般的な活動形態であったといえよう。

一般に、善意の支援は支援者と受援者（被災者）の間に非対称的な関係をもたらす。また、「痛みなき抑圧」となって被災者の尊厳を傷つけることも報告されている[40]（内尾 2018）。しかしながら、「長期」や「リピーター」は共に時間を過ごすなかで受援者との間に「個対個」の信頼関係を構築する。「〇〇町や人びとが好きで来た」「〇〇さんに会いに来た」などと個人として被災地を訪ね、友人として被災者を訪問するようになることも多い。内尾太一はフィールドワークを行った仮設住宅の事例から、こうした個人的な関係のなかに支援者／受援者間の不均衡を乗り越える発展的イメージ――支援物資のおすそわけを通し構築された互酬的関係、ボランティアの受け入れを通し現出したゲスト／ホスト関係――を見出している（内尾 2018）。筆者自身のフィールドワークにおいても、支援活動を契機として、支援先だった団体に職を得たり、地域住民と結婚したりして移住する「元」ボランティアも多いことが明らかになっている（山﨑　印刷中）。こうした「元」災害ボランティアは、被災地域における「交流・関係人口」の典型的な例である。

復興ツーリズム

次に、交流人口の代表格である観光客に照準し、被災地における観光交流の実践を確認する。近年、日本では「観光立国」が政策上の大きなキーワードとなり、国・都道府県・自治体などさまざまなレベルで観光推進の施策が展開されてきたことは周知のとおりである。

一般に大規模な災害が発生すると、被災地の交通宿泊施設は受災し、観光資源そのものも被害を受けることで、当然被災地域への観光客は減少する（須田　2013: 2）が、そのなかで「被災地」の訪問こそを旨とする特別なツー

（37）都市など、地域外から過疎地域に人材を受け入れるため、国が自治体へ特別交付金を措置し、おおむね一年以上三年以下の間、隊員の人件費や経費を補助する制度である。

（38）社会福祉法人全国社会福祉協議会「東日本大震災　岩手県・宮城県・福島県のボランティア活動者数」二〇一八年、全社協 全国ボランティア・市民活動振興センターウェブサイト（https://www.saigaivc.com/2017/02/24/%E6%9D%B1%E6%97%A5%E6%9C%AC%E5%A4%A7%E9%9C%87%E7%81%BD%E3%83%9C%E3%83%A9%E3%83%B3%E3%83%86%E3%82%A3%E3%82%A2%E6%B4%BB%E5%8B%95%E8%80%85%E6%95%B0%E3%81%AE%E6%8E%A8%E7%A7%BB/ 二〇二四年九月一七日最終閲覧）。なお、中央共同募金会「赤い羽根ボランティア・NPOサポート募金（ボラサポ）」の助成を通じた活動者の概数は五五〇万人とされる。

（39）南三陸町復興応援プロジェクトチーム「ボランティアを支えるボランティア」二〇一一年、特定非営利活動法人ユナイテッド・アースウェブサイト（https://united-earth.jp/minamisanriku/post_183/ 二〇二一年三月二一日最終閲覧）。

（40）文化人類学者の内尾太一は、支援を人類学的な贈与として捉える視点を導入し、復興初期の支援活動と被災者の尊厳との関係を考察した。この時期、東日本大震災の被災地には、全国から莫大な義援金と支援物資、そして無償のサービス（＝贈与）が集積した。こうした支援、特に「遠隔からの匿名の支援」には返礼のしようがなく、受け取り手たる被災者には精神的負債が残されたという（内尾 2018）。

リズムの形態が立ち上がってくる。ジョン・レノンとマルコム・フォーレイは、死や災害、残虐行為に対するツーリストの関心のもとに行われるツーリズムを「ダークツーリズム」と名付けた（Lennon and Folley 2000）。ダークツーリズムは第二次世界大戦におけるナチズムの惨禍を二度と繰り返してはならないという価値観に支えられ、ヨーロッパで急速に広まったのち、日本を含むアジア諸国にも輸入された。

一方で日本社会においては、新潟県中越地震後、被災地住民と他地域（特に都市部）住民との間の観光交流が活発化し、こうした観光交流が地域振興の観点から復興に寄与することが、公的にも認識されるようになった(41)。井出明はこのような交流を「未来に向かっての希望が強く語られる」ものとして「復興ツアー」と呼び、「純粋に死を悼み、地域の悲しみを共有する」「ダークツーリズムの一般的な考え方とは一線を画する」と指摘する（井出 2015: 50）。東日本大震災後は復興への寄与を旨とする観光交流が一層活発化し、「復興ツーリズム」という言葉が聞かれるようになった。

すでに指摘したように、災害が発生すると、その直接的な被災地への観光客は減少する。特に東日本大震災の場合、観光客の減少についてはその総数が大きく、また全国的に内外の観光客に幅広く及んだ（須田 2013: 3）。こうした状況に対し、東北の観光業界は東北を訪問することで応援してほしいと「自粛の自粛」を呼びかけ、発災から二か月弱が経過した大型連休頃から、被災地に向かう人の流れが一気に加速した。被災地外の人びとを呼び込み、こうした動きを後押ししたのが、各地で展開された「復興ツーリズム」であった。

復興ツーリズムは字義的には「「復興」と「観光」の結合」（小野 2019: 180）であるが、一義的な定義があるわけではない。丸岡泰と泰松範行は、「復興」を経済活動の活発化とその持続性によって構成されるものと捉えたうえで、復興ツーリズムの用法を①復興の進捗状況を見る視察旅行、②復興を推進する旅行の二通りに整理している。また、そのうち自治体が期待するのは、「交流人口増による地域の総生産への貢献」となる後者の「復興ツーリズム」であると指摘する（丸岡・泰松 2016: 231）。

一方文化人類学者の山下晋司は、震災後の「新たな観光スタイル」として、「ボランティアツーリズム」に加え、「ソーシャルツーリズム」と「まなび旅（スタディツーリズム）」に注目し、互いに並列し、オーバーラップするこの三者を総括して「復興ツーリズム」と捉えた。東日本大震災では、観光庁もボランティアツアーを造成するよう働きかけたこともあってか、旅行業者がさまざまなボランティアツアーを企画し、「ボランティアバス」という言葉も広く聞かれた（山下 2015）。山下によれば、こうしたボランティアツーリズムは、交流によりゲストとホストの間の「つながり」を生み出す「ソーシャルツーリズム」でもあった。また、東日本大震災後のツーリズムにおいては、旅行会社やNPO法人などの手により、災害ボランティア体験や地域資源の発掘、語り部体験などを主眼とした「まなび」と旅を融合させた「まなび旅（スタディツーリズム）」を提供する動きが活発化した。山下は、こうした復興ツーリズムが復興過程において果たすポジティブな役割についても検討している。曰く、「復興ツーリズム」は、被災地域の各所に立ち上げられた「復興商店街(42)」の訪問を組み込むなど、観光による地域復興を推進し、「「ツーリズム」というツール」を使って、「「行って応援したい」という声と「来てほしい」の地元の声」、すなわち被災地と他の地域をつなぎ、新しい絆を形成するものである（山下 2015: 347）。

---

(41)　東日本大震災の復興をめぐっても、すでに「復興への提言」（本章第1節参照）において、観光領域について大きく二点の提言がなされている。一つめは「地域観光資源の活用と新たな観光スタイルの創出」であり、「復興の過程において、美しい景観に配慮した地域づくりを行い、観光資源とすることも重要」などと指摘している。二つめは「復興を通じた人の交流と観光振興」であり、「震災を機に生まれた絆を大切にし、復興プロセスを被災地以外の人々が分かち合うことも大切である」とする。

(42)　東日本大震災により津波被害を受けた沿岸自治体では中心市街地が海の近くに立地している場合が多く、多くの商店街が流失・浸水などの大きな被害を受けた。商店主らが再開に向けて動き出すきっかけの場として機能したのが、中小企業基盤整備機構により整備され、〝復興の象徴〟として注目された「仮設商店街」であった。

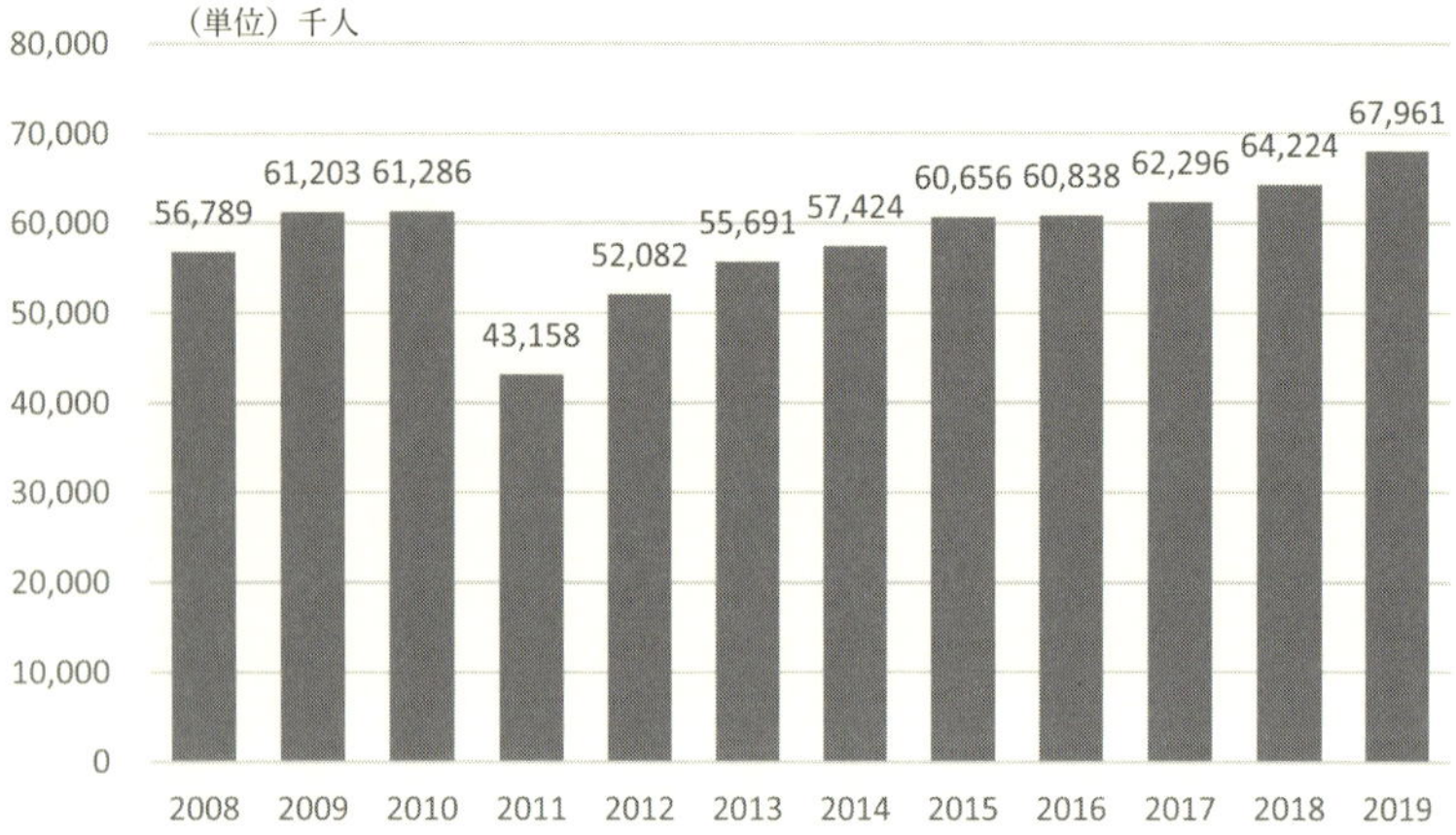

図３－１　年次別観光客入込数の推移（宮城県）

（出典）宮城県「観光統計概要 令和元年（平成31年１月～令和元年12月）」より筆者作成

表３－３　圏域別観光客入込数（宮城県）

（単位：千人）

	2010年	2018年	2019	2010年比	2018年比
仙南圏域	5,672	6,191	7,182	126.6%	116.0%
仙台圏域	33,680	35,946	36,789	109.2%	102.3%
大崎圏域	9,974	9,349	9,406	94.3%	100.6%
栗原圏域	1,132	1,951	1,900	167.9%	97.4%
登米圏域	2,772	3,243	3,471	125.2%	107.0%
石巻圏域	4,432	4,599	5,502	124.1%	119.6%
気仙沼圏域	3,624	2,945	3,711	102.4%	126.0%
合計	61,286	64,224	67,961	110.9%	105.8%

（注）終章であらためて述べるように、本書は2019年度末に始まった新型コロナウイルス感染症のパンデミックを時間的視野に含みながらも、その影響を議論に組み込むことができていない。そのため、図３－１、表３－３は2019年までの数値をもとに作成した。

（出典）宮城県「観光統計概要 令和元年（平成31年１月～令和元年12月）」より筆者作成

宮城県経済商工観光部観光課「観光統計概要 令和元年（平成31年1月～令和元年12月）」に基づき同県における観光客入込数の推移をみると、二〇一〇年には六一二八万六〇〇〇人の入込数であったのが、二〇一一年には四三一五万八〇〇〇人にまで落ちたものの、二〇一二年には五二〇八万二〇〇〇人にまで回復した。その後も増加傾向が続き、二〇一九年には過去最高の六七九六万一〇〇〇人に達している（図3-1）。また、甚大な津波被害を受けた石巻圏域や気仙沼圏域の入込数も、同様の傾向にある（表3-3）。こうした発災直後の被災地域における入込数回復の背景に関し、関満博・松永桂子は、災害ボランティアの流入に加え、復興ツーリズムによる集客の伸びを指摘した（関・松永 2014）。すなわち、「被災地」であるからこそ、その地を訪問するようになった人びとが多くいたのである。二〇一〇年代後半の回復傾向についても、「復興道路」と位置づけられた三陸縦貫自動車道の延伸や[43]、気仙沼市の東日本大震災遺構・伝承館の開館（二〇一九年三月）など、復興に関連する施設やインフラの整備が寄与していることも明らかにされている[44]。

本節における議論をまとめれば、「災害ボランティア」の活発化や「復興ツーリズム」の盛り上がりが、東日本大震災の被災地域における交流・関係人口の創出・拡大、ひいては「復興・創生」に寄与してきたことが指摘できるだろう。第5章では、「南三陸応縁団」などの事例を中心に、南三陸町の復興過程において形成された交流・関係人口、町内外のつながりの実相を検討していく。また、第6章では町内入谷地区の、第7章では登米市中心市街地の事例から、〈境界的な被災地〉における語りの傾聴を通して再構築された、「どっちつかず」の人び

(43) 震災前の北端であった登米東和ＩＣ（登米市東和町）から北へ向けて順次延伸された。たとえば、志津川ＩＣ（南三陸町）は二〇一六年一〇月に、歌津ＩＣ（南三陸町）は二〇一七年一二月に、気仙沼中央ＩＣ（気仙沼市）は二〇一八年三月に共用が開始された。なお、宮城県内の三陸縦貫自動車道（仙台市～気仙沼市）の全線開通は二〇二一年三月である。

(44) 宮城県経済商工観光部観光課「観光統計概要（令和元年速報値）（平成30年）」二〇二〇年。

と交流・関係人口との交わりについて描出する。

小括

本章では、主に人口の回復に苦慮する自治体の視点から、東日本大震災からの復興の実相を描出した。人口減少は自治体の存亡とも関わる問題であるが、今般の津波により甚大な被害を受けた東北地方太平洋沿岸地域では、震災以前から少子高齢化が進行していた。第1節では、東日本大震災からの復興においても「既定（の）復興」様式が踏襲され、創造的復興を理念的根拠とした物理的・制度的な「つくり変え」が進行したこと、第2節では、震災、そしてこうした物理的な「つくり変え」が被災地域における人口減少の傾向に拍車をかけたこと、そのために被災自治体にとって人口の確保が復興政策の要諦となったことを示した。

第3節では、復興期間後半の五年間（復興・創生期間）について、「地方創生」枠組みのもとで復興過程が展開し、災害ボランティアや復興ツーリズムに代表される交流・関係人口が重視されたことを確認した。本書では、南三陸町の復興過程における交流・関係人口の実相について、第5章で行政の視点から描出したうえで、第6章では町内入谷地区、第7章では登米市中心市街地において交流・関係人口と交わる〈境界的な被災地〉の人びとの視点から描き直し、南三陸町における復興の物語を複数化していく。

第4章　分水嶺に囲まれた町

1　南三陸町のあらまし

これまでで述べてきたように、日本社会における「既定（の）復興」では行政が一義的な復興主体となり、基礎自治体が単位となる。本章の目的は東日本大震災により甚大な津波被害を受け、象徴的な被災地となった南三陸町の実相を多層的に捉えることであり、自治体としての同町が埋め込まれたローカルな脈絡、すなわち周囲の地域や南三陸町を構成する地区間のつながりのなかに町の成り立ちを捉えていく。また、本章以降の記述は、対象地域において筆者自身が実施した調査の成果に基づく。なお、東日本大震災からの復興について述べる次章の記述につなげるため、本章では震災直前の当地[1]について描写する。

南三陸町は、国内有数の津波常習地である東北地方太平洋側の三陸地方沿岸部の南部に位置する、東西・南北

(1)　本章において「当地」という表現を用いる際は、現在の南三陸町の範囲にあたる地域を指している。

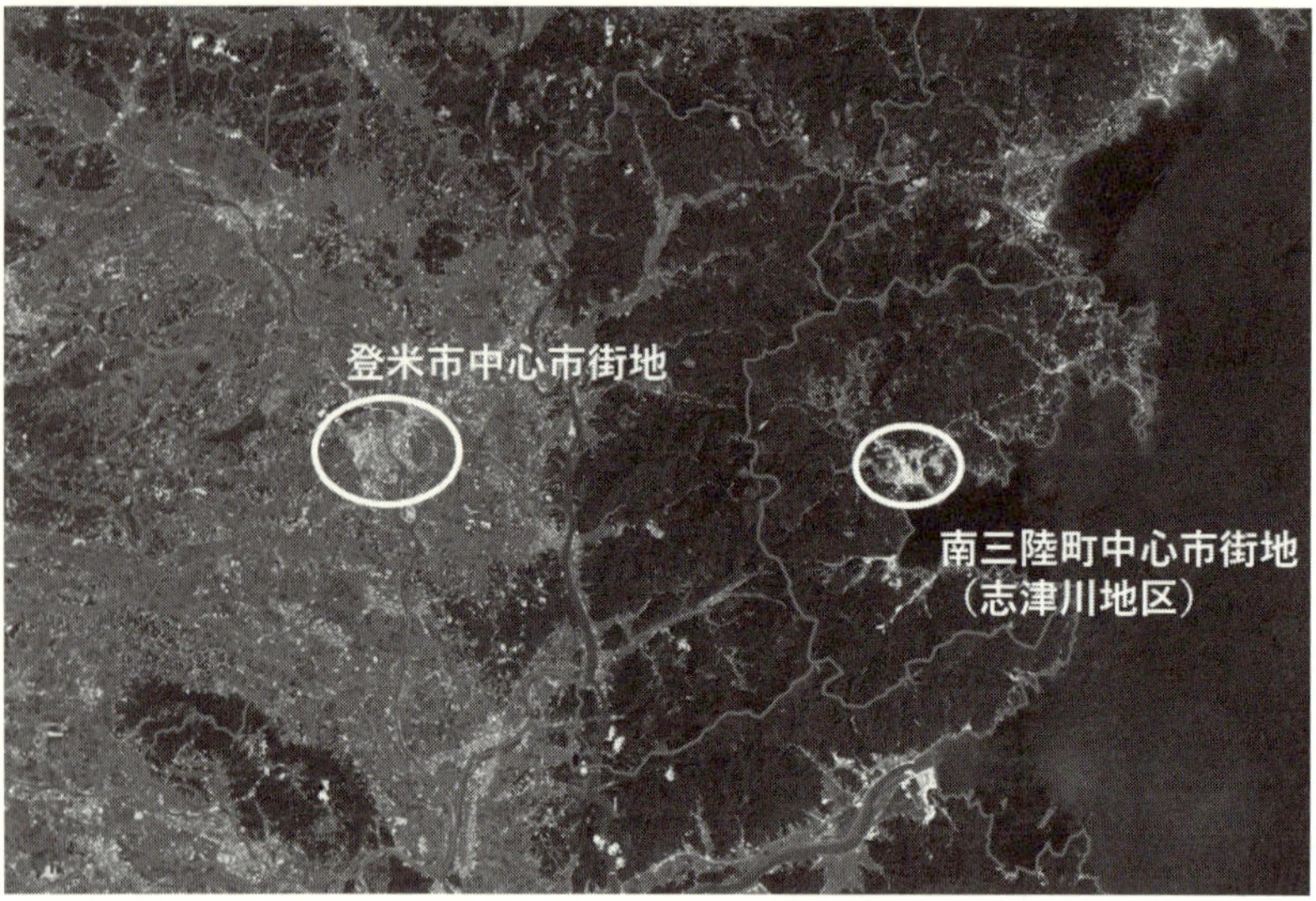

図４－１　南三陸町の自然環境

色の濃い部分は山林、中程度は平野、薄い部分が市街地。
（出典）「歴史的行政区域データセットβ版」（CODH作成）を利用し筆者作成

ともに約一八キロメートル、面積一六三・七平方キロメートルの小規模な自治体である（図４-１）。宮城県北東部に位置し、北を気仙沼市、西を登米市、南を石巻市にそれぞれ接する。同町が位置する宮城県北部沿岸地域は、北上高地の支脈の鋭い尾根が海岸に迫り、岩手県沿岸から連なるリアス海岸を形成している（関・松永 2014: 16-17）。住民基本台帳によれば、発災前の二〇一一年二月末時点で、同町の人口は一万七六六六人であった。

南三陸町は二〇〇五年に「平成の大合併」の流れのなかで、志津川町と歌津町の合併により誕生した。明治期に成立した一町三村の範囲にあたる四地区（志津川・戸倉・歌津・入谷）に大別され（図０-１）、単独で本吉郡を構成している。入谷地区を除く三地区は海岸に面し、各浜に漁村集落が立地している。ただし、歌津地区が外洋に面しているのに対し、志津川、戸倉の両地区は主要な漁場が湾内に限定されている。また、震災以前、志津川・歌津両地区の低平地には市街地が形成されており、特に合併後は、比較的広い志津川地区の沖積平野に行政施設や商業施設が集積していた。

南三陸町は、宮城県の広域行政区分上、気仙沼市と合同で「広域気仙沼・本吉圏」を構成するなど、気仙沼市との行政的な関係が深い。また、特徴的な山がちの地形のために、交通路の発達には不利な環境であるが、三陸縦貫自動車道や町内で交差する国道四五号線、国道三九八号線などの幹線道路によって、仙台都市圏、石巻都市圏などの都市や、登米市・栗原市といった内陸部とも結びついている。加えて、一九七七年には、町内の五駅（陸前戸倉、志津川、清水浜《しずはま》、歌津、陸前港）を含むＪＲ柳津駅《やないづ》（津山町〔現登米市〕）〜本吉駅間（本吉町〔現気仙沼市〕）が開通することでＪＲ気仙沼線が全線開通し、仙台・気仙沼各方面への鉄道利用が可能になった。

水産業の発達にともなって増加した人口（合併以前は旧二町の合算）は、一九六〇年の二万四八五二人（国勢調査）をピークに、一九八〇年以降は漸次的に減少していた。一九六〇年代から一九九〇年代初頭にかけては自然増の状態にあったが、死亡数は横ばいで推移しているものの出生数が次第に減少し、一九九四年以降は自然減の状態にあった。一方人口移動については、社会減の状況が一貫して続いていた（南三陸町 2018）。こうした人口減少の傾向や地方分権社会の要請に対応するため、二〇〇五年に南三陸町が誕生したのである。

南三陸町は二〇〇七年に「南三陸町総合計画（２００７〜２０１６）」をまちづくりの指針として策定し、「自然・ひと・なりわいが紡ぐ安らぎと賑わいのあるまち・南三陸」を将来像として掲げた。二〇一一年三月の震災発生時は、南三陸町の誕生からようやく五年が経過した時分であり、「志津川町」「歌津町」という区分が住民の意識に根強く残っていたという。発災後に筆者が実施した聞き取り調査においても、「南三陸町」と言うべきところで「志津川町」と旧町の名称を用いる住民も多かった。

以下では、両旧町の郷土史（志津川町『志津川町誌１（自然の輝）』、『志津川町誌２（生活の歓）』、『志津川町誌３（歴史の標）』、歌津町『歌津町史』）の記述を中心に、南三陸町と同町を構成する地区、それらを取り巻く地域の成り立ち・諸相についてみていく。

2　地勢・気象

町民憲章（二〇一〇年一一月制定）にも謳われているように、南三陸町では、海山川里の恵みの豊かさに高い価値を見出している。南三陸町が位置する地域は、なだらかな丘陵地形の北上山地に包含される。西・北・南の各部を三〇〇～五〇〇メートル級の標高を有する山々に囲まれており、山ひだが鋭く平地は少ない。町北部には、町内最高峰の田束山《たつがね》（標高五一二・四メートル）が気仙沼市にまたがってそびえている。東は太平洋に向かって開け、田束山嶺から海に向っては、山麓部、海岸段丘を経てリアス特有の豊かな景観を有する沿岸部へと至る。隣接自治体との境はおおむね山稜をもって区分され、境界部は分水嶺となる場合が多い。すべての河川が町内に水源を有し、志津川湾にそそいでいる。

町を取り囲む山々の稜線と海岸の距離は、遠くても一〇キロメートル未満である。山間地域から河川を通じ、湾内までのきわめてコンパクトな地形のなかに、一つの完結した地理的・生態的構造、空間が形成されている。町村合併が繰り返され、志津川湾を囲む地域構造が成立してきた南三陸町の成り立ちについて、関満博と松永桂子は、「湾岸を分水嶺が囲むすり鉢状の地域を形成する旧村が、〔……〕一つになっていく過程」と表現する（関・松永 2014: 18）。

町土の大半は山地と海岸部に伸びる斜面、丘陵地に占められており、農用地および大小集落は沿岸から河川沿いの平坦地、丘陵地にかけて点在していた。二〇一〇年一〇月一日時点での地目ごとの土地利用状況としては、総面積一万六三七四ヘクタールのうち、森林が一万二六四八ヘクタール（七七・二パーセント）、農用地が一二九九ヘクタール（七・九パーセント）、宅地が四一二ヘクタール（二・五パーセント）などであった(2)。

南三陸町が含まれる東北海区は、南から黒潮、北からは親潮、さらには津軽暖流が流れ込む混合水域が形成されている。そのため、三陸海岸は、各海流から派生した暖水、冷水が交錯して分布する複雑な海洋環境となっており、日本有数の良好な養殖漁場となっている（志津川町誌編さん室編 1989a: 56）。西に深く切り込んだ志津川湾の湾奥部に志津川の市街地が形成される一方、湾内には、椿島や荒島などの島々が散在している。沿岸には砂浜、磯部が点在する。志津川湾岸の小さな支湾には、それぞれ漁村集落が展開されていた。湾奥部に歌津町の中心市街地であった伊里前の町が形成されていた伊里前湾も、こうした支湾の一つである。湾には、八幡川、水尻川、新井田《にいだ》川、水戸辺川、折立川などの河川が流れ込む。穏やかな汽水域は養殖の好漁場であり、鮭の遡上もみられるなど、周囲に暮らす人びとに恵みをもたらしてきた。また、穏やかな沿岸部の海面と藻場は多様かつ固有の海洋生物をはぐくみ、渡り鳥の飛来地となっている。

太平洋海流の影響により、当地は内陸地方と比べると夏は涼しく冬は雪の少ない沿岸気候の特徴を有する。南三陸町の公開データによると、年平均気温は一一・三度で、年間降水量は約一三〇〇ミリである（一九九六～二〇一七年のデータ(3)）。一方で、志津川湾に面し、三方を山に囲まれた特異な地形から海風が入りにくいため、盆地性気候の特徴も備えており、他の沿岸地域と比べると気温の年較差や日較差が大きい。志津川湾側から北上山地側へ向かうほど盆地性気候の性格が強まり、夜間の冷え込みが厳しい冬には、山間部から河川の流れに沿って冷気流が吹きおろし、沿岸部下流の地表面を冷やしている（志津川町誌編さん室編 1989a: 235–239）。また、春先から

（2）南三陸町「南三陸統計書（平成25年度版）」二〇一四年。

（3）南三陸町「南三陸町の地勢、自然」二〇一七年、南三陸町ウェブサイト（https://www.town.minamisanriku.miyagi.jp/index.cfm/10,786,55,html 二〇二四年九月一七日最終閲覧）。

夏にかけて、外洋から陸地に向けて吹くヤマセ（当地では、「オキアゲ（沖上げ）」や「キタコチ（北東風）」などと呼ばれる）により、数年〜数十年に一度もたらされる冷害と闘ってきた地域でもある（歌津町史編纂委員会編 1986: 14; 志津川町誌編さん室編 1989b: 377-385）。

3　成り立ち

（1）古代〜中世

本節では、行政区画の変遷（表4-1）や産業構造の特質などを手がかりに、当地の成り立ちについて記述する。南三陸町内では、現在の志津川地区や歌津地区において数十か所に及ぶ縄文時代の遺跡が発見されており、先史時代より人間が生活していたことが確認されている。当時は、丘陵斜面や海岸地帯を中心に集落が立地し、狩猟採集を行う人びとが居住していたとみられる(4)（歌津町史編纂委員会編 1986: 100-102; 志津川町誌編さん室編 1991: 33-48）。残念ながら古代の当地における人びとの営みについてははっきりしたことは明らかになっていないが、気仙沼・本吉地方は「海蝦夷《うみえみし》」(5)の国として、史料にも登場している（歌津町史編纂委員会編 1986: 105-106）。

八世紀に入り大宝律令が制定（七〇一年）されると、大和朝廷は本格的な関東・東北地方の経営に乗り出した。中央集権的な統治制度が当地まで及び、当時の令制国であった陸奥国に組み入れられた。八〇一年には、坂上田村麻呂の征討により蝦夷が鎮撫され、大和朝廷の力が当地まで直接及ぶようになった。これ以降、山頂や山麓に多くの神社・仏閣が建立されていき、町内最高峰の田束山も、天台宗の霊場として開山されている（歌津町史編纂委員会編 1986: 787）。八六九年には貞観地震が発生し、陸奥国を襲ったことが記録されているが、当地の具体的な被害については明らかになっていない。

表４－１　行政区画の変遷

郡名	藩政期	明治５（1872）年	明治８(1875)年	昭和戦前	昭和30年代	郡名	平成19(2007)年
本吉郡	歌津村		歌津村	歌津村	歌津町	本吉郡	南三陸町
	入谷村	第18大区小51区	入谷村	入谷村	志津川町		
	清水浜	第18大区小50区	本吉村	志津川町			
	荒戸浜						
	志津川村						
	折立村	第18大区小51区	戸倉村	戸倉村			
	水戸辺村	第18大区小50区					
	滝浜						
	長清水浜						
	十三浜		十三浜村	十三浜村	北上町	桃生郡	石巻市

（出典）東北学院大学政岡ゼミナール・東北歴史博物館編（2008）に一部加筆

一二世紀、平泉藤原氏の支配下に置かれるようになると、この地域は摂関家の荘園であった「本吉庄」のなかに包含されることとなった。この本吉庄は産金郷と呼ばれた砂金の産地であり、一二世紀前半頃から、砂金採集が開始されたと推定される。この地で採集された砂金は平泉へと送られ、藤原氏の黄金文化を支えていたことがわかっている（歌津町史編纂委員会編 1986: 120–121; 志津川町誌編さん室編 1991: 99–100）。

一二世紀末には、源頼朝が平泉の藤原氏を滅ぼし、東北を支配下に組み込んだ。現在の気仙沼・本吉地方にあたる地域は、一四世紀頃から「本吉郡」と呼称されるようになり、一六世紀末に伊達氏に敗北を喫するまで、千葉氏や葛西氏、その流れをくむ本吉氏らによって支配さ

（4）弥生時代は一般的に、農耕定住型の社会が広がったことで知られるが、山がちな地形を有し水田の開発が困難な当地にあっては、弥生時代の集落の遺跡も丘陵地から発見されており、依然として狩猟採集型の生活を続けていたものと推測されている（志津川町誌編さん室編1991: 58）。

（5）当時の日本国家は、蝦夷のなかでも内陸部に住んでいた者を山蝦夷、沿岸地帯に住んでいた者を海蝦夷と呼んで蔑視していた（歌津町史編纂委員会編 1986: 105）。

れた。当地には、葛西氏ら地方豪族が根拠地としていた「館（たて・やかた）」の跡が数多く残されている。これらの館は、敵の襲来に備えたこと、また、水の確保が立地に影響したことなどから、その多くは山頂や山麓、丘陵地といった高地に立地している（志津川町誌編さん室編 1991: 126–153）。

当時の人びとのくらしについて、あまり多くは明らかになっていないが、鎌倉時代の中期から室町時代の末期に建立された板碑（父母や僧侶のための供養碑）の分布をみると、現在の南三陸町の範囲では入谷地区内に多く位置しており、人びとの暮らしが高地を中心に展開していたことがうかがえる（志津川町誌編さん室編 1991: 154–157）。土盛りや下水溝の整備といった技術の発達を背景に、沿岸の低地への人口移動が始まったのは、一六世紀頃のことである。

（2）藩政期

一六世紀末、当地は伊達家支配下に組み入れられた。当時、仙台藩における村境は必ずしも明確ではなく、また耕地と集落の関係も錯綜していた。そこで、太閤検地およびそれに続く仙台藩独自の検地によって「村切り」が行われ、村落の範囲が確定されるとともに耕地が集落周辺に集められ、支配単位となる「藩政村」が確立した（表４－１）。

この時代の人びとの暮らしについては、米づくりを根幹とする農業が生産の基本であったことがわかっている。しかしながら、本吉郡諸村は大部分が海に面しており、また山がちな特有の地形から、水田を拓くのに適した地域ではなく、生産力も低かった（志津川町誌編さん室編 1991: 269–270）。農民の大部分は零細であり、養蚕業やたばこの生産、林業、漁業や製塩などで米不足を補っていた。

藩政期も中期以降になると、米以外の作物、生産物も盛んにつくられ、その土地の特産物として評価されて市場に出荷されるようになった。当地の生産物は沿岸集落の海産物が中心であったが、ほかにも山間部の集落が産出する生糸・薪炭などが知られていた（志津川町誌編さん室編 1991: 354）。特に、耕地が少なく山地の多い本吉郡にとって、養蚕は最適のものであった。藩政期、入谷村の肝入を務めた山内甚之丞は、農民の生活の安定をはかるために、当時の東北地方における養蚕の中心地であった伊達地方で学んだ養蚕技術を導入し、子の甚兵衛とともに、入谷村を仙台藩養蚕業の一大産地として発展させた[6]。その後、養蚕技術は志津川など周辺地域に広められ、当地の農家にとって重要な副収入源となる（志津川町誌編さん室編 1991: 357–359）。また、中山間地域では金掘の衰退の一方で、藩政初期に製鉄が行われた跡や記録が発見されている（志津川町誌編さん室編 1991: 359–361）。

この時代、仙台藩では仙台を中心として陸上交通網が整備された。交通政策としての最重要課題は道路整備であったが、次に重要なことは街道に宿場を設け、人馬を用意し、休息ができるようにすることであった。当地域には、仙台を起点に唐丹《とうに》（現岩手県釜石市）へと至る「気仙道」が通っており、折立村・志津川村・荒戸浜・歌津村に宿場が置かれた。宿場は駅とも呼ばれ、町場をつくり、一般旅行者や船方の宿泊の便をはかる宿、休息のための茶屋などが軒を連ね、大勢の往来でにぎわったという（志津川町誌編さん室編 1991: 351–354; 津山町史編纂委員会編 1990: 356–359）。また藩政期中頃からは、こうした町場で市が開かれるようになり、生産物の取引が盛んになった。

一方で藩政期の当地では、津波により大きな被害がもたらされた。特に、一六一一年に発生した慶長三陸地震津波は、内陸の入谷村にまで到達したとされている。過去の津波被害については第５節で詳述しているので、そちらも確認されたい。

（6）「金華山」の銘柄で知られ、高値で取引された当地の生糸は、優れた品質を誇り、伊達家の御用品ともなった。

（3）明治期〜昭和初期

明治政府が樹立されると、廃藩置県により藩が廃止され、府県が置かれた。本吉郡はいくつかの変遷を経たのち、一八七一年に水沢県（のちに磐井県となる）へ、一八七六年には宮城県へと組み入れられている。

水沢県では、町村の行財政力機能の充実を求める明治政府の意向に沿って、独自に小規模な村落の統合を進めた。当地を含む本吉郡三三か村は、志津川村・荒戸浜・清水浜が合併して「本吉村（現在の志津川地区）」に、折立村・滝浜・水戸辺村・長清水浜《ながしずはま》が「戸倉村（現在の戸倉地区）」になるなど、一八か村に統合された。一八九五年には本吉村が「志津川町」（以下、旧志津川町）と改称し、現行の四地区と当時の各町村との範囲と名称が一致するようになっている。

次に、当時の産業についても触れておく。前項でも触れたとおり、藩政期における当地の主要産業は蚕糸業を中心とする農業や林業であった。その後、明治期に入り未分化の状態にあった養蚕業と製糸業の分離が進むと、一八八八年、地元の有力製糸家により本吉村（その後の旧志津川町）に器械製糸の「旭館製糸機械場」（のちに「旭製糸株式会社」と社名変更）が設立された。同社のブランド「金華山」は、一九〇〇年のパリ万博でグランプリを受賞するなど、最高の品質を誇っていたことで知られている（志津川町誌編さん室編 1991: 512-517）。同社はアメリカに生糸の直輸出も行っており、昭和初期頃には生糸生産、製糸業が当地の一大産業となった。当時の旧志津川町における部門ごとの生産額をみてみると、一九二六年は工業・農業・水産産業の順であり、旭製糸株式会社による生糸生産を中心とした当時の工業の活況がうかがえる（志津川町誌編さん室編 1991: 722）。しかしながらこうした状況は、昭和恐慌期に入り輸出生糸の価格が大暴落すると一変する。恐慌が回復し始めたのちも化学繊維の普及を受けて生糸の輸出が低迷し、製糸の不振のなかで養蚕業も衰退していった。

一方で明治から昭和初期の漁業は後年ほど発達していなかった。当時は沿岸の小さな漁船漁業が中心であり、獲れた魚は鮮魚で流通させるしかなく、地元消費に加えて近隣への鮮魚の行商が行われた程度であった。[7] 旧志津川町や歌津町は、むしろ海産物の加工や三陸沿岸の海産物の流通拠点として発達していた。特に、旧志津川町は加工地として、郡内では気仙沼に次ぐ第二の地位にあったという。また同町では町場を中心に一般商業も盛んであり、近隣の村々を市場として展開していた（志津川町誌編さん室編 1991: 484）。

加えて、当地では入谷地区を中心に藩政期以来盛んだった製炭が明治期に専業化していた。製炭業は、昭和一〇年代のアジア太平洋戦争期に化石燃料の不足から木炭自動車が普及したことで、活況を呈したという（志津川町誌編さん室編 1991: 829）。

（4）戦後〜南三陸町の誕生

本節の最後に、旧四町村が戦後の統合・合併を経て、南三陸町として成立するまでの流れを追っておく。なお戦後以降の当地の産業や人びとの暮らしについては、本章第6節で取り扱う。

まずは、新制の志津川町が成立する（一九五五年）までの経緯を確認する。一九五二年に日本の独立が達成されると、政府は行政事務の能率的処理、財政的裏付けのために「規模の適正化」が必要として、町村合併を進めて各位町村を一定規模以上大きくするよう各都道府県の知事に求めた。当地では、宮城県より、人口が一万人を超えていた旧志津川町に戸倉村、入谷村を合併させる案が提示された。[8] 合併案は、三町村の間で検討されたのち、

（7）　ただし、漁場に恵まれた当地では、当時からカキやタコ、イリコ（ナマコの加工品）、乾アワビなどの特産品が広く知られており、加工品については海外に向けて輸出もされていた（志津川町誌編さん室編 1991: 533-534）。

（8）　その背景としては、「三町村が藩政期以来密接な関係を有し、明治以降は志津川町を中心とした産業・生活の経済圏を形成していた」ことが挙げられている（志津川町誌編さん室編 1991: 879）。

了承された。新町には「志津川」の名称が用いられ、役場は当時の旧志津川町役場の位置とし、入谷村および戸倉村の役場の位置にそれぞれ支所を置くことになった（志津川町誌編さん室編 1991: 884）。ここから、旧志津川町が三町村の合併の中心となったことがうかがえる。

次に南三陸町発足（二〇〇五年）までの流れを取り上げる。二一世紀に入り人口減少・少子高齢化が問題化するなかで、公共サービスの担い手としての市町村に対する負荷が増加し、「平成の合併」を推進する必要性が議論されるようになった。政府は、合併特例債などの財政支援策や人口要件の緩和などによって市町村の自主的合併を促し、政府の方針を受けた宮城県も、市町村合併に際して発生する費用の一部を補助するなどして、市町村合併の機運醸成をはかった（宮城県 2011）。本吉郡においては、二〇〇二年に本吉郡五町長（唐桑・本吉・歌津・志津川・津山）による市町村合併制度研究会が設置されたり、気仙沼市を加えた一市五町の首長による懇談会が開催されたりするなど、一時は広域合併に対する機運が高まったものの、その後立ち消えとなった（宮城県 2011: 64）。

その後志津川町では「志津川・歌津・津山」での、歌津町では「本吉・歌津・志津川・津山」での合併を求める動きが高まったが、二〇〇三年に津山町が登米郡八町の合併協議に加わる旨の決定をしたことを受けて、志津川・歌津二町のみの新設合併を模索する動きが一気に加速した。新町の本庁舎の位置をめぐって歌津町側が異議を唱えたこともあり、協議は難航したが、二〇〇五年一〇月一日に新町「南三陸町」が誕生した。(9)

４　ハマ・マチ・ヤマ／オカ

（1）ハマ・マチ・ヤマの集落

前節では、行政区画の変遷や産業構造の特質などを軸に南三陸町の成り立ちについて概説してきた。「類似した自然条件[10]」をもつ志津川町と歌津町の合併によって南三陸町が誕生したのであるが、本章冒頭でも指摘したように、南三陸町は山頂を結ぶ分水嶺を隣市との行政界とする地理的なユニットであり、一定程度独立した生態系を擁する。本節では南三陸町の成り立ちについて、空間的・社会的な観点から捉え直したい。

本章で繰り返し参照してきた志津川町の町誌『志津川町誌２（生活の歓）』冒頭の「まえがき」には、以下のような記述がある。

町内にある各集落は、それぞれの位置する地理的条件から、おおよそ三つの類型に大別することができる。志津川湾に面し、半農半漁の生活を営んできた集落。〔……〕歴史的に宿場町から発展し、周辺地域の結節

（9）役場は当面志津川町役場の位置とし、歌津町の役場の位置に総合支所を置いて、新庁舎の位置については将来的に検討するものとされた（宮城県 2011: 64–67）。

（10）南三陸町の公開資料「宮城県本吉郡志津川町・同郡歌津町の市町村合併」では、合併の背景として、「（両町が）類似した自然条件の下、古くから、病院の運営やし尿処理・ごみ処理業務などの分野で協力関係を築いてきた地域であり、交通・情報通信網の発達に伴い、住民の日常生活や経済活動は両町の境界を越えて営まれている」ことを挙げている。南三陸町「宮城県本吉郡志津川町・同郡歌津町の市町村合併」二〇一三年、南三陸町ウェブサイト（http://www.town.minamisanriku.miyagi.jp/index.cfm/10,853,c,html/853/1491.pdf 二〇二四年九月一七日最終閲覧）。

点としての機能を担ってきた「町地区」。〔……〕市街地の北～西方にあり、「入谷」と総称される山間の地域。

三冊からなる『志津川町誌』では、地理的条件やそれに規定される産業のあり方から、それぞれを「浜・浜方・浜手」の集落、「町場・町・町方」、「山手・山方」の集落などと表現している。筆者は、本研究に取り組む過程で執筆した修士論文において、東日本大震災を経験した今日の南三陸町においてもこうした空間的・社会的分節が地域住民の意識に息づいており、それぞれが「ハマ（沿岸部の漁村集落）」、「マチ[11]（沿岸部低地の市街地）」、「ヤマ（中山間地域の集落）」として、差異化されていることを明らかにしている（山﨑 2017）。なお、「ハマ・マチ・ヤマ」の分節は志津川・戸倉・入谷・歌津四地区の範域と必ずしも一致するわけではない。たとえば、志津川地区五日町出身の男性は、志津川地区について以下のように説明する。

ハマ、そっちの海岸の、袖浜とか。〔……〕ハマはハマの人たちでね。マチはマチの人たち。あと、マチでも志津川五日町とか本浜とかかっていろいろな。（山﨑 2017: 186）

すなわち、志津川地区は、藩政期に町割りされた五日町、十日町から発展した従前市街地（「マチ」）と、袖浜など漁村集落からなるハマから構成されている。一方で、第6章で取り上げる山あいの入谷地区については、『志津川町誌2（生活の歓）』にもあるとおり全域が「ヤマ」であるとされる。このように「ハマ・マチ・ヤマ」の分節と四地区の境界線は重なり合う部分がある一方で、ずれを含むものでもある。なお、『志津川町誌2（生活の歓）』の記述は二〇〇五年の合併まで単独で歌津町を成していた歌津地区を包含するものではないが、筆者の聞き取り調査によれば、同地区もこうした三類型の集落から構成されており、それぞれが「ハマ」「マチ」「ヤマ」として差異化されている[12]。

加えて、ハマ・マチ・ヤマの空間的・社会的分節は、分水嶺の内側＝南三陸町の範囲でのみ意識されているものではない。たとえば、筆者のフィールドワークにおいて、現在は登米市津山町に属し、南三陸町の戸倉地区に隣接する横山地区でも「横山はヤマである」という表現が聞かれた。また、歌津地区に隣接する気仙沼市の小泉地区でも、浜（海沿いの漁村部）、町（商業地域）、在（農村部）という地域的なまとまりにおおまかに整理されるという（及川 2021）。このように、ハマ・マチ・ヤマは、山が海にせり出すリアス海岸を有し、狭隘な低地部に都市施設が立地する三陸地方沿岸部に、おおよそ共通する空間的・社会的な分節であることが推測できる。

（2）集落間の交流

次に、ハマ・マチ・ヤマの集落にそれぞれに暮らす人びとが、お互いにどのような関わりをもってきたのか、民俗的視点から整理したい[13]。『志津川町誌2（生活の歓）』は、こうした集落間の交流として、まず生産物や商品を介した往来がみられたことを指摘している。当地のマチには、盆前や年末など定期的に市が立ち、ハマやヤマ

（11）本書におけるマチはあくまで当地の固有の文脈における表現であり、社会学、人文地理学、文化人類学的立場などから地方自治法上の村や町と区別する際にカタカナで表現する「マチ」、すなわち住居のまとまりのあり方としての「ムラ」に対しての「マチ」とは指示するものが異なっている。

（12）それぞれ泊浜や館浜といった漁村集落（＝ハマ）、藩政期に町割りされ市街地として発展した伊里前（＝マチ）、西光寺より内陸側（＝ヤマ）を指しているという。また、歌津地区では、内陸の五つの地区（上沢・樋の口・払川・中在・石泉）を「高区」、沿岸の漁村集落を「浜区」と呼ぶ表現も用いられている。

（13）本項の記述は、特に志津川町誌編さん室編（1989b: 332-337）および、筆者が実施した聞き取り調査の結果に基づく。

から人びとが集まり、食品や台所用品、農具、衣類などを求めた。これを、当時の人びとは「マチヨウタシ（町用達）」などと表現した（志津川町誌編さん室編 1989b: 333）。

マチには鍛冶屋や大工などの職人や肥料の仕入れ先なども集積していて、農林業を営むうえでも、必要不可欠な場所であった。ヤマの集落から木工品などを売りにやってくる者もあったという。筆者が行った南三陸町民への聞き取り調査からは、高齢者層のハマやヤマ出身者にとって、かつて「用達（ヨウタシ）」に出かけるマチは「あこがれ」の対象でもあったことが明らかになっている。

俺たちちっちゃいときは、マチに行くっていうのは都会に出るっていう意味だからさ。今はみんなが町場に住んでて、あまりそんな感覚はないんだけどね。〔……〕だからそういう意味では〔関わりが〕密だったし、あこがれの場所だったんだ、マチっていうのは。いわゆる今の我々が見る、東京みたいな。ちょっと大げさかな、それがマチだったわけさ。（六〇代男性）

ここ〔ヤマ〕の人たちがどっか買い物行くとき、マチさ行くんだっていうように、ここの人たちからすると、やっぱり市街地はそれなりにマチっていう。表現的にマチさ行くっていう、買い物に行くとき、どこに行くのっていうと、マチさ行ってくるって。（七〇代男性）

他方で、マチからハマやヤマへ向かう動きも、当然みられた。ハマの集落でとられた魚は、ごく一部が自家消費された一方で、大部分はハマまで買い付けに出かけてきたマチの魚問屋や水産加工業者の手に渡った。また、魚の加工には大量の木炭や薪が必要となるが、これはヤマの集落まで買い付けに行っていたという。マチの商人が、ヤマやハマの集落を回って、反物などの商品を売り歩くこともあった。

ヤマやハマの集落の人びとが、生産物を売って歩くこともあったという。ハマの集落の行商人により、昆布や煮干し、かつては肥料として使われたウニなどの海産物がマチやヤマの集落にもたらされた。ヤマで生産された木炭も、家庭用のほか、水産加工場の燃料として用いられたため、マチで小売りされていた。これらの行商は荷物を背中でかついだり、馬の背にかけたりして行われていたが、後年にはリヤカーや自転車、自家用車、バスが利用されることもあった。加えて、金銭の授受をともなわないいわゆる「物々交換」も、ヤマの炭とハマの魚など、盛んに行われた。また、ハマ・マチ・ヤマでは、産業の形態や繁忙期が異なり、人手が足りないときや、現金収入を求めるようなときに、労働力の移動がみられた。ヤマの集落からはマチの水産加工業者に、ハマの集落からはヤマの蚕糸業者に、多くの人びとが働きにでていたという。

当地においては、こうした一時的な集落間の動きにとどまらず、半永久的な集落間の移動も広く行われていた。すなわち、婚姻による移動である。当時の縁談に関しては、古くは徒歩で往来できる範囲での「通婚」が一般であった。生業に関わる作業をすでに習得していることから、ハマの家・ハマの家という同業の組み合わせが特に多くみられたが、ハマ・マチ・ヤマ間の生業の異なる家との縁談も存在したとされる（志津川町誌編さん室編1989b: 540）。

（3）ハマ・マチ・ヤマの集落とオカ

以上の記述から、分水嶺により他自治体と隔てられる地理的条件や、前項まででみてきたような成り立ちを背景に、現在の南三陸町を構成する地理的なまとまりの間には、一定の完結性をもった分業体系と社会的な構造が形成されていたことが読み取れるだろう。加えて、当地の成り立ちについて語るうえでは「オカ」の存在も重要

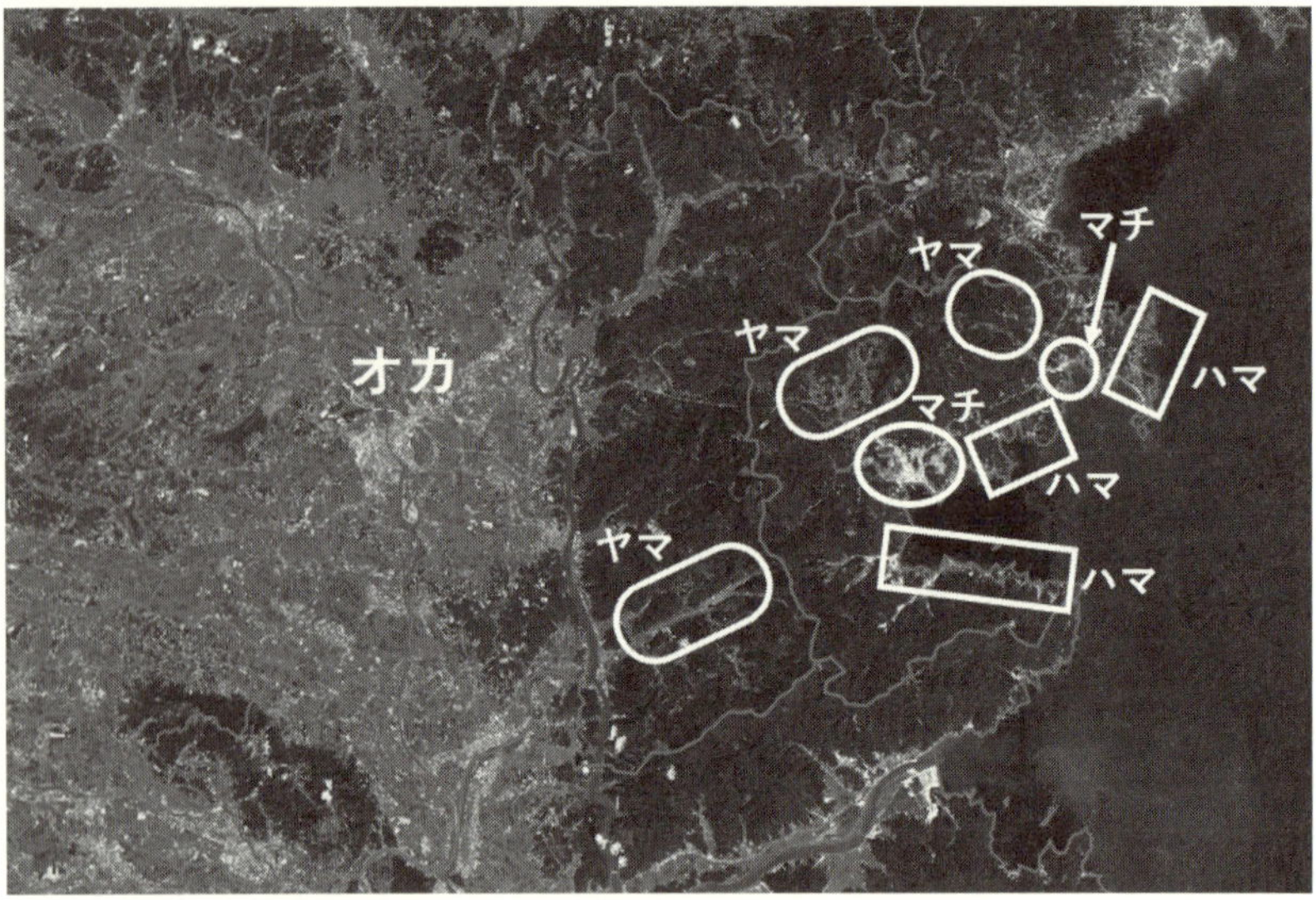

図4－2　ハマ・マチ・ヤマ／オカの位置図

（出典）「歴史的行政区域データセットβ版」（CODH作成）を利用し筆者作成

である。漁業従事者が「陸」について「オカ」と表現することはよく知られているが、この地域においては、登米郡・遠田郡・栗原郡などの米どころの地域をさした言葉でもある（図4-3）。

すぐ峠のかげは、戸倉村っていうね、あと入谷村っていうね、そこが合併して志津川町になって、さらにその後歌津と合併して三陸町になって。〔沿岸部の漁村集落は〕ハマね。向こうの人たちは、〔内陸を〕オカのほうって言ったね。
（登米市津山町横山地区の八〇代男性）

当地の完結性を高める山々は、裏を返せば当地を外部から遮断する障壁ともなった。特に志津川から陸路で内陸部など他の地域と接触するためには、入谷を経て登米郡の米谷《まいや》に至る米谷道の水界《みずさかい》峠、戸倉を通り柳津《やないづ》へつながる気仙道の横山峠等の交通の難所を越え、その後も長い山道を歩かなければならなかった。

明治期に入ると、米谷道とほぼ重なる路線をとる本吉街道が造成される。当時の八幡川の流路が変更されて現在の流れとなり、また石組みのトンネルが造られて、一八八六年に北上山脈を穿つ水界隧道が開通した。現在の登米市中心市街地にあたる内陸の都市であり、商業の中心地として繁栄していた「佐沼」方面へ通じる本吉街道が開通し、人力車や貨物輸送用の荷馬車、客馬車が通るようになると、本吉街道経由の物流が活発化した（志津川町誌編さん室編 1991: 691–693）。さらに、昭和初期頃になって乗合自動車・バスが本吉街道を往復するようになると、人の交通、荷物の運搬の利便性が格段に高まり、ますます往来が増すようになった。

すでにみたように、当地は狭い耕地、水不足、冷涼な気候などの要因から食料の生産は不十分であり、史料から食べ物を求めて地域間を行き来した人びとの姿が垣間見える。入谷地区に伝えられる飢饉誌『天明の飢饉記』には、飢えた山間部の農民がわらびなどをハマに持参して魚と交換している描写や、多作の実りがあると聞きつけ佐沼に向かった多くの人びとが、その行き帰りに死んでいるという描写がある（志津川町誌編さん室編 1991: 408–416）。

食料を求めて内陸部へ移動する人びとの姿は、明治期以降もみられるものであった。ワカメ・ひじき・塩ウニ・煮ダコなどの生産物を持参し、内陸部において米を中心とした農産物に交換するこの動きは、「オカアキナイ」などと呼ばれ、凶作の年など食糧不足が深刻になると特に盛んとなった。(14) オカアキナイはハマの人びとが中心となって行っていたが、入谷村の人びとが、志津川町の海産物問屋から商品を仕入れて行うこともあった。(15) オカアキナイに出かける方面は、大まかにみると、志津川のハマでは入谷村と水界峠を経由した農村部へ向かい、

(14)「オカ」「オカアキナイ」に関する記述は、志津川町誌編さん室編（1989b: 155–159）に基づく。
(15) オカアキナイに出かける時期や回数は家ごとに異なり、春と秋の季節とする例や、年末と盆前の時期とした例もある。それぞれの時期に五、六回ずつ出かけたという。一回のオカアキナイに要する日数も、一泊二日から一週間までの幅があった。

戸倉のハマでは横山峠を越え、柳津方面を経由した農村部へ向かっていた。オカアキナイに出かける家には、それぞれ「オカヤド」「ハマヤド」と呼ばれる得意先の農家があり、オカアキナイに出ている間の宿として利用していたという。

一方で、登米地方と当地とを往来する行商人もみられた。たとえば、マチの魚屋のなかには、荷馬車やリヤカーを引いて水界峠を越え、米谷・石越など登米郡内まで行商に出た人がいた。志津川の魚問屋や水産加工会社に集められた魚類も、おもに佐沼・中田といった登米地方や若柳・小牛田《こごた》など宮城県北部の各町に送られた。また、魚類の一部は町場の水産加工業者に回って、蒲鉾・ちくわ・節・魚粕などに加工され国内外に出荷されたが、やはり主な販売先は佐沼や若柳などの「オカ」であった（志津川町誌編さん室編 1989b: 159–166）。

このように、現在の登米市の平野部にあたる地域は、北上山地と北上川に隔てられた当地にとって「米どころのオカ」であり「生産物の移出先」であった。こうしたことから、現在の南三陸町は分水嶺によって外部から隔たれたハマ・マチ・ヤマから構成され、山向こうのオカに隣接する地域と表現することができるだろう。本書ではこうしたローカルな地域間のつながりと〈差異〉を、「ハマ・マチ・ヤマ／オカ」という図式で捉えたい。

(4) 南三陸町行政におけるハマ・マチ・ヤマ

ハマ・マチ・ヤマから構成され、オカに隣接する当地の地域社会は、二〇〇五年に誕生した南三陸町行政にどのように捉えられていたのだろうか。この点は、発災後の当地を対象とする次章以降の議論とも密接に関わるため、ここで整理しておきたい。

南三陸町成立後、同町の「環境の保全及び創造に関する施策を総合的かつ計画的に推進する」ために制定された「南三陸町環境基本計画」では、「自然的、社会的、経済的条件や土地利用形態等の特性を考慮」したうえで、

表4－2　「南三陸町環境基本計画」における地域区分と対象範囲

区分	地域の範囲
山間部	入谷地区の全行政区 志津川地区の保呂毛、田尻畑、小森、双苗、大上坊 戸倉地区の荒町上、下、西戸上、下 歌津地区払川、上沢、樋の口、中在、石泉
海岸部	志津川地区の林、大久保、袖浜、平西、平東、荒西、荒東、清水、細浦、西田 戸倉地区の荒町上、下、西戸上、下を除いた行政区 歌津地区の韮の浜、寄木、館浜、泊浜、馬場、名足、中山、石浜、田の浦、港
市街地部	志津川地区の中瀬町、廻館、旭ヶ丘、八幡町、汐見、南町、五の一、五の二、十の一、十の二、本浜、大森第一、大森第二、天王前、新井田、沼田 歌津地区の伊里前上、下

町全域を「山間部、海岸部、市街地部」の三類型に区分したうえで、それぞれの「環境配慮事項」（たとえば、「山間部」については「グリーンツーリズムの場としての活用や多様な主体による森林の管理を促進しながら、交流を通じた地域の活性化と地域創造の推進に努めます」とある）を定めている（南三陸町 2010: 9, 50）。各区分に含まれる地域の範囲は表4-2のとおりである。

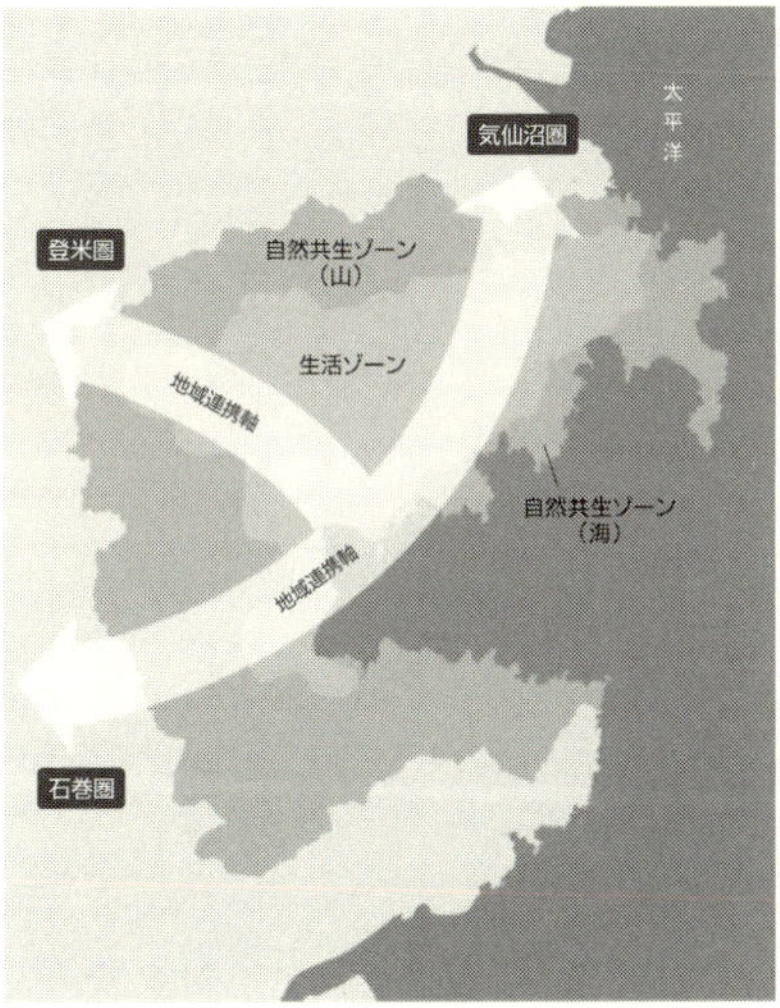

図4－3　土地利用のあり方

（出典）南三陸町（2007）

また「南三陸町総合計画２００７~２０１６」では、市街地や集落の状況、交通・地形的条件に基づき、ゾーン別の土地利用・地域整備の基本方針を設定している（南三陸町 2007: 23）。この計画では、南三陸町全域は現在の居住・生活エリアを包括する「生活ゾーン」、人びとの生活の糧となり生活ゾーンを取り巻く海・山・川を中心とする自然地域としての「自然共生ゾーン（山）」「自然共生ゾーン（海）」の三種類に分節する（図4-3）。ここで示された三類型は、人びとの暮らしのあり方を含みこんだ分節としての「ハマ・マチ・ヤマ」とは性格を異にしているものの、町を構成する基本的な要素として、「山」や「海」を捉えていることがうかがえる。計画は「自然共生ゾーン（山）（海）」について、「交流を誘発する観光資源・情報源」「様々な交流の舞台」と位置づけており、これらの行政資料から、南三陸町における東日本大震災前夜のまちづくり政策にもハマ・マチ・ヤマの分節が反映され、それぞれの特性を活かした位置づけがなされていることが確認できる。

5　災害

（1）津波災害

南三陸町が位置する三陸海岸は、水深が深く奥深い大小の湾からなる複雑な海岸線を有している。また、環太平洋地震帯に含まれていることから津波の影響を受けやすく、古来より幾度となく津波の襲来を受けてきた。被害があったことを示す記録は、「日本三代実録」に記されている八六九年の貞観地震にまで遡ることができる。

明治維新以降も、当地は一八九六年、一九三三年の三陸地震津波、一九六〇年のチリ地震津波によって大きな被害を受けた。まず、明治の三陸地震津波である。一八九六年六月一五日に岩手沖を震源として発生した明治三陸地震（マグニチュード八・五）は巨大な津波をともなった。津波は北海道から宮城県までの太平洋沿岸部を襲い、死者二万一九五九人、負傷者四四〇三人という日本の津波災害史上最大の被害となった。本吉村が改称し、新たに旧志津川町が成立した翌年の出来事である。旧志津川町では、明治以降に開発された沿岸の埋め立て地や浜手の集落を中心に、のちに同町に編入される戸倉村と合わせて、死者四四一人、負傷者二〇一人、流出一七五戸、全壊三九戸、半壊五三戸の人的・物的被害があった。また歌津村でも、人口三五六〇人のうち、死者七九九人、負傷者一三一人、全戸数五〇四戸のうち、全壊二七三戸、半壊三三戸と甚大な被害を受けた（歌津町史編纂委員会編 1986: 1,086–089; 志津川町誌編さん室編 1989a: 297, 1989b: 350–356）。

一九三三年三月三日、再び岩手沖でマグニチュード（Mw）八・一の昭和三陸地震が発生し、明治三陸地震津波から三七年と未だ復興の途半ばであった当地に、またしても大津波が襲来した。旧志津川町を襲った津波の高さは、場所によっては明治三陸地震津波の記録を超えたが、人的被害は比較的少なく、死者は戸倉村で一人、負傷者は志津川・戸倉を合わせて二一人であった。一方、歌津村は本吉郡内で最も大きな被害を受け、八六人もの犠牲者が出ている。家屋の被害については、流失・全壊・半壊を合わせ、志津川町が一六戸、歌津村が七二戸であった（南三陸町 2012: 18）。

一九六〇年五月二四日には、数十時間前に南米チリで発生したマグニチュード九・五の大地震による津波が再び同町を襲った。一九五五年に旧志津川町と入谷村、戸倉村が合併し、新しい志津川町が成立してから五年あまりの時分であった。明治や昭和の三陸津波とは違い、震源が遠く離れていたため、日本で被災した人びとは、事前の地震を感じることがなかったとされる。また、過去の津波のようにそびえ立つ海の壁としてではなく、「海水がふくれ上ってノッコノッコと」ゆっくりやってきたという（志津川町誌編さん室編 1989b: 359）。

志津川町ではこの津波により、流失三一二戸、倒壊六五三戸、半壊三六四戸、死者四一人などの大きな被害が出た。また、低地の開発が進んでいたことから市街地の大半が浸水し、家屋に加えて田畑、水産養殖施設や漁港施設、道路橋梁等の被害も甚大であった（志津川町誌編さん室編 1989a: 298–299）。一方で一九五九年に町制に移行した歌津町は、町の成立直後にこの津波に見舞われた。津波による人的被害はなかったものの、三・一メートルの波高を計測し、田畑や建物、船舶、かき処理場などに被害がでている（歌津町史編纂委員会編 1986: 1, 112-116）。

（2）飢餓・大火・洪水

この地域では、津波のほか、火災や大凶作による飢饉などの災害も、地域社会に大きな影響を与えてきた。東北地方の太平洋沿岸には、「凶作は海から来る」とか、「ヤマセは餓死の風」という語り伝えがある。すでに触れたように、当地ではヤマセによってもたらされる冷害によりたびたび大凶作となり、もともとの耕地面積の少なさも災いして多くの餓死者や栄養失調による疫病死が生じる飢饉となっていた。飢えた人びとは食べ物を求めてハマやヤマといった地域間を移動し、また悪路を承知でオカである「佐沼」にまで足を延ばした（本章第4節参照）。昭和の時代に至っても稲の出穂期に異常低温となった一九八〇年は、ほとんど収穫皆無となっている（歌津町史編纂委員会編 1986: 14）。

また、当地域ではしばしば大規模な火災も発生しており、民家や山林が焼失するなどの被害が出ている。志津川と歌津では、明治元（一八六八）年以降、一〇戸以上焼失した大規模な火災が、記録に残っているだけでも一三回発生している（歌津町史編纂委員会編 1986: 1, 144-145; 志津川町誌編さん室編 1989b: 369）。なかでも一九三七年に発生した「志津川大火」は、強風にあおられて志津川の中心地一帯をなめつくし、焼失戸数三三六戸、罹災者一五〇〇余名におよぶ被害をもたらした。こうした火災は春先に発生しているものが多く、この季節の異常乾燥や突風が、火災の被害を拡大させる傾向にあることが想定される。特に山手の集落は、他の地域よりもこうした脅威に晒されやすかった（志津川町誌編さん室編 1989a: 285-287）。加えて、山が海に迫る特徴的な地形のために、地域内を流れる河川は流路延長の短い急流河川となり、川幅も狭いことからたびたび鉄砲水を生じてきたとされる（志津川町誌編さん室編 1989a: 26）。

（3）災害時の救援活動

津波、大火、洪水などの災害は、当地に繰り返し甚大な被害を与えてきた。一方で、ハマ・マチ・ヤマから構成される当地域の災害は、地形や集落の立地の関係から、被害が特定の地域に集中する場合が多い。そこで発災直後から、被害がなかったり、あるいは軽微であった近隣の地域・集落から応援に駆け付ける人びとの動きがみられた。

たとえば、明治の三陸地震津波（一八九六年）に際しては、戸倉村に隣接し、山手の集落からなる横山村の消防組が、被害者救助のために浸水地域を訪れ、目覚ましい働きをみせた。一方、一九〇九年の横山村の大火では、戸倉村の消防夫らが消防活動に従事したと伝えられている。先述の「志津川大火」（一九三七年）の際も、入谷村や横山村などから、多くの応援が駆け付けた。一九四七年には、大火災が再び横山村を襲い、死者三人、焼失戸数一七三戸、焼失山林六〇〇町歩という甚大な被害が出た。出火当日、急変を知った戸倉・志津川・入谷・歌津など近隣各町村の警防団が応援に駆け付け、必死の消火活動にあたったとされる。また、火災が収束したのちも、これらの近隣自治体から多くの義援金や物資、励ましの言葉が送られた。後片付けや家屋の建設に際しても、隣接する戸倉村の青年団などが弁当持参で、連日、応援に訪れたという（津山町史編さん委員会編 1989: 288–343）。

（4）津波とまちづくり

津波と市街地の開発

度重なる津波災害というローカルな文脈において、南三陸町のまちづくり、とりわけ志津川の中心市街地における開発は、津波被災や津波に対する防災政策と一体となって進んできた経緯がある。[16]

湾奥の扇状地に位置する志津川の五日町、十日町、そして歌津の伊里前が町割りされたのは、当地に大きな被害をもたらした慶長三陸津波（一六一一年）から五〇年以上が経過し、その記憶が薄れた寛文年間（一六六一～一六七二年）であった。明治維新後、湿地帯の埋め立てや八幡川の河口改修などによって、志津川の市街地は志津川湾へ向けて拡大したが、明治三陸地震津波により、こうした開発地は甚大な被害を受けた（全六二二戸のうち、五八戸、九三・五パーセントが被害を受けた）。また、藩政期から明治時代までほぼ同規模で推移していた伊里前においても、全七七戸のうち七一戸（九二・二パーセント）が被害を受けた。

明治三陸津波後、志津川では、被災したハマの漁村集落が高台に移転したと伝えられている。一方、被災後の防災対策として一部で石積みの堤防を整備したこともあり、志津川のマチでのまちづくりは、津波被災した気仙道沿いの低地部（八幡町～五日町～十日町）を軸に行われた。[17]

その後も、津波被災後にいったんは高台に建設された旧志津川町役場が一九三三年に移転するなど、低地部の開発は続いた。すでに述べたとおり、一九三三年三月三日、当地は再び大津波に襲われた。歌津村の外洋に面した漁村集落が大きな被害を受けた一方で、旧志津川町では二戸の家屋が流失したものの、堤防の効果で人命は失われなかった。当時の宮城県は、津波被災した漁村集落に建築制限をかけ、高台移転も実施した。一方、志津川・伊里前の市街地では、こうした対策はとられていない。むしろ、第二次世界大戦後、世帯数、人口が急激に増加したことで、志津川・伊里前の低地部開発はさらに加速したのであった。

チリ地震津波（一九六〇年）では、すでに述べたように志津川湾奥部の波高が高かったことに加え、低地の開発が進んでいたことで、大きな被害がでた。こうした被害を受け、市街地や集落の高台移転こそ行われなかったが、建築基準法第三九条に基づく「災害危険区域」が沿岸部に設定された。志津川では防潮堤の建設・底上げと水陸門などの整備が実施され（一九六三年竣工）、また市街地の九五パーセントを区画整理する復興区画整理事業が実施された。完了後は、高度経済成長期の核家族化にともなう世帯数の増加を背景に、チリ地震津波浸水域に公共施設や商業施設、スポーツ施設が相次いで移転・新設された。

このように、明治期から昭和期までの志津川の市街地は、幾度となく大規模な災害による破壊をみてきたが、防災対策を施すことで対応し、埋め立てや区画整理を行うことで、沿岸低地部の開発が続けられてきた。言い換えれば、津波災害が契機となって市街地の骨格が整えられてきたのである。

町の防災対策

本節の最後に、南三陸町の津波対策についても検討する。度重なる津波の経験から、南三陸町は災害に強い「安全で安心なまちづくり」を標榜し、ハード・ソフト両面から津波対策に取り組んできた。

チリ地震津波以降、政府による本格的な津波対策事業が行われるようになる。先にも触れたとおり、志津川町でも、強大な防潮堤の建設や水門、広い避難道の整備などが行われた。一九八四年には「地域防災計画」を策定し、総合防災システム構築の一環として防災行政無線の個別受信機を全世帯に配置したほか、一九九五年には、

(16)　本項の記述は、特に南三陸町（2012: 22-23）に基づく。
(17)　一例として、一九〇二年には志津川病院が十日町に移転し、志津川郵便局が同じ十日町に新設されるなどしている。

役場の隣に鉄骨造三階建ての防災対策庁舎を建設し、津波潮位観測システムや津波自動警報装置を設置している（南三陸町 2007b: 8–9）。

二〇〇五年の南三陸町発足後も、行政的な危機管理的措置や整備システムのさらなる整備が進められる。特に、宮城県沖地震の発生が予想され、二〇〇六年二月に宮城県全域が日本海溝・千島海溝地震対策特別措置法の規定に基づく推進地域に指定されたことから、南三陸町では、施設面の整備や防災拠点機能の充実、自主防災意識の啓発や災害時の情報伝達手段の確保、救急救命体制の充実などを目指して「南三陸町地域防災計画」を策定した。この計画に基づき、同年度中には防潮水門の耐震化と遠隔地操作化を完了し、町内八〇か所の避難場所・避難所や六か所の臨時へリポートの整備、観光客への誘導サインとなるセーフティライン、夜間点滅サインの設置・整備を進めた（南三陸町 2007b: 9）。

また、ソフト面に関して、南三陸町では志津川町時代から実施してきた町ぐるみの防災訓練を踏襲している。志津川町では、毎年チリ地震津波が起こった五月二四日に、町内全域で地震・津波を想定した防災訓練を実施しており、五〇〇〇人近い町民が参加していた。また、学校や自主防災組織、婦人防火クラブ、企業などがそれぞれ自主的に避難や防火活動、救出救護など災害時の訓練を実施したという。南三陸町発足後は、トリアージ訓練や観光客誘導訓練、夜間避難訓練、ローカル防災無線の放送など、行政区単位でさらに多様な自主防災訓練が行われるようになった（南三陸町 2007b: 9）。

以上でみてきたように、東日本大震災前夜の南三陸町では、町ぐるみで災害時の連携・協力体制の構築に取り組んでいた。加えて、南三陸町では同町を含む宮城県北・岩手県南一一市町で「岩手・宮城県市町村災害時相互応援協定」を締結するなど、自治体間の広域的な防災体制の整備も進めていた。二〇一一年三月一一日の地震発生時には、多様な津波対策が重層的に講じられていた状況にあったといえる。

6　暮らし

(1) 地域社会に内在する重層的なまとまり

最後に本節では、当地に暮らす人びとの暮らしのありさまに迫る。まずは、本項において地域社会に内在する重層的なまとまりについて整理する。

すでに述べたように、南三陸町は、明治期に成立した一町三村の範囲にあたる四地区（志津川・戸倉・歌津・入谷）に大別される。この四地区には、生業が異なる独自性を帯びた地域社会が形成されており、現在も地域区分として重視されている（東北学院大学政岡ゼミナール・東北歴史博物館編 2008: 2）。筆者の聞き取り調査においても、「ここは、なんていうのか、町自体としてはいまだに入谷地域、戸倉地域、志津川、歌津っていう、こういうふうに気持ちのなかで腑分けしてるんだね。区別してるっていうか」（A氏、二〇一九年六月二一日）といった感覚がよく聞かれた。南三陸町では、四地区単位での自治活動が盛んであり、仕事づくりや雇用づくりなど経済活動の側面においても、この単位が根強く残っている（関・松永 2014: 243）。

町民は、こうした区分に基づき、「入谷の人は……」「俺は歌津（出身）だ」などと自称・他称することも多い（山﨑 2017; 樋口 2019）。たとえば、入谷地区出身のB氏は、「ここらへんではわりと、「どこの人」って聞かれたときに、「入谷です」っていうようなかんじなんですよ」と表現している（二〇一六年八月二四日）。南三陸町の復興エスノグラフィを執筆した内尾太一も、「一口に南三陸町、と言っても、出身地区が別の町民同士では、互いに気質が異なる相手として認識し合うこともしばしばである」と指摘する（内尾 2018: 105）。

加えて、町民はハマ・マチ・ヤマの〈差異〉を内面化した帰属意識を有しており「ハマの人は……」「マチの人は……」などという自称・他称を用いることも多い(18)。たとえば、B氏は、「ハマ・マチ・ヤマ」における暮らし方の違いに触れながら、以下のように語る。

やっぱりマチの人って汚れ仕事をしないじゃないですか。商店の方が多かったり。やっぱりこっちは「ヤマだべ」「ヤマの人だべ」みたいな。なんかすごく田舎っていうかんじに感じられてるんですよ。たぶん未だにそうなんだと思う。〔……〕どうしてもほら、洋服が、農業の人はいつも農業のスタイルだったりとか、そういうのがあるんじゃないですかね。海の人は海のスタイルとか。そういうのを見て「ハマでしょ」とか「ヤマでしょ」とかって感覚になるのかもしれないですね。(二〇一六年八月二四日)

また、ハマ・マチ・ヤマの〈差異〉と気質の違いを結びつける語り口もよく聞かれる。たとえば、「漁業の人たちは、ぜんぜん民族的にも、同じく小さい町だけど、入谷地域の人たちと漁業やってる人たちはまったく違うんだ。気質が」(遠藤健治氏、二〇一九年七月九日)といった具合である。

なお、前述したとおり、現在の登米市にあたる内陸部については当地の視点から「オカ」と呼称されているものの、そこに暮らす人びとを「オカの人」と呼ぶ表現は、町内においても、「オカ」においても聞かれない(登米市の住民が登米市のことを「オカ」と呼ぶこともない)。こうしたことから、オカについては、あくまでハマ・マチ・ヤマからなる当地の視点からみた、山向こうに広がる穀倉地帯という地理的・空間的な表現なのだと考えられる。

南三陸町には四地区のほかにも小学校区五地区(戸倉・入谷・志津川・伊里前・名足《なたり》)、旧小学校区九地区(藤浜・戸倉・入谷・林際《はやしぎわ》・清水《しず》・荒砥《あらと》・志津川・伊里前・名足)、行政単位である行政区七四区といった地域区分があり、行政区は区長をリーダーとした住民自治組織としても機能している。行政区以外にも行政区の下位集団である班や組、集落ごとの地区公民館組織や、藩政期以来の地縁組織である各種の「講」など、複数の住民自治組織が併存しており、人びとを多層的に結びつけている。もちろん、親族関係や仕事上のつながり、知人関係は、こうした空間秩序を横断するように広がっている。

(2) 水産業

続いて、産業（水産業・農林業・観光業）に着目して南三陸町の特徴を捉える。本章第1節ですでに述べたとおり、藩政期の後半以来、第二次世界大戦が始まる昭和初期頃までの当地域では、蚕糸業を中心とする農業や工業が主要な産業であった。漁業の専業従事者は少なく、主体は半農半漁であったとされ、木造船により小規模な近海・沿岸漁業と海苔の養殖などに従事していた。「豊かな人は農林業、貧しい人は漁業」とさえいわれていたという（関・松永 2014: 67）。こうした地域産業の構造が大きく変わったのは、湾内の養殖漁業が発展した一九六〇年代であった[19]。養殖漁業への参入も活発化したことで、水産業が顕著に台頭・発展していったのである。

二〇一〇年の国勢調査によれば、南三陸町の総就業者数八二五七人のうち、一次産業従事者が一九三二人で二三・四パーセント、二次産業が二八・〇パーセント、三次産業が四八・四パーセントであり、同年の全国（四・二パーセント、二五・二パーセント、七〇・六パーセント）、宮城県（五・〇パーセント、二二・一パーセント、七〇・五パーセント）と比べれば、一次産業従業者が多いといえる。なかでも漁業・水産養殖業就業者が一四三四人と全体の一七・四

(18)「浜人」「山人」という表記も使用されている（本多 2013: 19）。
(19) こうした二〇世紀後半の水産業の急伸をもたらした要因として、関満博と松永桂子は、合成繊維のロープとＦＲＰ船の普及を、内尾太一は、湾内の漁業に大きな影響を与えたチリ地震津波（一九六〇年）の発生を挙げている（関・松永 2014: 85; 内尾2018: 47）。

パーセントを占め、製造業も水産加工業など水産関係の企業が多い（製造業従事者の六〇パーセント強は水産加工関連とみられる）。漁業・水産養殖業と水産加工業とを合わせれば、約二四〇〇人（就業者の三〇パーセント）が水産関連に従事していることになる。水産物の卸、小売の従業者の存在を考慮すれば、さらに多くなることも考えられる。こうしたことから、発災前夜の南三陸町における基幹産業は、水産業であったといえる。南三陸町が「水産のまち」とされるゆえんである（関・松永 2014: 37）。

南三陸町の特産品としては、全国に先駆け一九七六年に養殖に成功したギンザケや、ワカメ、カキ、タコなどが知られている。南三陸は三陸沿岸の主要な漁業基地の一つであったが、北隣の気仙沼、南隣の石巻が三陸を代表する漁業基地であり、サンマ、カツオ、マグロ等の大型の船団が入港しているのに対して、南三陸の場合はそうした船団の入港はほとんどなく、近海での漁や湾内の養殖漁業が中心であった（関・松永 2014: 46）。養殖以外では、明治中期に導入されたタラやサケなどの定置網漁が盛んである。町内に二三ある漁港のうち町が管理する一種漁港は一九港、県が管理する二種漁港は四港であるが、養殖漁業は一種漁港を有する各浜の小規模な漁村集落を中心に営まれていた。

（3）農林業

分水嶺に囲まれ、かつては生糸の生産など農林業で栄えた当地であるが、近年は養殖漁業の成功もあり、南三陸町といえば「海の町のイメージが一般的」（丸岡・泰松 2016: 237）である。

森林面積が町土面積の約八〇パーセントを占める南三陸町では大規模農業がほとんどみられず、入谷地区や歌津地区の高区などの中山間地域において、小規模農家が米作と畜産の複合経営で生計を立てている（関・松永 2014: 130）。二〇一三年度の南三陸町「南三陸町統計書」をみると、二〇一〇年の総農家数は一一三八戸、うち販売農家は五九一戸、自給的農家は五四七戸であり、農業就業人口は八〇三人である。なお、同年度の町内総生産に占める農業の割合は一・二パーセントにすぎない。ただし、震災前、有志によって輪菊生産の規模拡大がはかられるなど新しい動きもあった。

また林業においても、震災前夜の南三陸町では、ブランド化を進める新たな動きがみられていた。二〇一〇年の世界農林業センサスによれば、南三陸町の森林のうち、個人や生産森林組合、企業、南三陸町、集落等が所有する民有林が占める割合は八六・七パーセント、そのうち約六割が杉を中心とする人工林である。前出の統計書によれば、二〇一〇年度の町内総生産に占める割合は一パーセント未満であり、産業としての位置づけは高いとはいえない。一方で、岩盤質で栄養の少ない山で育つ当地の杉は、強度と美しい色味を兼ね備えており、当地は古くから良質な杉の産地として知られてきた。[20] 二〇〇八年には、山主有志による林業研究グループ「南三陸山の会」を中心に、地域の森林組合や林業家、工務店などと連携しつつ「南三陸杉」と銘打ち、ブランド化を目指す動きが始まった。二〇一一年の三月一日には、全国林業経営者コンクールで優勝し、「山の会」は農林水産大臣賞を受賞している。[21] まさに「南三陸杉」ブランドを本格的に展開していこうとする矢先に発生したのが、東日本大震災であった。

（4）観光業

最後に取り上げるのは、南三陸町における観光業である。海と山双方の自然景観に恵まれた南三陸町は、東北

---

(20)　たとえば、仙台藩の藩祖である伊達政宗が仙台城の城下町に大橋を架ける際に、当地の杉を求めたという故事が伝えられている。

(21)　「山さ、ございん」プロジェクト実行委員会「南三陸杉」、「山さ、ございん」プロジェクト実行委員会ウェブサイト（http://yama-sagozain.com/minamisanrikusugi.php 二〇二四年九月一七日最終閲覧）。

地方の市町村のなかでも観光・交流事業に力を入れてきた地域の一つとして注目されていた（関・松永 2014: 242）。

震災直前の南三陸町は、沿岸部一帯が国定公園である南三陸金華山公園に指定されるなど、リアス海岸特有の風光明媚な景観に代表される豊かな自然環境と、基幹産業の水産業を結びつけた「観光立町」（内尾 2018: 50）を目指していた。南三陸町の統計書によれば、同町の代表的な観光地は海岸の岩場の名勝・キャンプ場の「神割崎」、つつじの名所「田束山」、エコツアーの拠点「自然環境活用センター」、シルク生産の資料館「ひころの里」、魚竜化石展示の「魚竜館」などであった。

南三陸町では、震災前よりグリーン&ブルーツーリズムを積極的に推し進めていた。南三陸町発足以前の二〇〇〇年頃、町山間地域の入谷地区では廃校が「グリーン・ツーリズム体験〈校舎の宿〉さんさん館」に改修されるなど、グリーンツーリズム推進の機運が高まった。入谷地区では、さんさん館を拠点として住民組織主体で民泊事業が開始され、教育旅行で訪れる児童生徒のみならず、幅広い年代を県内外から受け入れ、農業体験やトレッキングなどにも力を入れた。こうした取り組みは以下で述べる志津川町における教育旅行の受け入れ推進に寄与しただけでなく、入谷地区の地域活性化にもつながった（第6章第1節参照）。

行政による取り組みも、二〇〇五年の合併と前後して本格化する。たとえば、二〇〇五年、志津川町は内閣府から「南三陸型グリーン・ツーリズム特区（構造改革特区）」の認定を受けている。これは、交流人口の拡大を目的とし、農業体験に加えて漁業体験もできる、という南三陸町の特性を活かした「南三陸型グリーン・ツーリズム」を推進して、「環境」と「交流」を意識したまちづくりを行うことを企図したものである[22]。同年には志津川町ファームステイ推進協議会が設立され、行政の立場からも民泊が推進されることとなった。

合併後も、南三陸町の公式文書（たとえば、南三陸町 2007a）において、グリーン&ブルーツーリズムを一つの[23]

核とする観光への積極的な取り組みが繰り返し明言されており、また「南三陸グリーン&ブルー・ツーリズム推進協議会」も組織された。この協議会では、町観光協会が受入・手配・調整、ガイド手配・養成、体験観光・宿泊のあっせんなどの業務をワンストップ窓口として担った。観光協会は二〇〇九年に法人化され、翌年には県内で初の第三種旅行業登録（町内や隣接自治体等であれば「募集型企画旅行」を催行することができる）を行った。

教育旅行の宿泊では県外からの多数の集客がある「南三陸ホテル観洋」が主要な受け入れ先となったが、民宿・民泊も利用されてきた。入谷地区の農家を中心に、民泊の受け入れ登録数も着実に増加し、震災時、農家・漁家含め一二〇軒ほどあったとされる（関・松永 2014: 71）。なお、筆者の聞き取り調査によれば、震災前の民泊世帯は入谷地区や歌津地区内陸部の高区、沿岸三地区の漁村集落を中心に立地していた。

相互にオーバーラップする教育旅行、グリーン&ブルーツーリズムを軸に官民双方の立場から活発に取り組まれた同町の観光は、二〇〇八年一〇〜一二月に、JRにより全国規模で実施された観光振興策である「仙台・宮城ディスティネーションキャンペーン」（以下、DC）を機に、さらなる盛り上がりをみせた。南三陸町では、町長を会長とするDC推進協議会が組織され、「汐風を食べてみませんか」を宣伝文句に、観光客誘致に向けた積極的なPR活動を行った（内尾 2018: 51）。こうしたDCへの積極的な取り組みは、県の観光課からも「県内の市

---

(22)　具体的には、さんさん館を中心に、民宿および農漁家レストラン等が連携し、地域資源を活用した郷土料理や自家製濁酒を提供すること、産地直売所や農家漁家レストランの起業を促進することなどが計画されていた。志津川町「南三陸型グリーン・ツーリズム特区（計画書）」内閣官房・内閣府総合ウェブサイト「地方創生」（https://www.chisou.go.jp/tiiki/kouzou2/nintei/nintei8/07toke.pdf 二〇二四年九月一七日最終閲覧）。

(23)　ブルーツーリズムは、国土交通省により「島や沿海部の漁村に滞在し、魅力的で充実したマリンライフの体験を通じて、心と体をリフレッシュさせる余暇活動の総称」として定義されている。国土交通省「ブルー・ツーリズムとは」国土交通省ウェブサイト（https://www.mlit.go.jp/crd/chirit/blue-t/blue_info.html 二〇二四年九月一七日最終閲覧）。

町村でも有数」と評価されている（丸岡・泰松 2016: 235）。

また、キャンペーンの準備にあたり、町行政では町の歴史や地理、文化などを学ぶ「ふるさと観光講座」を企画し、町民の主体的な取り組みを促した(24)。こうした企画は、市民によるボランティア観光ガイド「ガイドサークル汐風」の養成へとつながる。一方、町内の飲食店等は観光地化を意識した取り組みを展開し、「キラキラ丼(25)」というご当地グルメを開発した。先の町の観光協会による旅行業登録もあり、震災前夜の南三陸町では、町を挙げて観光を推進する体制が整えられていった。

なお、南三陸町においては、東日本大震災以前から災害の経験と観光が結びつけられてきた。チリ地震から三〇年後の一九九〇年に当時の駐日チリ大使が志津川町を訪問したことから、同町とチリの国際交流が始まり（内尾 2018: 51）、町内の松原公園にはチリ人彫刻家が制作したモアイ(26)（像）が設置され、チリからの津波の被害を記憶に残しつつ観光に活かす役割を担った（丸岡・泰松 2016: 232）。また、二〇一〇年には県立志津川高校の情報ビジネス科が、モアイを活用した商品開発や町のＰＲ活動などを通した地域活性化を目的として「南三陸モアイ化計画」を始動させている（内尾 2018: 52）。

宮城県の「観光統計」によれば、南三陸町の観光客入込数は、ＤＣが実施された二〇〇八年に前年（九九万八六八三人）から約五万人増えて一〇四万三一四二人となった。その後の二〇〇九年（一〇二万八〇四九人）、二〇一〇年（一〇八万三六三〇人）においても一〇〇万人以上を維持していた。

小括

本章では、地勢・気象といった環境や成り立ち（歴史）、地域間のつながりと〈差異〉（ハマ・マチ・ヤマ／オカ）、災害、暮らしといった観点から、発災前の時点での、自治体としての南三陸町が埋め込まれた地理的、歴史的、社会的な脈絡を捉えた。

豊かな自然環境に恵まれた南三陸町は、山頂を結ぶ分水嶺を隣市との行政界とする地理的なユニットであり、一定程度独立した生態系を擁する。また、南三陸町を構成するハマ・マチ・ヤマの間には、一定の完結性をもった分業体系と社会的な構造が形成されており、災害のあらわれ方や人びとの暮らしのあり方からも、ハマ・マチ・ヤマのつながりと〈差異〉がうかがえる。また、山稜によって隔たれ、古くから生産物の移出先であった内陸の平野部は、当地の人びとからオカと呼ばれてきた。

第6～8章でみていくように、こうした当地のローカルな〈差異〉の脈絡は、南三陸町の復興過程やそのなかでの人びとの認識や経験に大きな影響を与えている。第6章では、本章でみてきたように南三陸町のなかでも周辺化され、東日本大震災においては直接的な津波被害を免れた「ヤマ」（入谷地区）、第7章では南三陸町の外部に位置するものの、避難者の〈越境〉によって同町の復興過程に組み込まれていった「オカ」（登米市中心市街地）に着目する。第8章では災害研究の知見を引用したうえで、第6・7章の議論を前章、本章で明らかにしたマクロ・ミクロな脈絡に位置づけて考察する。

---

(24)　二〇〇七年から二年間で約六〇回開催され、郷土史家などを講師に、高校生から八〇代まで一〇〇〇人が参加した。この活動を通し、震災後に語り部活動の中核を担う「ガイドサークル汐風」が育成された（丸岡・泰松 2016: 235）。

(25)　店舗別の価格・メニュー（季節ごとのどんぶり四種類）に冠した共通ブランド名で売り出している。

(26)　二〇一一年の津波により流出したこのモアイ像は、志津川高校内に再設置された。また、新しいモアイ像がイースター島から寄贈され、第5章で後述する「さんさん商店街」の敷地横に設置されたのち、二〇二三年に二体とも志津川地区内「うみべの広場」に移設された。

第5章　南三陸町の復興

1　「象徴的被災地」としての南三陸町

(1)　東日本大震災の発生

巨大津波の襲来

前章では、本書の関心の中心である南三陸町の東日本大震災以前の姿について、さまざまな観点から描写してきた。本章では、第3章で詳述したマクロな文脈のもと、南三陸町という行政空間において展開してきた復興過程の実相について、特に自治体の視点から検討する。まず第1節では、南三陸町における東日本大震災による被害状況を整理する。次に第2節では、復興計画に基づく南三陸町の復興について、人口動向を中心に議論する。さらに第3節では、人口減少が続く復興・創生期間に展開された南三陸町の復興の特色を検討する。

二〇一一年三月一一日に発生した東北地方太平洋沖地震により、南三陸町では最大震度六弱を記録し、全域で停電・断水となった。しかしながら、当時志津川地区十日町で行政区長を務めていた七〇代の男性によれば、揺れによる被害は比較的軽微であり、「後片付けが大変だろうな」と感じた程度であったという。このように、地震により家々が倒壊しなかったこと、昭和の三陸津波、チリ地震津波の経験者が存命で、過去の津波の「浸水域」「浸水高」がよく知られていたことなどから、「家の二階に避難すれば十分」などと判断した人も多かったという。また、いったんは避難所等に避難をしても、忘れ物を取りに帰ったり、家に残してきた家族を呼びに戻るなどして再び沿岸部に向かった住民の姿もみられた。

地震の揺れを観測してから三分後の一四時四九分、気象庁により岩手・宮城・福島の三県に大津波警報が発令され、南三陸町には「予想される津波の高さ六メートル」という津波情報が寄せられた。一五時一四分には「一〇メートル以上」に修正されたが、襲来したのは、一五メートルを超える巨大津波であった。津波は、宮城県沖地震第三次被害想定（二〇〇四年）における想定津波の波高（六・七〜六・九メートル）を大きく超え、チリ地震津波後に整備された防潮堤を突破した。町内低地部の全域で一〇メートル以上の浸水深（南三陸町 2012: 19）を記録し、町内に流れる三つの川を約三キロ内陸まで逆流した。

「壊滅」的な被害

津波による浸水範囲も、従前の被害想定を大きく超えた。町の面積一六三・四平方キロメートルのうち、浸水面積は一一・四平方キロメートル（南三陸町 2024: 40）と浸水率は七・〇パーセントであり、町土の大部分は津波被害を受けていない（図5-1）。しかしながら、リアス海岸特有の地形のために市街地は沿岸部の狭い低地に集中的に展開しており、住家のみならず、町庁舎やさまざまな公共施設、町の中核病院であった公立志津川病院や他の六つの医療機関など、町の行政機能、都市機能が飲み込まれた。

南三陸町の発表によれば、町民における死者は五七一人、行方不明者は二一〇人にのぼり（二〇一八年二月二

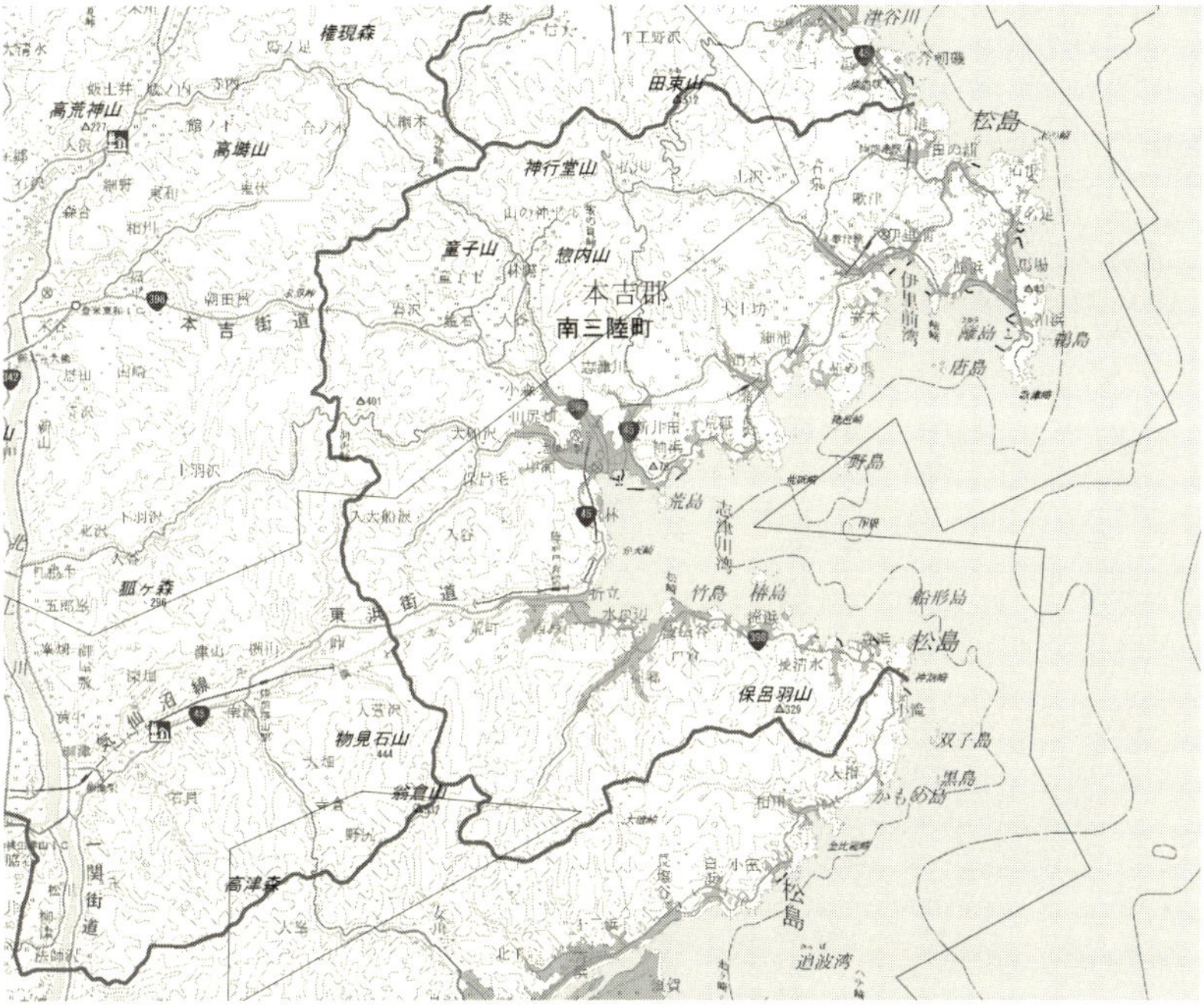

図５－１　町の浸水状況（塗りつぶされた部分が浸水範囲）

（出典）国土地理院「10万分１浸水範囲概況図」

表５－１　地区別の被害状況

地区	罹災戸数（戸）	罹災率（%）
戸倉	523	76.8
志津川	2044	73.8
歌津	726	50.2
入谷	8	1.5
計	3301	60.9

（注）戸数は公表されていない。
（出典）南三陸町（2024）

八日現在[1]、二〇一一年二月末現在の人口一万七六六六人に占める死者・行方不明者率は四・四パーセントであった。また、地震による被害を含めた半壊以上の建築物被害数は三三〇一戸であり、そのほとんどが全壊となった津波被害世帯は三二六三戸である（南三陸町 2024: 43）。表5-1には、地区別の被害状況を示した。ここから、戸倉、志津川、歌津の沿岸三地区の被害が大きく、対して、入谷地区の被害は比較的軽微であることがわかる。沿岸地区を中心に避難者も多く発生している。最大避難者数は、二〇一一年三月二〇日に確認された九七五三人であり、当時の人口比で五五・二パーセントにも達していた（南三陸町 2024: 42）。

　震災直後の南三陸町においては、行政機能が麻痺状態に陥った。南三陸町役場の本庁舎（志津川地区塩入）と歌津総合支所（歌津地区伊里前）は津波により全壊し、本庁舎に隣接する防災対策庁舎は鉄骨の骨組みこそ残ったものの、地上約一二メートルの屋上まで津波に飲み込まれるなど、すべての町行政庁舎が甚大な被害を受けた。また町役場職員三九人、消防署員九人の死者を出し、町長も一時行方不明となった。

　国道四五号線上の河口に設置されていた水尻橋（志津川地区）、歌津大橋（歌津地区）が崩落するなど、町内を走る幹線道路は津波によって寸断された。さらに、町を縦断していたJR気仙沼線の沿線にある町内五駅すべてが津波被災し、線路の寸断や鉄橋の崩落、トンネル内へのがれき・船舶の流入などがいたるところで発生した。日常の移動手段であった自家用車も多くが津波で流され、当面は仙台、気仙沼方面への高速バスの運行も休止していたため、町沿岸部はいわゆる「陸の孤島」状態に陥った。以上のような南三陸町の津波被害は、全国紙[2]や東北地方のブロック紙である河北新報[3]といったマスメディア、また南三陸町の行政資料や町長の発言（南三陸町 2021）において、「壊滅」の言葉をもって表現、総括されてきた。

地域経済における被害の実相

次に、人びとの暮らしや地域経済に対する東日本大震災の影響をみていく。宮城県震災復興企画部統計課の「平成27年度宮城県市町村民経済計算」をもとに南三陸町の町内総生産の推移をみてみると、二〇一〇年度の四〇二・三億円が、二〇一一年度には三〇二・三億円へと大きく減少している（二四・九パーセント減）。産業別でみると、第一次産業が六四・七パーセント、第三次産業が三八・八パーセントもの減少である。建設業の倍以上の伸びのために、二〇一一年度の第二次産業は三七・四パーセントも拡大をみせたが、町の基幹産業である水産加工業を含む製造業については、四四・三パーセントの大幅減少であった(4)。

まずは、水産業と水産加工業における影響に注目する。町内に二三あった漁港施設は、すべてが全壊あるいは一部損壊し、また地震による地盤沈降の影響を受け、満足に使えないような状態となった。人的被害も大きく、宮城県漁業協同組合志津川支所の組合員約一〇〇〇人のうち、三六人が犠牲になった。漁船や養殖施設も甚大な

---

(1)　南三陸町のウェブサイトによれば、町外者を含めた町内における死者は六二〇人である。そのうち直接死が六〇〇人（うち町民が五五一人、町外者が四八人、不明が一人）、間接死が二〇人である。なお、この数値が南三陸警察署発表の数値（死者五六六人、行方不明二一二人）と異なるのは、南三陸町の算出した死者数は「南三陸町内でご遺体が発見された方（町外の方を含みます）、南三陸警察署に行方不明届出がなされた後にご遺体が発見された方（町外で発見された方を含みます）、申述書による死亡届出がなされた後に発見又は本人確定された方（町外で発見された方を含みます）及び災害関連死の認定を受けた方」の合算であるためである。行方不明者についても、「南三陸警察署に行方不明届出がなされた方で、ご遺体が発見されていない方の数」との基準で算出しており、町外者一人が含まれている。南三陸町「東日本大震災による被害の状況について」二〇二三年、南三陸町ウェブサイト（http://www.town.minamisanriku.miyagi.jp/index.cfm/17,181,21,html 二〇二四年九月一七日最終閲覧）。

(2)　朝日新聞「川で洗濯・トイレは仮設・入浴週2回…水なき南三陸」二〇一一年六月二日付。

(3)　河北新報「東日本大震災／一部に電力復旧／壊滅被害を使命感で克服」二〇一一年四月一六日付。

(4)　なお、二〇二一年度の町内総生産は三六九・一億円である。宮城県企画部「令和3年度 宮城県市町村民経済計算」二〇二四年、宮城県ウェブサイト（https://www.pref.miyagi.jp/documents/27772/houkokusyo.pdf 二〇二四年九月二七日最終閲覧）。

被害を受けている（関・松永 2014: 38）。また、志津川地区の埋め立て地に立地していた魚市場周辺や、各漁港周辺に集中していた水産加工場も流失を免れなかった。物的な漁業被害の総額は六五六億円にのぼる（南三陸町 2024: 237）。

臨海部を中心に展開していた商店、飲食店、造船および関連企業など、町民の生活を支える施設・事業所の大部分も流出した。宮城県による「東日本大震災被災商工業者営業状況調査」によれば、商工会に所属していた町内全五六二事業所のうち、四四四業者（七九・〇パーセント）が全壊であった（二〇二〇年三月三一日現在）。この全壊比率は、宮城県内の他の被災自治体（たとえば気仙沼商工会議所では三二・四パーセント、石巻商工会議所では二〇・四パーセント）と比べても高いといえる(5)。

右記からも明らかなように、南三陸町を含め、東日本大震災による津波被害は沿岸部に展開していた市街地や漁村集落で大きい。結果として水産業や商業の被害が注目を集めがちであるが、農業における津波被害も深刻であった(6)。東日本大震災による宮城県の農業関連被害額は約五四五四億円であり、その被害は、農地や農作物にとどまらず、用排水路・農道の損壊、ハウスなどの農業関係施設、資機材にまで広く及ぶ(7)。中山間地を中心に農業が展開していた南三陸町では、農地の浸水面積は約一〇七五ヘクタールであり、被災率は約四〇パーセント、生産物の被害は約四億四三〇〇万円であった（南三陸町 2024: 244）。

また、宮城県内の森林では、海水を被った塩害木の被害が深刻であった。南三陸町においても、先の津波は町内の河川を内陸に三キロメートルほど遡上しており、あふれた海水が山すその地中に浸透した。南三陸町の杉人工林における塩害被害（枯損など）は、面積にして一一・九ヘクタールであり、四万三二二本の伐採処理が行われた。また、木材加工・流通施設についても、製材企業四社のうち、一社が工場の建屋ごと流されるなどの被害を受けている（立花 2016: 174-175）。

東日本大震災は、軌道に乗りつつあった南三陸町の観光業に対しても、深刻な影響を与えた。町内に三六あった宿泊施設のうち、二一施設が被災し（南三陸町 2021: 13）、一〇〇万人強で推移していた同町の観光客入込数（第4章第6節参照）は、二〇一一年には約三六万人程度にまで落ち込んでいる。また、前章で述べたとおり、震災前、南三陸町には農家や漁家の民泊が一二〇軒ほどあったが、東日本大震災によって七十数軒が浸水などの被害を受けた（関・松永 2014: 249）。

（2）町内外における避難生活の長期化

避難所

次に、長期に及んだ南三陸町民の町内外における避難生活について、時間軸に沿って概説していく。

前述のとおり南三陸町における最大避難者数は一万人近くにのぼり、当時の人口比で五割を超す人びとが、町内四五か所（八九六二人）のほか、登米市を中心とする町外五〇か所（七九〇人）の計九五か所の避難所に分散して避難生活を送った（南三陸町 2024: 42）。

最大時三二万人が避難所に身を寄せる状況となった宮城県では、津波被災自治体においてインフラの復旧に相当の時間を要することや、その間避難者が過酷な生活を強いられることを鑑み、生活環境の整った内陸部や県外

（5）宮城県「東日本大震災被災商工業者営業状況調査の結果について（令和2年3月31日現在）」二〇二〇年、宮城県ウェブサイト（https://www.pref.miyagi.jp/soshiki/syokokin/eigyoutyousa2020331.html 二〇二四年九月一七日最終閲覧）。

（6）また、地震や津波の被害を直接受けずとも、福島第一原子力発電所事故に起因する放射性物質による汚染のために牧草に出荷制限がかかるなどの影響を受けた農業従事者も多い。

（7）宮城県「農地・農業用施設の復旧」宮城県ポータルサイト東日本大震災宮城の震災対応記録（https://www.pref.miyagi.jp/site/densho/densho-report19.html 二〇二四年九月一七日最終閲覧）。

の二次避難所へ避難者を集団で移転させる「集団避難」の実施を決めた[8]。地震発生以後、町内全域で断水・停電が続くなどライフライン復旧の目途が立たず、また多くの避難所設備を失っていた南三陸町では、他の自治体に先駆けて集団避難の実施を決断した。集団避難は、二〇一一年四月初旬から第三次にわたり実施され、参加者は最大時二六七四人にのぼった（五月二〇日時点）。最大の避難先は登米市であり、最大八六五人（四月二二日時点）の南三陸町民が〈越境〉し、市内の公共施設等に身を寄せた[9]（山﨑 2017: 27–29）。こうした町外への集団避難の結果、町内の各避難所では避難者の減少がみられた。五月以降は順次避難所が集約され、一〇月には町内の全避難所が閉鎖された。

仮設住宅

第3章で述べたように、一般に被災自治体は自治体内への仮設住宅設置を目指すが、低平地が甚大な被害を受けた南三陸町では、すべての被災町民を収容するのに見合うだけの用地を町内で確保することが困難であった[10]。そのような状況下、登米市の布施市長（当時）が南三陸町災害対策本部を訪れ、「要望があれば」仮設住宅の敷地を提供したいと申し出た。佐藤仁南三陸町長はその場で「登米市の申し出は大変ありがたい」と感謝の意を表し、町外仮設の建設を決断した[11]。序章でも言及したように、南三陸町においては二〇一一年八月三一日までに四八か所に五八団地、計二一九五戸の仮設住宅が建設されたが[12]、そのうち四か所六団地、四八六戸は登米市内に建設されることとなった。

仮設住宅の供与にあたっては、「みなし仮設」住宅制度の利用も進んだが（第3章第2節参照）、そもそも民間賃貸住宅等の戸数が少なく、そのうえ津波被害の甚大だった南三陸町では、「みなし仮設」の九割以上が町外に立地した（山﨑 2017: 37）。「みなし仮設」についても登米市が最大の避難先であったこともあり[13]、朝日新聞の調査によれば、震災から三年が経過した二〇一四年三月時点で、登米市へと〈越境〉した南三陸町の避難者は、三〇〇〇人前後にのぼったという(14)。

なお、南三陸町では、二〇一六年度から仮設住宅の集約をはじめ、順次退去済み住宅の解体撤去を行った。二〇一九年一二月には、すべての入居世帯が退去した（南三陸町 2021: 4）。

（3）被災後の知名度の上昇

本節ではこれまで、南三陸町における東日本大震災の被害の実相や、長期化した避難のありようなどについてみてきた。被災後、代表的・象徴的（松山 2013）な津波被災自治体として、南三陸町の知名度が急激に上昇したことについてはすでに言及したが（序章第2節参照）、このことは本書後半の議論の前提となる事象であるため、

（8）「集団避難」についてはほかにも「二次避難」「広域避難」等の呼称があるが、本書では「集団避難」に統一する。

（9）そのほか、鳴子温泉地域を中心に三四施設を開放していた大崎市には最大八一六人が、栗原市には六施設に最大二四二人が避難をしていた。なお、町内の宿泊施設にも、約六〇〇人が集団避難した（山﨑 2017: 27-29）。

（10）六校の学校を含む公共施設の敷地内、山間のわずかな盆地などが候補地として選定されたが、そのなかには浸水被害を受けた二つの学校が含まれているような状態であった。

（11）河北新報「登米市、仮設住宅の敷地提供を申し出　南三陸町に」二〇一一年三月二一日付。

（12）一方で、二〇一一年一二月から二〇一二年一月に実施された南三陸町の「今後の移転先と住まいに関する意向調査」によれば、質問紙記入時の居住形態について震災前と違う住宅に居住している三〇三三世帯のうち、「仮設住宅」が最も多く六割程度、次いで「賃貸住宅・公営住宅（みなし仮設含む）」が約二割、「持家」が一割強であるが、「親戚・知人宅」も一〇〇世帯以上おり、相当数の避難者が公的な避難施設ではない個人宅で生活を送っていたこと、そしてそうした個人宅における避難生活が長期に及んでいたことが明らかになっている。

（13）南三陸町の調査によれば、二〇一二年一二月時点で県内外のみなし仮設八八五戸のうち、最多の三六一戸（次に多い仙台市は一五四戸）が登米市に立地していた（山﨑 2017: 37）。

（14）朝日新聞「人口流出、財源縮むか南三陸→登米３０００人」二〇一四年三月五日付。

表５－２　南三陸町における義援金配分額

支給対象		国配分（第1～11次配分合計額）	県配分（第1～10次配分合計額）	町配分（第1～9次配分合計額）
人的被害（1人当たり）	死亡・行方不明	1,060千円	170千円	140千円
	災害障害見舞金	160千円	120千円	―
住家被害（1世帯当たり）	全壊	990千円	150千円	230千円
	大規模半壊	746千円	100千円	119千円
	半壊	490千円	50千円	119千円
津波浸水区域における住家被害（1世帯当たり）※上記「住家被害」に加算	全壊	349千円	54千円	―
	大規模半壊	204千円	44千円	―
	半壊	120千円	30千円	―
	仮設未利用世帯	100千円	―	―
災害孤児（1人当たり）		―	500千円	1978.5千円
災害遺児（1人当たり）		―	―	597千円
母子・父子世帯（1世帯当たり）		150千円	210千円	―
高齢者施設・障害者施設入所者等（1人当たり）		150千円	110千円	―

（注）津波浸水区域における住家被害世帯には、地震のみにより被災した世帯は含まれない。
（出典）広報南さんりくお知らせ版（2019年12月号）をもとに筆者作成

本項ではその背景も含めてより詳細に述べておきたい。

そもそも東日本大震災は、南三陸町に限らず全国的に無名だった被災市町村を一躍有名にした[15]。全国各地、あるいは海外から、多数の支援者・ボランティア・研究者・学生、メディア関係者などが被災市町村を継続的に訪れるようになった。

なかでも南三陸町への注目度は他自治体と比較しても高かった。震災以前は佐藤仁南三陸町長が、取材に対し「まったくない知名度」[16]を前提に観光戦略について語るような状況であった。発災直後、アナウンサーが誤って「岩手県南三陸町」と発言したというエピソード（松山 2013: 105）からも、発災前の日本社会における南三陸町の認知度がそれほど高くなかったことがうかがえる。しかしながら津波による甚大な被害に加え、被災し、安否不明だった佐藤町長が生還したこと、その町長が積極的にメディア露出したこと[17][18]、東日本大震災の被災地のなかでは天皇・皇后（当時）のはじめての訪問先となったことなどを背景に、南三陸町は発災直後からマスメディアにおいて大々的に取り上げられ、次第に「象徴的な被災地」となっていった（松山 2013）。

　このような高いメディアの関心を背景に、南三陸町は小規模な自治体であるにもかかわらず、二〇一一年一〇月三一日の時点で総額六億五九二八万円（町受付分）もの災害義援金の提供を受けた。これは、仙台市、石巻市

---

(15)　たとえば、友澤悠季は、震災以前は、岩手県外で「陸前高田」の地名を耳にする機会はそう多くはなかったのに対し、津波がひいたあとの沿岸部の空撮映像と、総務省消防庁の発表における「ほぼ壊滅状態」という表現の衝撃は大きく、また「国家的復興の象徴（アイコン）」となった「奇跡の一本松」の存在とも相まって、東日本大震災の被災地として、テレビ中継などで頻繁に取り上げられる場所の一つになったと指摘する（友澤 2018: 33-34）。

(16)　時事通信社「時事ドットコム　トップインタビュー【2】佐藤仁・宮城県南三陸町長」二〇一〇年一二月一六日付。

(17)　南三陸町の知名度が上昇した背景について、南三陸町と東北大学災害科学国際研究所は、佐藤仁南三陸町長が、発災直後から行った一日二回の定例会見（午前一〇時、午後三時）が果たした役割の重要性に言及している。震災二日目、最初の記者会見が実施された際、殺到していたメディア関係者に対して、町長は、毎日、町長から定期的にすべての情報提供を約束する一方で、被災者支援を行う職員には一切取材を行わせないという取材に関する基本ルールを設定した。これは、町職員に余計な負担をかけず、情報発信者をつねに一人が担当することで、情報のぶれを押さえる狙い等があったものであった。メディア側もこうしたルールを受け入れ、町側から提供される会見内容を、ほぼノーカットで報道し続けた。のちにメディア関係者から、南三陸町の会見スタイルには「町長ひとりが報道に対応するという絵面のよさ、夕方の報道に間にあう午後3時というタイミングのよさ、簡潔な内容なので編集の手間がほとんどかからなかった」という利点があったことも指摘されたという。すなわち、メディアを排斥せずに、一定のルールを取り決めたうえで南三陸町の現状を毎日発信し続けたことが、同町に対する注目度が急上昇したことの背景にあったのである（南三陸町・東北大学災害科学国際研究所2019: 51-52）。

(18)　筆者の聞き取り調査においても、ある男性は、町が全国的な知名度を獲得した背景として、「防災対策庁舎」と「毎日行われた町長の共同記者会見」、「町長のキャラクター」があったのではないかと指摘し、「町長いわく、仙台とか石巻とか気仙沼あたりは知名度もあっから、〔支援者や物資が〕くるだろうけども。この小さな町で、南三陸町を知っていただかないと、なかなか思うように物資も到達しないだろう。そのためにはやっぱり発信することが大切だっていうことで、激務のなかで、そして答えたっていうことを言ってましたね」と述懐していた。

に次ぐ県内三番目の金額であり、受付件数については同時点で一番目の二七五四件であった[19]。なお、二〇一九年一二月までに町民に配分された義援金[20]の配分額は表5-2のとおりである。

加えて、南三陸町には他自治体に比して相対的に多くの災害ボランティアが訪れている。第3章で述べたように、東日本大震災では、各被災自治体の災害ボランティアセンター経由で約一五〇万人もの災害ボランティアが活動したとされ（第3章第3節参照）、南三陸町でも、延べ一五万五八六二人の災害ボランティアを受け入れている（南三陸町 2021: 14）。南三陸町が二〇一三年から発行を続ける「東日本大震災からの復興――南三陸町の進捗状況」から町災害ボランティアセンターによるボランティアの受付状況についてみてみると、発災から八か月あまりが経過した二〇一一年一一月三〇日時点において計四万六一一九人である。これは、全社協がとりまとめた「東日本大震災災害ボランティアセンター報告書（2012年3月）」をみると、同時点で石巻市、仙台市、東松島市に次ぐ県内四番目の数字であるが、県全域で時間の経過とともに活動者が著しく減少したのに対して南三陸町では発災から三年近くもの間、毎月一〇〇〇人ものボランティアを迎えたことが特徴である。

また、南三陸町は国外からの支援の主要な対象ともなった。国際開発センターが行った詳細な集計調査によれば、東日本大震災発災後の約一年間に、日本政府は一七四の国・地域から何らかの人的・物的・金銭的支援を受けた[21]。南三陸町も、イスラエルから医療支援チームの派遣を受けたり、町内唯一の公立病院の再建に際し二〇億円以上の寄付金を台湾の赤十字組織経由で受け取るなどし、現在もこうした国外との交流事業を展開している。

2　「壊滅」からの復興と人口流出

（1）南三陸町における「既定（の）復興」

復興計画策定に関わる経緯

震災が発生したのは、二〇〇五年の「平成の広域合併」からわずか六年後のことであり、南三陸町に限らず、被災した多くの自治体が「地域的なアイデンティティの形成途上」（長谷川 2016: 10）の時分であった。以下、東日本大震災からの復興における特質（第3章）を踏まえながら、南三陸町における復興過程を描出する。

すでに述べたとおり東日本大震災により南三陸町が受けた被害は、「壊滅」という表現が採用されるような、甚大なものであった。震災後、町の保健福祉課福祉アドバイザーを務めた本間照雄は、南三陸町の復興について「まったく新しい町をもう一回つくる」規模のものであったと述懐している（本間 2016: 216）。本項では、復興の枠組みを定める震災復興計画（以下、復興計画）策定に関わる経緯と計画の概要について検討する。

避難所の閉鎖や仮設住宅の建設が進む二〇一一年七月上旬、南三陸町では、復興計画の立案にあたり、町民の

---

(19) 二〇一一年一一月二一日の佐藤仁町長の定例記者会見。南三陸町「町長定例記者会見の記録」二〇一五年、南三陸町ウェブサイト（https://www.town.minamisanriku.miyagi.jp/index.cfm/17,233,21,300.html 二〇二四年九月一七日最終閲覧）。

(20) 義援金の配分額について、国配分（日赤等義援金受付団体分）および県配分（災害対策本部）の基準については、宮城県災害義援金配分委員会が、町配分の基準については南三陸町災害義援金配分委員会が決定している。国配分の義援金については、二〇二一年一一月の第一四次配分まで支給が続けられた。

(21) 一般社団法人国際開発センター「東日本大震災への海外からの支援実績のレビュー調査（2014年2月）」二〇一四年、一般社団法人国際開発センターウェブサイト（https://www.idcj.jp/pdf/idcjr20140304.pdf 二〇二四年九月一七日最終閲覧）。

意見をくみ取る目的で「「南三陸町の復興まちづくり」に関する意向調査」を実施した。同時点で住民基本台帳に登録されていた町内全五三二七世帯に調査表が送付され、三四八五世帯が回答、回収率は六五・四パーセントであった。この調査は、町民に対し今後のまちづくりのあり方について尋ねるものであり、町外避難者を念頭に置いた帰町に対する意識を尋ねる項目も設けられた。「復興計画」の枠組みに深く関わるものとしては、「今後の居住場所を選択する際に望むこと（問8）」「「自然災害に強いまちづくり」のために重要だと思うこと（問12）」、「復興まちづくりに望むこと（問13）」がある。問8（複数回答）では、「津波に対する安全性」との回答が六三パーセントと一番割合が高く、また、問12（複数回答）でも、「住まいの高所への配置」を重視するものが六八パーセントで最も割合が高いなど、町民の高台移転への志向が示された結果となった。

また、意向調査に加えて、町では「震災復興町民会議」（以下、町民会議）を設置した。町民会議は、公募と各種団体からの推薦による町民二四名の委員で構成され、災害研究者ら専門家の参加を得ながら、二〇一一年七月から八月にかけて、計五回の会議を開催した。会議の議論は、五つのシンボルプロジェクトを軸とする復興まちづくりの提言書「復興への私たちの想い　未来への遺言――津波を忘れない、真心を忘れない」として取りまとめられ、町に提出されている[22]。

さらに、広く町民の意見を聞き取る場としては「震災復興計画地域懇談会」（以下、地域懇談会）が同年七月二五～三一日までに、町内九会場と町外避難者向けの町外一四会場の計二三会場で実施され、四八四人が参加している。地域懇談会においては、「具体的な移転場所選定や移転事業を進める際には町民の意向を重視すること」といった趣旨の留保がつけられたものの、全体としては「安全な場所に住む」「住まいは高台に」という考え方について賛同する意見が多かったとされる[23]。

こうした動きと並行して、町では災害研究者ら専門家[24]、国、宮城県の土木関係部局の担当者らからなる「南三陸町震災復興計画策定会議」（以下、策定会議）を設置した。策定会議は、二〇一一年六月から二〇一二年三月にかけて計七回開催され、町側から示された「南三陸町震災復興基本方針（素案）」や「南三陸町震災復興計画（素案）」などに対して専門的な立場から意見するなどし、町民会議や地域懇談会で行われた議論の結果を踏まえながら、復興計画の策定作業に取り組んだ(25)。

復興計画にみる南三陸町の「創造的復興」

二〇一一年一二月、南三陸町は、二〇一一年度を初年度とし、二〇二〇年度を目標年度とする「南三陸町震災復興計画」を策定した（二〇一二年四月改訂）。

復興計画は、復興の基本理念として、「「自然・ひと・なりわいが紡ぐ安らぎと賑わいのあるまち」への創造的復興」を掲げ、三つの復興目標「安心して暮らし続けられるまちづくり」「自然と共生するまちづくり」「なりわいと賑わいのまちづくり」を明示している。「自然・ひと・なりわいが紡ぐ安らぎと賑わいのあるまち」は「南三陸町総合計画（２００７～２０１６）」が掲げた町の将来像であり、復興計画と従来の総合計画との連続性が

(22)　南三陸町「震災復興町民会議報告書」二〇一二年、南三陸町ウェブサイト（https://www.town.minamisanriku.miyagi.jp/index.cfm/6,0,22,134,html 二〇二四年九月一七日最終閲覧）。
(23)　南三陸町「第３回震災復興計画策定会議資料５-１　震災復興町民会議・地域懇談会の開催状況（概要）」二〇一一年、南三陸町ウェブサイト（http://www.town.minamisanriku.miyagi.jp/index.cfm/6,307,c,html/307/20110807-06.pdf 二〇二四年九月一七日最終閲覧）。
(24)　本書第２章でも研究成果を引用している首都大学東京・東京都立大学名誉教授で災害研究者の中林一樹氏も委員として参画している。
(25)　なお、策定会議の議事録によれば、震災復興計画策定（二〇一一年一二月）以前の第一～四回までは復興計画の内容について検討しているが、第五回（二〇一二年四月）では、復興計画に基づく施策の実現をめざし、必要な事務事業を具体的に定めた「震災復興計画実施計画（平成23年度～平成24年度）（案）」の検討が、第六回（二〇一二年一二月）では事業の進捗状況と課題の確認が、第七回（二〇一三年四月）では「震災復興計画実施計画（平成25年度～平成27年度）」の検討が主要な議題となっている。

うかがえる（第2章第2節参照）。また、創造的復興については「単に震災前の状態に回復するだけではなく、成熟社会を取り巻く諸課題にも対応させた新たなまちづくりを目指すもの」（南三陸町 2012: 26）であると説明されており、低成長・人口減少といった課題に目配りしたうえで創造的復興を目指す、という国の基本方針が明確に反映されていることがわかる。

第1編第1章「4．復興の主体」（南三陸町 2012: 9）には、「民間企業や各種団体、NPOなどの様々な主体が、それぞれの分野において復興事業に携わること」で相乗的な効果をあげていくことが重要であるとする一方、「復興の主役はあくまでも町民一人ひとり」と明記されており、「人間（の）復興」的な考え方も垣間見える。

続けて、第2編第3章「人口の見通し」（南三陸町 2012: 28-29）には、将来の人口予測を記載している。すでに述べたように、災害による人口や世帯数などの変動とその予測は、被災自治体が復興に取り組むにあたっての「基礎資料」（水谷 1989: 208）である（第3章第2節参照）。南三陸町の復興計画においては、従来の人口減少の傾向に加え、震災による死亡者および震災後に生じた町外避難者や転出者の発生によって人口が減少していることに触れ、「今後も緩やかに人口減少が続いていくもの」と予測している。こうした状況を踏まえ、復興計画は「南三陸町で再び生活することを願う町民全員が安心と希望を持って復興に取り組むため」のものであると位置づけられ、町が「震災後に転出された方に、再び南三陸町に戻っていただけるよう、居住地の確保や雇用の創出などの復興事業に全力で取り組む」ことを宣言している。こうした記述から、南三陸町の復興枠組みにおいても早期帰還が柱になっていることが確認できる。

また、町が「新たな転入者を獲得する施策にも積極的に取り組む」ことを前提に、転入者による人口増を含めて「町外から町内への人口回帰が完了」する二〇二一年の目標人口を一万四五五五人とした。なお、震災による死者・町外への転出者を考慮した推計値（人口回帰が進まない場合の値）としては、一万三三六五人としている。

また、高齢化率が今後も上昇していくことが予想されるとし、「これからの新しいまちづくりにあたっては、過大な宅地造成は行わず、なるべくコンパクト（集約）にすること〔……〕等、人口減少や高齢化の進展を十分に配慮する」必要があることにも触れており、国の「復興の基本方針」において提起された「高齢化や人口減少等に対応した新しい地域づくり」に対応する記述となっている。

復興事業の主眼

ここからは復興計画に基づき展開された復興事業について概説する。第３編第５章「復興事業計画」の軸として、前掲三つの目標のうちの目標１「安心して暮らし続けられるまちづくり」とともに最初に言及されているのが、土地利用の計画「命を守る土地利用への転換」である。結論からいえば、南三陸町の復興計画においても、インフラ整備、空間の改変を旨とする「既定（の）復興」（第２章）の性格が色濃く映し出されている。また前出の意向調査等で示された町民の意向を踏まえつつも、「安全・安心」を重視した「災害パターナリズム」（植田 2012: 77）的な色調もうかがえる。

第２編第４章「土地利用のあり方」（南三陸町 2012: 30–43）においては、「なりわいの場所は様々であっても、住まいは高台に」というまちづくりの基本理念が示されている（図５–２）。行政資料において繰り返し標ぼうされるこの理念は、同町が受けた甚大な被害、町民の高台移転への志向を背景に、「どのような津波に襲われた場合でも命を守る」ため、住宅や公共施設を高台などの安全性の高い場所に配置し、浸水地域を「災害危険区域」に指定して居住地としての利用を制限したうえで、浸水地域に展開するなりわいの場（たとえば、漁港）の近くに安全な避難場所・避難路の確保を進めることを旨とする（南三陸町 2012: 63）。町では、この理念やそれに基づき展開する事業について、「これからの防災対策や災害復興にも広く活かされるものである」とし、「復興の「南

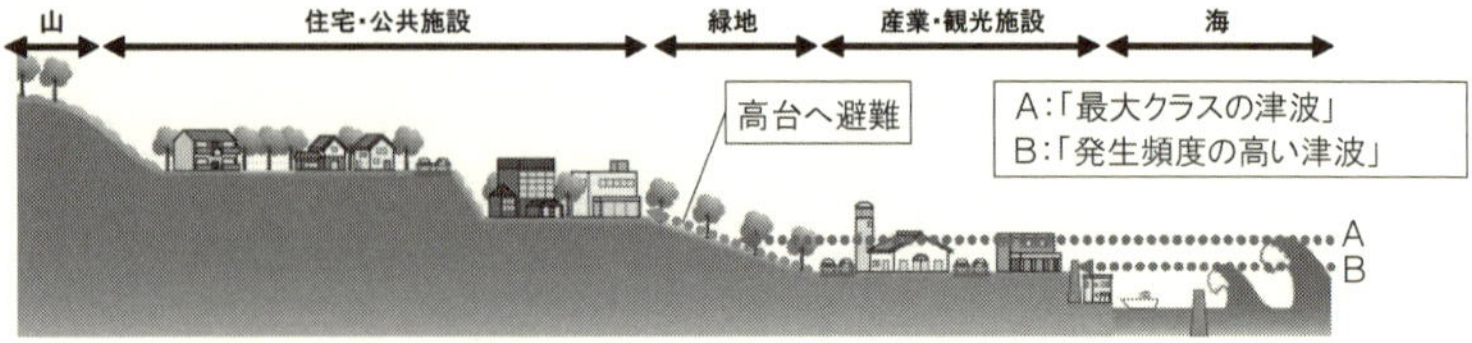

図５−２　「なりわいの場所は様々であっても、住まいは高台に」イメージ図

（出典）南三陸町（2012）

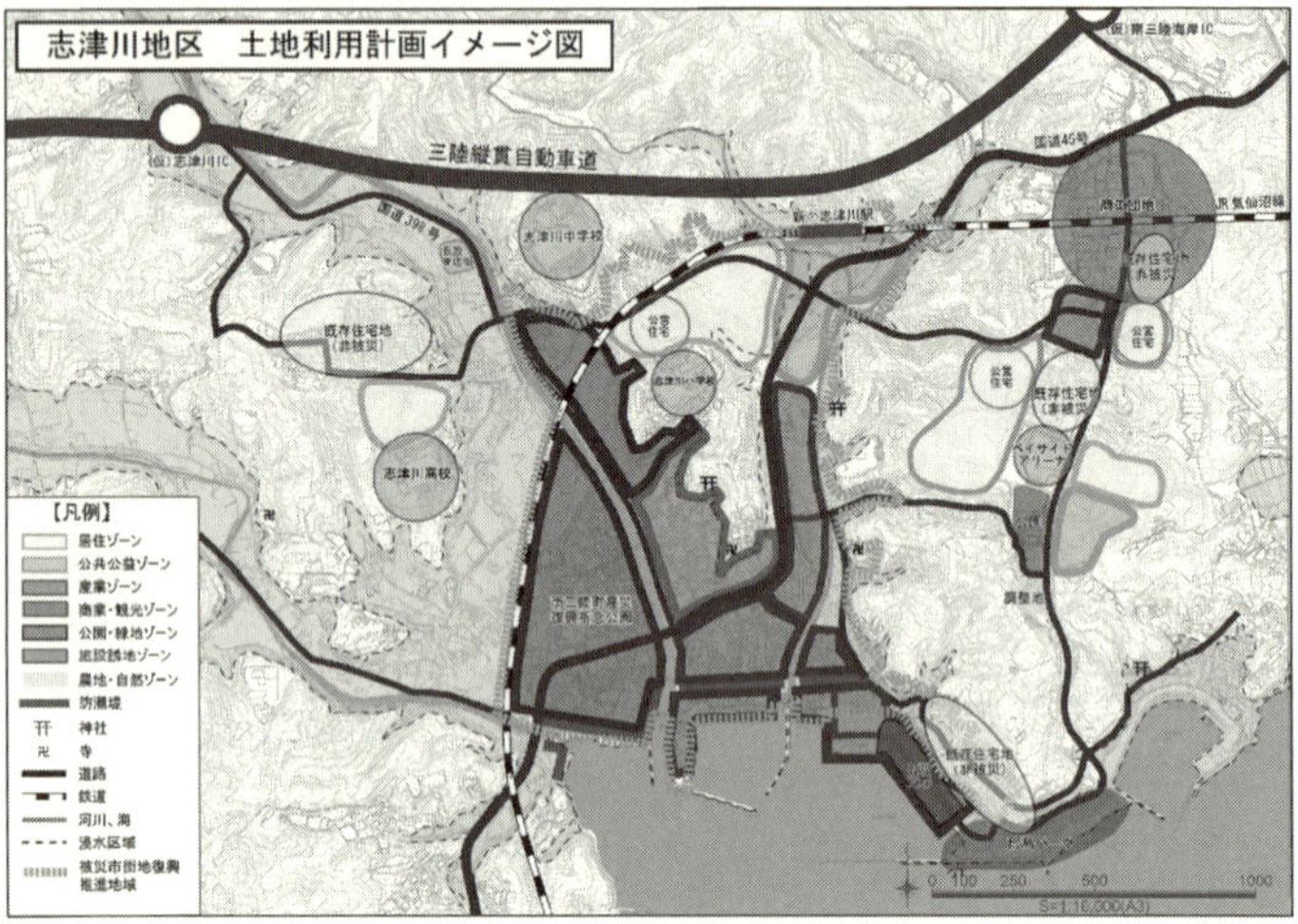

図５−３　志津川地区土地利用計画イメージ図

（出典）南三陸町（2012）

三陸モデル」」と位置づけている（南三陸町 2012: 1）。

「なりわいの……」の基本理念に基づき、復興計画では、「市街地」（志津川、歌津伊里前）と「漁村集落」の二つに大別される土地利用のイメージが示された。この類型は、前章で示した南三陸町における「ハマ・マチ・ヤマ」の空間分節における「マチ」と「ハマ」にあたる。まず、「市街地」（マチ）については、「住宅地や公共施設を高台に移転し、安全性の高い場所に機能を配置」する方針が示され、「産業、商業・観光の機能、及び居住、公共公益等の機能をそれぞれ集約し、有機

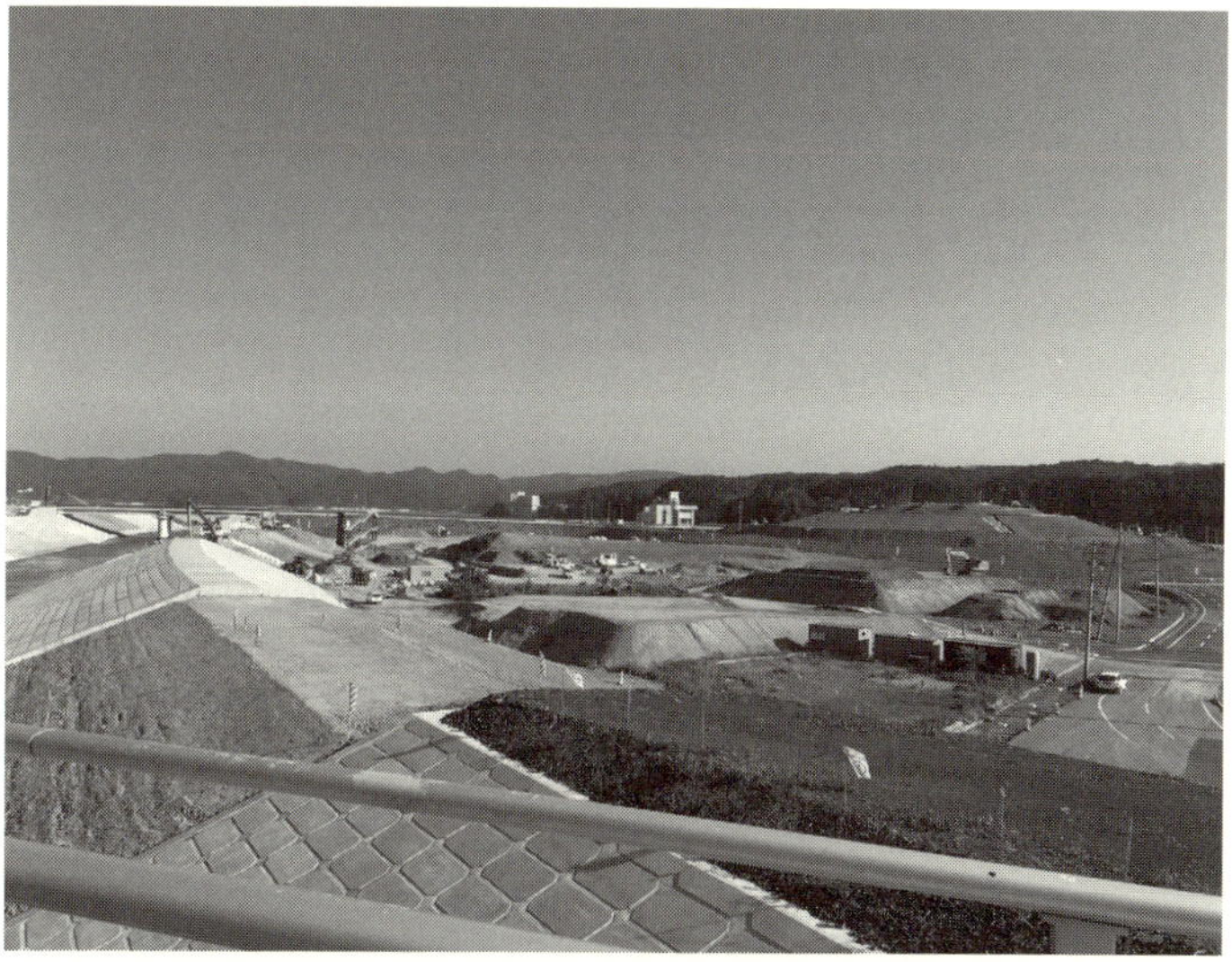

図５－４　復興工事が進む志津川地区のかさ上げ地

（出典）筆者撮影（2019年６月13日）

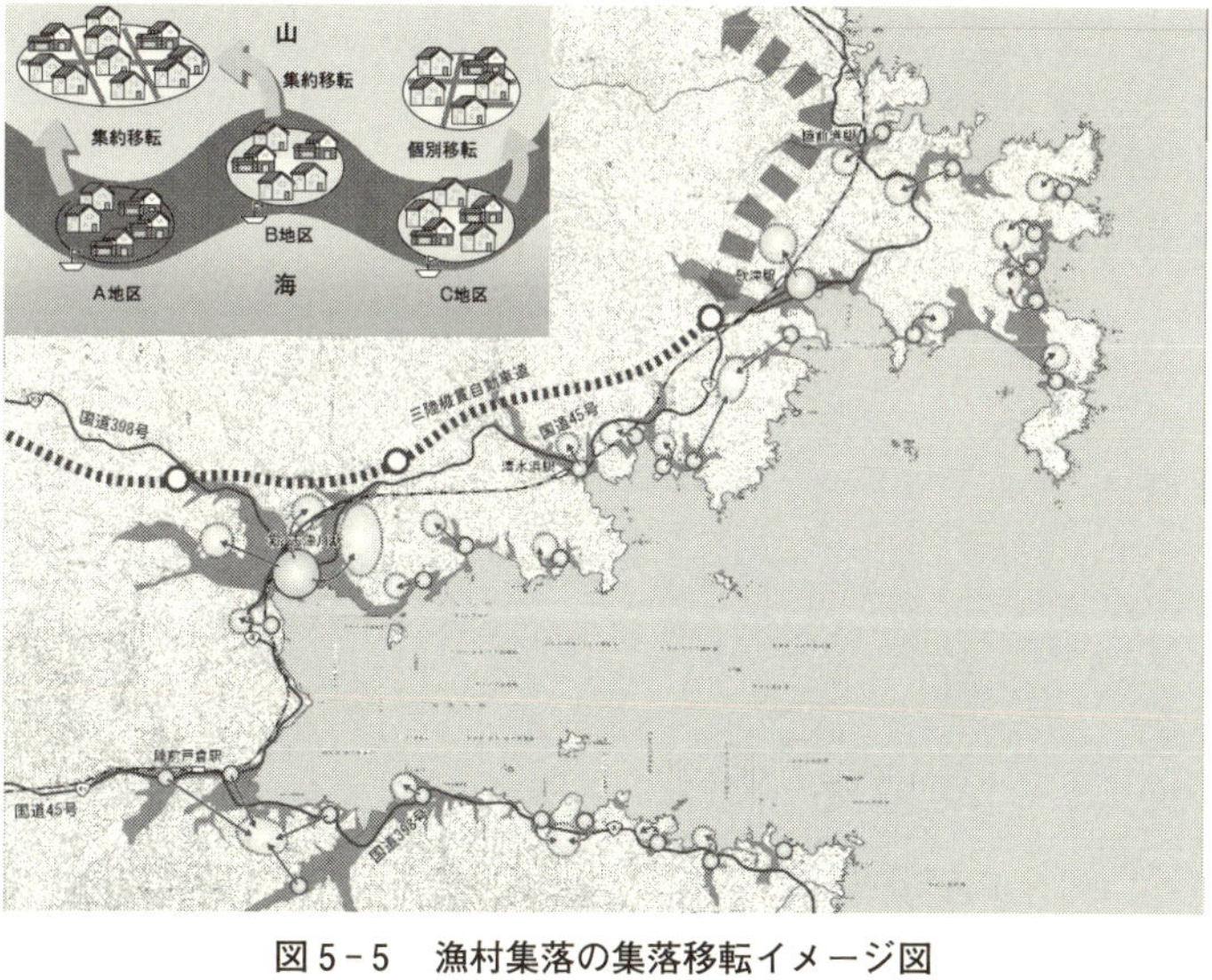

図５－５　漁村集落の集落移転イメージ図

（出典）南三陸町（2012）

的な連携を促す」など、市街地の再生と高台移転が一体となって取り組まれることとなった（南三陸町 2012: 36、図5-3）。

両市街地（マチ）においてはこんにちまでに被災市街地土地区画整理事業、防災集団移転促進事業、津波復興拠点整備事業、漁業集落防災機能強化事業、漁港施設機能強化事業などの事業が展開された。とりわけ土地区画整理事業は、町内高台移転地の造成により生じた残土を用いる地盤のかさ上げ盛土工事（約一〇メートル）をともない、八・七メートルの堤防を築く河川の護岸工事や、同じく八・七メートルの防潮堤の建設、地区内を通過する国道のかさ上げなどと一体となって、「マチ」のすがたを大きく「つくり変え」（図5-4）た。[26]

二〇一四年には、町の依頼を受けた隈研吾建築都市設計事務所が志津川地区のかさ上げ地におけるまちづくりのグランドデザインを発表し、二〇二三年までにさんさん商店街、しおさい通り、復興祈念公園、商店街と祈念公園をつなぐ中橋、震災伝承施設を併設する道の駅「さんさん南三陸」などが整備された。

次に、志津川・戸倉・歌津地区の沿岸部に点在する「漁村集落」（ハマ）を対象とする復興事業である。ハマにおいても、防災集団移転促進事業や漁業集落環境整備事業などを利用し、「安全性を確保するため、近隣の高台を造成し、移転を促」すこと、「各漁港の機能分担に基づき、産業再生に向けて戦略的に施設を整備」することが目指されている。高台移転については、「なるべくコンパクト」にまちづくりを行うという復興計画の方針のもと、地区によって、集落ごとに近くの高台に移転する「個別移転」のほかに、近隣集落または小学校区単位などで集落が集まって高台に移転する「集約移転」の手法が示された（南三陸町 2012: 39、図5-5）。

（2）復興過程における人口動向

住民の居住意向

繰り返し指摘しているように、災害による人口や世帯数などの変動とその予測は、行政が実施する復興対策需要の見積もりを大きく左右する（池田・中林 1999: 125）。「職住分離」を標ぼうし高台移転を推進した南三陸町も、移転先の選定や事業枠組みの設定を行うために、意向調査を繰り返し実施してきた。住民らの住宅再建を進める事業の柱は、他の被災自治体と同様に、「災害公営住宅整備事業」と「防災集団移転促進事業」である（第３章第２節参照）。本項では、復興事業のなかでも住宅の再建に関わるこれらの事業の変遷をおさえつつ、発災後の南三陸町における人口の動向を整理していく。

まず、前述の「「南三陸町の復興まちづくり」に関する意識調査」のうち、今後の居住意向を尋ねた問７に着目すると、それに対する回答は、「今まで住んでいた敷地がよい」が最も多く三割を超えた。以下、「今まで住んでいた地域内がよい（志津川・戸倉・入谷・歌津）」「今まで住んでいた地区内がよい（概ね行政区内）」「南三陸町内がよい」の順に続き、南三陸町外は一割に満たない[27]。ここでは、町民の町内への居住志向、とりわけ従来の居住地（敷地内・行政区内・四地区内）への居住志向が示されたといえよう。町では右記の調査結果を踏まえて、志津川・戸倉・入谷・歌津の地区ごと、住居形態ごとの大まかな必要住宅面積を算出した。

次に、町は復興計画策定と前後し、二〇一一年三月一一日時点で住民票を有し、かつ五戸以上の津波被災家屋のある五七行政区内の全世帯（四三一五世帯）を対象に、「今後の移転先と住まいに関する意向調査」を実施した[28]。

---

(26)　志津川地区のかさ上げエリアは約六〇ヘクタールであり、必要な土は約三四〇万立方メートル（ダンプ換算約六〇万台）であったとされる。河北新報「土地かさ上げ本格化ＵＲ、南三陸の造成現場公開」二〇一四年六月二一日付。

(27)　「住まいが津波で流出した町民」に対象を限定した場合でも、「今まで住んでいた地域内がよい（志津川・戸倉・入谷・歌津）」「今まで住んでいた地区内がよい（概ね行政区内）」「南三陸町内がよい」が二五パーセント程度で拮抗しており、「南三陸町外がよい」は一割にとどまっている。

調査の主眼は町民における今後の居住地選択や住まいの再建方法（防災集団移転促進事業への参加、災害公営住宅への入居など）に関する意向の把握にあり、全町に加えて三地区（志津川・戸倉・歌津）別の調査結果についても集計している。調査の結果は各地区の防災集団移転団地や、災害公営住宅の住宅フレームの規模を検討するうえでの基礎資料となり、移転候補地の選定については、地域ごとに説明会を開くなどして各地域の住民の意向を踏まえて決定していった。

阪神・淡路大震災からの復興において、都市計画に関心をもつ住民により復興まちづくり協議会が結成されたことはすでに述べた（第2章第2節参照）。東日本大震災からの復興にあたっては、復興構想会議の段階から「被災地の広域性・多様性を踏まえた地域・コミュニティ主体の復興」が原則として明示されていたように、地域における復興まちづくりの主体としてコミュニティや住民が意識されており、復興を進めていくうえで、復興まちづくりの主体として住民側にも窓口組織をおくことが、自治体にも求められた（小林 2020d）。南三陸町でも、移転規模の大きな志津川小学校区、伊里前地区、戸倉地区（西戸・折立・水戸辺・在郷のみ）では、それぞれ防災集団移転促進事業に関する住民意見の集約をはかる「復興まちづくり協議会[29]」が設置され、移転先の選定も含めて、高台移転先のまちづくりなどについての意見交換が重ねられていった。町はこれらの団体に対して復興まちづくり協議会運営補助金を交付し、また活動をサポートするための「まちづくり協議会事務局」を設置するなどして合意形成を促した（南三陸町 2024: 83）。

町外への人口流出

南三陸町は、復興計画、宮城県復興住宅計画の趣旨を踏まえ、二〇一二年三月に災害公営住宅の整備方針を示した町独自の「災害公営住宅整備計画」を策定し、二〇一五年度までに最大一〇〇〇戸の整備を目指した。しかしながら、その後の意向調査、入居希望者による手続きのなかで整備戸数は繰り返し見直され、最終的には七三八戸にまで規模を縮小している。

また、次に「防災集団移転促進事業」であるが、南三陸町では、当初町内二九か所で意向調査などが実施され、その後に数地区における「集約移転」の実施や、一つの地区が複数の団地に分かれて移転することなどが決まり、最終的には二〇地区二八団地にまとまった。当初は一一〇三区画の整備が計画されていたものの、意向調査や住民説明会を経て二〇一六年三月末には八二七画地にまで縮小されている。

本章第1節で述べたように、東日本大震災による南三陸町内の建物の被害は、全壊・半壊含め計三三〇一戸であった。一方、高台における住まいの再建事業は災害公営住宅七三八戸と防災集団移転八二七画地の計一五六五世帯分にまで縮小されており、両事業を利用しない「個別移転」分を考慮しても、町外への人口流出が続いていることがうかがえる。町人口は発災から一年間で約一九〇〇人もの急激な減少をみた。その後は減少幅が鈍化したものの、国勢調査に基づく沿岸市町村の人口推移をみると、二〇一〇年から二〇一五年にかけての減少率は、女川に続き県内で二番目に高い（第3章第1節参照）。

---

(28) 調査は二〇一一年一二月五日から二〇一二年一月六日までの期間で実施し、三五一四世帯より郵送による回答を得た。回収率は八一・四パーセントであった。この調査によれば、「町が整備する高台の住宅地に移転し、自力で住宅を建てる予定」とする世帯が全体の二二・二パーセント、「災害公営住宅への入居を予定する」世帯が一九・五パーセント、「被災しているが、町が整備する高台への移転を予定しない」が八・四パーセント、「被災していないが、現在お住まいの住宅とは別の場所に移転する予定」が一・三パーセント、「移転についてわからない、または検討中」が一七・一パーセントであった。なお、「被災していなく、現在お住まいの住宅に住み続ける予定」の世帯も二二・一パーセント存在していた。

(29) なお「まちづくり協議会」が設立された地区については、復興事業のなかで災害公営住宅と防災集団移転促進事業による住宅団地が併設されるかたちになっており、各地区の中核をなしている。

集中復興期間に続く復興・創生期間に至ってもこうした傾向に歯止めはかからなかった。すでに述べたように「南三陸町の復興まちづくり」に関する意向調査」(二〇一一年七月)においては、甚大な津波被害にもかかわらず町内、とりわけ従前居住地区への居住意向が示された。しかしながら遠藤健治前副町長の述懐「結果的に四千数百人のひとが、減ってしまった一つの大きな原因っていうのは、時間がかかりすぎちゃったこと。もちろんうち〔町〕も、帰還してもらう、帰ってもらうっていうことを前提に〔してはいたのだが〕」(二〇一九年七月一九日)からも読み取れるように、創造的復興理念のもとに展開された大規模な「つくり変え」とそれにともなう長期の避難生活は、こうした居住意向に大きな影響を与えた。南三陸町においても町外避難者・転出者の帰還の動きを鈍らせ、人口減少を加速するベクトルに作用したものと推測される。

以上の記述からもうかがえるように、高齢化率の上昇はありながらも(二〇一〇年は二八・九パーセント、二〇一五年は三三・二パーセント、二〇二〇年は三七・七パーセント。南三陸町 2024: 184)、発災後の同町における人口減少の大半は自然減ではなく社会減によるものであると推測される[30]。若い世代の転出増は出生率の低下に直結し、これが自然減をも助長してしまう。加えて、南三陸町では、発災以降の合計特殊出生率の低下も著しい。一九九五年には全国平均(一・四二)を大きく上回る一・七二であった合計特殊出生率は、震災前の二〇〇五年には一・五五(全国平均一・二六)だったものの、二〇一〇年には一・三五(一・三九)へと急落しており、震災後の二〇一二年には一・二四(一・四一)、二〇一三年には一・一五(一・四三)、二〇一四年には一・〇七(一・四二)と、全国平均をはるかに下回る水準に低下した[31]。

震災から一〇年が経過した二〇二一年三月末現在での住民基本台帳に基づく人口は一万二三五三人であり、二〇一一年二月末の人口と比較すると、町全体でおよそ三割もの減少をみている。これは、復興計画策定時の目標人口(一万四五五五人)を大きく下回る数字である。「地方創生」枠組みのもと二〇一六年一月に策定された「南三陸町人口ビジョン」では、町民の「再建意向調査」の結果や高台移転の影響を考慮した町独自の推計において、町の人口が二〇三〇年には一万人に迫り、二〇四〇年には約八〇〇〇人にまで落ち込み、その後も減少に歯止めがかからないという見通しを示している。

想定を上回る速度の人口減少は、南三陸町が展開してきた復興事業においても支障をきたしている。町が住宅再建に関わる事業を縮小してきたことはすでに述べたとおりであるが、縮小後の事業規模であっても、二〇一九年一一月の時点で災害公営住宅については九一戸、防災集団移転団地については一〇七区画の空きが生じる事態となったのである(32)（遠藤健治氏、二〇一九年一二月一日）。

登米市への人口流出と入谷地区への人口移動

それでは、南三陸町の社会減分の人口は、いったいどこへ移動したのであろうか。東日本大震災の津波被災地域においては、被災後に人口が内陸に移動する傾向があるが（第３章第２節参照）、南三陸町民の主要な〈越境〉先も同町に隣接する内陸自治体の登米市であった。

「南三陸町人口ビジョン」に基づき、震災前後の南三陸町民の転出先をみてみると、詳細な数字は示されていないものの、震災前は県内他地域への転出が全移動の七割程度を占めていたのに対し、震災後は八割程度にまで

(30)　第４章で触れたように、南三陸町の人口は、一九六〇年をピークに減少傾向に転じている。その人口減は、一貫した社会減と一九九四年以降の自然減に特徴づけられてきたが、特に震災が発生した二〇一一年は一三一五人の社会減となり、自然減（八八四人）を大きく上回っていた。
(31)　南三陸町「広報南さんりく」二〇一五年一〇月号。
(32)　進まない避難者の帰還や止まらない人口流出のために、南三陸町では公営住宅の空き戸、防災集団移転団地の空き区画を解消しようと、二〇一六年頃からは入居対象を被災者以外にも広げ、「U、Iターン」を想定した一般募集を行っている。

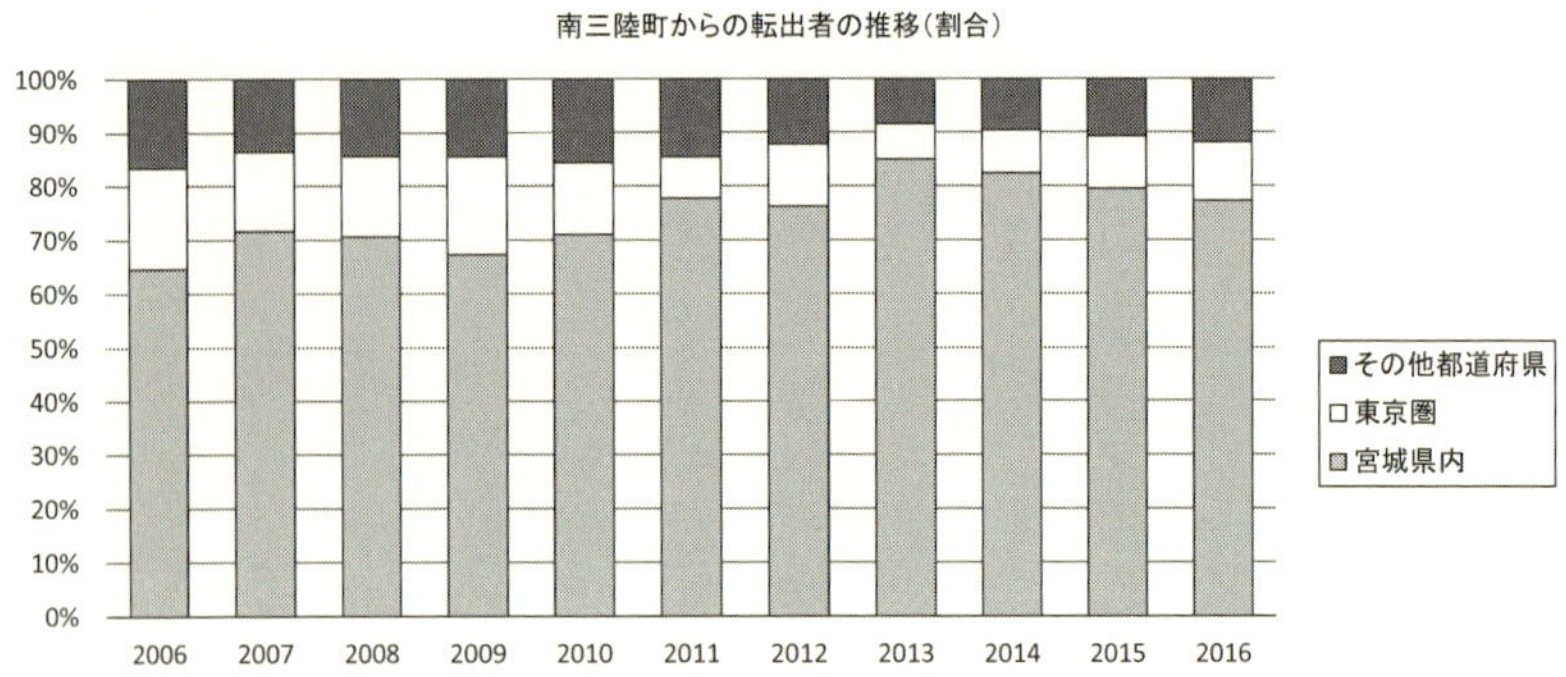

図５－６　南三陸町からの転出者の推移（割合）

（出典）南三陸町「南三陸町人口ビジョン（平成30年4月16日一部改訂）」

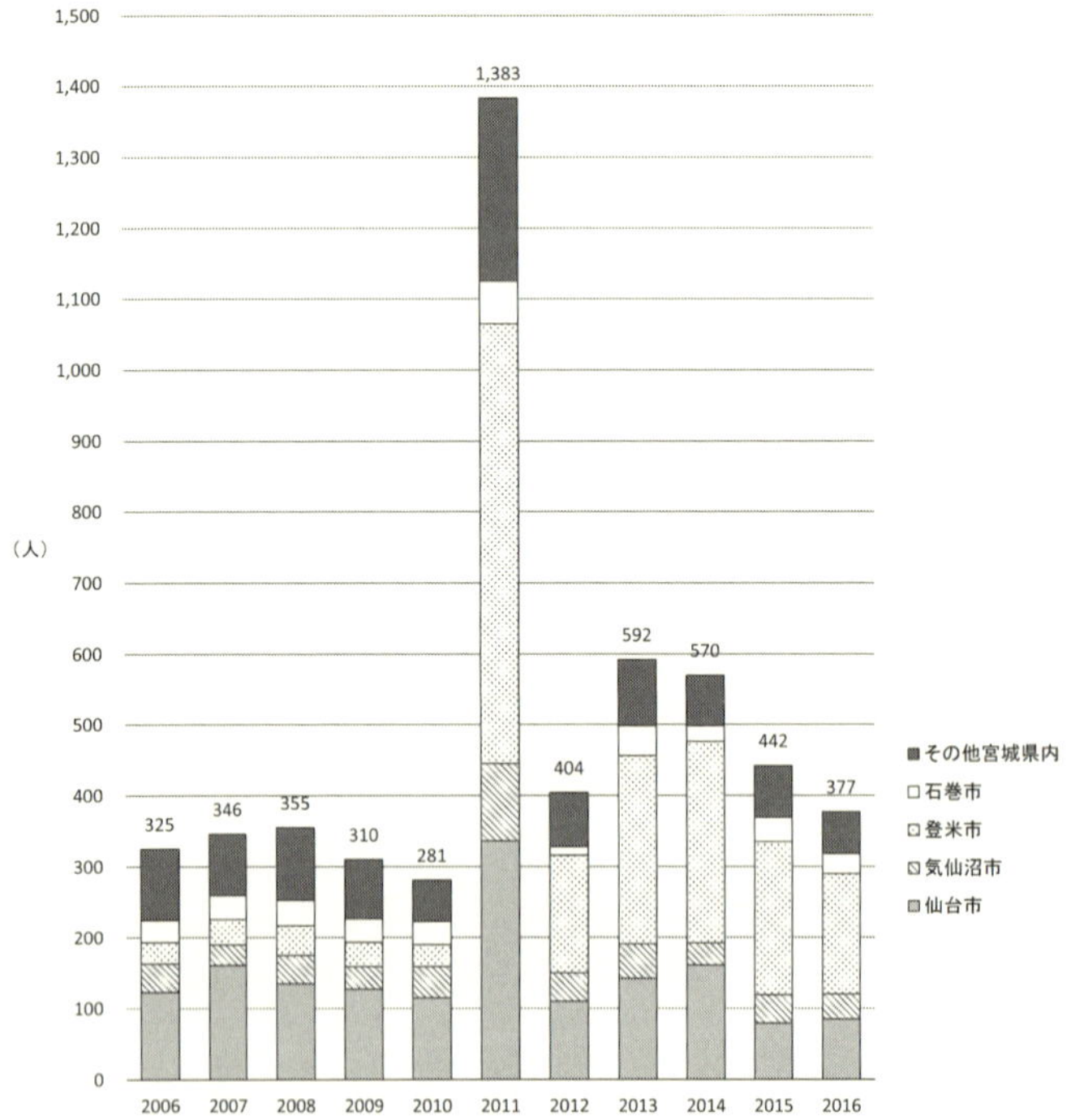

図５－７　南三陸町から県内他市への転出者の推移

（出典）南三陸町「南三陸町人口ビジョン（平成30年４月16日一部改訂）」

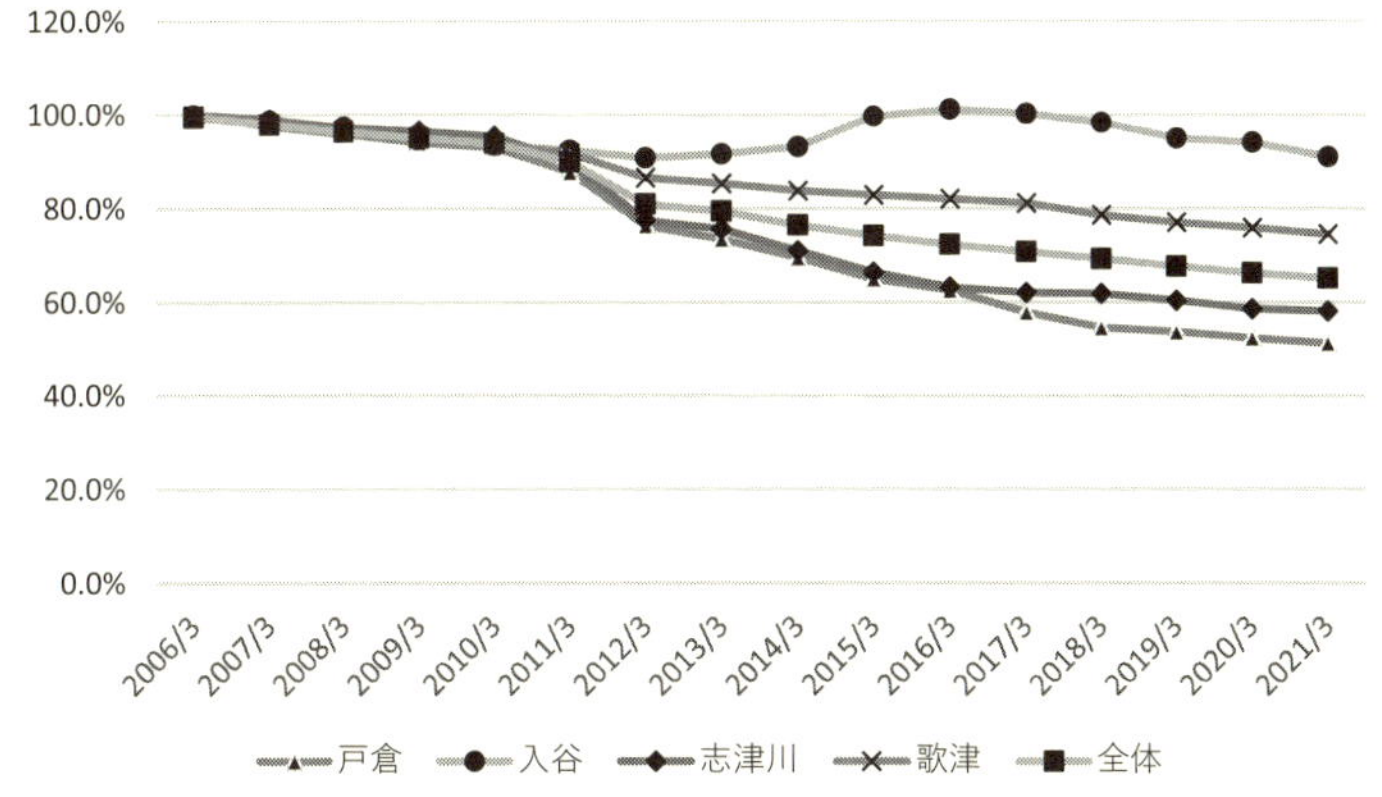

図５－８　４地区における人口増減

（出典）住民基本台帳のデータから筆者作成

高まっていることがわかる。図5-6には、二〇一一年に県内他自治体への転出者が増加したことが示されているが、図5-7でその内訳をみてみると、仙台市、登米市、気仙沼市、石巻市との間での移動が多く、二〇一二年以降では全体の約八割を占めていることが確認できる。四市のなかでも特に、震災以前は県内移動のうち一〇パーセント内外であった登米市への転出者が急増し、四~五割を占めるようになったことがわかる（二〇一二年以降の転出者数については第7章に記載）。さらに、二〇一三年一〇月に開催された「第二回南三陸町震災復興推進会議」の資料によれば、二〇一一年、南三陸町が一三一五人の社会減となった一方で、登米市では五四三人の社会増となっている。同資料ではこのような両自治体の移動状況を鑑み、「南三陸町から登米市に社会移動があったとみられる」と推測している。詳細は第7章で述べるが、登米市への〈越境〉者の増加をめぐっては、積極的な支援活動を展開しようとする登米市においてジレンマを生じる事態へとつながった。

　それでは、人口流出は南三陸町のどの地域から生じているのであろうか。合併後の二〇〇六年三月から二〇二一年三月までについて、二〇〇六年三月時点の人口を基準（一〇〇パーセント）にした、四地区における人口の増減を示したのが図5-8である。そこから、震災以前は四地区共に緩やかな減少傾向にあったものが、震災の発生を機に沿岸部の三地区が急激に人口を減らしていることがわかる。特に津波被害の大きかった志津川地区、戸倉地区の人口減少が大きく（第5章第1節参照）、歌津地区の減少幅は比較的小さい。一方で、津波の直接的な被害が軽微であった内陸の入谷地区においては、震災前後の人口変動も少なく、二〇一五、二〇一六年頃には一時的に減少から増加に転じ、二〇〇六年の水準を回復していることが読み取れる。入谷地区への人口流入がもたらした影響については、第6章で詳述する。

3　復興の特色

（1）地方創生と復興

「森里海ひと　いのちめぐるまち　南三陸」

以上から、南三陸町においては、震災後、「創造的復興」を目指す復興事業により従前市街地や漁村集落の姿が大きく「つくり変え」られた一方で、「復興の主体」たる町民の減少に歯止めがかからない状態が続いたことが確認できた。こうした状況下、復興期間後半の「復興・創生期間」においては南三陸町の新たなまちづくりビジョンが提示され、それを実現するための取り組みが展開されてきた。

南三陸町は、二〇一六年三月に「南三陸町第二次総合計画」（以下、第二次総合計画）を策定する。第二次総合計画は、復興計画の役割を発展的に継承・包含し、「（復興）計画が掲げる創造的復興」を遂げることを最優先としつつ、「いよいよ深刻な問題となってき」た人口減少および少子高齢化など「本町を取り巻く様々な課題を政策に反映し、復興後を見据えた新たなまちづくりの指針」であり、基本構想、基本計画、実施計画から構成されている（南三陸町 2016: 3-4）。

本書第4章では、分水嶺により外部と隔てられた南三陸町が、ある程度完結した地理的・社会的構造をもつことに言及したが、第二次総合計画には、このことを強調する言葉が散見される。「基本構想」第1章「南三陸町のまちづくりが目指すこと」では、従来のまちの将来像「自然・ひと・なりわいが紡ぐ安らぎと賑わいのあるまち」を踏まえつつ「震災による〝気づき〟」をもとに発展させたまちの将来像として、「森里海ひと いのちめぐるまち 南三陸」が掲げられている。この新たなまちづくりのビジョンには、「分水嶺に囲まれた本町」において多様な年代の人びとが「森・里・海のつながり」のなかで生きがいをもって豊かに暮らし、また人びとの命や同町の自然がこの「つながり」のなかでめぐっていくとの考えが込められている（南三陸町 2016: 19）。

第二次総合計画「基本計画」第1章「リーディングプロジェクト」では、この将来像を実現するために、特に重要性と先導性をもつ分野横断的な政策として五つのプロジェクトを設定している。各プロジェクトは前出の「まち・ひと・しごと創生法」に基づく「南三陸町総合戦略」（以下、総合戦略）との連動性も確保されており、復興・創生期における南三陸町の復興が「地方創生」の枠組みのもとで進められてきたことがうかがえる。本項では、特に「リーディングプロジェクト（ＬＰ）-2　交流人口の拡大プロジェクト」「ＬＰ-3　南三陸ブランド構築プロジェクト」について取り組みの実相を明らかにしたい。

資源循環型社会としてのブランディング

多様で豊かな自然を有する南三陸町では、自然と調和・共生したまちづくりが、町民憲章（二〇一〇年一一月制定）や総合計画、復興計画などで繰り返し謳われてきた。一方でその豊かな恵みをどう循環させ、持続可能なものにしていくのかというところまでは、具体的に踏み込まれていなかった（アミタホールディングス株式会社

2017: 57)。「LP-3　南三陸ブランド構築プロジェクト」では、町の産業が「森・里・海」をはじめとした豊かな地域資源によって支えられていることを確認し、こうした地域資源に支えられた各産業の付加価値を高め、町ならではの産業ブランドを構築していくことが示されている（南三陸町 2016: 38)。

第二次総合計画の策定（二〇一六年三月）と前後して、町内の事業者が生物多様性や持続可能性を評価に取り入れた国際認証を相次いで取得した。まずは二〇一五年一〇月、町、町内の森林組合、慶應義塾大学、地元林業家が構成する南三陸森林管理協議会が、森林管理協議会（FSC）による国際認証[33]（町有林など約一三〇〇ヘクタールの森林が対象）を取得した。続けて、二〇一六年三月には宮城県漁業協同組合志津川支所戸倉出張所のカキ養殖場が、水産養殖管理協議会（ASC）による国際認証[34]を取得した。戸倉出張所では養殖施設の密度を震災前の三分の一以下に削減することで、カキの出荷までの年数を二、三年から一年に短縮することに成功している。一つの自治体が山と海の両方で国際認証を取得するはじめてのケースであり（植田・植田 2016: 69)、町でもこれらの取り組みを後押しするとともに、志津川湾のラムサール条約湿地登録（二〇一八年一〇月）に尽力し、自然保全のブランド化を推進してきた。

南三陸町では、並行して「南三陸町バイオマス産業都市構想」（二〇一四年二月選定・認定。以下、都市構想）を掲げ、災害にも強いエネルギー源の確保や地域にあるバイオマス資源（再生可能な、生物由来の有機性資源で化石資源を除いたもの）を有効活用するシステムを整え、人と環境にやさしく災害に強いまちづくりに取り組んできた。背景には、被災時に「電気や燃料をはじめとするライフラインを地域外からの供給に依存する近代的な生活基盤の脆さ」を肌で感じ、「生きることに必要な最低限のものを、できるだけ地域内でまかなう」地域づくりを志向した町長はじめ町職員らの思いがある[35]（アミタホールディングス株式会社 2017: 19)。

南三陸町は、発災以来継続的に同町を支援してきたアミタホールディングス株式会社（第6章でも言及）と二〇一二年にパートナー協定を結び、主に二つの取り組み、すなわち①生ゴミからバイオガスと液肥を製造し、エネルギーや畑の肥料として還元するというバイオガス施設（南三陸ＢＩＯ）での取り組み、②木質系廃棄物等から木質ペレットを生産し、ボイラーやストーブ用として供給して熱利用していく取り組みを推進してきた。南三陸町は町土の八割近くが山林に占められているが、放棄地も多い。一方で分水嶺が町境にあたるため、町内に降った雨は志津川湾内に注ぎ込む。右記「都市構想」に「本町は漁業と水産加工業を主要ななりわいとしてきたが、その豊かさの源泉は町の山からもたらされている」とあるように、町内の山林を適切に管理することで、水産資源も豊かになるとの考えが広まったことが、木質ペレットの取り組みを後押ししている。[36]

以上でみてきたように、震災後の南三陸町では環境に配慮した生産活動が活発化し、自然との共生を意識したまちづくりへの気運が高まっている。こうした資源循環型の「地域そのものをまるごとブランド化」（アミタホールディングス株式会社 2017: 59）していく動きは、後述するように観光政策とも結びつけられている。

(33) ＦＳＣ認証とは、ＮＧＯ「森林管理協議会（Forest Stewardship Council）」（本部ドイツ）が世界標準で良質と認める森林に与える国際認証である。

(34) ＡＳＣ認証とは、ＮＧＯ「水産養殖管理協議会（Aquaculture Stewardship Council）」（本部オランダ）が環境に大きな負担をかけず配慮した活動を続ける養殖業に与える国際認証である。

(35) この構想は、震災復興計画の目標２「自然と共生するまちづくり」において掲げた「エコタウンへの挑戦」に端を発する。町職員の提案に対し、当初、佐藤町長は「この瓦礫だらけの惨状の中で、なに言ってんの？」という「現実離れしているかのような違和感」を禁じえなかったというが、木質バイオマスのペレットストーブの普及実験計画が持ち上がった際、「「エコタウンへの挑戦」って、あの震災で電気も燃料もなく、寒さで人が亡くなっていった経験から、我々の教訓として得たものは自立エネルギーの課題対策だよね」と腑に落ちたのだと語っている（アミタホールディングス 2017: 43-44）。

(36) 町は「南三陸ＢＩＯ」の液肥を散布した水田で育てた米に「めぐりん米」と愛称をつけ、二〇二一年に商標登録するなどしてブランド化を進めている（南三陸町 2024:206）。

交流・関係人口の拡大

「基本構想」第2章「人口・経済等の見通しと目標」では、「地域コミュニティを維持し、自立し、持続的に発展をする」ために「出生率の上昇と転出超過を抑制させる数々の施策」を展開することにより、二〇二五年度の目標人口を一万一六二〇人程度とした（南三陸町 2016: 23-24）。「LP-1 移住・定住人口の増加プロジェクト」には、移住者の呼び込みや、働く場所・機会の拡充および居住地の確保など、移住・定住を促すための各種事業に取り組むことが明記されている。

一方で、釜石市など他の被災自治体と同様、南三陸町もまた、交流・関係人口の創出・拡大に復興まちづくりの活路を見出している。たとえば、「LP-2 交流人口の拡大プロジェクト」では、まちづくりにおいて「本町が各地からの多大な支援の上に成り立っている」ことを共通認識とし、多くの「南三陸ファン」の創出を目指していくことが示されている。具体的には、「南三陸応縁団推進事業」（後述）や「自然・産業体験型交流推進事業」などが挙げられている。こうした交流・関係人口の拡大について、「総合戦略（平成28年12月12日一部改定）」には「地域に関わる人材の交流を活発化し、移住・定住にとらわれない「南三陸コミュニティ」を拡大する」とあり、「関係人口を増やす」ための施策として、「南三陸応縁団」の団員登録者数を拡大させる感謝・絆プロジェクト、「地域おこし協力隊」の受け入れ（二〇一六年度から開始）が記載されている。

復興過程における交流・関係人口の創出・拡大は、震災以前から重視しているグリーン&ブルーツーリズムの文脈からも提唱されている。たとえば、「復興計画」、「第二次総合計画」においては「農業・林業・水産業などの一次産業と密接に連携した体験型観光コンテンツの整備や津波の教訓、防災を学ぶ教育観光、新しい環境技術の実物展示などを組み合わせた、グリーンツーリズム、ブルーツーリズムの展開を推進します」（南三陸町 2012: 74）、「本町の魅力的な地域資源を活用して、ブルー・ツーリズムやグリーン・ツーリズム等をはじめとした自然・産業体験プログラムを展開するとともに、受入れ体制を整えながら教育旅行や研修旅行等の誘致を推進します」（南三陸町 2016: 57）などと、震災の経験を踏まえつつ、自然景観や農水産物といった地域資源を活かした交流事業の再活性化が企図されている。

また、二〇一四年一二月には、東日本大震災復興特別区域法に基づき、南三陸町「また来たい　また住みたい」地域づくり観光復興推進計画（観光特区）が認定された。これにより、観光に関連する特定の業種をなりわいとする法人や個人事業者が、税制上の特例措置を受けられることになったが、南三陸町では「特徴的なことに」（丸岡・泰松 2016: 236）バイオマス産業もこの計画の一部になっている。町では前述したＦＳＣ・ＡＳＣ認証の取得やバイオマス産業都市への指定といった実績に基づき、自然環境の保全と利活用を推進している町であることを国内外に発信し、交流・関係人口の拡大・地方創生へと取り組んでいるものと捉えられる。

（2）「象徴的被災地」としての交流・関係人口

南三陸町応縁団

東日本大震災の被災地には、「被災地」であること自体が引力となり、災害ボランティアや復興ツーリズムを通して多くの人びとが訪れた（第３章第３節参照）。「象徴的な被災地」であった南三陸町に対しても、震災はこうした新しい種類の交流・関係人口をもたらした。前述したとおり、同町に対する社会的な関心の高さを反映したのが、延べ一五万五〇〇〇人にものぼる災害ボランティアの存在であった。

南三陸町における災害ボランティアの活動内容は、震災直後は炊き出しやがれきの撤去が主であったが、その後、仮設商店街への協力、仮設住宅での交流、田畑の堆積物の除去や除草作業の農業支援、ワカメや牡蠣の収穫作業といった漁業支援などへと移り変わり、「南三陸町の地域づくりの活力」となった（南三陸町 2021: 14）。町

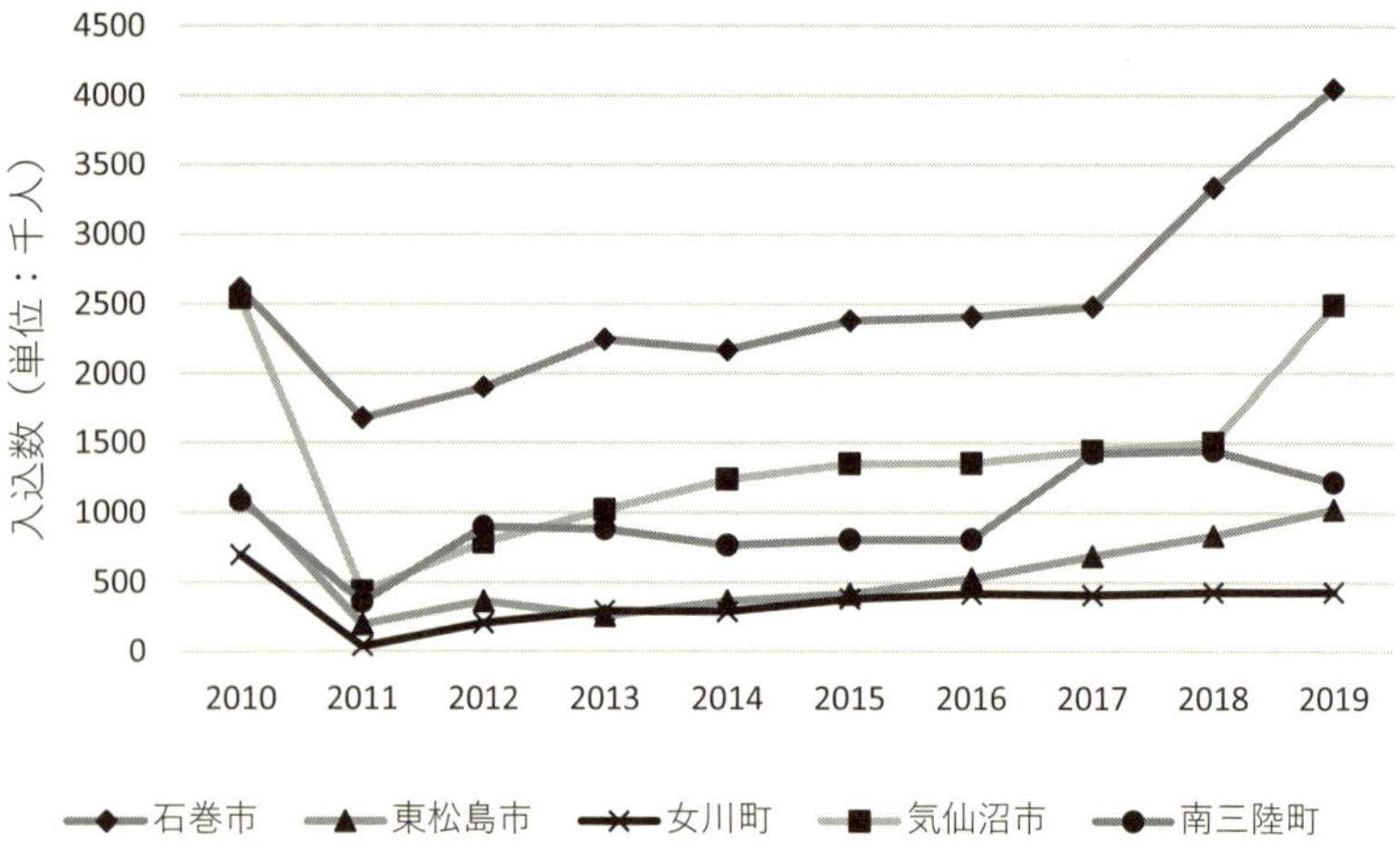

図5－9　宮城県内津波被災自治体における観光客入込数の推移

（出典）宮城県「観光統計」から筆者作成

行政は、彼らの存在を交流・関係人口として重視し、災害ボランティアセンター閉鎖後の二〇一五年四月に、新たな「ボランティアの方と町民の架け橋」として、「南三陸応縁団」制度を整備した（運営は南三陸町観光協会に委託）。

この制度では、応縁団の「団員」になると、特設サイトを通じて配信される団員向けの町の情報にアクセスできたり、各地で開かれる団員を対象とした交流イベントへ参加したり、限定ツアーやグッズ・割引といった限定特典が付与されたりするなどの特典を得ることができた。また、町が各地で開催するイベントでスタッフユニフォームを貸与され、「南三陸スタッフ」として「おでって」（お手伝い）をすることができた。「おでって」には町内の農業や漁業に関するものなどがあり、特設サイトにおいて通年募集されていた[37]。二〇二〇年八月現在では、入谷地区で予定されている茅葺屋根の葺き替え工事に関わる「山茅植栽おでって」、歌津地区にある牧場での「おでって」、入谷地区にあるブドウ畑で作業する南三陸ワイナリーの「おでって」などが掲載されていた。災害時のボランティアを平時の仕組みとして定着させた「応縁団」は、町の交流・関係人口を維持するとともに、実際の訪問者を増やしていくアイデアであるといえる（尾崎 2016: 58）。南三陸町によれば、「応縁団」には、四七都道府県すべてから、三〇〇〇人以上の登録者があるという（南三陸町 2021: 14）。

第3章第2節では、「長期」や「リピーター」といった災害ボランティアが受援者と長期的に関わるなかで、両者の間に個対個の信頼関係が築かれることを指摘した。右記の記述から、南三陸町においても、もとより救援活動あるいは復興支援といった支援／受援の関係で結びついていた「災害」ボランティアと被災者との関わりが、時の経過のなかで震災を契機とはしながらも、「ファン」と南三陸の町民へ、支援／受援からフラットな個対個の関係へと変容してきたことが推測される。詳細は別稿（山崎 印刷中）に譲るが、南三陸町においても「元」ボランティアがそのまま移住・定住し、復興やまちづくりに取り組んでいる事例が多くみられる[38]。

復興ツーリズム

災害ボランティアは、「津波被災地」としての南三陸町のツーリズムにおいても重要な存在であった。前出の「また来たい また住みたい」地域づくり観光復興推進計画では、本格的な復興に向けて「人と人との交流や町の生活、文化、行事、風景、情緒、人情、なりわい等を体験・体感してもらうことで交流人口の回復・拡大、地域

---

(37) 南三陸町応縁団「応縁団ホーム」南三陸応縁団ウェブサイト（https://www.minasan-ouen.com/ 二〇二四年九月一七日最終閲覧）。二〇二四年現在はサイトの更新を終了し、機能の一部を「南三陸観光ポータルサイト」へ移行したが、メルマガの配信等は引き続き行っている。

(38) 南三陸町という単位は、前章で述べたように「湾岸を分水嶺が囲むすり鉢状の地域を形成する旧村が、〔……〕一つに」なることで形成された。東日本大震災は合併からわずか五年が経過した時分であり、南三陸としてのアイデンティティは形成途上であったものと推測される。自治体単位で展開される「既定（の）復興」は、多くの「南三陸町ファン」を創出しつつ南三陸町を再編・強化し、町という単位をあらためて有意味な空間として現出させたと考えることができよう。

活性化及び人材育成を図る「地域づくり観光」に再び取り組む」とし、「震災を風化させないための観光資源の創出」の推進に意欲をみせている。そのなかで言及されているのが、「南三陸町福興市」（以下、福興市）や震災語り部、復興ツーリズムである。

東日本大震災では震災直後から「ボランティアツーリズム」、「復興ツーリズム」が活発化し、被災地域における観光客入込数の回復を後押しした（第3章第3節参照）。南三陸町も主要な開催地の一つとして、さまざまな「ボランティアツアー」、「復興応援ツアー」に参加した人びとを受け入れた。なかでもJR東日本が主催した南三陸・気仙沼復興応援号（びゅうばす）は毎週末に催行され、二〇一二年から二〇一四年頃まではほぼ満席となる盛況ぶりだった（南三陸町 2024: 258）。観光客の入込数についても、南三陸町では二〇一二年の入込数が二〇一〇年比で八〇パーセントを超え、他自治体と比べても急速に回復した[39]（図5-9）。また、復興事業が進んだ二〇一八年の町の入込数は二〇一〇年比で一三三・三パーセントとなっており、過去最高を記録している。こうしたV字回復の背景としては、仮設商店街の代表的存在となった「南三陸さんさん商店街」や、毎月最終日曜日に開催された「福興市」、そして南三陸町の代表的な震災遺構である防災対策庁舎[40]の存在が挙げられる。

南三陸町では、志津川地区の「さんさん商店街」と歌津地区の「伊里前福幸商店街」という二つの仮設商店街が形成された。前者は二〇一七年三月に、後者は同年四月に本設の商店街へと移行している。さんさん商店街は、町内の商工業者らにより二〇一一年四月（第一回）から新型コロナウイルス感染症のパンデミック下の中断を経て二〇二二年五月（第一〇〇回）まで毎月開催されてきた「福興市」がきっかけとなり設置されたものである。住民向けの生活インフラとしての性格が強い伊里前商店街に対し、さんさん商店街は観光を意識した商店街であり、それまで南三陸町を訪れたことのなかった人びとが多く訪れることが特徴である（山下 2015: 345）。仮設店舗での営業が始まった二〇一二年二月から一二月までに二〇万人以上の人びとが同商店街を訪れたが、そのうちの七割以上を観光客が占めた（関・松永 2014: 203）。本設店舗設置後の累計の来場者も二〇一八年八月に一〇〇万人を、二〇二〇年八月に二〇〇万人を、二〇二二年八月に三〇〇万人を突破しており、さんさん商店街は南三陸町の集客の核として定着しつつある。

また、南三陸町の復興ツーリズムにおいては、先述した震災遺構の防災対策庁舎などを案内する語り部の存在も大きい。南三陸町における震災語り部の活動は、先に述べた「福興市」の第二回目（二〇一一年五月）に語り部のブースを設けたのが端緒である。二〇〇八年のディスティネーション・キャンペーンの準備にあたって組織化されたボランティア観光ガイド「ガイドサークル汐風」が震災後の語り部活動の母体となったこともあり、東日本大震災の全被災地域のなかでももっとも早く始まった活動であった（丸岡・泰松 2016: 234）。この福興市における取り組みを発端に、南三陸町観光協会がツアープログラム「語り部による学びのプログラム」として提供するようになり、二〇一二年六月までの一年間に約六〇〇〇人が参加する（山下 2015: 345）など、外部からの高い関心を集めた(41)。

なお、こうした取り組みは、観光協会によってのみ担われているわけではない。たとえば、第6章で詳述する「一般社団法人南三陸研修センター」（以下、研修センター）による交流事業がある。二〇一三年三月、大正大学

(39)　南三陸町を代表するホテルであるホテル観洋は、震災以前は七割近くが東北地方の客でリピーター中心であったものの、震災を機に一気に全国区の知名度となった。特に、発災後数年間は視察やボランティアによる利用が急増したという（関・松永 2014: 260）。

(40)　「防災対策庁舎」は、保存と解体をめぐる町ぐるみの議論が、二〇三一年までの県有化の決定をもって決着した震災遺構である。語り部体験プログラムに組み込まれる主要な訪問先の一つであり、南三陸町の代表的な慰霊の場として、東日本大震災の被災地域におけるダークツーリズムの「聖地」となった（山下 2015: 345）。二〇二四年三月には町が庁舎を所有し、遺構として保存する方針を明らかにし、同年六月末から町の所有となった。

(41)　一方、前述のホテル観洋も、自社が所有する震災遺構を活用しながら、被災した従業員の語り部による町内バスツアーを行っている。

の援助により、入谷地区に宿泊研修施設「南三陸まなびの里 いりやど」が建設された。「いりやど」の運営主体が、町民有志により発足した南三陸研修センターである。研修センターでは、町外から訪れる大学生や新入社員などを対象に、「東日本大震災の教訓を踏まえ新たなまちづくりに取り組む南三陸町の挑戦から「学び」を得るため」の研修用プログラムを提供してきた[42]。プログラムの講師は町民が務めており、「いりやど」は外部からの訪問者と町民との交流拠点ともなっている。

以上のような「復興ツーリズム」――さんさん商店街や福興市を訪れ、語り部ガイドとともに防災対策庁舎などをめぐるツアーに参加して震災体験について学んだり、いりやどに宿泊してさまざまなプログラムに参加するなどして「被災地」の人びとと交流する――により、多くの人びとが被災後の南三陸町を訪れた。ただし、南三陸町の統計書によると、震災以前の町内の主要な観光地では、震災以前の数字まで入込数が回復していないケースも多い(田東山や神割崎など)[43]。一方で震災以前からの観光地のうち、発災後に入込数を減らしながらも、その後二〇一〇年代後半にかけて回復し、二〇一七年の段階で震災以前と同程度の入込数があったのが入谷地区の文化複合施設「ひころの里」である(第6章第1節参照)。同様に、震災後、多くの交流・関係人口の出入りがあった入谷の施設に「さんさん館」がある。

「さんさん館」は、震災以前から南三陸町で推進されていたグリーンツーリズムの拠点であった(第4章第6節参照)。津波被害を受けなかった「さんさん館」は、発災後、全国から集まった警察の宿泊施設として二〇一一年一〇月まで利用され、その後もしばらくはボランティアや支援者の宿泊が目立った。一方で、並行してグリーンツーリズムの拠点として、教育旅行などの受け入れも積極的に進めているという(関・松永 2014: 247)。入谷地区におけるグリーンツーリズムの展開については、次章であらためて取り上げたい。

（3）「森里海ひと いのちめぐるまち」としての交流・関係人口

グリーン&ブルーツーリズムとオーバーラップする「復興ツーリズム」

前章で述べたとおり、被災以前の南三陸町では、海と山における体験型の取り組みをグリーン&ブルーツーリズムとして提供する、県内でも屈指の教育旅行の受け入れ自治体であった。しかしながら、町で民泊を受け入れていた一二〇軒ほどの家庭のうち、七十数軒が被害を受けるなど、震災は町のグリーン&ブルーツーリズムの推進体制に大きな影響を与えた。町観光協会ではこうした事態を受け、一時的に民泊の受け入れを中止したという。

二〇一三年に二校二五名で再開した民泊事業であるが、東日本大震災後に加速した「田園回帰」のトレンド（第3章第3節参照）の影響もあってか、中・高・大学生を中心に、二〇一五年には延べ四九九名、二〇一六年は一〇月末時点で延べ一一二一名と、年々参加者数が伸びている(44)。二〇一六年一一月の時点では、入谷地区や歌津地区の高区を中心に民泊登録世帯は五〇軒程度であったが、高台造成地に再建した家庭や震災後に移住してきた家庭など、受け入れ家庭の多様化も進んでいる。また震災後は、南三陸町への移住に関心をもつ人びとや震災以来友好関係にある台湾の学生のようなインバウンドの外国人を民泊家庭で受け入れたり、民泊を通じて「震災学習」を行ったりと（各家庭において震災の話を伝える）、民泊のあり方も多様化しつつある。

以上本節の記述から、復興と地続きの地方創生（復興・創生）という枠組みのもとで、震災以前から取り組ま

---

(42) 南三陸研修センター「研修プログラム」南三陸研修センターウェブサイト（http://ms-lc.org/programs/ 二〇二二年三月二二日最終閲覧）。
(43) 甚大な津波被害を受けたサンオーレそではま海水浴場では二〇一八年の入込数が急増しているが、同海水浴場が二〇一七年に再オープンを迎えたことから「震災の被害から立ち直りようやく再開した」という意味合いが大きいものと考えられる。
(44) 南三陸なう「受け入れ数、3年で50倍。急成長する南三陸の民泊体験学習」二〇一六年一一月一一日、南三陸なうウェブサイト（http://m-now.net/2016/11/minpaku.html 二〇二四年九月一七日最終閲覧）。

れてきた「グリーン&ブルーツーリズム」のコンテンツに「復興ツーリズム」的色彩の強い「被災自治体」ならではのコンテンツとが組み合わされ、両者がオーバーラップしながら町外からの訪問者を引き付けていることが確認できる。

「分水嶺」イメージの前景化と「ヤマ」への注目

最後に、被災後の同町における「復興・創生」の一つの帰結を提示することで、次章への橋渡しとしたい。すなわち、「分水嶺」イメージの前景化と資源循環型の町としてブランディング、被災と復興をめぐる交流・関係人口の拡大、グリーン&ブルーツーリズムと復興ツーリズムのオーバーラップのなかで、甚大な被害を受けた市街地や漁村集落、あるいは「水産のまち」(関・松永 2014: 37) を支える海のみならず、津波被災自治体において津波被害を受けていない「ヤマ」(=〈境界的な被災地〉) もが町内外を結びつける結節点となったことである。たとえば、すでに言及した事柄であるが、「南三陸応縁団」のウェブサイトに掲載されている団員募集中の「おでって」には、茅葺屋根の葺き替え工事に関わる「山茅植栽おでって」、ブドウ畑で作業する南三陸ワイナリーの「おでって」など、山あいにある入谷地区の、津波被害を受けなかった地域における活動が含まれている(45)。

樋口葵は、こうした復興過程における山や森の対象化に対して、「〔震災により〕海の産業がやられたことで〔……〕山から海まで一連のつながりからできている、その価値に地域住民が気づ」き、「山の価値を見直そうという考えが多く出てきて」、「〔町内外の主体によって〕山や森という資源をいかした活動」が行われてきたと指摘する(樋口 2019: 265, 268、カッコ内筆者補足)。

震災前、南三陸町における「山への意識」は高いといえるものではなかった。三陸沿岸地方では、山の多機能性、海と山のつながりについての理解が広まり、一九八〇年頃から漁師が年に一度山に入り植林する活動が活発化してきていたが、南三陸の場合は一九九〇年代頃に二～三年ほど、漁協青年部が植林したものの、その後はボランティアが植林に従事していたという。すでに述べたように、町土の八割近くを占める山林のなかには放棄地も多く、関満博と松永桂子は「「海と川と山」は地形的に一体ではあるものの、「海」と「山」の人びとの関係はさほど濃密ではなさそうであった」と述べる（関・松永 2014: 136）。

しかしながら発災後、「水産のまち」の再建をはかるなかで、この「山の価値を見直そうという考え」が南三陸町民に浸透してきた。たとえば遠藤健治元副町長は自身らの考えの変化について以下のように語っている。

〔第二次総合計画における町の将来像が〕いのちめぐるまち南三陸ってなってるでしょ。で、結局もう一回原点に帰って、この町の形成というか成り立ちを考えたときに、我々、どちらかというと南三陸というと海だと考える。まあ所得構成からいっても、農業や林業からみたらまったく違う。主要産業は海なので。その主力である海の生業、漁業っていう生業に、町民生活が支えられ、町が育まれてきた。でもそれを支えてるのは、志津川湾に注ぐこの山から流れてる、きれいな、新鮮な水なんだよね。そこにもう一回立ち返って、そこを大切にしていかないと、この志津川湾の環境って、これから先も持続できないだろうっていう原点。たぶんそこに戻ってきてるんだと思うんだよね。（二〇一九年七月九日）

傍点を付した部分から読み取れるように、発災後の南三陸では、それまでの「自然環境保全の重視」から一歩

(45) 津波による農業・林業への被害は本章1節ですでに述べたものの、右記の活動対象となる内陸部の「山」や「森」は、直接の津波被害を受けてはいない。

踏み込み、水を介して森から海へと、分水嶺で囲われた「南三陸町」という範囲においてつながり、めぐる自然のイメージの提示へと至り、町内の山林を適切に管理することで、水産資源も豊かになるとの考えが意識化されていったのである。町民からは「海だけでなく、山や里山に恵まれ、自己完結している地域として広くアピールしていきたい」という声があがるようになった（関・松永 2014: 267）。また、次章で取り上げる「花見山プロジェクト」に寄せて佐藤町長は、「海が印象強い南三陸町ですが、こうして山の名所ができることで、ますます海から山めぐる町へ」と祝辞を述べている。[46] つまり、沿岸部における津波被害をもって「象徴的被災地」とされた南三陸町の復興過程において、直接的な津波被害を免れた「ヤマ」が積極的に価値づけられているのである。次章では、ヤマとしての入谷地区に暮らす人びとの視点から、本章で描いてきた南三陸町の復興を捉え直していく。

小括

本章では、南三陸町という行政空間において「既定（の）復興」様式において展開してきた復興過程の実相について、第3章の議論を踏まえ、自治体の視点から描出した。

東北地方太平洋沖地震にともなう津波により「壊滅」と表現されるほど甚大な人的・物的被害を受けた南三陸町では、大規模な復興事業による「つくり変え」にともなう避難生活の長期化が引き金ともなり、復興・創生期間に至っても人口減少が続いている。町民の主要な転出先は登米市であるが、町内でも沿岸部から内陸の入谷地区への人口移動がみられる。前者は第7章の主題であり、次章では後者に焦点を合わせる。

一方で「象徴的な被災地」となった南三陸町には、災害ボランティア活動で、あるいは復興ツーリズム経由で多くの人びとが訪れた。第3節では、多くの交流・関係人口を巻き込んだ復興過程を通し、南三陸町を構成するハマ・マチ・ヤマの関係が再編成され、「ヤマ」を価値づける考えが町民に浸透しつつあることを指摘した。こうした復興のありようは、「ヤマ」である入谷地区の人びとにどのように経験されたのであろうか。次章では、収集した語りに基づき、南三陸町における〈境界的な被災地〉である入谷地区の視点から、本章で整理した南三陸町の復興過程を再検討する。

(46)　南三陸なう「入谷に桃源郷を！花見山感謝祭開催」二〇一六年五月一一日、南三陸なうウェブサイト（https://m-now.net/2016/05/hanamiyama.html 二〇二四年九月一七日最終閲覧）。

第6章　ヤマにおける町の復興

1　入谷地区という場所

本章の目的は、第3章で詳述したマクロな復興の文脈、そして第4章、第5章で明らかにした南三陸町をめぐる固有の社会・文化的文脈を前提に、津波による直接的被害が軽微だった入谷地区において、東日本大震災がどのような形をもった現象として現れ、地区の住民が町を単位として展開する復興にどのようなかたちで関与していたのか、明らかにすることである。なお、本章の記述は主に入谷地区におけるフィールドワークにて収集した語りに基づいている。

本節では、「入谷」という地域の成り立ちについてみていく。山村の景観をもつ入谷地区（図6-1）は、藩政期の近世入谷村から明治～昭和期の入谷村へと踏襲された範囲を指す。志津川湾北～西方の内陸（志津川湾までは直線距離でおよそ二、三キロメートル）、中山間地（標高は約二〇～四五〇メートル）に位置し、町内で唯一「海が見えない」地区である。北方から時計回りに気仙沼市、町内歌津地区、志津川地区、戸倉地区、登米市にそれぞれ接しており、登米市東和町から入谷地区を経る国道三九八号線により、志津川地区と結びついている。二〇一一年二月末現在における地区内人口は、一八九八人であった。発災時、地区内には一区から一〇区までの行政区が設定されており、一七の字・集落があった[1]。一〇人の行政区長は区長会を構成し、区長会から区長会会長が選出される。南三陸町を構成する地域社会は、「浜・浜方・浜手」の集落（ハマ）、「町場・町・町方」（マチ）、「山手・山方」の集落（ヤマ）から構成されるが、入谷の全集落は「山手の集落」（ヤマ）に分類される（第4章第4節参照）。

（1）地区の成り立ち

古代〜藩政期

まず本項では、『志津川町誌3（歴史の標）』を中心に、行政の公開資料等も用いつつ入谷地区の成り立ちについて整理する。周辺地域、とりわけ志津川地区との関係のなかで入谷地区の実相を捉えるため、南三陸町の成り立ちが主眼であった第4章を適宜ご参照いただきたい。

入谷地区は山道で各要衝をつなぐ拠点であり、口頭伝承において豊かな世界が遺されていることから、「宮城の遠野」とも呼ばれている（川島 1998: 12）。さまざまな民話や古いしきたりが伝えられ、住民が著したとされる近世の古文書も多数残されている。

第4章でもみてきたように、板碑や館の分布などから、古代から中世にかけての当地の人びとの暮らしは、入谷地区など内陸の高地を中心に展開していたことが明らかになっている（志津川町誌編さん室編 1991: 154–157）。南三陸町が位置する本吉地方一帯は、かつて「産金郷」と呼ばれた金の産出地であり、宝暦年間（一七五一〜一七六四年）に著された「入谷安部物語」によると、とりわけ現在の入谷地区に位置する童子山では、「陸奥の黄金山」と讃えられるほど黄金が採れた。その山麓には、一攫千金を夢見て諸国から集まった人びとでゴールドラッシュがあったとされ、「入谷千軒」と称されるほどの人口で賑わったという[2]（入谷郷土史研究会編 1980: 26-27; 志津川町誌編さん室編 1991: 355）。しかしながら、貞和・貞治の頃（一三四五〜一三六八年）に最高潮に達した入谷のゴールドラッシュは、寛永期（一六二四〜一六四四年）のはじめ頃まで続いたものの、その後衰退を迎えている。

藩政期には、現行の入谷地区の区域とおおむね一致する範囲からなり、山手の集落から構成される入谷村が成立した。産金に代わり、山間狭隘な立地条件のもとで米不足に苦しむ人びとの暮らしを支えたのは、たばこの生産や林業、そして養蚕・製糸業であった。入谷村では、村の肝入であった山内甚之丞親子の尽力により養蚕技術が広められ、仙台藩養蚕業の一大産地として発展を遂げた（第4章第3節参照）。安永三（一七七四）年に記された「風土記御用書出」によると、当時の入谷村の人口は現在とほぼ同等の一九〇二人であり、後年の志津川町にあたる地域の村々のなかでは一番多かったという（志津川町誌編さん室編 1991: 286）。その後養蚕技術は、周辺の村々、そして本吉郡一帯に広められた。また、村内では西城家が元禄期（一六八八〜一七〇四年）から数十年間にわたり製鉄に従事しており（志津川町誌編さん室編 1991: 359-361）、その際大量の炭が必要になったことから、入谷村において木炭の製造が始まった。製炭技術は全村にわたって受け継がれ、自家製炭も盛んになったという

（1）ただし、当然のことであるが地区内の地理的・社会的状況にも多様性がある。地区を構成する一七の字・集落のうち、簡易郵便局や小学校といった社会的施設は国道三九八号線に近接する字・集落に集積していた。

（2）同書によれば、かつて「弓折に三百軒　大羅沢に三百軒　中の町に五拾軒　其外〔……〕千軒程あり」、「金山さかんなる事は不及筆」、「掘る事言語にのべがたし」といった繁栄振りだったようで、現在でも地区内の至るところに砂金採取跡が残されている。南三陸町「童子山（入谷童子下）」二〇一三年、南三陸町 VIRTUAL MUSEUM ウェブサイト（http://www.town.minamisanriku.miyagi.jp/museum/history/article.php?p = 570 二〇二四年九月一七日最終閲覧）。

図6−1　入谷地区景観

（出典）「いりやど」ウェブサイト

（志津川町誌編さん室編 1989b: 186）。

明治期〜南三陸町の誕生

明治初期の行政区画の目まぐるしい変遷のなかでも、入谷村は、山手の集落のみから構成される、近世村以来の範域を維持した。一八七六年に本吉郡が宮城県に編入された後には本吉村と連合し、連合戸長役場を設置したものの、一八八九年の町村制公布を機に独立して単独自治制をとったものである。

その一方で明治期から昭和初期にかけて、入谷村は次第に旧志津川町を中心とした経済圏において周縁化されていった。明治期から大正期頃の入谷村の基幹産業は、藩政期から引き続き養蚕に支えられた農業であった。しかし、旭館製糸機械場を擁する旧志津川町を中心にマニュファクチュア的経営が発展し、養蚕経営と製糸経営の分離が進むと、入谷村の養蚕農家は副業的に行っていた製糸業から手を引き、原料繭の供給に専念していった（志津川町誌編さん室編 1991: 512-517）。また明治期には、製炭が産業として確立し、入谷村ではほとんどの家で炭焼きを行うようになった（志津川町誌編さん室編 1989b: 191）が、入谷村における個人所有の山林面積およびその規模は零細で、各集落の共有林の面積も少なかったため、林業は大きな収入源とはならなかった。民有林の大部分は旧志津川町の商家が所有している状態であり、こうした山林所有者が材木を販売し、収益をあげていたという（志津川町誌編さん室編 1989b: 186, 202）。

昭和初期の職業別構成（一九三五年）をみてみると、全戸数四三八のうち農業を本業とする戸数は三六二戸（八二・六パーセント）に達しており、当時の入谷村もそれまでと同様、純農村であることがわかる（志津川町誌編さん室編 1991: 719）。昭和恐慌期、旧志津川町が衰退しつつある養蚕・製糸業から脱却し水産業を町の基幹産業に据えたのに対して、入谷村は繭価暴落により大きな打撃を受けたものの、養蚕業の後退には至らなかった。山間の入谷村では養蚕が貴重な現金収入の道であり、不利を覚悟のうえで、増産による養蚕業の継続を選んだ農家が多かったという（志津川町誌編さん室編 1991: 757-761）。また、戦前の入谷村は小作率が高かったが、それらの農耕地を所有する地主の大部分は、志津川に居住し商工業を本業とする不在地主であった（志津川町誌編さん室編 1991: 749-752）。

一九五〇年代を通じて実施された「昭和の大合併」のなかで、入谷村は旧志津川町、戸倉村と合併した。新町の名称には「志津川」が用いられ、役場も当時の旧志津川町役場の位置に置かれるなど、合併の中心は旧志津川町であった。[3] 筆者の聞き取り調査によれば、当時、入谷地区では「ほとんどの人が出稼ぎしました」（A氏、二〇一九年六月二一日）というような状態であり、典型的な地方の農村であったといえる。

そして二〇〇五年、志津川町と歌津町が合併し、南三陸町が誕生する。中山間地域の全国的な傾向と同様、入谷地区では合併後も若者の流出と人口の減少が続いた。二〇一〇年三月に制定された「南三陸町環境基本計画」

（3）　三町村の合併にあたっては、具体的な条件の検討に入った段階で、従前の町村間の利害対立が浮き彫りとなり、交渉は難航したという。特に問題となった対立の一つが、村民による造林地が大部分を占めていた入谷村の村有財産の取り扱いであった。三町村間で十数回にわたる会議をもち検討を続けた結果、入谷村民の長年の努力を評価し、その努力に対する利益を保証するため林野の大部分は新町に移管せず、入谷財産区を設置してその所有とする解決案が確認され、合併促進が了承されるに至ったという（志津川町誌編さん室編 1991: 880-882）。

は入谷地区全域を「山間部」に分類し（第4章第4節参照）、入谷地区はいわば公的にも「ヤマ」として位置づけられたのであった。この計画では、「山間部」について「グリーンツーリズムの場としての活用や多様な主体による森林の管理を促進しながら、交流を通じた地域の活性化と地域創造の推進に努めます」と定めているが、本節3項で詳述するように、入谷地区では行政が注力する以前から、住民の間でグリーンツーリズム推進の機運が高まっていた。

(2)「何もない」ヤマ

何もない地域

以上、入谷地区の成り立ちについて概説してきた。同地区出身・在住のB氏は、東日本大震災前夜の入谷地区の様子について以下のように語っている。

> 入谷って、けっきょく入谷だけでスーパーがあるわけではないので、大半の方は町内にスーパーがあったり、魚が買えたりっていうことで、仕事の関係上、町内で仕事をしていれば、町内で賄うんですけど。幸い登米市にも少し近いので、週末とかは、どんと行って買い物とかは、それは多少以前からあったと思いますね。でも基本的には銀行でもなんでもすべて町内でやってましたので、病院も……ほとんどね。たまたま山を越えれば登米市なんですけど、やっぱり生活基盤はこの町内なので。

入谷地区と志津川地区は「「東北と東京の関係」の縮図」（本多 2013: 61）のような対照的な成り立ちをみせている。前項でみてきたように、入谷地区は、藩政期初期まで産金地帯として繁栄した。金掘が衰退したのちは気仙沼・本吉地方の養蚕の中心として再び賑わいをみせたが、その後再び衰退する。一方で「マチ」を擁する志津川は製糸業や水産業により昭和期にかけて発展を遂げ、人口や経済規模の格差が拡大した。第4章の記述と重ね合わせれば、繭や薪、炭など原料の供給地として位置づけられてきた入谷の姿が浮き彫りとなる。さらに戦後、二回の合併を経るなかで、（少子高齢化のあおりを受けつつも）市街地開発の進む志津川に行政機能・都市機能が集積した。入谷地区では、個人商店等の小規模な店舗はあるものの、コンビニやスーパー、ホームセンターの出店はない。[4] 傍点をつけた箇所からもうかがえるように、住民は銀行や病院のみならず、最寄品の購入をも含めた日々の生活を志津川地区に依存していった。

入谷地区では二一世紀に入っても稲作を中心とする農業と小規模な林業が営まれているが、後述するように近年の入谷地区において農業を専業としている人はそれほど多くはない。志津川のマチに職場をもっている会社員や公務員も多く、雇用の面でも志津川に依存したのであった。こうした入谷地区の状況については、他地区の住民や、地区住民によっても、「何もない地域」と形容される。[5]

ハマ・マチ・ヤマの不均衡性

第4章で指摘したとおり、町民はハマ・マチ・ヤマの地理的・空間的・社会的な〈差異〉を内面化した帰属意

（4）　発災後、避難者・転居者の流入により一時的に人口が増加した入谷地区では、地区内に大手コンビニエンスストアの出店があった。しかし、筆者のフィールドワーク第二期と第三期の合間の期間にそのコンビニが撤退してしまったのち、新たな出店はみられない。

（5）　志津川地区出身・在住で三〇代のD氏は、町内唯一の高校である県立志津川高等学校在学時に「入谷トーク」「入谷談話」なる全校的なイベントが開催されたと述懐する。そこでは、「入谷ってなんもないよなー」「入谷って信号機一個しかねえ」といった話題で盛り上がったそうだ。

識を有しており、「ハマの人は……」「マチの人は……」という自称・他称がなされる（第4章第6節参照）。その際引用した、入谷地区に暮らすB氏の発言をここで再掲する。

やっぱりマチの人って汚れ仕事をしないじゃないですか。商店の方が多かったり。やっぱりこっちは「ヤマだべ」「ヤマの人だべ」みたいな。なんかすごく田舎っていうかんじに感じられてるんですよ。たぶん未だにそうなんだと思う。〔……〕どうしてもほら、洋服が、農業の人はいつも農業のスタイルだったりとか、そういうのがあるんじゃないですかね。海の人は海のスタイルとか。そういうのを見て「ハマでしょ」とか「ヤマでしょ」とかって感覚になるのかもしれないですね。

特に傍点の箇所から、「ハマ・マチ・ヤマ」が単なる地理的・空間的な範疇の区分であるのみならず、「マチ」と残りの二者（「ハマ・ヤマ」）の間にある不均衡な社会的・文化的関係までを含みこんだ表現であることが読み取れよう。すなわち、マチはハマ・ヤマに対して社会的に「上位」にあるという感覚が共有されているのである。B氏は、ヤマである入谷と志津川市街地（「マチ」）との関係について、以下のように語る。

入谷は金山が昔あって、一〇〇〇軒くらいあったんですよ。今は入谷は何百軒ですけど。金山があったおかげで、一〇〇〇軒以上おうちがあったみたいです。〔……〕そこで潤ったと。そういうような状況もあったんだけど、やっぱだんだん金もね、掘ってるうちにあんまりなくなってくるなかで、徐々にこう、いろいろな意味で仕事が変わったりとか、その方たちがどんどんマチのほうで海の仕事についたりとかして、マチのほうが今度栄えるように。〔……〕徐々にこう、潤いが、ヤマではちょっと厳しくなってきて、どんどん

〔マチのほうに〕下がってきて、会社とかができてきてっていうかんじだと思うんです。（二〇一六年八月二四日）

傍点部に注目すると、B氏は「ヤマ」である入谷の衰退とその後の「マチ」の発達を結びつけて地域の成り立ちを捉え、両者の不均衡な関係を説明していることが確認できる。また、A氏も「旧志津川の文化の発祥地は入谷であって。そして、マチの、商店の人たちの、先住の方は入谷から行って、商売を始めて。たとえば今でいうと、いろんな方いるんだけども、その方々もご先祖様は入谷から流れていって、埋め立てして、人が集まって、そこで商売を始めたって方が結構多いんです」と両者の関係について言及しており（二〇一九年六月二一日）、こうした認識が入谷地区の住民の間に浸透していることがうかがえる。(6)

（3）結びつきとむらづくり

入谷打囃子

これまでみてきたとおり、地域経済のけん引役となる産業に乏しい近年の入谷地区は、「何もない地域」として志津川を中心とする経済圏において周縁化されてきた。また時代が下るにつれ、より大きな行政単位に包摂されるなか、地区の行政的・政治的な統合については、次第に弱まってきたことが推測される。

一方で、藩政期の自然村以来の地理的範囲が踏襲されてきたという歴史性を有し、山手の集落から構成され同質性の高い地区において、人びとの間には重層的な結びつきが形成されてきた。そうした結びつきの一つの核が、

（6）　入谷郷土史研究会が編集した『入谷物語』においても、「志津川の歴史は入谷に始まる」という文言がみられる（入谷郷土史研究会編 1980: 45）。

毎年、入谷八幡神社の例大祭（九月第三日曜日）において奉納される「入谷打囃子」である。

五穀豊穣を願う「入谷打囃子」は、二五〇年以上前から伝わるとされる伝統芸能であり、一九九九年に宮城県の県指定無形民俗文化財にも登録された。入谷地区ではその継承に取り組んでおり、地区唯一の小学校である入谷小学校において、打囃子保存会による笛や太鼓の指導が行われている。「入谷打囃子」では、地区内の各集落が四つの打囃子講を形成し、持ち回りで諸準備と祭り当日の奉納を担当する。当番講による準備は八月の初旬から始まり、九月に入ると、毎晩、子供たちは演舞の稽古に、大人たちは屋台飾りなどの制作に取り組む（入谷の

図６－２　夜間に行われる稽古

（出典）筆者撮影（2019年９月２日）

図６－３　屋台や提灯の制作

（出典）筆者撮影（2019年９月10日）

図6－4　入谷打囃子の祭典当日の様子

（出典）筆者撮影（2019年9月14日）

祭りと打囃子を伝承する会 2016）。

ここでは、入谷の祭りと打囃子を伝承する会発行の「新版教本 入谷の祭りと打囃子」と筆者の参与観察に基づき、入谷打囃子の流れを概観する。

①八月に総会を開き、その年の作況や景気などの諸事情を踏まえ、奉納の可否を検討する。また、講の運営を担う講長ら役員の選出を行う。

②講の子どもから芸者（笛師・大太鼓・小太鼓・獅子・獅子愛子）が選任され、稽古が始まる。各日三時間ほど、酒樽などを用いた稽古を一週間続けたのち、本物の道具を用いた稽古に切り替える（図6－2）。

③並行して、当番講の集会施設において屋台や提灯が制作される。役員のほか、日替わりで各集落から人員が集まる（図6－3）。

④本番三日前は元服と称して稽古を休む。

図6－5　地区ぐるみのひころの里清掃作業

（出典）筆者撮影（2019年６月23日）

この間に「揃え」および本番の準備が進められる。
⑤祭典の前日には当番講に該当する集落の主要道路を巡りながら演技を披露する「揃え」を行う。本番の予行演習と、地区の老人たちへの打囃子の披露、講員および地区民に対する感謝の意味が込められている。
⑥同日、役員や各小字の世話人らが総出で屋台、提灯の組み立てを行う。
⑦祭典当日も、まずは集会施設から八幡神社の境内まで行列で進み、一通り演舞を披露する。その後当番講に該当する各集落をめぐり、演舞を行う（図6－4）。
⑧翌日は収支決算をまとめ、借用物を返納し、清掃・片づけを行う。

以上が入谷打囃子の流れである。講をあげた連日の稽古と準備、該当する集落を練り歩く演舞、八幡神社における演舞の奉納といったことから、打囃子を構成する単位としての集落、講、そしてこれらが統合されるスケールとしての入谷という地域の顕在性が確認される。

地域ぐるみのむらづくり

伝統芸能などが核となった強い結びつきを背景に、入谷地区では、地区を挙げてさまざまな地域づくり活動を展開してきた。ここからは、入谷地区における全戸加入の地域づくり組織である「グリーンウェーブ入谷構想促進委員会」の事例を中心に、「さんさん館」を運営・管理する「旧林際小学校運営事業組合」（第４章第６節参照）にも言及し、入谷地区における地域づくりの活動とグリーンツーリズム推進の取り組みを検討したい。

まずは、「グリーンウェーブ入谷構想促進委員会」である。(7) 昭和後期、かつての入谷の人びとの暮らしを支えた養蚕業の衰退や農業従事者の高齢化と担い手不足が顕在化し、地区住民の間でも地域の衰退が問題となった。このような状況のなか、一九八六年、地区の有志が組織していた「入谷を考える会」が中心となり、現状を改善し、より良いむらづくりを実践していくための新たな組織の立ち上げの検討を始めた。そして、一九九一年に発足したのが、地区の全戸が加入する「グリーンウェーブ入谷構想促進委員会」（以下、地域住民の呼称にならい、「グリーンウェーブ」と略記）である。当初、こうした地区ぐるみの組織の立ち上げについて、地域住民の理解が得られなかったが、「地域全体（全行政区）が一体となって取り組んでいかなければ活性化ははかられない」という考えのもと各行政区の区長の説得がはかられ、実現したものであった。

グリーンウェーブは、「住んでよかった。住んでみたい。緑の山波がつらなる理想郷づくり」を目指し、地域にある潜在的な資源、史跡、文化財を活用して、農村を単なる生産の場としてではなく、憩いの場として整備すること、研修や交流の機会を創出することにより、意欲に富む優れた後継者の育成・定着をはかることなどを通

（７）東北農政局「東北農政局長賞受賞「住んでよかった。住んでみたい。」緑の山波がつらなる理想郷づくり　受賞者グリーンウェーブ入谷構想促進委員会」二〇一一年、東北農政局ウェブサイト（https://www.maff.go.jp/tohoku/nouson/murazukuri/file/pdf/h22zirei-6.pdf 二〇二四年九月一七日最終閲覧）。

してむらづくりに取り組んでいる。

当初は四つの専門部会（青年部、婦人部、直売所運営部、桃源郷部）が設置され[8]、さまざまな活動を展開した。具体的には、青年部・婦人部は盆踊りや秋まつりなどのイベントの企画運営や、花の植栽などの環境保全活動を実施し、直売所運営部は地区住民自らが建設した直売施設「入谷サン直売所」における地場産品の販売などを担当している。桃源郷部（後述）は、入谷地区の中心に位置し、地区住民から「ばば山」と親しまれる山の遊休農地および山林への花桃、杏、桜、梅などの植栽活動、新たな地場産業としての花木の生産販売などを展開した。しかしながら桃源郷部の活動は維持管理の負担が大きく、一九九〇年代に暗礁に乗り上げてしまう。

「ばば山」には、旧武家住宅の「松笠屋敷」と入谷地区の養蚕の歴史を伝える「シルク館」があるが、一九九五年、旧志津川町が両施設と周辺の山林の内を含め、郷土の歴史を体験できるエリア「ひころの里」として開設した。「ひころの里」は、南三陸町の主要な観光地である一方で、地域住民の重要な交流の場でもある[9]（図6-5）。グリーンウェーブでは、毎年「ひころの里秋祭り」を開催し、町内外の人びととの交流をはかってきた。また、近年はそれまで入谷地区内の八幡神社の奉納でしか行っていなかった入谷打囃子をひころの里秋祭りでも披露するようになるなど、「ひころの里」は伝統文化継承の場としても機能している。二〇〇九年度からは、ひころの里周辺の森林を活用し、遊びと癒しの空間を創設する「ひころの里山づくり」の取り組みも開始された。この取り組みは、前出の「桃源郷構想」を発展させたもので、ひころの里から入谷サン直売所をつなぐ遊歩道の整備や、枝打ち、間伐、下刈作業体験やツリーハウス、山小屋づくり体験などが行えるフィールドの整備などが計画・実施された。

グリーンツーリズム

また、入谷地区において、行政によるグリーンツーリズムの取り組みの本格化に先んじて行われていたのが、先に取り上げた「グリーンツーリズム体験〈校舎の宿〉さんさん館」開設などの取り組みである（第4章第6節参照、第5章第3節参照）。「さんさん館(10)」は、一九九九年に廃校となったのち、周辺住民の地域活動の拠点となり、運動会や学芸会が行われていた林際《はやしぎわ》小学校の校舎を改修したものである。関満博と松永桂子によれば、旧志津川町では、校舎の取り壊しを考えていたというが、周辺住民たちが何とか残したいと立ち上がり、グリーンツーリズムと体験学習の拠点として再生させることになったのだという（関・松永 2014: 254-257）。

さんさん館では、児童生徒のみならず、県内外から訪れた幅広い年代を年間約七〇〇〇人程度受け入れ、地域住民を講師として、田畑での農作業をはじめ、海や山を活用した体験プログラムを一〇〇種類以上提供している（樋口 2017: 354）。当初はグリーンウェーブが中核となり補助事業の受け入れを進めたが、その後は設計、入札、管理、そして開館後の運営までを旧林際小学校の卒業生らが組織した旧林際小学校運営事業組合が担っている。

(8)　その後、二〇〇六年に「ひころの里」の指定管理者となる「ひころレディース」、二〇〇九年には遊休農地を活用した作物生産に取り組む「ビーンズくらぶ」という二つの女性グループが立ち上げられている。「ひころのレディース」は、施設の管理のみならず、繭細工づくりの体験講習や施設内での地元食材を生かした食事の提供などを行っている。

(9)　「ひころの里」の清掃・草刈り作業は、毎年地域住民が総出で担っている。行政区ごとに担当箇所が決められており、実施日の数週間前に各行政区に出欠席の記入を求める回覧板が回る。

(10)　二〇〇〇年に山村振興等農林漁業特別対策事業の補助金を受け、木造の学校の雰囲気を残したまま、教室が宿泊部屋や厨房などにリフォームされた。宿泊は三二人収容、研修室は四〇人の定員となっており、地元の人びとが使用できる交流室も設置された。地元の男性陣が宿直員の役を引き受け、食堂は地元の女性陣が中心となって切り盛りしており、食材は組合員の農家から調達している。なお、「さんさん館」の名称は住民の公募によるもので、三つの山（惣内山、童子山、神行堂山）に囲まれ、太陽がさんさんと照る里という意味がこめられているという（関・松永 2014: 254-257）。

かつて「農林水産業を核とした自律的で経営感覚豊かな農山漁村づくりの先駆的事例」を「立ち上がる農山漁村」として選定していた農林水産省は、こうした旧林際小学校運営事業組合の取り組みに対して、旧志津川町・南三陸町で課題となってきた都市と農村との交流を積極的に推進するための拠点となる施設を整備したこと、日帰りの来訪者や宿泊客を増加させたこと、農家所得の向上に寄与したことなどを評価し、二〇〇七年、「立ち上がる農山漁村」に認定している(11)。

なお、グリーンウェーブにおいても青年部を中心とし、町観光協会と連携しつつ農業体験および民泊の受け入れを行ってきた。こうした地域資源を活かす地区ぐるみの取り組みが評価され、グリーンウェーブは、東北農政局主催の「平成二二年度豊かなむらづくり全国表彰事業」において東北農政局長賞を受賞した。震災直前の二〇一〇年一一月のことである。

このように、社会的・文化的に強い結びつきを有する入谷地区の人びとは、過疎化や農業の衰退を背景として、積極的に観光や交流事業に取り組んできた。東日本大震災が発生したのは、まさにそうした取り組みが実を結び始めた時分であった。

2 津波被災地南三陸におけるヤマ

(1) ヤマにおける三月一一日

次に、入谷地区において二〇一一年三月一一日がどのように経験されたのか、主に地区住民の語りから再構成していく。

ヤマと災害

三陸海岸は津波常習地であり、一九五五年に入谷村と合併した旧志津川町は、近代に入ってからも、幾度となく津波被害を受けていた。一方で浜手の集落、町、山手の集落から構成されるこの地域の災害は、地形や集落の立地の関係から、特定の地域に被害が集中する場合が多く、被害がなかったり、あるいは軽微であった近隣の地域・集落から救援に駆け付ける人びとの動きがみられた（第4章第5節参照）。

中山間地に位置する入谷地区では、地名などから津波到達の歴史がうかがえるものの(12)、過去の津波による住家への津波被害は相対的に少なかったことが推測される。以下の語り、特に傍点部からは、津波災害が発生した際、地区の住民や消防団などの住民組織が志津川地区に駆け付け、救援活動を行ってきたことが確認できる。

実はこの町〔津波が〕何度も何度も来てっから、そのたびこの入谷っていうのが、支援の大きい力になったと思うのさ。今でこそボランティアっていうかたち、あるいは国の力、県の力、いろんなかたちが入ってくっと思うけど、昔はその町、だいたいね、完結するしかなかったわけだ。この町は津波に何度も何度もあったから、そのたび、被害を受けなかったとこが、支援に回るっていうのは当然のことだったんでねえかな。（E氏、二〇一九年七月一一日）

(11)　農林水産省「平成一八年度「立ち上がる農山漁村」選定案概要書」農林水産省ウェブサイト（https://www.maff.go.jp/j/nousin/soutyo/tatiagaru/t_yusikisya/h18/pdf/1802_siryo4.pdf 二〇二四年九月一七日最終閲覧）。

(12)　入谷地区の大船沢《おおぶねざわ》・入大船沢《いりおおぶねざわ》・舟河原《ふながわら》などの沢地集落では、地名の由来として「その昔、津波の時に船が流れ入ったからだ」といった逸話が語られている（志津川町誌編さん室編 1989b: 341-342）。

なお、入谷地区出身・在住であるE氏（六〇代）が伝え聞いたかぎりでは、これまでの津波災害においては、津波避難者が親戚や知人を頼って入谷地区に避難してくることは当然あったものの、志津川地区内の高台は被害がなく、入谷地区に避難所を開設するような事態になったことはないという。

旧志津川町と同様に、繰り返し津波被害を受けてきた歌津町との合併後、南三陸町では、チリ地震津波を経験した五月二四日に毎年町ぐるみの総合防災訓練が実施されており、学校や自主防災組織といったさまざまな主体がそれぞれ自主的に避難や防火活動、救出救護など災害時の訓練を実施していた。これらの訓練において、志津川地区など沿岸部では、津波からの避難を想定した高台への避難訓練が重点的に取り組まれていた一方で、入谷地区では、沿岸部からの避難者を受け入れ、「とにかく食べさせる」ことを念頭に置いた、「炊き出し訓練」や「避難所開設訓練」などが中心であった。B氏は、「津波は来るもんだとは思ってないんですよ、入谷は。四キロも五キロもあって、海も見えないヤマですから。来るわけはないって思うからこそ、じゃあ何をするかっていうと、次の対応は炊き出しなんですよね」と語り、震災時はこうした対応が「自分たちのなかでシステム化されてる」ような状況であったと述懐する（B氏、二〇一六年八月二四日）。

ヤマの人たちの語り

わたしは、うちに。うちの畑にいました。軽トラックにたい肥を積んで、春の野菜の作付の準備してたんだけど、〔……〕なんだ、急に揺れ始まってね。軽トラックから振り落とされそうになって、とても、そのまま振り落とされたんではわかんねえ〔いけない〕から、自分でぽんと落ちて。で、うちのすぐ後ろの畑だもんだから、うちを眺めたらものすごい揺れなのね。横揺れ。あのときの地震の揺れったら、二メートルくら

い揺れたかな。こう、上に揺れたんでなく横に、横揺れだったね。（A氏、二〇一九年六月二一日）

志津川通って入谷さ来たっけ〔来たら〕、あれ、なんだ、どこのうちさもつぶれてないぞって。あれだけのさ、地震で、入谷あたりだって、まあうちもちょっと屋根瓦はずれてるんだけど、屋根瓦が落ちたってあんまり聞いたことないね。マチのほうはさ……庄屋さんとかおっきなところは壁が落ちてたって。でも潰れたうちっていうのは一切なかったたって。（F氏、二〇一九年一〇月一四日）

ここから直線でいうと二〇〇メートルくらいかな、直線でいうとですよ。そんなところまでは来たんです、津波が。〔……〕ただ、私はそのときに、町内の、四五号線、海沿いのホテルの近くの駐車場で地震があって、で、急いで戻ってきたんです。ここに。なので、間に合ったんですね。だから実際流れてくるものを見たわけではないんです。ただ、うちの目の前、今入ってきたところから、消防団の方々や、何かの皆さんが、「ここからはもう入れないよ」って言うような地域になったんです。〔……〕元消防団の方だったり、知り合いの方なんかも、やっぱり見に行った男性がいたんですね。それで、戻ってきて、もう地獄のようだから、ついそこまで波が来て、みんな大変なことになってるから、南三陸はもうないから、見ないほうがいいし、行かないほうがいいって言われたのが、もうほんとにこのあたりなんですね。（B氏、二〇一六年八月二二日）

食材も、うちにある残ってたもの、冷蔵庫に入ってたものを食べたんですけど、そのうちに買い出しさ行きました。近隣には店もないし、内陸の佐沼のほうさ行ってもね。店には品物がない。そのうちに、移動する乗用車のガソリンもないから動けないような状況が続きました。まあ、コメはありました。あとは野菜もそれなりにね、農家だからね。生鮮野菜は三月ですから特にないんですけれども、保存してた大根とか白菜とかじゃがいもとかね。玉ねぎとか。そういうのを使った料理が主になって料理してたね。それも今度ほら、電気も、照明もないし暖房もとれないから、朝、寝起きに明るくなってから水くみが始まって、そして料理を始めて。そのくんできたので、洗濯もして。あと川へ行って洗濯もしたね。日中食べて、お母さん方は特に洗濯と食べることの料理ね、あと片付けから。そしてまた夕方、五時半六時になってくると暗くなっから、明るいうちにそいつ全部やんなきゃなんないんだよね。（G氏、二〇一九年六月二八日）

町内で唯一「海の見えない」入谷地区は、東北地方太平洋沖地震により激しい揺れに襲われた。恐ろしい思いをした住民が多かったものの、地震被害はそれほど大きくなかった。ただし、人びとの暮らしは地区内で完結しておらず、職場のある志津川地区など地区外で地震に遭遇した住民も多かった。彼らは「入谷に津波は来ない」と幼少期から言い聞かされていたため、自宅へと帰路を急いだ。その後水尻川を数キロ遡上した津波が、海岸線から約二キロメートル離れた大船集落の一〇軒の家屋と田畑に浸水被害を及ぼした。

入谷と志津川の市街地を結ぶ国道三九八号線は、八幡川を逆流したがれきが桜沢集落の眼前まで達し、浸水域手前で封鎖された。町の防災無線の放送が途絶え、停電となり、沿岸部の被害がどの程度であるのか、ほとんどの地区住民が把握できていない状態であったという。また、津波襲来時に沿岸部におり、命を失わなくとも、津波襲来後の惨状を目にしたり、何日も自宅に戻ることのできなかった地区住民も存在する。

南三陸町では、町役場に加え警察署、消防署が津波によって流失しており、災害対策の指令機能を完全に喪失していた（第5章第1節参照）。そのような状況下で、いち早く生存者救出に向かったのは入谷地区の消防団であり、公立志津川病院で孤立した約一二〇人を避難させるなどの功績をあげている[13]。

(2) 避難者の受け入れと支援

避難者の受け入れと炊き出し

うちを出はって〔出て〕、ここ〔公民館〕まで来る前に、途中でかあちゃんたちに「おにぎり握って出せ」って、語って出はってきたの。「おにぎり握ってどこさ出せばいいの」って言うから、公民館さ持って来いと。俺がなんとかするからということで。そしておにぎりを握らせてここに届けさせて、そしたらなんと、うちほうの〔私の暮らす〕集落でおにぎり握り始まったっていうので、そっちの集落、こっちの集落、みんなかあちゃんたちがおにぎり握り始まって。夕方四時までに、入谷地区の人たち全部ここ〔公民館〕さおにぎり持ってきたの。

公民館に、今二階に何人いるのやと。そしたら公民館長〔が〕、「七〇人くらい来てんのかな」ってこういう話なのよ。で、公民館が七〇人とする。んでは、小学校も避難所なんだから、小学校はどれくらい来てるようだ、「うーん、人数はわかんないけっども、車で六〇台から七〇台くらい校庭に入ってる」ってこういうわけさ。そうすっと、七〇台、二人ずつ乗ってきたことにしても一四〇、五〇人は来てるなと。そいでこのおにぎりをそういうふうに分けて届けろって。夕食、みんな腹減らして来てるわけだから、それを届けろって。そしたら、ここの区長さん、誰言うともなく、やあ、Aさん、「明日なにすんのや」と。あ、そうか明日のこと。俺、今のことだけ考えてたけども、明日のこともあるし。ほんで暗くなってくるけども、今から

(13) 河北新報「宮城・南三陸の入谷消防団奮闘(下)がれき、恐怖押しのけ」二〇一六年六月二六日付。

区長会議すっぺし〔やろう〕って公民館の二階さあがれっていうことで、区長さんたちを公民館の二階にあがってもらって〔明朝のおにぎりを持ち寄る時間を定めた〕。そして、明日の朝ご飯、この人たちに食わせて。（A氏、二〇一九年六月二一日）

発災直後から、人口二〇〇〇人弱の入谷地区には、津波被災者が町内沿岸部から避難してくるとともに、内陸で被災し、沿岸部への帰路を失った人びとも滞留した。地区住民は避難者を小学校や公民館などの避難所に誘導し、毛布や布団、衣類等を提供した。親戚や知人の個人宅、各行政区の集会所など、町指定の避難所である入谷小学校と入谷公民館以外の場所に身を寄せた避難者も多い。発災直後の入谷地区における避難状況について調査した島田和久によれば、同地区の避難者数は三月一八日の時点で九三八人にものぼり、指定避難所である小学校と公民館にそれぞれ三五〇人、七〇人が、地区住民宅には五一八人が避難していたという(14)（島田 2019: 8）。筆者が聞き取りを行ったH氏(15)（三人世帯）宅には六人、I氏宅（二人世帯）には、最大時五二、三人もの人びとが避難をしていたとのことである。

前述したように、語り継がれる伝承や防災訓練を通して、入谷地区の住民は津波が発生した際、避難者受け入れの役割があることを認識していた(16)（B氏、二〇一六年八月二四日。F氏、二〇一九年一〇月一四日）。発災直後、入谷公民館において緊急の行政区長会が開催され、地区全体で被災者支援を行うこと、具体的には行政区ごとに集会所で炊き出しを行うとともに、各家庭から支援物資（毛布・米）の提供を募ることが決定された（島田 2019: 8）。地区住民は「さあ今から炊き出しに来てくださいとか言われなくても」（B氏、二〇一六年八月二四日）発災直後から各行政区集会所に参集し、当日のうちに避難者に配布するおにぎりづくりが、発災翌日からは、温かい食事の炊き出しが地区全域で始まったという(17)。また、公民館における区長会議は公民館長参加のもと連日午前・

午後に開催され（島田 2019: 9）、災害対策本部からの最新情報をもとに避難者への支援など災害対応について話し合いがもたれた。

> 水もない、寸断されたものだらけで、電気もないので。幸いこの入谷地区っていうのは、何とか農家もあったし、お米は多少備蓄はあったと思います。どの家庭でもね。ただ、玄米で貯蔵しておくことが多くて、精米ができなかったっていう方もけっこういるのね。そして、その精米をするのに、電気がないとあれだからっていうことで、大きな機械を持ってる方とかが、発電機を調達して、精米したなんていう経緯もあります。〔……〕で、地区ではそこから毎日炊き出しをすると。米を持ち寄り、中身の梅干しなんかも、備蓄していたものがあって持ち寄って、海苔とかお塩とか、とにかく。ただし水がないので井戸水の方々にお願いして。やっぱり入谷だから、そこはできたの。マチではできないと思う。〔……〕毎日毎日その繰り返し。手

---

(14) 島田によれば、二〇一一年三月一八日時点での南三陸町内の避難者数上位五つの避難先は、町総合体育館（一五〇〇人）、旭ヶ丘CC（六九九人）、志津川小学校（六五四人）、歌津中学校（五三〇人）、入谷地区民家（五一八人）であり、入谷地区の住民が津波被災者の支援に大きく貢献したことがわかる（島田 2019: 8）。

(15) 最後の避難者がI氏宅を退出したのは、六月のことであったという。

(16) 発災直後の区長会において、「今、自分たち（入谷の住民）が頑張らないと南三陸町は守れない」という発言があり、皆がそれに賛同して被災者支援活動が始まったという（島田 2021: 34）。そもそも南三陸町において行政区長は町の事務事業に関する情報伝達、町民の意見収集を行うために町長から委嘱される公的な性格の強いポストである。しかしながら島田は、南三陸町役場が甚大な被害を受け混乱を極めた発災当時、入谷の区長たちの行動は公務というよりは地区住民としての行動であったと位置づけている（島田 2021: 39）。

(17) おにぎりは、入谷地区に避難してきた住民のみならず、志津川地区の高台にあって避難所の拠点となった小学校、中学校、高校、災害対策本部が設置された総合運動施設のベイサイドアリーナにも届けられた。軽トラックにおにぎりを詰め込み、山中の林道を越えて高台の施設に近づき、最後は人力で搬送したという。

が熱くなって真っ赤になってやけどするくらい握らせていただいて、それを各、避難された方々にお渡しして。で、自宅に避難してくれて来ていた人たちは、それは自宅で賄うしかないので、自宅にあるものを結局食べていただくと。（B氏、二〇一六年八月二二日）

グリーンウェーブの資料（注7参照）によれば、入谷地区全五一九戸のうち、専業農家は三二戸と少ないものの、兼業農家（二〇〇戸）も含めた農家率は四四・七パーセントである。それ以外にも自家消費分の米・野菜づくりを行うケースも多い。一定量を備蓄していた世帯が多かったため、各世帯が食料を持ち寄り、迅速に炊き出しを始めることができた。右記語りの傍点部からもうかがえるが、甚大な津波被害により、ライフラインに大きな影響が出ていた。入谷においても通電には一か月、水道の完全復旧までには三、四カ月を要したが、井戸水や沢水、湧き水を利用し、被害のなかったプロパンガスを用いて調理した。また、個人宅の避難者についても、受け入れ世帯が備蓄していた食料を提供するなどして急場をしのいでいた場合も多い。

区長会では一〇行政区がそれぞれ二〇〇個のおにぎりを毎日午前・午後につくり、入谷公民館に届けることを決めた（島田 2019: 9）。しばらくすると連日の炊き出しや個人宅の避難者への食事提供のために備蓄食料が尽きる家が出始めたが、「支援物資が来るまではつなぎとめよう」（F氏、二〇一九年一〇月一四日）と地区内で融通し合ったり、公民館に隣接するJA南三陸の倉庫に保管されていた玄米を放出したりして、支援物資が十分に届くようになるまで一〇日間は炊き出しを続けたという。前出のA氏は、こうした入谷地区住民の支援行動について、「〔入谷〕地域の人たちは、あのとき、一か月、三月いっぱい、誰一人文句言う人もなくて。ここの入谷地域はまとまったっていうことなのね」と述懐する（A氏、二〇一九年六月二一日）。

入谷地区以外の町内三地区でも、内陸、高台にあって津波被災を免れた人びとが、避難者に対し炊き出しを行った。各地区の活動の記録は、二〇二四年に発行された南三陸町の震災記録誌に整理されている〔南三陸町 2024: 292–297〕。

支援物資への対応

トラックで二台も三台も来るやつ、とてもここさ置くものでないから、とにかくここではわかんない〔対応できない〕から、中学校の講堂さ持って行ってあそこさ入れろということで、仮置きさせたのね。〔……〕体育館も空けてたおかげで、そこに保管ができたっていう。ところが、どんどん毎日来るから、満杯になって、い、い、い、い、い、い、い、い、い、い、しまって、い、い、入れようがなくなった。さあ、困ったな、なんとも思わねえで保管させたんだけども、そいつ〔支援物資〕、みんなに配布するっていう考えなかったのね。町に来たもんだから、町で処理するもんだって思ってたんだけど、わたしは。

――（筆者）そうですよね、公平に、とかあるでしょうし。

そしたら町に問い合わせしてみろっていうことで、それこそ日にちが経ってきてるから問い合わせしたら、なーに、そいつは入谷でなんとか処理してもらっていいってこんな話だったから。さあさあ、これ、入谷で処理っていったって、困ったな。よし、それならば、罹災してここに避難してきた人たちに、その人たちに配布すっぺと。で、それをどんなかたちで考えてみたら、どういうもの欲しいかわかんねえのよね。ほんだったら、とにかく、日にちを決めて、その人たちに来て、好きなもの持ってってもらうべと。ということで、区長さんたちに伝えてもらって、そして、来て、運んでもらったの。〔……〕一回配布したらなんぼか入んべやって、空いたとこさまた持ってきて入れられたのね。だから、空けば入る、空けば入る、どんどんどんどんと入ってくるもんだから。（A氏、二〇一九年六月二一日）

発災直後、志津川地区内にはがれきが散乱し、志津川地区を縦断する国道四五号線の落橋の影響もあって支援物資を積んだ車両が町の災害対策本部が設置された総合体育館（通称、ベイサイドアリーナ）まで到達できず、入谷地区には外部からの支援物資が集積した。住民は、町内の公民館で唯一残った入谷公民館を起点に、こうした物資の分配作業にもあたった[18]。個人宅に避難していた避難者の人数については、行政区長、班長らの手によって行政区ごとに随時集計され、支援物資が配分された。たとえば、約八〇世帯から構成されていた三区では、一五世帯に七〇人程度の避難者が身を寄せていたという（J氏、二〇一九年七月二九日）。

近年、被災地における支援物資の過剰集積はたびたび問題となる。右記、左記の語りに傍点を付した箇所から、入谷地区でも支援物資の保管スペースが不足したこと、また、そのような状況下で始まったのが、入谷地区住民への物資の配布であったことがうかがえる。

ほんで、どんどん、どんどんと運びこまれたんだけども。そういうかたちでとにかく運び込まれたやつ、ほいだったら、入谷地域の人たち、罹災者でねえけっども、こんなに来てるもの、買い物もすられねくて〔できなくて〕暮らしてる人たちもあるんだと。だったらほしいもの、入谷地域の人たちも配布するかっていうことで。で、行政区ごとに今度は時間を決めて。一区は何時から何時まで、二区は何時から何時までって。そして行政区、一〇に分かれてっから、その行政区ごとに時間を決めて。そして来てもらって、欲しいものとにかく持っていけと。ということで、運んでもらったのっさ。みんなに喜ばれた分は、いがったなと。（A氏、二〇一九年六月二一日）

それから一週間くらいたってから、配給っていいますか、支援物資がどんどん来まして。地元の集会所に集まった地域の人たちは、各家庭を、行政区の班長さん中心にして回って歩いて、ラーメンとかパンとか、飲料水とか。そういうのを定期的にいただくようになって。それも大変な恩恵を受けましたね。あの時期は本当にありがたかったですね。（G氏、二〇一九年六月二八日）

その後、入谷地区には、七団地一六一戸の仮設住宅が建設され、沿岸部からの避難者が入居した。当時三区の役員をしていたJ氏は、「仮設ができてやっと終わったなっていう感覚。一安心って」と当時の心境について語る（二〇一九年七月二九日）。入谷地区では、公民館や各行政区の区長、地区の婦人会メンバーらを中心に、地区住民との交流会を開いたり、仮設住宅入居者への訪問支援を行ったり、地域行事に招くなどして、地区住民と仮設住宅入居者との交流の場の創出に取り組んだ。入谷地区の避難所生活から仮設住宅に移った志津川地区の住民は、このときの感謝の気持ちを表し、「入谷には足向けて寝らんねえ」という言葉を口にするという（本多 2013: 58）。後述するように、地区内の仮設住宅には、その後外部から多くの支援団体や災害ボランティアが訪れた。

（18）　町が管理している保管場所でも過剰集積が生じ、受け入れを断られた事業者から「せっかく持ってきたのになんとかしてけろ」と言われ、入谷地区で引き取った支援物資もあったという。また、こうした分配作業には避難者も従事した。

（3）不可視化されたヤマの被災

「壊滅」の外側で

すでに述べたように、南三陸町の津波被害については、報道機関や町の広報などさまざまな立場から「壊滅」という表現が用いられてきた（第5章第1節参照）。一方で入谷地区における津波被害は数軒の浸水程度である。入谷地区出身で志津川地区において飲食店を営むK氏は、南三陸町の津波被害の様子を「町が八割方壊滅状態になった。入谷だけ家が残った」と振り返る（二〇一九年七月二二日）。前出のB氏も、「入谷しか現存してなかった」（二〇一六年八月二二日）と口にした[19]。

「壊滅」は、「被災者」や「がれき」などと同様に遠くから現場の惨状をひとからげにする、ドミナントな「被災地で聞かれぬ言葉」（第1章注12参照）であり、「小文字の復興」に注目する立場から使用の是非が問われている。一方で入谷の人びとによる右記の表現の端々からは、「壊滅した町」という言葉へ、「壊滅」の内側からではなく、外側から表明された違和感、抵抗感を読み取ることができないだろうか。

すでに述べたように、入谷地区の住民の暮らしは地区内で完結していたわけではない。B氏は、志津川のマチについて「入谷地区の人たちは、多分全員が、どこのうちでも、いわゆるマチという場所に親戚とか、なんらかの関係者が必ずいたはずだし、普段の生活のなかで、買い物であったり病院であったり役場であったり、いろんな用事を済ませる場所っていうのはやっぱり町場だから、必ずそこに行く。そういう意味では、生活のなかに普通に、あったっていうのかな。それがマチだったの」と述べる。では、「壊滅」の外側にありながら内側とも深くつながっていた入谷地区の人びとは、避難者の受け入れと炊き出し、自身らが受け取り手とはならない支援物資への対応のなかで、何を感じていたのだろうか。

「家が残っている」こと

　ここで、何度か語りを引用してきたＢ氏への聞き取り調査の様子を活写したい。Ｂ氏は、避難者に対する炊き出しや、仮設住宅の訪問支援などに、積極的に携わってきた経験をもつ。筆者がＢ氏にはじめてお会いしたのは、二〇一六年の八月であった。以降、二〇二四年に至るまで交流が続いている。

　二〇一六年八月二二日、Ｂ氏に対するはじめての聞き取り調査を実施した際、全国から自衛隊や警察、消防が駆け付け、入谷地区を通って沿岸へ向かったことについて、「正直言うと、自分たちは水もないんです。でも、〔……〕私たちは頭を下げて、感謝の意味を込めて。今でも思うんですけど、泣きたくなるけど、本当にこの方たちがいるおかげで、ここ〔被災物〕のなかにいる人たちは探してもらえるかもしれないと思う」と、力のこもった言葉で感謝の意を表されていたことが印象的であった。

　しかしながらＢ氏と会話を重ねるなかで、筆者は、彼女の言葉の端々からにじみ出てくる沿岸部の被災者への複雑な思いにこそ、注目していくようになった。Ｂ氏は、自身の支援活動について「私たちはまだね、そこまで〔被災〕はしてないから、なんとか皆さんを、いい生活にもどってほしいっていう気持ちで。受け入れる方はみんなそうだったと思いますよ。最初」、「被災した方々のために、自分たちも被災はしたけども、うちはあるんだから、なんとかしよう」との思いがあったと振り返った一方で、以下のようにも語った。特に傍点を付した箇所から、Ｂ氏の揺らぐ思いが垣間見える。

（19）　ただし、志津川、歌津、戸倉地区においても、高台の家屋は流失を免れており、特に、歌津地区における罹災率は約五〇パーセントである（第５章第１節参照）。南三陸町の「復興」におけるこうした、津波被災地区の高台に残された住家に居住する人びとの経験は、入谷地区住民のものとも異なってくることが想定される。この点については、今後の課題としてあらためて終章で言及する。

ただ、考えようによっては、被災した地域なのは変わりがないですよね。だから、まあたまたまうちが残ったりしたっていうだけで、みんな仕事はそちらのほうに行ってらしたし。そうなんですよね。仕事を失う、それから家族を失う……この地区でも数名失ってるんですよね。ご家族を。ご主人を亡くしたり、嫁がせた娘のご主人を亡くしたり……それからホーム、慈恵院っていう施設があってそういうところでも、おじいちゃんおばあちゃんを亡くされた、それから仕事を失くされた、車も流されて歩いて帰ってきたりとか、そういう方々なので。実質は被災してるはしてるんですが、ただ自宅が残ったっていうことの、ある意味いいことと、それゆえにまあちょっと……なんとなくこう……ねえ。残ってるからいいじゃないっていうような、もしかしたら思いも言われる場合もあるかもしれないっていうことを含めると、双方、みなさんつらかった時代なのかなっていうふうには感じますね。で、受け入れるにあたっても、やっぱり、失くしたものは相当大きい方々が多いので、心や気持ちにも……ね、察してあげなくちゃいけない、こちらのほうがっていうのもときにありましたね。みんな同じ環境、電気もないし水もないし、同じなんだけど、たまたまおうちが残ってるっていうこと（二〇一六年八月二二日）

私たちは〔被災者支援は〕ないんですよ。被災者じゃないから。ある意味被災者と同じような位置にいても、うちがあったりするから。（二〇一六年八月二四日）

B氏を含む入谷地区に居住し自宅が津波被災を免れた人びと（「私たち」）は、発災後の窮乏、さまざまな喪失体験を津波被災者と共有しながらも、「家が残っていた」ために支援側に回った。第5章で示したように、災害義援金の配分額は人的被害や住家への被害の有無に大きく左右され、地震のみにより被災した世帯は対象とならないカテゴリーもみられる。加えて、本書では詳しく踏み込まなかったが、一世帯あたり最大三〇〇万円もの支援金が支給される被災者生活再建支援金についても、住宅への損害が受給の要件となる。こうしたことから、入谷地区住民に対する金銭的な支援はほとんど行われなかったこと、行われた場合でも少額だったことが推測される。

地区内に避難者向けの仮設住宅が設置されると、入谷地区には多くの支援団体や災害ボランティアが押し寄せた。ただし、彼らの支援対象は主に避難所や仮設住宅で暮らす避難者であり、「家が残っていた」入谷地区の住民ではなかった。阿部忠義氏によれば、炊き出しのような大量の食べ物をふるまうような支援形態の場合などに、入谷地区住民にも声をかけた。「支援団体のイメージに近づけようと人集めの声がけはだいぶしたよ。せっかく来たのに支援活動をしないで帰るのは申し訳ないと思ったり、また、押し売りの支援を受ける場面もあった」という。また、登米市に職場がある入谷地区の住民の経験について、B氏は以下のように説明している。

たまたま内陸〔登米市〕のほうでお仕事をしてて、お仕事を失ってない人もやっぱり被災地でもいますよね。だからそうすると、こちらにいるときは、被災者と同じリスクをある程度背負ってるから、しゃべる内容も、生活も、こちらにあるわけじゃないですか。そうすると被災者なんだけど、一方、一か月も過ぎて内陸のほうにお仕事に行くと、そちらの人はもう電気も回復して、「まだお水必要なの、まだ何か必要なの」みたいに、「いつまでも被災者意識があるんじゃないの」みたいなことを、まあ言われた方もいるようですよ。〔……〕こちらの気持ちとあちらの気持ちが違ってて、やっぱりちょっと辛いって言ってた人もいましたね。

（二〇一六年八月二四日）

傍点部から、入谷地区の人びとの「被災」が登米市においては等閑視され、被災の苦しみについて語ることが難しい状況に置かれていたことがわかる。こうした環境に身を置くなかで、B氏は「ある意味被災者と同じような位置にいても」、自身らは「被災者じゃない」と表現するようになったものと考えられる。

被災をめぐるこうした心理的な揺らぎ、葛藤は、B氏以外の入谷地区住民においてもみられるものであった。たとえば、阿部忠義氏は、「なんていうか、水でいえば汽水だよね。淡水でもないし海水でもない」と表現する。またB氏と同じく発災直後の炊き出しに従事したF氏も「私たちも〔支援物資を〕いただいて。けっきょく、おなじ被災者っていうことで。〔罹災〕証明書こそ出なかったけども」（二〇一九年一〇月一四日）と述懐している。

見えにくい被災

二〇一九年のある日、筆者はB氏とともに志津川地区で企業を経営する女性、L氏と話をする機会を得た。L氏の事業所は津波により大きな被害を受けた。L氏は、筆者が南三陸町の復興について研究していると聞くと、事業の再建をめぐる行政とのやり取り、そしてそのなかで感じた徒労感について語ってくれた。そうした話を受け、筆者が「震災を経て、どのようなところが変わったとお考えですか」と尋ねたところ、L氏はB氏を見やり、「入谷の人は変わらないでしょ。うちが残ったんだから」と笑顔のまま答えた。B氏は、困ったような笑みを浮かべ、志津川の人はそう言うのだと返した。この後、筆者は一度B氏、L氏と別れたが、夜にB氏と再び落ち合い、先般のL氏の発言について尋ねてみた。B氏の返答は以下のようなものであった。

〔入谷も〕変わったんですけどね。だからほら、マチの人はああいう感覚なんだけど。結局はほら、変わんなかったんだからいいんじゃないかみたいな。その気持ちはわかるんだけど。

生活は一瞬で変わったことは確かですね。要するに、建物がなくなった人の変わりかたは何もないけど、〔私たちの場合は〕あるんだけれども、今までのやり方がまったくできなくなった。なんて言えばいいんだろう……今まで水道ひねれば水が出てたから、節約節約って言ってもなんとかできたし、だけど今度は水が欲しいっていっても、コンビニとかお店がなくなってしまって、水を買いに行くにしてもガソリンがないから、買いに行けない。要するに、建物だけがあっても、そこで生活する何もかもがなくなってしまった。〔……〕建物はなんら倒れてなくて変わったようでなくても、生活のあり方、しかたが変わった。

繰り返し述べてきたように、志津川のマチは、津波により甚大な被害を受け、同地に集中していた南三陸町の行政機能・都市機能は機能不全に陥った。蚕糸業の衰退や水産業の発展、度重なる合併のなかで入谷地区住民が暮らしのさまざまな局面を志津川のマチに依存していた（第6章第1節参照）ことを踏まえると、津波による住家や田畑への直接的な被害の少ない入谷地区であっても、暮らしが大きく変わったことは想像に難くない。大矢根淳は、雲仙普賢岳の噴火災害の事例から、土石流や火砕流などで家屋が流消失する被害を直接被害と呼び、それに対して、観光客の激減や産業構造上の連鎖による被害の拡大、さらには風評被害などを間接被害と呼んだ（大矢根 2015a: 67）。B氏の語り、特に傍点を付して強調した部分から読み取ることができる入谷地区の「変化」は、さらに「直接被害」と「間接被害」の中間的な領域に位置づけることができよう。

こうした「変化」は家屋の流出などに比べ、不可視化されやすい。開沼博は、報道や書籍で大きく扱われた被災地域を「ブランド被災地」と呼び、私たちのなかにそれらの被災地に繰り返し目を向け続けてしまう傾向があることを指摘したうえで、「商店や医療機関など街の機能がなくなって不便な生活を送っている人」が「見えにくい被災者」として潜在化する状況」に警告を発した（開沼 2013）。入谷地区住民は、まさにこのような「見えにくい被災者」であるといえるだろう。

先に述べた「南三陸町の復興まちづくり」に関する意向調査」では、問15として震災や町の復興に関する自由意見を記述する欄が設けられたが、そこにはこうした「見えにくい被災」をめぐり、以下のような声が寄せられている（なお、一部を抜粋して掲載している。すべて原文ママ）。

ひ災していないあつかい。仕事場なくなって、今新しい職場で仕事しているが、とてもアパート代を払える額はもらっていないなくアパートで暮せなくなる不安。
家が流された人には、罹災証明書が発行されたり、物資が届いたり、うちには罹災対象外だし、物資もこない。仮設も入れない。不公平だと思う。仕事もなくなって生活はどうすれば良いのか。となりには誰もいないし家もない。がれきの中で一人ここに住むのか。国や町が本当に困っている人を助けようとしている姿が感じられない。
自宅は無事だったので、義援金ももらえない。被災者義援金と言われてるが、実際はり災義援のみ。
家は残って被災はしている。仕事があるのに地区の分担もある。精神的にきつく、つらい。
我家は津波は大丈夫でした。でも家のある人は、自分で震災後から必死に生き延びるために自腹で過ごして来ました。買物や風呂、洗濯や水汲みなど毎日、片道1時間かけて登米市まで通い続けています。震災前よりガソリン代や風呂や洗濯など、お金が倍以上にかかり生活が出来ない状態もありました。これから先も不安だらけの毎日です。家のある人達は皆さん自分達で食材を調達して生活していた事は、行政の方や町長などは理解していたのでしょうか？　差別がある町には今後、住みたいとは思っていません。もう少し町民の生活状態を把握すべきだと思います。
全ての町民が被災者です。その町民を差別化しては復興は有り得ない。

家のある人も、もう少し大事に考えてもらいたい。同じ被害者だと思うので、少し入谷の方をどうにか考えてもらいたい。
当地区では住居は残ったが、何をするにも遠くへいかなければならないので、金銭的にも負担が大きい。しかし支援は津波被災者のみの様に思える。町は町全体を考え行動してほしい。
物資の事で今回人間関係がとても変わりました。罹災の被害のあった家、なかった家との線の引き方に疑問がありました。同じ町民なのだから平等にできなかったのでしょうか。失った物は同じなのですから。早く物資が無くなる事を願っています。
震災後、停電、断水、店、銀行、病院、仕事～様々な面で何ヶ月も苦労したのに、この町では家がある者は〝被災者〟扱いされない。町民全員が被災者です。〝被災〟の定義は?
自治体ごとの被災者定義の格差。市町村によっては、断水・停電でも認められている。家が残っても苦しい生活を余儀なくされた人々は被災者にならないのでしょうか。
私の家では被害はなく、全壊した家族、2世帯、8人を受け入れたが、ストレスや、不担は多大なものでした。あまり誰も感謝してくれず、当然としか想われず、何の補助もない。家があるからいいじゃない。その通りですが私達も被災者です。小さくなって生活していました。私だけですか?
町内に住んでいる者は津波の被害者だけが難民ではない事。家や土地があっても同じ被害者に変わりない事を知ってほしい。被災した時は衣・食・住で皆出しあって痛い事、苦しい事、つらい事も味わっているのです。忘れないで!!
他の地域の方に、入谷の人は震災に関係ないのにと言われること。

南三陸町における住家の罹災率は約六割であり、全世帯の四割は住家に津波被害を受けていない。B氏のよう

な「見えにくい被災」をめぐる葛藤、復興過程において不可視化されていくことへの焦燥感は、入谷地区のみならず、他地区において「家が残っている」人びとにも共有されていたことがうかがえる。また、津波被害への注目によって不可視化されがちな地震被害について訴える声もある（すべて原文ママ）。

幸いにも津波の被害は無いものの地震により自宅の石垣が崩落寸前になっているが行政は支援の手を出してはくれない。これは不公平ではないのか。
津波被害者と地震被害者に対する町の差別。
津波には関係ない入谷でも、ガケがくずれたり道路がこわれている事を見て欲しい。
アンケート問5で震災でほとんど津波の被害を受けた事だけで、地震災害の事が何いのが非常に残念に思いました。

東日本大震災は複合災害であるが、「地震は自然災害であるうえに、津波に比べると被害が小さかったこと」（川副 2012: 11）などを背景に、津波災害と原子力発電所事故による影響が大きかった地域に注目が集まり、地震の被災地・被災者は相対的に注目されなかった。この点は第8章であらためて検討する。なお、本項ではインタビュー対象者のプライバシーを保護するため、本書の記述・分析に影響を及ぼさない程度に一部属性を変更した。

3　復興の〈周縁〉で

（1）「既定（の）復興」における周縁化

「置き去りにされている」「遠慮」

本節では、「既定（の）復興」様式において展開された南三陸町の「創造的復興」における、入谷地区の人びとの関与のあり方について描出していく。まず、避難者への「おにぎりづくり」（本章第2節参照）の陣頭指揮をとったA氏への聞き取り調査の様子を描写したい。

筆者が阿部忠義氏の紹介で「いりやど」にてA氏にはじめてお会いしたのは、二〇一九年六月二一日のことであった。同日の午前一〇時前、筆者は、当時滞在していた入谷地区内の花見山ハウス（後述）から徒歩五分ほどの場所にある「いりやど」に到着した。同日は「いりやど」で大手企業の社員研修を受け入れたとのことで、駐車場には大型観光バスが数台停まっており、スーツケースや旅行鞄を持った人びとが、バスと「いりやど」をひっきりなしに往復していた[20]。

ざわめきのなか、A氏は筆者に対して祖父とともに水稲栽培、養蚕やたばこ栽培、炭焼きに従事し、東京への出稼ぎも経験した自身の生い立ちについて語ったうえで、地震発生時の体験、発災後の入谷地区住民や自身の動きについて、順を追って語ってくれた。契約講長など地域の取りまとめ役を歴任し、発災当時は行政区区長会の

(20)　その間を縫うように「いりやど」に入った筆者は、ICレコーダーで記録する予定のA氏とのやり取りが、行きかう人びとの靴音や話し声に紛れてしまうのではないかと気をもんだ。

役員を務めていたA氏は、各行政区の区長から「おめえやんねえとわかんねえ〔いけない〕んだから、おめえ指導しろ」「あんた、ここの村長さんなんだから」と請われ、避難者への「おにぎりづくり」の取りまとめを行ったという[21]。発災直後の話から復興の話へと話題が移り変わるなかで、氏は、町の復興について以下のように語った（一部は本書序章の冒頭においても引用したものを再掲）。

入谷地域、歌津地域の山手の人たち、実は被害がないんだけども、町が復興のためにっていうことで沿岸部の人たちを主体に、今、一生懸命復興事業をやってる。そうすると、やっぱり、年数がたつにしたがって、山手のほうとか、〔自宅が〕被害にあわない方々が、俺たちは置き去りにされているっていう思いを感じていると思うね。

――〔筆者〕復興とかの主役に入ってないというかんじが

うんうん。町の、なんていうのか、〔復興の〕仕事の枠の中からはみ出されているっていうようなかんじがするのね。で、今、みんなから、この地域の人たちから聞くと、税金ばり〔だけ〕とられてなんのかんのって、なんもしてけ〔くれ〕ねえんだなって。そういう言い方する人が多くなってきてるの。

傍点部から、直接的な津波被害のなかった入谷地区や歌津地区の山手の集落の住民が、前章で述べたように土地区画整理事業など沿岸部のハード事業を主眼とする町の復興において、自身らが「置き去りにされている」という感覚をもっていることが読み取れる。この点について、現在は前出の研修センターで代表理事を務め、地区の元公民館館長である阿部忠義氏は以下のように語っている。特に傍点を付した部分に注目したい。阿部氏もまた入谷地区出身・在住である。

> 集落でたとえば、一軒や二軒〔だけが津波被害を受けた〕っていうときは、それは大変苦痛だったらしいよね。だから、逆に我々も、入谷地区で直接的な被害はないから、あんまり〔復興事業に〕口出しできなかった。遠慮っていうところみたいなのがあるよね。「なんだ、お宅で、家〔あるでしょう〕」って言われると、黙って貝になるしかないじゃないですか。だから、あんまり、俺なんかも、口出しって一言も言えなかった。
> （二〇二〇年六月一六日）

復興に関わる意思決定からの疎外

阿部氏によれば、復興事業に関して、入谷地区住民には津波による直接的な被害がなかったことによる「遠慮」があり、積極的な参画が難しかったという。また、阿部氏は、入谷地区において「既定（の）復興」の枠組みにおける事業があまりみられなかったことを指摘する。

> けっきょく〔入谷地区では〕復興事業ってないんですよ。〔研修センターでは〕大学の力をもらったりして、他人のふんどしでこういう事業をさせてもらってるけど。まあ、公的資金はないなかで、要は復興予算とは

---

(21)　「おにぎりづくり」、そして山道を利用しての志津川地区内避難所へのおにぎりの運搬について、ＮＨＫの「東日本大震災アーカイブス――被災地の証言」ウェブサイト内にＡ氏の語り「米どころの使命」が収録されている（https://www9.nhk.or.jp/archives/311shogen/detail/#dasID = D0007010213_00000 二〇二四年九月一七日最終閲覧）。

別なかたちで、こういう体制をつくったっていう。〔……〕でもほら、他の地区は復興事業でいろいろ整備されて。その金っていうのはそうとう莫大な金で。〔入谷地区では〕ハードはゼロだね。でもソフトだって微々たるもんだよ。（二〇一九年一〇月一一日）

阿部氏によれば、研修センターは、復興支援活動や町内外の交流・協働を促進する役割を負うが、運営資金は、事業収益に加えて大正大学の予算や町の管理委託費、民間の助成金など「復興予算とは別なかたち」で賄われてきたという。町の復興計画策定にかかる経緯から、復興事業の展開までの過程についてはすでに述べたが（第5章第2節参照）、入谷地区では後述する災害公営住宅の建設以外に目立った復興事業が行われていない。それでは、入谷地区に暮らす住民は、南三陸町の復興過程にどのように参与・関与してきたのだろうか。

二〇一一年七月、町は町内全世帯を対象とした「「南三陸町の復興まちづくり」に関する意向調査」を実施した（第5章第2節参照）。この調査は今後のまちづくりのあり方について尋ねるものであったが、集落や地区ごとのまちづくりの話し合いへの参加意向についても調査している（問14）。回答の割合をみると「参加する」（三五・六パーセント）と「できるだけ参加する」（五八・五パーセント）を合わせれば九割に達し、高い参加意向が示されているといえる。調査結果は四地区別の結果についても公表しているが、「参加する」と「できるだけ参加する」を合わせた割合については、戸倉（八九・六パーセント）、志津川（八六・〇パーセント）、入谷（九四・一パーセント）、歌津（八五・三パーセント）であり、入谷地区における他地域よりも高い参加意向が示された結果となっている。

一方で、入谷地区住民に、復興まちづくりに関する話し合いの場に参加する機会が十分与えられたとは言い難い。たとえば、「震災復興町民会議」は町民二四名の委員で構成されたが、入谷地区在住の参加者は一名のみであったと聞く。また、町民の意見を直接聞き取る場としての「震災復興計画地域懇談会」も七日間に延べ二三会場で実施され、四八四人が参加しているが、入谷地区においては、七月二五日の入谷公民館のみの開催であり、参加者数は一一名であった（第5章注23参照）。さらに、復興計画策定後の町の復興に向けた取り組みが「被災した居住地からの高台移転」を中心に展開するなかで、集落や地区ごとのまちづくりのための話し合いの場として立ち上げられたのは、移転先の選定や、高台移転先のまちづくりなどについての意見交換を旨とする「復興まちづくり協議会」であった（第5章第2節参照）。入谷地区では、復興まちづくりのための住民組織も立ち上げられていない。

ヤマにマチは来ない

震災後には、「どのような津波に襲われた場合でも命を守る」土地利用が求められるなかで（第5章第2節参照）、内陸に位置し津波被害のリスクが低い入谷地区における大規模な開発（住宅団地の建設やマチに立地していた公共施設の移転など）を求める声も高まった。たとえば、「南三陸町の復興まちづくりに関する意向調査」の自由記述欄では、以下のとおり、「安全・安心」な入谷地区を中心とするまちづくり、入谷地区への行政機能・都市機能の移転を求める声があがっている（なお、回答者の出身・在住地区は明かされておらず、左記の意見には入谷地区住民によるもの、他地区住民によるものが混在しているものと思われる。いずれも原文ママ）。

> 公共施設が集まる住みよい町づくり（入谷側に建設）。
>
> 入谷地区にも公共施設を設けて下さい。安全・安心です！
>
> 住宅地と工場倉庫の分り、しいては入谷の開拓（住宅）旧町に商工業。
>
> 入谷中の町地区を利用してはどうか。

入谷を中心とした町作り。
仮設ではなく、そのまま住居になる建物作りをして下さい。入谷地区をもっと活用して下さい。
入谷の開発。
入谷地区が残っているので公共施設等入谷地区にも建てたほうが良いと思う。
入谷にも公共施設の一つでも建設してほしいです。平坦な土地があります。
今回被害のなかった入谷地区も活用すべきと思う。
炊き出しだけで便利に使うのではなく、津波にも災害にも強い入谷です。病院施設等は入谷に！土地は提供しますから。
入谷地区に住宅や商店街を移転する。そうすれば津波など心配ない。
公共施設をなにもかも無くされた入谷地域。町施設は入谷小学校と公民館が一つ（でもどちらもすばらしい機能を果たしている）農協は閉鎖され郵便局も機能していない。
やっと農協は営業部を入谷でとなった。山の中というけれど、この地域があったからこそ少しずつでも前に前に動けているのではないでしょうか。見直してみてはどうでしょうか。

とりわけ最後の二意見からは、震災を機に、二度の合併を経るなかで、行政機能・都市機能が低下した入谷地区の現状の見直しを求めようとする人びとの切実な思いがうかがえる。

　また、南三陸町議会の議事録によれば、二〇一一年九月の定例会において、入谷地区出身の山内昇一議員より、「地盤も固く」「今回の千年に一度といわれる大地震でも被害がなく安全性が立証され」、「大幅な予算・長期整備期間」が必要である地盤の嵩上げ工事・盛土の必要がない入谷地区内の町有林への住宅団地の建設が進言された。

しかしながら、「復興まちづくりに関する意向調査」において津波被災者における「従来住んでいた場所近く」への強い「愛着」が明らかになったことを理由に、町ではこの進言を退けている。

B氏は、その背景について「入谷までマチ持ってくるっていうと、要するに海の人たちにとっては、すごい、入谷がヤマっていうイメージがあるんですよね」と推察する。志津川地区出身で、現在は後述する入谷住宅に暮らすM氏も、「入谷の集落の人たちが、自分の家で食うのなくなるくらい、炊き出しとかしてくれたの。でも、佐藤町長は、こっちにマチつくるの反対なのっさ。やっぱりマチはマチであっちにつくりたいっていう考えで」と語る（二〇一九年八月六日）。結局、町の復興事業においては、前章に示したように、沿岸三地区の高地を造成することで居住地を確保し、志津川地区・歌津地区のマチにかさ上げ盛土をともなう大規模な区画整理事業を実施して、商業地域や準工業地域が整備された。入谷地区における大規模な開発はその後も行われていない。「ヤマ」に「マチ」は来なかったのである。

このように、高台移転を中心とするハード事業重視の「既定（の）復興」枠組みのもと展開された復興では、直接的な津波被害が軽微だった入谷地区や志津川・戸倉・歌津地区の一部地域、入谷地区住民ら住家への津波被害を免れた人びとが周縁化されてきた。復興が進む南三陸町において、「被災者だけど被災者じゃない」というよりどころのなさを抱え、「置き去りにされて」いくこうした人びとの葛藤は、以下の言葉に凝縮されている。

私は、震災時流されなかった地域に住んでいます。被災者ではないといわれているため友人知人との会話も難しく、高台移転や土地の諸事情もわからないし、復興の兆しも感じることはできません。一つわかることは学校の役員をしているので、学校の用地は確保していただいているということぐらいでしょうか……。(22)

（2）ヤマにおける復興事業

災害公営住宅の建設

すでに述べたように、入谷地区へのハードな復興事業は、恒久住宅である災害公営入谷住宅五一戸（集合住宅四二戸、木造一戸建て九戸）の建設にとどまった[23]。入谷住宅は歌津地区の名足住宅とともに南三陸町ではじめて建設された災害公営住宅であり、二〇一四年の八月に入居が始まった。この入谷住宅では、特に志津川のマチから転入してきた入居者が多く暮らす[24]。

南三陸町では、災害公営住宅の入居者ないし入居予定者や、公営住宅が立地する地域の住民、役場職員が一堂に会して新しい住まいについて語り合い、アイデアを出し合う場として「くらしの懇談会」を開催しており、入谷住宅でも、入居開始間近の二〇一四年六月二八日に、「くらしの懇談会」が開かれた。入居開始後にも、町民による自助的な支援団体である「復興みなさん会」主催のワークショップで、公営住宅周辺の地図（「入谷お役立ちマップ」）づくりに取り組む[25]など、公営住宅の住民を地域に溶け込ませるためのさまざまなイベントが企画・実行されてきた。

筆者が当地を再訪した二〇一九年に至っても、地区住民や外部のボランティアなどの企画により、入谷住宅の集会所を使って、従前住民と沿岸部からの転居者、両者が参加できるイベントが定期的に開催され、交流の機会となっていた。たとえば、二〇一九年八月一一日には、兵庫県立西脇高等学校の生徒の主催による交流会が開かれた。同高は、震災直後に入谷小学校へ手づくりの給食エプロンなどを支援したことをきっかけに、毎年、南三陸町でボランティア活動や研修に取り組んでおり、入谷住宅建設後は、集会所を利用して、入居者と地区住民を対象とした交流会を実施している。この活動には「被災者を元気づけたい」という目的があるため、仲介した南三陸研修センターは当初、入谷住宅の入居者のみに声がけをする予定でいたという。しかしながら、「復興住宅だけではあんまり人もいないんだから、X区も声かけたらって、じゃあこの近辺にもチラシいれるっていうことで」、近隣住民にもチラシが配布されることとなった（二〇一九年八月六日）。交流会には筆者も参加したが、解散時に多くの車が災害公営住宅の敷地から出発していったことから、相当数の近隣住民がこのイベントに参加していたことが推測される。

人口増と行政区の新設

災害公営住宅の建設、個別移転者による新居の再建という人口移動の結果、筆者がフィールドワークで当地を訪れていた二〇一九年一一月末現在における入谷地区内の人口は一九四五人であり、震災前比で二パーセント強増加していた。なかでも、志津川に近い国道沿いのX行政区では、震災後に沿岸部からの転居（個人移転）が一〇世帯以上続いたという。

震災後の南三陸町では沿岸部の三地区が急激に人口を減らしたのに対し、入谷地区のみが増加に転じ、一時合併直後の二〇〇六年一月の水準を回復した（第5章第2節参照）。一方入谷地区の成り立ちについて詳述してきた本章第一節では、産金や蚕糸業で繁栄した入谷の人口が、これらの産業の衰退とともに縮小したこと、また、入

(22)　南三陸町議会「みなみさんりく議会だより」二〇一四年二月一日。
(23)　すでに述べたように、南三陸町では住民への意向調査を繰り返し実施したうえで、町内八か所に計七三八戸の災害公営住宅を建設している。建設地の選定にあたっては、少子化のトレンドを見据え、町内に五校ある小学校区にそれぞれ少なくとも一か所の公営住宅が立地するように配分されたと聞く。
(24)　ただし、その後「U、Iターン」を想定した一般募集を行うなかで、町外からの転入者も増えている。
(25)　完成した「お役立ちマップ」は入谷地区の全戸に配布された。河北新報「マップで地域に溶け込んで　南三陸・入谷災害公営住宅」二〇一五年九月一三日付。

谷地区の住民が、地区の人口減少を沿岸部の水産業や商業の発展と密接な関係にあるものとして解釈していることを確認した。以上を踏まえると、沿岸部から「ヤマ」である入谷地区への人びとの移動は、震災以前の対象地域における移動の流れとは逆向きの移動であることがわかる。こうした急激な「マチ」から「ヤマ」への人の移動は、以下で述べるように、新しい行政区の設置という結果に結びつくこととなった。

前出の入谷住宅であるが、X区に隣接する土地に建設されたものの、現在、単独の行政区を構成している。その建設に際しては、既存の行政区であるX区に編入するのか、あるいは行政区を新設するのかについて、議論が交わされた。当初はX区への編入が有力視されており、町は当該行政区の住民に対して説明会を開催するなどして調整にあたった。

当時は役場のほうでね、ここX、正式にはX行政区って言われてるんですけれども、ここ、六十数世帯なんですけど、ここの行政区さ、入れていただけませんかっていうことで。役場では、やっぱり、ある程度一つの地域がなすような、そういうような地形のとこは、そこさ入ってもらって、一つに。〔……〕みんな単独で〔行政区〕つくったんでは大変な数になるから、それで〔X区に〕入れてくれませんかって打診されて、総務課の方から。そしてこの地域の住民とお話したんですけども。（G氏、二〇一九年六月二八日）

しかしながら説明会では、もとより六〇強の世帯によって構成される同区にとって、約五〇世帯の編入は多大な負担となること、また、共益費などの諸経費が発生する公営住宅入居者に、自治会費や地区公民館費といった二重の金銭的負担を強いる可能性があることなどが指摘され、結果的に、災害公営住宅に入居する世帯が単独で構成する、板林行政区が新設されることとなったのである。

マチからヤマへ

では、人口の移動と新しい行政区の設置にあたり、恒久住宅として建設された入谷住宅の入居者と、地域住民との関係はどのようなものであったのか。以下、災害公営住宅の建設時、町から編入を打診されたX行政区のG氏とある女性、そして当該行政区への編入を打診した町行政側の遠藤健治前副町長の語りを取り上げる。

住民説明会では、地域住民から、前章で述べたような世帯数や、金銭的負担の問題を前提に単独の行政区を新設すべきであるという声があがった。ただしG氏、女性、遠藤氏は、その背景に以下のような住民の考えがあったと語る。

やっぱりここはここなりの、長い伝統とか、いろんな風習といいますか、そういうのが、昔からある。そこさ来て、新しい、被災された方々、たとえば五〇世帯っていって、あの人たちはここさ来て、私たち今までこうやってたの、ここさ来て、それを納得して一緒に溶け込めるでしょうか。ちょっとこれは、難しさのほうが、課題のほうがでるんではなかろうかってことで。それで、そっちの、入ってくる人たちは入れないで。こっちも、もともとの住民でもって。〔……〕やっぱり被災された方は被災された方で当分、何年かは、その人たちでもって、新しい行政区っていうことでやっていただいたほうが、被災された方たちで、最初は一緒にそういう環境で、地域のほうをつくっていただいたほうがいいんでねえかっていうことでね。（G氏、二〇一九年六月二八日）

それで、作業も出なきゃならないんですよ。草刈りとか。消毒とか。そうするとそっちの人たちはやったことがないことばっかりなの。田舎のほうの暮らしをしてこないから。そうすっとこの人たち、草を刈ったことのない地域の人たちもいる、と。こっちは草刈りもしなきゃない〔しないといけない〕とかそういうふうになると。なので、そんな関係で、拒むわけじゃない。いずれは徐々にね、もしかしたら何か変わるかもしれないけど。当面は、それぞれ管理をしていただく人を決めて、こっちは今までのとおり。〔……〕やっぱり私たちの生活と違う生活をしてきてるから、そんなの向こうではなかったとか、なるじゃないですか。婦人部とか入んなくていいでしょとか。あるわけですよ。（X区の女性、二〇一六年八月二四日）

入谷の人たちからもぜひ町にっていう話だったのよ。つくって、完成するまでは、俺、当然ここのX区の人たちが一緒にやってくれるんだろうなと思っていたのよ。で、いざほら、今あなた〔筆者〕が言うように、いざとなったら、行政区どうするのって話になったら、やっぱりね、異人なんだな。ここは別に都会の人じゃなくて、地元の人だよね、志津川の人間だよね。ちょっとマチ地区のね。〔……〕異人であることは事実っさ。地域の人間じゃない。もともとが。地域の人間ったって、町外の人じゃないことも事実なんだけど。〔……〕もともといた行政区のコミュニティがなんか変に変わることに対する懸念感はあったんじゃないかなあ。（遠藤氏、二〇一九年七月九日）

右記の語り、特に傍点を付した箇所から、暮らし方の〈差異〉に端を発して生じうる、地域住民と入谷住宅入居者との間の混乱や対立を回避するという観点から、行政区新設の必要性が訴えられていることがわかる。既存の行政区に加入する場合、婦人会への加入などいくつかの「入谷地区の慣習」に倣わなければならない。しかしながら南三陸町においては、「ハマ・マチ・ヤマ」の〈差異〉が内面化されており、ヤマである入谷と、転居者の従前居住地であるマチでは暮らし方が異なるのみならず、それぞれの地域に住む人びとを「ハマの人」「マチの人」と差異化、他者化して捉える視点が息づいている（第4章第4節参照）。「マチの人」が「ヤマの人」を「田舎者」であると認識していると考えるX行政区の女性は、「マチの人」が被災にともなう消極的な移動先である「ヤマ」の暮らし方になじめないのではないかと憂慮しているのである。

少々時間をさかのぼるが、災害公営住宅が設置される前より、入谷地区内には、七団地一六一戸の仮設住宅が建設されていた。しかし仮設住宅の入居者と周辺地域の住民の間の交流は概してあまり活発ではなかった（とりわけ入居当初）という(26)（B氏、二〇一六年八月二二日。阿部忠義氏、二〇一九年六月一〇日。J氏、二〇一九年七月二九日）。B氏は、その背景として、「〔入谷地区住民にすれば〕悪いんじゃないか、うち〔家〕持ってるしとか、〔仮設の入居者からすれば〕こちらはうち〔家〕があるからいいんじゃないか、私たちはまだまだっていう」ような「いろんな葛藤」があったのではないかと語る。一方で阿部氏は、入谷地区住民にすれば「何かしてやりたい」という思いがありながらも、何をすればよいのかがわからず、また、仮設の入居者からすれば、仮の住まいであるので、「煩わしいことはセーブしていた」のではないか、とも推測する。

一方、災害公営住宅への入居が始まると、「まあ、行政区はどうあれ、交流をはかりましょうということで」（G氏、二〇一九年六月二八日）地区住民や外部のボランティアなどの企画により、地域住民と転居者の両者が参

(26)　ただし、入谷地区全体としては交流が低調にみえても、個別の仮設住宅に目を転ずれば、密な交流が行われていたケースも多い。「月刊地域支え合い情報（二〇一五年七月）」によれば、入谷地区の二区行政区では、地域内に建設された仮設住宅（五棟一六戸）の入居者を「地域全体で快く迎え入れ、盛んに交流を図ってきた」ために、「この地域に家を構えたい」と行政区内に新居を再建するほど、地域に愛着をもった入居者もいたという（東北関東大震災・共同支援ネットワーク「地域支え合い情報」編集委員会 2015: 3-4）。筆者は当該行政区の区長、当該仮設住宅の入居者にも聞き取り調査を実施したが、やはり両者の間に緊密な関係が築かれた旨の発言があった。また、そうした密な交流の背景には、仮設住宅が立地した民有地の地権者の人柄や仮設住宅の規模といったきわめて個別的な要因があることも明らかになった。

加できるイベントが、定期的に開催された。入谷地区に伝わる伝統芸能である「打囃子」については、板林行政区も既存行政区Xと同じ打囃子講に組み入れられた。しかしながら、志津川地区出身で、被災後に入谷地区の災害公営住宅に入居し、自治会役員を務めるM氏によれば、打囃子講が当番講だった二〇一六年度の例大祭では、八月初旬から続く準備に携わった公営住宅の住民はいなかった。M氏はその背景について、公営住宅の入居者が「みんな入谷地区以外からの集まりだし」、「自分が生まれたところとは、勝手が違う」ためではないか、と推測する。また、「半分以上が年金受給者だし」、「若い人たち共働きだし夜遅いし、〔登米市の〕佐沼のほうで働いている人もいるし。だからもう、どうしようもないんだねえ」と入居者の属性による部分もあるとする。M氏は筆者に、「誰も手伝いに行かなくてすみません」と、自治会費から捻出した寄付金を渡してきたのだと明かした（二〇一九年八月六日）。

4　復興枠組みの活用

前節では、主にハード面での復興とそれが結果的に入谷地区にもたらした避難者・転居者との関係を軸に、地区住民の復興に関する経験を描出してきた。本節では、被災後の南三陸町において復興まちづくりの要諦となった交流・関係人口に着目する。

（1）津波被災地南三陸町の「玄関口」
復興支援の対象として

被災後の南三陸町には、延べ一五万人を超えるボランティアや、筆者が所属するNPO法人を含む多くの支援団体が訪れ、さまざまな復興支援活動に取り組んだ（第5章）。こうした支援の手は、入谷地区の地域産業である農林業にも差し伸べられている。

立花敏によれば、日本空輸株式会社（ＡＮＡ）は、入谷生産森林組合が所有する森林を対象に、社員三〇人ずつが年二回の頻度で作業路や森林の整備を行った。二〇一二年七月には宮城県の「みやぎの里山林協働再生支援事業」による企業の森づくりに関する土地使用契約（協定）が二年間を期間として締結され、「南三陸町ＡＮＡこころの森」として森林整備が行われている。またＫＤＤＩ株式会社も、入谷生産森林組合と二〇一三年一二月一日から二〇一八年一一月三〇日までを契約期間とする「みやぎの里山林協働再生支援事業」の協定を締結し、対象となる森林は「ＫＤＤＩ取扱説明書リサイクルの森 南三陸」と称された。これとあわせ、二〇一三年一二月には入谷生産森林組合と「南三陸町森林づくり協定」を交わしている。これらにより、ＫＤＤＩは全国のａｕショップで回収した取扱説明書等の古紙売上金を南三陸町の森林整備支援のために寄贈し、間伐材を利用した木工品などの製造を行う活動に取り組んだ[27]（立花 2016: 185–186）。

また株式会社ＮＴＴドコモも、二〇一二年より、アミタグループ、南三陸町民との共同プロジェクトとして「未来の種プロジェクト」に取り組んできた。このプロジェクトは南三陸の森・里・海の魅力に関する情報発信を行い、町民と都市住民とをつなげたり、町のブランディングを実現したりすることを目標とし、森林支援、水産業支援、農業支援を行っている。二〇一二年五月に始まった農業支援としては、環境保全型農法による米（ササニシキ）づくり、東北発祥の農作物であるトウキづくり、そしてそれら商品のブランディング・流通経路の開

(27)　こうした南三陸材を使用したグッズ製作の核をなしたのは、南三陸町に木製ノベルティの工房を移し、ＹＥＳ工房（後述）とタイアップしたフロンティアジャパン株式会社であり、ＡＮＡやＫＤＤＩ等多くの企業の間伐材グッズを手掛けた（立花 2016: 189）。

発等が取り組まれている。特に入谷地区の農業従事者であるE氏とH氏が中心となり、ドコモ、アミタホールディングスの技術支援を受けて取り組んでいる無肥料・無農薬のササニシキ栽培は、南三陸町の復興とササニシキの復活がリンクされており、さまざまな業界から注目を集めている[28]。

復興における結節点

ただし、津波被害の軽微であった入谷地区において展開された支援は、地区住民の「被災」や「復興」を対象とするというよりも、南三陸町の地域産業である農林業への支援という意味合いが強い。実際、入谷地区は復興支援の対象としてよりも、津波被災地域や仮設住宅等において支援活動を展開する外部団体や、災害ボランティア活動に従事する人びとの前線基地として位置づけられてきた。たとえば、入谷地区には知のネットワークを活用した持続的な復興支援を行うための宮城大学の「南三陸復興ステーション[29]」や、警察の宿泊施設、NPO法人ら支援団体の事務所などが設置・開設された。入谷公民館には、避難所や仮設住宅に暮らす避難者を支援するために南三陸町にやってきたNPO法人などの支援団体や災害ボランティアが「山ほど」訪れた（阿部氏、二〇一九年六月一〇日）。こうした支援者は町の災害ボランティアセンターから公民館に「采配」されるケース、公民館を直接訪れるケースなどさまざまであったが、阿部氏は、こうした支援者と仮設住宅の自治会を媒介する役割を請け負ったという。前述したとおり、津波被災地域にまで届けることのできない支援物資が入谷地区に集積したこともあり、「震災後しばらくは、入谷がね、南三陸町の玄関口」になったような状況であった（G氏、二〇一九年六月二八日）。

その後、地区の機能は、次第に町の復興支援の前線基地から、交流・関係人口の創出と増大とを通した「復興」の拠点として、町内外を媒介する結節点へと変化する。たとえば、二〇〇九年に廃校になった入谷中学校を拠点に、津波被災により失業した町民の雇用の場として、入谷地区住民らにより設立され、南三陸名物のタコをモチーフとしたキャラクター「オクトパス君」のグッズなどを製作する「入谷ＹＥＳ工房」[30]や「南三陸農工房」[31]は、外部から町を訪問した人びとの見学・研修先としても定着した（Ｄ氏、二〇一九年七月三〇日）。

　こうした拠点の一つとして、大正大学の援助により二〇一三年に入谷地区に建設されたのが、二〇一六年からは同大学地域創生学部のエリアキャンパスとしても機能する宿泊研修施設「南三陸まなびの里 いりやど」[32]である。大正大学は、二〇一一年四月から教職員や学生らが南三陸内で支援活動を行ってきたが、それを受け入れたのが、二〇二四年現在研修センターの代表理事を務める阿部忠義氏であった。当初は入谷地区経由で一日あたり四〇人が訪れ、それを一二日間で四回行ったという（関・松永 2014: 253）。こうした受け入れを重ねるうちに、「森もあり、海もあり、里もあり、震災から学べることもある南三陸町には学びのフィールドとしての可能性がある」「支援のかたちとして、宿泊研修施設を建設して、多くの学生を呼び込み、一般の人も入れて交流人口を

（28）ササニシキは、かつてコシヒカリと並び「二大横綱」と評された人気銘柄で、宮城県を代表する米であった。しかし、機械化や化学肥料に頼る近代型の農業では育てにくいとされ、現在では生産量が激減している。ドコモ東北復興・新生支援笑顔の架け橋 Rainbow プロジェクト「南三陸の自然を生かした町全体のブランディング――未来の種プロジェクト」二〇二〇年四月三〇日、ドコモ東北復興・新生支援ウェブサイト（https://rainbow.nttdocomo.co.jp/tohoku/know/post-19.html 二〇二二年三月二二日最終閲覧）。

（29）宮城大学南三陸復興ステーション「南三陸復興ステーションについて」宮城大学南三陸復興ステーションウェブサイト（https://myuminami3.wordpress.com/about/ 二〇二四年九月一七日最終閲覧）。

（30）南三陸復興ダコの会「プロジェクト紹介」南三陸復興ダコの会ウェブサイト（http://ms-octopus.jp/project/ 二〇二四年九月一七日最終閲覧）。二〇二二年には四〇〇名以上がオクトパス君の絵付けなどの体験プログラムに参加した（南三陸町 2024: 330）。

（31）株式会社南三陸農工房「南三陸農工房のこと」株式会社南三陸農工房ウェブサイト（https://nokobo.com/contact/ 二〇二二年三月二二日最終閲覧）。

（32）「いりやど」は、地区名である「入谷」と「宿（やど）」、そして「〇〇をする」の英語訳である「do」の掛けことばである（阿部忠義氏、二〇二二年三月三日）。

図6－6　いりやど外観

（出典）「いりやど」ウェブサイト

増やしていこう」という方向へ話が進み、「いりやど」設置に至ったのであった（阿部忠義氏、二〇一九年六月一〇日）。

先述したように、いりやどは町民有志が発足させた「一般社団法人南三陸研修センター」（以下、研修センター）により運営される[33]。阿部氏は、研修センターのミッションとして、「ここに学びのフィールドをつくること、そのフィールドで未来を担う若者を育てていくこと」を挙げる。研修センターは、教育的視点から支援活動を行う「東北再生「私大ネット36[34]」」などと連携しつつ、町外から訪れる大学生や新入社員などを対象に、「東日本大震災の教訓を踏まえ新たなまちづくりに取り組む南三陸町の挑戦から「学び」を得るため」の研修用プログラムを提供してきた。町民が講師を務める各プログラムは、「震災の教訓に学ぶ」「人の出会いに学ぶ」「自然の循環に学ぶ」の三つのカテゴリーに大別され、「グリーン&ブルーツーリズム」のコンテンツと、「復興ツーリズム」の色彩の強いコンテンツとが組み合わされていた（二〇二四年現在はプログラムの一部が変更されている）。

研修センターが受け入れる大学や企業、NPO法人などは、年間で六〇団体、人数にして三〇〇〇人にものぼる（二〇一八年度実績）。阿部氏によれば、当初はCSRの関係で「ボランティアツアー」として「いりやど」を訪れる企業が多かったが、徐々に企業研修のほうへ主題がシフトしているという（二〇一九年六月一〇日）。研修センターが提供するプログラムの受講者は「いりやど」に宿泊するため、震災後の入谷地区では、若者が地区内を歩いている光景がよくみられるようになったと聞く。

（2）町内外を媒介するヤマ

いりやど設置の経緯

次に、研修センターと「いりやど」をめぐる人びとの語りを引用し、復興過程において町内外を媒介する入谷地区の機能を、さらに掘り下げていく。

発災当時、入谷地区区長会の役員であったA氏は、旧志津川町との合併を機に入谷地区の過疎化が進んだとの認識を示したうえで、現在「いりやど」が立地する場所について、「合併する前は、ここが入谷の中心地だった」と語る（以下、二〇一九年六月二一日）。A氏によれば、発災後、議員ら町の有力者から、当時広い田んぼだった

（33）　筆者と同じく入谷地区においてフィールドワークを行った樋口葵によれば、この研修センターは大正大学がボランティア活動を続けるなかで、次第に地域住民と大学の教職員、学生との間で交流が深まり、さらにはボランティアとして訪れた学生の、被災地での真剣なまなざしや積極的な行動に対して、地域住民自らが地域を盛り上げていかなければならないとの思いに駆られたことから、立ち上げられたものである（樋口 2017: 355）。

（34）　大正大学「東北再生「私大ネット36」」大正大学ウェブサイト（http://tais.ac.jp/region_international/contribution_society/shidai-net36/二〇二四年九月一七日最終閲覧）。

この場所に「〔津波被災者用の〕住宅建てたらいいんでねえか」という声が多くあがったという。しかしA氏は、この場所について、「入谷の中心地であったために、やっぱり、これからもここで中心地になるんだ」「入谷を、よくしていくためにはここが中心地なんだ」という考えをもち、「東京とか、全国」とつながる「入谷の文化の中心地、もしくは南三陸町の文化の中心地に」なるべきで、「住宅にする場所ではねえ」と考えた。

二〇一一年四月、阿部忠義氏が館長として入谷公民館に着任すると、A氏は阿部氏に対し「ここを文化の中心地になる、何か」にしてくれと要請した。A氏はここが住宅地になれば、入谷地区には文化的な情報が入らなくなってしまうとの危機感を抱き、土地の一部を所有している阿部氏に対して、「「ここは個人で使う土地ではないぞ」と。「あんたの土地だけっども、あんた個人で使う土地でねえから。みんなのために、地域のために使えるものに、何かやってみろ」」と言い含めたのだという。

一方で、当時は行政職員の立場にあった阿部氏は、沿岸部の土地不足を見据え、同じ場所に対して、仮設住宅の建設用地として使用するための合意を地権者から取り付けていた。阿部氏には、登米市に仮設住宅を建てることによる人口流出への強い危機感があり、町内で用地を確保しようと地権者たちを説得して回ったのだという。しかしながら、その後この場所は「国の基準に合致しなかった」ため、用地の候補から外れてしまう。そこで阿部氏も、この場所を使って「いろいろ盛り上げよう」と思案し始めたのであった。一面にひまわりの種をまくなど試行錯誤を繰り返していたところ、大正大学から提案されたのが、南三陸町を「学びのフィールド」と捉え、宿泊研修施設を建設して交流・関係人口の拡大に寄与するという支援の手法であった。当時、沿岸部は「それどころじゃない状況」だったこともあり、「いりやど」は入谷地区の中心部に建設されることになった〔阿部忠義氏、二〇一九年一〇月一一日〕。

阿部氏と「いりやど」

以下、本章において繰り返し語りを引用してきた阿部氏が抱く「いりやど」への思いについて記述する。筆者が阿部氏にはじめてお会いしたのは、二〇一九年三月のことであった。当時の筆者は、二〇一九年五月から数か月間入谷地区に滞在してフィールドワークを行う予定でおり、移住者や中長期滞在者向けの地区内のシェアハウス「花見山ハウス」(35)への入居を希望していた。入谷地区出身・在住の阿部氏は、花見山ハウスのオーナーであり、入居をきっかけにコンタクトをとることになった。阿部氏には、計四回におよぶ聞き取り調査にご協力いただくのみならず、幾度となくインタビューへの協力者をご紹介いただくなど、研究の遂行にあたって多大なるご協力をいただいた。

阿部氏は、役場職員として長らく商工観光関係の業務に携わってきた経歴をもつ。グリーンツーリズムの振興に携わったり、現在はYES工房において関連グッズの制作が行われている南三陸町の「復興キャラクター」オクトパス君を生み出したりするなど、生粋の「アイデアマン」(D氏、二〇一九年七月三〇日)であり、語りの端々から、南三陸町、そして入谷地区への強い愛着がうかがえる。発災後、阿部氏は外部から南三陸町に駆けつけてきた人びととのつながりを活用しようと、さまざまな事業を立ち上げ、奮闘してきた。

(35)　花見山ハウスは、南三陸研修センターが手掛けるシェアハウスプロジェクトの要であり、移住促進に注力し始めた南三陸町が抱える課題、すなわち、住宅不足（当初は災害公営住宅が移住者向けに開放されていなかった）、他地域との差別化を背景に、二〇一七年から運営が始まったものである。筆者が入居した二〇一九年五月時点では、外部からの移住者四名が共同生活を送っていたが、そのほかにも、研修センターが提供するプログラムに参加する学生（台湾から来日する学生も含む）や着任した地域おこし協力隊の隊員、南三陸町移住支援センターが実施している「お試し移住」に参加する移住希望者、筆者と同様に南三陸町をフィールドとする研究者など、多種多様な「よそ者」がこのシェアハウスを利用し、数日から数週間、あるいは数か月にわたって滞在していた。

震災で、応援に駆けつけてきた人びととの、つながりがでてくるわけだっちゃ。そうすると、なんだろう、面白いことが生まれるんだよね。そういうきっかけになっていくわけで、それをかたちにしようとするのが、さまざまな活動であったり、イベントっていうんですかね。行動を起こすことによってつながっていって、そして事業化していく。理想は、事業活動をして、地域にこう、活力を生むというのが一番だと思うので。その方向性で間違いないんだろうなということで、取り組んできたわけね。それはあくまでも、ベースは人と人とのつながり。つながり産業みたいなことを意識して。

すでに述べたとおり、「いりやど」を運営する研修センターでは、町を訪れる学生や会社員を対象に、町民を講師とする数多くの研修プログラムを提供している。一方で、現在、センターの代表理事を務める阿部氏は、「いりやど」を、地区住民に「自分の村の施設」「村の宝」として認識される「地域に根差した施設」であるべきだと考え、町内の歴史を学ぶ勉強会を開催するなどして、地区住民を巻き込もうと尽力してきた。阿部氏によれば、「〔いりやど・研修センターが〕〝出島〟みたいなかんじでは良くない」「〔地区住民が〕俺たち関係ねえってなるのが嫌だった」のだという。

さらに、阿部氏はこうした取り組みについて、「「学びのフィールド」を構築していく過程で、地域づくりをしていく」という狙いがあるのだと語る。こうした考えのもと、研修センターにより展開されたプロジェクトの代表的な事例が、「桃源郷構想のリバイバル」としての「花見山プロジェクト」である。

花見山プロジェクトと地域づくり

「桃源郷構想」は、入谷地区全戸加入の地域づくり団体「グリーンウェーブ」が、かつて取り組んだ地域づくりのプロジェクトである[36]（本章第1節参照）。「桃源郷構想」は、地区内の山林に杏や花桃、梅を植林することで、景観づくりによる地域の活性化と、苗木の販売による新たななりわいの創出を企図したものであったが、維持管理の負担が大きく一九九〇年代に暗礁に乗り上げていた。

ここに、いっぱいボランティアが来るようになったじゃないですか。震災後。このエネルギーってもったいないなって、俺たちは思ったんですよ。そうしているうちに、〇〇〔ある支援団体〕が、桜植えるとこねえべかって話になって。そうだな、ああ、あそこ荒れてっから、あそこの山借りて植えっぺかっていうことで、ちょっと整備したんですよ。山を。〔……〕で、最初はね、いわゆる道路の整備とか、荒れている雑木を片づけたりとかっていうことをやってた、グランマの森っていうのでやってたんですよ。〔……〕やっているうちに、かつての桃源郷構想のことを思い出して、二〇一五年に花見山プロジェクトとして、スタートしたんですよ。〔……〕まずは、桃源郷構想のときの長老たちを呼んで、勉強会からスタートしたの。〔……〕先輩たち、ここに三人の長老を呼んで、そして語りながら、こうあっといいよねっていうのをこう、機運を高めて。そして花見山プロジェクトにもってったと。だから、一応、地域に理解を得られないこと無理くりやるもんではないと思って。で、町の助成金つかったりしてやってんですね。（二〇一九年一〇月一一日）

「花見山プロジェクト」の目的は、地区の中心に位置する「ばば山」を整備し、桜や花桃の咲き誇る「花見山」とすることで、入谷地区に新たな交流・観光の場を創ることである。その前段階として、研修センターでは、二

(36)「桃源郷構想」については、福島県福島市の「花見山公園」から着想を得たものだという。「花見山公園」は、花卉園芸農家が、開花期に山が一面の花に埋まる私有地を公園として無料開放したものであり、毎春、多くの観光客を集めている。

〇一三年から、復興支援ボランティアとともにばば山を整備し、人びとの憩いの場にしていこうとする「グランマの森プロジェクト」を始めた。翌年にはばば山の中腹にツリーハウス「ソノバシノ木」（図6-7）が完成し、農作業などの休憩所などとして活用され始めた。町の「おらほのまちづくり支援事業補助金」を受け、二〇一五年七月には「花見山プロジェクト」として本格始動し、まずは「桃源郷構想」の実現に向けて尽力した地区住民らを集めて、「ばば山の思い出と未来を語る会」を開催している。

図6-7　ツリーハウス「ソノバシノ木」

（出典）筆者撮影（2019年6月9日）

図6-8　花見山プロジェクト東屋

（出典）筆者撮影（2019年6月9日）

その後も「花見山プロジェクト」では、地区住民を中心に、多くの企業・大学・団体等の支援を受けながら、山の整備や植樹などが進められてきた。プロジェクトには、二〇一五年だけで、研修センターを利用した一六団体、二八三名が携わり、計四四三本の苗木を植樹した。二〇一五年度は五一七人、二〇一六年度は四〇二人のボランティアの参加があったという。入谷地区において農業支援に取り組むNTTドコモは、プロジェクトに対しても社員のボランティア活動にとどまらず、桃とつつじの苗木四〇〇本、立て看板、東屋を寄贈するなど（図6-8）の支援を行っている。また、こうした作業は「南三陸応縁団」の「おでって」（第5章第3節参照）にも登録され、応縁団経由でも多くのボランティアが参加し（樋口 2017: 355）、苗木の植樹だけでなく遊歩道の整備なども行ってきた。

阿部氏によれば、このように多くの外部者が参画する「花見山プロジェクト」も、プロジェクトを拡大すればするほど維持管理の負担が大きくなり、今後の展開には不安を抱えているという。それでも、プロジェクトを続ける背景には、以下のような思いがある。

花見山、かつての桃源郷なんか民でスタートしたけど、けっきょく長続きしなかったように、難しいんですよ。その辺はわかってるけども、それに着手したっつうのは、なんだろうな、こだわりっつうのか。応援の風と、まあ要するに、地域とボランティアさんの絆の証、バロメーターにしたかったんですよ。

入谷は言ってみれば何もない地域じゃないですか。そこに来る意図っていうか、動機につながるようなものが、なければつくるっていう感じ。YES工房や農工房とかなんかも、まだまだなんですけど。やればやるほど苦しくなってくわけなんだけど。けっきょく、そうやって、活気のあるむら、ということを。そのむらにあるいりやど。そこへ来て、体験したり美味しいものを食べたりするところに価値があるみたいな〔ところに〕、持って行けねえかなあっと思っているんですよ。（二〇一九年一〇月一一日）

傍点によって強調した箇所からうかがえるように、花見山プロジェクトは、「何もない」地域であるが、震災後は町内外の結節点となった入谷地区に、今後も外部から人が訪れる誘因を創出することを企図し、展開されているのである。阿部氏の古くからの友人であり、震災後は民泊の受け入れを始めるなど「いろんな人」との交流をもつことができたと語るF氏は、こうした思いに支えられた彼の活動について、以下のように語る。

昔から、志津川〔合併前の志津川町〕っていうのは、みんな海っていう感覚しかなかったわけ。だけど、ここには、〔……〕入谷もあって、ヤマなんだけども、いろんな農産物があって、人もいて。入谷の魅力を知ってもらいたいっていうのが、彼〔阿部氏〕にはいっぱいあったのさ。なんでそれをさ、アピールして。ほら、これから若い世代にしてもね、いろんな人が来るとしても、何で知ってもらうかっていうのは、一つの課題だったんだと思うよ。〔……〕とにかく町のために、何か、何かって。あいつは一生懸命やってんだ。（二〇一九年一〇月一四日）

阿部氏も、研修センターにおける自身の活動について、以下のように振り返る。

〔利用できるものはなんでも利用し、事業を展開してきたことで〕妬まれたところがあったんですよ。だけど、俺は南三陸の将来のためになるもんだと思って、そんなの気にしないで、乗り切ってきたつもりなんです。

（二〇一九年一〇月一一日）

両氏の語り、特に傍点部から、発災後、研修センターの理事として阿部忠義氏が展開してきた事業においては、「南三陸町の「復興」」といういりやど設立以来の目的と、「入谷地区の地域づくり」という地区においてかねてより取り組まれてきた実践の再興という二つの次元が交差していることがわかる。この点については、第8章で考察を深めていきたい。

（3）ヤマの変化

「元」災害ボランティアと入谷の人びと

本章の最後に、同年代の男性二名の語りを引用したい。まずは、入谷地区出身・在住で、農業従事者であるH氏の語りである。

若い頃から青年団に所属して打囃子の保存活動に取り組み、また、二〇一九年現在は九区の行政区長を務めるなど、入谷地区の中心的存在の一人であるH氏は、発災後、NTTドコモとアミタホールディングスによる「未来の種プロジェクト」の中心メンバーとして、無肥料・無農薬のササニシキ栽培に取り組んでいる。また、研修センター経由で多くの研修生を受け入れ農作業を教えるほか、「花見山プロジェクト」には実行委員長として携わっている。二〇一五年一二月に同プロジェクトの除幕セレモニーが行われた際は、「花見山は地域住民20年来の悲願。こうして皆さんのお力添えで植樹が完了して嬉しい」と万感の思いを表現した。[37]

（37） 南三陸なう「入谷に桃源郷を！花見山感謝祭開催」二〇一六年五月一一日、南三陸なうウェブサイト（https://m-now.net/2016/05/hanamiyama.html 二〇二二年三月二二日最終閲覧）。

H氏は、筆者の聞き取り調査において、町の復興を通した入谷地区の変化について、以下のように語った。

〔研修センターがなければ〕入谷もあんまり変わんなかったな。あれがあったからけっこう変わってきてるよ。（二〇一九年八月三〇日）

本章第2節では、東日本大震災による入谷地区の「変化」が、志津川のマチの人に等閑視されたことに触れた。では、復興過程において入谷地区にもたらされた「いりやど・研修センター」は、入谷地区にどのような「変化」をもたらしたのであろうか。震災後、地区内外で人的ネットワークが拡大したというH氏は、自身も震災を機に「いっぱい変わった」のだと語る。

学生とか教授、企業とのつながりはけっこうあって。みんな震災後のつながりで、はじめはボランティアとかで来てくれたけど、今はそういうのに関係なく「会いたい」って言って来てくれるんだよね。〔……〕ボランティアっちゃボランティアだけど、「なんかやることある？」「あるある。じゃあ桃の木の作業手伝ってもらおうかな」っていうちょこちょこっとしたやり取りをするだけで、みんなが手伝いをしに来てくれる。そんなことができるくらいの関係になっているんだよね。仲良しなの。〔……〕震災直後にボランティアに来たある学生とずっとつながりがあって、学部を卒業した今も二〜三か月に一回のペースで遊びに来てくれている。今度の八月にはみんなでバーベキューを計画中なのさ。ここら辺の人たちがスポンサーになって、みんなお酒だのお刺身だの差し入れしてくれるんだよね。みんな外から人が来るのをすごく楽しみにしてるわけ。

傍点を付した箇所から読み取れるように、南三陸町の復興支援をきっかけに入谷地区を訪れた「元」ボランティアの人びととH氏との結びつきは、第3章で触れたような、支援者と被‐支援者の関係にとどまらない、個対個の関係であると読み取ることができる。こうした「元」ボランティアの人びとは、「H氏に会いたい」という理由で今後も継続的に入谷を訪問することが予想される、交流・関係人口として位置づけられるだろう。「いりやど」が入谷地区にもたらしたのは、当初は「津波被災地南三陸町」に興味をもち、継続的に町を訪れるうちに「入谷」の交流・関係人口ともなった人びとである。

入谷の人びとの変化

次に、志津川地区出身である遠藤前副町長の語りを取り上げたい。遠藤氏に筆者がはじめてお会いしたのは二〇一九年三月一三日、「花見山ハウス」の内覧のために筆者が「いりやど」の阿部忠義氏を訪ねたタイミングであった。その後も一対一での聞き取り調査に応じていただいたり、筆者が所属する研究会の研修に講師として登壇していただいたりした。二〇一九年七月一九日、二回目の聞き取りに際し「いりやど」の一室で筆者と向き合った遠藤氏は、発災後の入谷の変化について問う筆者に対し、入谷地区の成り立ち、また発災後の志津川地区と入谷地区との関係など、本書がこれまで述べてきた事柄に触れながら、以下のような考えを述べた。

まず、「一番変わったのは、ここで生活してる人たちの気質」であるという。「もともと農耕民族、農家の人たちって漁民と違ってあまり声高にもしゃべんないし、おしとやかで、おだやかで、あまり自分だけ自分だけっていう人じゃない」入谷の人びとであるが、遠藤氏によれば、グリーンツーリズムへの取り組みと民泊の経験を経て「人を迎え入れる、都市との交流ができるような下地はその段階である程度、できていた」。そうした力が発災後の避難者の受け入れ、支援者の仲介において発揮され、「気質の変化」につながっていったのだという。以下、特に傍点を付した箇所に注目し、遠藤氏の語りを吟味したい。

今度は、被災住民受け入れたでしょ。で、そういうことの支援と同時にね、実は震災のボランティアであったり、支援活動するためにいろんな団体がこの入谷地域にベースキャンプはったわけよ。最も近い、まあ最初は、ここに入れないときは登米とか岩手の藤沢、県境の藤沢とかにベースキャンプはったんだけど。で、だんだん道路が整備されて一番活動しやすいっていうことでここに。公民館、忠義くんが公民館長やってるときに、公民館とか、そういう、大正大学なんかがまさしくそういうことでつながりができたんだけど、そういうことで、自分たちも被災者じゃないんだけど、被災者を支援する立場、それから、町外から被災者を支援する人たちと、同じ立ち位置で活動するようになって、より効率的な、活動ってなんだろうとか、そういう人たちと交流する機会がいっぱい増えてきたわけでしょう。で、まあそういうことで、なんていうか感性が広がっていくというか。〔……〕そういう経験が、ここの人たちができて。あまりこう、よそ者とか、そういう人をこう、受け入れないとかいうんじゃなくて、もう素直にいつでもウェルカムみたいな〔姿勢が〕、できてきて。

加えて、遠藤氏は「いりやど」設置の影響も踏まえ、震災後の入谷の人びとについて以下のように分析している。

そして今度こういう施設〔いりやど〕ができたでしょう。ここの施設ができて、それこそ、大学生、ね、二〇歳前後のお兄ちゃんお姉ちゃんがさ、都会のお姉ちゃんたちが、朝夕ここで闊歩したり、学習活動として体験農業をやったり、お休みの日は地域のイベントに参加したり、それから身近な場合は、稲刈りがある農家さんちさ行って〔やらせてもらったり〕。それからネットができて、ここでのプログラム以外に、個々のネットでお付き合いがでてきたり、それを、だから、一番すんなりと。今あらためてこの時期になってきて、海外の人でもそれから都会の人でも、一番すんなり受け入れられる環境になったのはここの人たちでねえかなあ。

――（筆者）あちら、志津川とかよりもむしろ

だからね、違いはね、支える側の立場にいた人と、ずっと支えられる、結局、支えられることが当たり前みたいなかんじで過ごしてきた、当たり前とは思ってないと思うけど、感謝しながらなんだろうけどさ。

――（筆者）でもやっぱり慣れてしまう

そうそう、人ってそうだよね。〔……〕支援を受けてきた側の人と、それからよその人たちと一緒になって支援をやってきた人たち、その基盤を支えてきてくれた地域の人たち、全然そういう意味で違うんでない、入谷の人たち。だから、朝夕闊歩したり、それこそ、平気でまたお茶飲んでいかいん〔飲んでいきなさい〕って。歩って〔歩いてい〕れば、お茶飲んでいかいんって若い子がね。企業研修でもなにもそうなんだけど、そういう〔よそから来た若い人への〕警戒心、もたないし。

こうした遠藤氏の語りから、入谷の人びとは支援の対象とならなかったことにより相対的な剝奪感を募らせ、葛藤を抱えた（本章第2節参照）一方で、支援活動に付随する支援／受援関係の不均衡性や緊張をある種回避し、支援者を「すんなり」受け入れ、地域づくりに取り組むことができたと考えることができよう。またその背景には、「ヤマ」として町外の人びとと交流を行ってきた「下地」があった。そしてこうした「下地」のもとに「すんなり」受け入れたよそ者との交流のなかで、入谷の人びとが「変わって」きたことが推測できる。「いりやど」[38]は、こうした外部からやってくる「よそ者」、復興・創生の文脈からいえば交流・関係人口と入谷地区の人びとを結びつける結節点となった。この点は、右記の語りに加え、フィールドノートから抜粋した、「いりやど」における情景描写からも明らかであろう。

なお、筆者がフィールドワークを行った二〇一九年頃の入谷地区においては、町が二〇一六年度から受け入れを始めた地域おこし協力隊員など、「研修センター」を経由せずに同地区において活動している「よそ者」の姿も多くみられた。たとえば町でのワイナリー開業を目指し二〇一七年春から地域おこし協力隊員を中心に進められてきた「南三陸ワインプロジェクト」では、南三陸農工房の参画を得つつ、入谷地区内の耕作放棄地を利用したワインぶどうづくりが進められている。ただし、こうした「よそ者」が地区の農家と打ち合わせを行うのは「いりやど」であり、ここでも「いりやど」が両者をつなぐ構図は踏襲されているのである。

小括

本章では、南三陸町をめぐる固有の社会・文化的文脈を前提に、中山間地域の入谷地区において、「町の復興」がどのようなものとして経験されてきたのか、描出してきた。

かつて蚕糸業で栄えた入谷は、南三陸町の一部として編成されていく過程で「何もないヤマ」へと変貌し、地区住民は志津川地区のマチへ、生活のさまざまな局面で依存した。発災後、直接的な津波被害を免れた入谷の人びとは支援側に回ったが、同時にマチへの依存性において「見えにくい被災」を受けていた。彼らはハード中心の「既定（の）復興」においても周縁化され、被災者なのかそうでないのか、あいまいな状態に留め置かれ、心理的葛藤を抱えた。入谷地区住民における「〈当事者〉になりにくい構造」の検討は、第8章の中心的な課題の一つとなる。

一方で「ヤマ」である入谷地区では、住民の間に伝統芸能などを核とする結びつきがあり、震災前から地区をあげてさまざまなむらづくり活動を展開してきた。こうした入谷地区の特質により、地区内に建設された公営住宅をめぐっては行政区の新設という帰結をみたものの、人口減少を背景に多くの交流・関係人口が携わった南三陸町の復興過程に対しては、町内外を媒介する結節点としての地区の機能が促進された。第8章では、境界概念を参照しつつ〈境界的な被災地〉にみられるポジショナリティのあり方に照準し、南三陸町の復興を捉え直す。

（38）なお、いりやどは地区住民による交流施設としての利用は低調であったが、二〇一九年にアスベスト問題で入谷公民館の二階が使用不可になったこともあり、近年は地区住民からの利用も進んでいる。

第7章　登米市中心市街地における南三陸町の復興

本章では、南三陸町において津波被災者最大の避難先であった登米市に目を転じ、自治体間の境を越える避難や移住行為としての〈越境〉と、受け入れ側の登米市民による関与のあり方という観点から、南三陸町の復興に照射する。本章の記述は、広報誌や各計画など両自治体の公表資料、新聞報道に加えて、登米市におけるフィールドワークにて実施した両自治体の住民、役場職員、両社会福祉協議会職員への聞き取り調査、そのなかで収集した語りに基づいている。

1　登米市と南三陸町

（1）登米市のあらまし

まずは登米市「第二次総合計画」（二〇一五年）をもとに、登米市の概況を確認する。登米市は、南三陸町と同様、全国的な「平成の大合併」の動きのなかで、二〇〇五年に登米郡八町と本吉郡津山町の合併によって誕生し

図７－１　登米市位置図

（出典）「白地図ぬりぬり」を利用し筆者作成

た。宮城県北部の内陸に位置し、北方から時計回りに岩手県一関市、気仙沼市、南三陸町（本吉郡）、石巻市、涌谷町（遠田郡）、大崎市、栗原市と多くの自治体に接している（図7-1）。面積は五三六・一平方キロメートル（県内第五位）であり、県全体の七・四パーセントを占める大規模な自治体である[1]。二〇二四年五月末現在の人口は七万二五一〇人であり、県内第五位の人口を有している。

登米市では、地理的にも市の中心部に位置する迫町《はさまちょう》佐《さ》沼《ぬま》・中田町《なかだちょう》加賀野《かがの》・南方町《みなみかたまち》北東部の商業集積地帯が連続した市街地を形成しており、登米市発足にあたって策定された一連の計画では「中心市街地」と位置づけられている。また登米市は、市内東部に三か所のインターチェンジがある三陸縦貫自動車道や、市内を南西から北東に縦断する国道三四六号線などの幹線道路によって、仙台都市圏、石巻都市圏などと結びついている。二〇二一年には、市中心部を横断して東北縦貫自動車道と三陸縦貫自動車道を結ぶみやぎ県北高速幹線道路が開通し、市内から東北新幹線や東北縦貫自動車道へのアクセスが向上した。なお、市内西部には仙台駅直通のＪＲ東北本線の三つの駅（梅ヶ沢駅、新田《にった》駅、石越駅）があり、東部にはＪＲ気仙沼線の四つの駅（陸前豊里駅、御岳堂《みたけどう》駅、柳津駅、陸前横山駅）も設置されている。

登米市の地勢としては、西部が丘陵地帯、東部が山間地帯で、その間は広大で平坦肥沃な登米耕土が形成されている。県内有数の穀倉地帯である平野部は環境保全米発祥の地として知られ、宮城米「ひとめぼれ」などの主産地である(2)。また、全国有数の肉用牛生産地でもあり、ブランド牛肉「仙台牛」の四割近くを出荷している(3)。登米市には、北西部に位置しハクチョウやガンなどが飛来する伊豆沼・内沼をはじめ、長沼、南部に位置する平筒沼など多くの湖沼もある。これらの湖沼およびその周辺地区においては、ラムサール条約登録湿地や、同市の自然環境保全条例の保全地域などがあり、自然環境保全の取り組みが行われている。

二〇一〇年の国勢調査によれば、市の総就業者三万九四一二人のうち、一次産業従事者が一三・四パーセント（五二七七人）、二次産業が二九・〇パーセント（一万一四七二人）、三次産業が五二・八パーセント（二万七九九七人）である。一次産業従事者のうち、五一二六人（九七・一パーセント）が農業従事者である。一方で、農林水産省「農林業センサス」によれば、販売農家の農業就業人口(4)（二〇一〇年二月）は、一万五九人と同年の市内総人口の一二・〇パーセントを占めており、総農家数は九一七七戸と市内総世帯数の三六・七パーセントに達していた。同時点での宮城県全体の販売農家の農業就業人口比率が三・〇パーセント、農家世帯数比率が七・三パーセントであることからみても、同市が農業へ特化しており、その経済社会活動が農業と密接に結び付いていることが確認できる。

（1）二〇二一年度に放映されたＮＨＫ連続テレビ小説「おかえりモネ」の舞台の一つとなったことで、近年は全国的にも認知されるようになった。
（2）登米市「人と環境にやさしい登米市の農業」二〇二一年、登米市ウェブサイト（https://www.city.tome.miyagi.jp/shinko/shisejoho/noringyo/nogyo/tomesinonogyo.html 二〇二二年四月二七日最終閲覧）。
（3）登米市「畜牛」登米市ウェブサイト（https://www.city.tome.miyagi.jp/kirakira/shoku/ushi.html、二〇二二年三月二二日最終閲覧）。
（4）経営耕地面積が三〇アール以上または調査期日前一年間における農産物販売金額が五〇万円以上の農家をいう。

一方で登米市の統計書によれば、同市の人口（合併以前は旧九町の合算）は、一九五五年の一二万八七五三人（国勢調査）をピークに減少を始めている。その後一九八〇年代に一度微増に転じたのち、平成に入ってからは加速度的な減少に見舞われ、震災発生直前の二〇一〇年一〇月一日時点では、八万三九六九人にまで減少していた。

（2）登米市と南三陸町間の人の移動

次に、震災前夜の登米市と南三陸町間の関係、とりわけ南三陸町から登米市への人びとの移動の実相について確認する。

国勢調査における、五年前と現在の常住地との地域間移動（人口移動）を集計した結果をみてみると、二〇一〇年一〇月一日の時点で五年前の常住地が南三陸町だった町外への転出者（二二四二人）の主な転出先は、仙台市（三六四人、一九・三パーセント）、気仙沼市（二二二人、九・八パーセント）、石巻市（一〇六人、八・五パーセント）である。登米市は六・八パーセント（八五人）である。一方、五年前に「現住所」以外に住んでいた市外からの転入者は三五四七人であり、主な常住地は仙台市（七九三人、二二・四パーセント）、栗原市（三六八人、一〇・四パーセント）、大崎市（二三二人、六・五パーセント）となっている。南三陸町は八五人（二・四パーセント）で六番目に位置している。

また、二〇一〇年の国勢調査によれば、南三陸町の流出人口（町内在住の通勤者・通学者で、他市町へ移動している者）は、町内在住の通勤者・通学者全体（八九七〇人）の二一・八パーセント（一九五七人）であり、主な通勤・通学先は、気仙沼市（六八六人、流出人口の三五・一パーセント）、登米市（四二四人、二一・七パーセント）、石巻市（二七三人、一三・九パーセント）となっている。流入人口（九四二人）の主な常住自治体については、気仙沼市（四四七人、四七・五パーセント）、登米市（二七三人、二九・〇パーセント）、石巻市（一二五人、一三・三パーセント）となっている。

第5章で述べたように、震災後は県内移動のうち登米市への転出者が急増し、一時は四～五割を占めた（第5章第2節参照）。一方で右記から、震災直前の南三陸町においては、登米市のほかに仙台市や石巻市との結びつきが強かったこと、そしてとりわけ、かつて同じ本吉郡に属し、現在は南三陸町と二自治体で気仙沼・本吉地方を構成する気仙沼市との間での往来が活発であったことが読み取れる。筆者の調査では「南三陸町には親戚がいる」「親近感を抱いている」ことを強調する市民が多くみられたが、震災前の両自治体間での人の移動は特別活発ではなかったようである。

次に、宮城県が調査結果をまとめ、公表した「宮城県の商圏――消費購買動向調査報告書」[5]から震災前の南三陸町における買回品[6]の購入動向をみると、合併前の二〇〇二年、志津川町の住民における買い物先は現在の登米市中心部に位置する迫町と南方町を合わせて五七・二パーセントであり（宮城県 2003: 135）、耐久消費財や趣味品等を購入する際、登米郡にまで出かける人びとが多くいたことがわかる。合併後の二〇〇八年の数値をみてみても、志津川町域では旧気仙沼市域が四・〇パーセントであるのに対し、迫町域と南方町域を合わせると三二・七パーセントとなっている[7]（宮城県 2009: 163）。ここから震災以前の南三陸町では、登米市は、特に旧志津川町域

(5) 宮城県による消費購買動向調査は、県内の公立小学校に在籍する三年生児童の保護者を対象に、一九七八年から三年ごとに実施されている。本書で引用した二〇〇二年の調査は九月初旬に一週間程度の期間で実施され、一万七二七六世帯より回答を得た（回収率は七八・八パーセント）。また、二〇〇八年の調査は一〇月初旬に一週間程度の期間で実施され、一万二四二二世帯より回答を得ている（回収率は七九・三パーセント）。

(6) 宮城県によれば、買回品とは衣料品や靴・バッグ・アクセサリー、スポーツ・レジャー用品、CD・本・雑誌、文房具、玩具・ゲーム、家具・インテリア用品、家電・パソコン類、贈答品を指している（宮城県 2003: 2; 2009: 2）。

の人びとにおいて、主たる「買い物先」の一つだったことが確認できる。[8] なお、歌津町については、気仙沼市が主たる買い物先であった。二〇〇三年では七四・二パーセント、二〇〇八年では五三・六パーセントを占めており（旧気仙沼市域、宮城県 2003: 135; 2009: 164）、やはり気仙沼地域との結びつきが強いことがうかがえる。

2 東日本大震災と南三陸町からの人口移動

(1) 支援をめぐる葛藤とジレンマ

東日本大震災の発生と南三陸町への支援

ここまで登米市のありようについて、南三陸町との関係を軸に描写してきた。本節では、同市における東日本大震災の被害状況と、南三陸町からの避難者への対応について、主に市行政の視点から記述する。

登米市では、東北地方太平洋沖地震によって市内米山地区・南方地区で最大震度六強の揺れを観測した。各所で道路の路面亀裂や陥没、橋脚の破損や落石などが生じ、通行止めや片道通行になった道路が多くあった。また、全域で数日間に及ぶ停電、度重なる断水などのライフラインの被害がみられ、二〇一棟が全壊、四四一棟が大規模半壊、一三六〇棟が半壊の認定を受けるなど、重大な物的被害を受けた[9]（登米市 2014: 9–10）。こうした被害を踏まえ、登米市は災害救助法など災害関係法令に基づき被災自治体として指定され、国・県より義援金の配分を受けている。一方で、死者は二八人（直接死一九人、災害関連死九人）、行方不明者は四人であり[10]、沿岸自治体に比して人的被害は相対的に軽微であった。登米市は「岩手・宮城県市町村災害時相互応援協定」などに基づいて、いち早く津波により甚大な被害を受けた沿岸部被災市町村三市二町（気仙沼市、南三陸町、女川町、石巻市、東松島市）への支援に力を入れ、職員の派遣や、支援物資等の中継拠点の機能を担った[11][12]（登米市 2015: 39）。

登米市がとりわけ重点的に取り組んだのは、南三陸町への支援活動であった。登米市のコミュニティFM（通称H@！〈はっと〉FM）の関係者は「南三陸に一番先に駆け付けたのは登米市の人たちだって、今でも言われてる」と述懐した。同氏によると、発災直後、南三陸町の視察から帰ってきた登米市長は、「これはとんでもないお話になってると。沿岸部は」と話し、同FMのラジオ放送において「登米市の皆さん、登米市は南三陸を支援します。だからちょっと待っててくださいと。登米市の被害は比べものにならない。沿岸に比べれば。だから沿岸部の方の支援をまずしますと呼びかけたという（二〇一四年一二月五日）。

（7）前回（二〇〇五年）の調査時と比べると三一・八ポイントもの拡大をみた旧石巻市域（四四・四パーセント）が最大の買い物先となった（宮城県 2009: 163）。その背景要因としては、二〇〇三年以降の三陸縦貫自動車道の延伸が考えられる。

（8）なお、二〇〇八年の数値について合併後の市町としてみた場合、登米市で買回品を購入する南三陸町民の割合は二九・〇パーセントであり、石巻市（三七・三パーセント）、気仙沼市（一七・六パーセント）の中間に位置している（宮城県 2009: 120-124）。

（9）同市の暮らしや地域経済における東日本大震災の被害としては、特に、放射性物質の拡散による農作物等への影響が挙げられる。東京電力福島第一原子力発電所事故発生後、市内の稲わらを宮城県が調査した結果、暫定基準値の約二・七倍の放射線セシウムが検出された。このため、県内産和牛の枝肉価格が半額以下に急落し、生産農家による出荷自粛も行われるなどの事態となった。また、その後も市内の原木しいたけやコシアブラから基準値を超える放射性物質が検出され、出荷制限を受けた。このような出荷制限や「風評被害」によって、大きな損害をこうむった登米市の生産者は、その損害を東京電力へ賠償請求したという（登米市 2014: 75）。

（10）第4章で触れたように、宮城県北部・岩手県南部一一市町（岩手県の一関市、平泉町、藤沢町、大船渡市、陸前高田市、住田町、宮城県の気仙沼市と南三陸町、本吉町、栗原市、登米市）で締結されたものである。協定に基づく応援の内容は、①応急措置などに必要な情報収集と提供、②食糧、飲料水および生活必需物資とその供給に必要な資機材の提供、③被災者の救出、医療、防疫および施設の応急措置などに必要な資機材、物資の提供、④災害応急活動に必要な職員などの派遣、⑤国民保護法に基づく国民保護のための措置などである（一関市「広報いちのせき　平成18年8月1日号」二〇〇六年）。

（11）二〇二四年現在は仙台市から岩手県宮古市まで全面開通している三陸縦貫自動車道の北端が、当時は登米市に位置していたこともあり、同市には支援物資が集積した。

（12）また五月二一日には、女川町・南三陸町に対し、兵庫県阪神応援チーム（西宮市、宝塚市、川西市、猪名川町）と登米市・栗原市が協力し支援を行う「東日本大震災に係る災害応援活動に関する協定」を締結し、女川町・南三陸町の要請に応じ兵庫県の四市町との連絡調整や、派遣職員の提供など支援活動を行った（登米市「広報とめ」二〇一一年六月一日号）。

南三陸町への支援としては、まず、登米市・南三陸町消防相互応援協定（二〇〇五年一二月一日）に基づき緊急援助にあたった。また、市内各種団体が協力し「南三陸物資輸送ボランティア」事業を立ち上げ、南三陸町災害対策本部（ベイサイドアリーナ）に保管されていた支援物資を町内の主たる避難所へと輸送するなどの活動を行った。ほかにも給水車による給水支援を行ったり、津波被害を受けた町立戸倉小学校、町立戸倉中学校に対して旧善王寺小学校を仮校舎として提供したり、津波により全壊しプレハブで仮診療所を開設していた公立志津川病院に対して、旧よねやま病院の病棟部分を入院施設として貸し出したりと、多角的な支援を展開した（登米市 2014: 61-66）。

登米市は沿岸部において救援活動を担う各組織の前線基地となるとともに、その後方支援にも従事した[(13)]。具体的には、陸上自衛隊の野営場として消防防災センターを提供し、また、緊急消防援助隊及び国際緊急援助隊、広域緊急援助隊（警察）を公共施設に受け入れ、燃料の調達を行うなどした。加えて、南三陸町をはじめとする沿岸の被災自治体で活動する多くの支援団体の前線基地も置かれた。たとえば、仙台以北の南三陸沿岸部を中心に救援・支援活動を展開したRQ市民災害救援センターは、当初南三陸町内へ活動拠点の設置を目指したものの断念し、登米市東和地区の旧鱒淵小学校に拠点を置いた。センターは八か所の拠点で延べ四万人を超えるボランティアを受け入れた。登米市を経由して沿岸部への支援活動に従事した人びとのなかには、そのまま同市に移住・定住したり、継続的に同市を訪問しているケースもある。

さらに、登米市は発災翌日から市内の避難所を市外からの避難者に対しても開放した。最大五四〇人（三月一四日時点）に達した市外からの避難者については、南三陸町民が最も多かった[(14)]。その後、宮城県の要請に応じて閉校した学校施設など市内六地区一一か所の二次避難所および福祉避難所を開設し、最大時八六五人（四月二二日時点）の南三陸町民を受け入れた[(15)]。避難所の南三陸町民へは、女性支援に注力した「宮城登米えがおねっと」

や後述する「コンテナおおあみ」、「さくらんぼくらぶ」のように、市内のＮＰＯ法人や地元企業などが物資の提供や訪問支援に取り組んだ。

以上のような市を挙げた支援活動が展開されるなか、布施登米市長（当時）は「生活再建のために協力できることはしよう」という思いから、「南三陸が復興して環境が整えば、被災者にはお帰りいただくのが登米市の姿勢」と断ったうえで[16]、南三陸町へ仮設住宅建設用地の提供を申し入れた。その結果、登米市には南三陸町の建設型仮設住宅全戸数の二割を超える四八六戸が整備されることとなったのである。

避難者への対応

町外仮設の建設については、当初、町民の間で反対意見も多くあがった。町行政でも、用地不足から町外に「移動してもらった」という意識のもと、町外避難者に対して町内と同等水準の行政サービスを提供する責任があると強く認識していた（南三陸町企画課職員、二〇一四年一二月一二日）。したがって、通常時と同様の行政サービスはもちろん、仮設住宅やみなし仮設に暮らす入居者の見守り活動等にあたる「生活支援員」[17]の配置や、保健

(13)　沿岸部支援の前線基地、後方支援拠点として機能した自治体はほかにもある。たとえば、岩手県遠野市は、いち早くボランティアの宿泊拠点となった。また「遠野まごころネット」という支援組織を整え、大規模なボランティアセンターとしての役割を果たしている。
(14)　市民・市外からの避難者に対し最大五三施設を避難所として開放しており、これらの避難所を利用した避難者の総数は二〇一一年三月一四日午前八時時点で最大六二三〇人（内訳は市民五六九〇人、市外からの避難者五四〇人）にも及んだ（登米市 2014: 10）。
(15)　登米市「広報とめ」二〇一一年五月一日号。
(16)　河北新報「2首長に聞く　登米市内の宮城・南三陸町仮設住民アンケート」（二〇一三年六月三〇日付）や朝日新聞「ここが聞きたい　震災3年　登米布施孝尚市長　南三陸の避難者支援は／宮城県」（二〇一四年三月八日付）での布施前市長の発言に基づく
(17)　町民を臨時雇用し、町内外の仮設住宅やみなし仮設に暮らす入居者の孤独死・孤立防止のための見守り活動等にあたらせたもの。

師による健康状態や生活ニーズの把握、選挙が実施される際の期日前投票所の設置、「みなみさんりく復興まちづくりニュース」の配布による情報提供など、災害発生後の特別なサービスに関しても町内在住者と同等の水準での提供が心がけられた[18]。

他方、登米市では、地震により自宅が全壊するなどの被害を受けた市民に対しては、仮設住宅を新たに建設することなく、既存の定住促進住宅を提供したり、「みなし仮設」制度を活用したりして対応していた。市内に建設された仮設住宅のすべてには、南三陸町の避難者が入居した。避難者（仮設住宅、みなし仮設入居者等）の多くは、住民票を町に残した状態で避難生活を送っていた（登米市職員、二〇一四年一二月一八日）が、登米市は震災復興計画に「近隣市町の被災者支援」という項目を設け、「本市に避難された方については、原則登米市民と同じサービスを提供していきます」（登米市 2011: 48）などと明記し、費用や委託先への保険料を登米市が負担するかたちで、さまざまな行政サービスを提供した[19]。なお、こうした避難者への支援について、登米市の復興計画には「被災自治体の意向を踏まえながら入居者、被災者を積極的に支援していきます」（登米市 2011: 48）との記述があり、南三陸町の意向へ配慮する姿勢がうかがえる。

登米市民の不満と葛藤

避難者へ積極的に支援、行政サービスの提供を行っていこうとする登米市の姿勢は、一面では避難者と市民の間に潜在的な不和を生み出した。たとえば、筆者がフィールドワークのなかで登米市の住民らとやり取りする際、「被災者」として「支援を受け続けていること」に対する批判の声が聞かれた[20]。

支援慣れしてるっつうかさ、甘えすぎてると思う。あとはさ、俺は被災者だからっていう意識が、やっぱどこさかあんのかもしんない。南三陸から来てる人たちはさ。まあ、そういう人もいたよね。もっとくれ、もっとくれもいたしね。なんでもいいから支援をくれって。働きもしないでね。

また、批判の矛先は、被災ゆえに生業を奪われた人びとの暮らしにも及ぶ。

南三陸から〔登米市の〕仮設さ来たべっちゃ。地域の人たちはえらい迷惑だったのさ。昼は、仕事もないし、うらから〔ぶらぶら〕するべしさ。夜になっと、飲み屋街あらかた、南三陸だ。〔……〕そいつを見た地元の

---

(18)　また、町外避難者は町の情報から疎外されがちであるため、町内向けと同様の発信方法に加えて、NTTドコモのデジタルフォトフレームを一世帯につき一台配布し、定期的に行政情報や被災者支援情報などを配信した。加えて個別に電話をかけて復興の進捗状況について説明することもあったというが、これには、町の情報を切れ目なく提供することで、「気に掛けている」ことを伝えて地元とのつながりを保ち、「町外避難者の「帰ろう」という思いをつなぎ」たいという職員の思いが込められているという。また、隔月で開催される「移動町長室」や町議会議員との懇親会を通して、復興をはじめ町政全般の問題について入居者との意見交換が行われた。さらに、町内への利便性を確保して町との「つながり」、帰町する意思を維持するために、登米市内の仮設住宅と町の中心部を結ぶ無料災害臨時バスの「横山線」「町外仮設住宅循環線」が運行された。こうしたことから、必要に応じて町外避難者向けの特別な行政サービスが提供されてきたことがうかがえる（南三陸町企画課職員、二〇一四年一二月一二日）。

(19)　たとえば、保健・福祉分野においては、健康（乳幼児健診・こころの相談など）、児童福祉（保育所・児童館・子育てセンター・母親教室など）、高齢福祉（配食サービスなど）、介護（介護サービスなど）といったサービスが提供された。ただし、二〇一四年一二月の聞き取り調査時で申請が数人であった介護サービスのように、サービスの提供を「原則、仮設入居者からそれぞれの窓口に連絡があった場合」に限ったことも影響してか、利用が低調であったものもみられた。

(20)　筆者のフィールドワークのなかで、住民登録のない避難者と市民の間で特にごみの出し方をめぐって多くのトラブルが生じたこともよく聞かれた。

人たづ〔人たち〕がさ、なんだっけ、あいつらかしぎ〔働き〕もしねえでさ、毎晩のように酒飲みさ来てっぞっていう話だったのさ。だからその、生活習慣とか性格であったりとかさ、考え方とかがまったく違うところの人たづだから、まあ簡単にうまくいかないっていうのがあたりめえさな。

ここ〔仮設〕の人たちは仕事もないもんだから、四六時中といえば四六時中、一緒にいる時間多いわけだ。なんにもすることなくて。だから登米行った人たちはパチンコ屋さん行ったり。あの頃一、二年は、登米市内のパチンコ屋さんは、うちの町の人間でいっぱいだったって。飲み屋さんもそうだし、ほら義援金がぼんぼん現金でいったからね。あれがちょっと悪かったんだけっどもさ。

最後の発言は南三陸町民によるものであるが、人びとの暮らしの変化の背景には、被災経験それ自体に加え、同町の被災者が受け取った義援金の存在があると指摘されている。こうした避難者への厳しいまなざしの背景には、前章でみてきた入谷地区住民と同種の不満や葛藤（第6章第2節参照）が透けてみえよう。自宅が東北地方太平洋沖地震で全壊してしまったC氏は、布施前登米市長が発災当初から示した南三陸町への積極的な支援の姿勢について、以下のような不満をもらしている。特に注意したい箇所については、傍点を付した。

要するに、登米市民の被災者もいるのに、どうなんだと。布施市長のお母さんの実家が、たしかに、南三陸町の志津川で。だからって、みたいな話も出たりね。そうじゃないだろうと。仮設住宅も建てるわけじゃないし。登米市の。（二〇一九年六月二五日）

彼によれば「津波よりいいだろう」ということで、「市内の被災者の声っていうのは、出せるような雰囲気じゃなかった」という。

いやあ、〔地震で〕家潰れてしまったやあって〔いっても〕、何、津波よりいいんでねえって、そんな程度だよ。他人のことなんて。実際その立場になるとさ、そんなもんだなって思うよ。だからどうだっていうこともないんだけど。ただ内陸部の被災者は、遠慮があったのは確か。

C氏の語りには、「遠慮」や「津波よりいいだろう」など、入谷地区の人びとが口にしたような、第1章にて言及した「語りにくさ」や〈負い目〉の感覚にも通ずる言葉が見受けられる。登米市や外部の支援者の視線が、南三陸町と市内にいる南三陸町からの避難者に向けられるなかで、発出された言葉だといえよう。この点については、第8章においてあらためて検討したい。

一方で登米市においては、避難者に対して右記とは異なる観点から揶揄するような発言も聞かれた。

あの人たちは狩猟民族だからね。私たち農耕民族とは違うの。一個何百円もしないような野菜を何か月もかけて育てるなんてできないのよ。海では一回漁に出ればお金になるっちゃ。

これは筆者が関わりをもった登米市内の農業従事者が、しばしば口にしていた言葉である。この方は、支援活動の一環として避難者に野菜の栽培方法を指導していたのだが、そのなかで避難者の一部が作業を投げ出すというトラブルが生じた。この発言はそのトラブルについて筆者に説明をしている際に語られたもので、南三陸町からの避難者を「狩猟民族」として自分たち「農耕民族」に対置し、トラブルの原因を両者の差異に求めたものであった。この発言、特に傍点を付した箇所の含意を理解するためには、対象地域における固有の脈絡に埋め戻す必要がある。そうした作業は本章の趣旨から外れてしまうため、考察を行う第8章の課題としたい。

登米市社会福祉協議会のジレンマ

一部の市民に不満や葛藤を抱かせた登米市による避難者への積極的対応であるが、以下でみていくように、次第に「変化」していく。まずは、地域福祉の担い手であり、災害時はボランティアセンターの運営を担う社会福祉協議会（以下、社協）職員の語りに耳を傾ける。職員のN氏によれば、東日本大震災発生後の登米市社協にはある種の「ジレンマ」があり、容易に身動きが取れない状態となっていた。

〔仮設住宅の運営は〕南三陸社協がやるっていうことにはなってんだけど。っていうことは、南三陸社協がやるっていうところに登米社協が入っていくっていうことはやっぱりできないから。何がやりたいのか、南三陸社協にお伺いを立てないといけないわけ。そういうような状況でやってたわけ。で、こっち〔登米市社協〕は〔……〕、沿岸部地域はどうしてるだとか、ボランティアが日に何千何万って来てるなか、なんかこうおそるおそる「どうもー」〔顔を出しにくい〕っていうのがあって、遅れ遅れになったの。だから落ち着いた一年後ぐらい、仮設が建ってから半年〔後〕くらいかな。ちょっと行ってみたら、〔南三陸町社協から〕「ぜひお願いします」って。そっちまで手が回んないような状況にもあるから、ぜひお願いっていうようなことで言われたから。（二〇一四年一二月一三日）

登米市社協は発災直後の三月一三日、災害ボランティアセンター（以下、災害ＶＣ）の開設を決定した。登米市災害ＶＣには、数多くの市民ボランティア、市内外のＮＰＯ法人が登録し、市内避難所で傾聴活動やマッサージサービスを行った。また、発災直後は宮城県内陸部の社協が分担して沿岸部を支援したが、登米市社協は南三陸町と気仙沼市の災害ＶＣの支援に入り、南三陸町ではボランティアの受け入れ、マッチング等をサポートしたという。

二〇一一年五月、登米市内の仮設住宅へ南三陸町民の入居が始まると、市社協の職員の間から「一時的であっても登米市に居住しているのだから、登米市にいる間はサポートしていきたい」と声があがり、市内のボランティア協会会員からも「何かしてあげたい」という申し出が寄せられるなど、仮設入居者支援への機運が高まった。

しかしながら自治体単位で復興が展開する日本社会においては、ＶＣの開設も各自治体の社協が担うケースが多く、自治体の境を越えた連携はとりにくい。登米市社協としては、南三陸町社協からの応援要請無しに自己判断的な活動を展開できず、協議の場をもつために町社協の混乱が収束するのを待たざるをえなかった。傍点部から、Ｎ氏が感じたジレンマが読み取れよう。震災から一年が経過した頃、Ｎ氏は町社協の機能回復を認め、南三陸町を訪問して町社協に支援を申し出た。この申し出は快諾され、二〇一二年五月から、ようやく登米市社協として市内仮設入居者への支援に着手することとなったのである。[21]

Ｎ氏の語りから、地域福祉の担い手である社協には、発災後の混乱と自治体単位で展開される災害対応の枠組みに起因するある種のジレンマが存在したこと、このジレンマのために市内仮設住宅への入居から半年程度、登米市社協は実質的な支援を行えていなかったことが明らかになった。この点については南三陸町社協の職員も、筆者が実施した聞き取り調査において、「最初のうちはそういうもの〔登米市の社協との連携〕もできる状態じゃなかった」「最近になって、ようやくそちらの社協さんだったり、行政さんだったりと連携をとれるようになりました」と述べている（南三陸社協職員、二〇一四年一一月一九日）。

一方でN氏は、二〇一四年当時の登米市の姿勢について、「仮設住宅の支援になかなか行政が入らない」「〔市社協のほうで〕問題提起をすれば介入する用意があるといった程度だ」などと苦言を呈した。ここから読み取れるのは、避難者に対する登米市の姿勢の「変化」である。次項ではその詳細を捉える。

（2）人口移動をめぐる葛藤とジレンマ

移住希望者の増加

すでに述べたように、市内には南三陸町の建設型仮設住宅が四八六戸設置され、いわゆるみなし仮設についても登米市が主要な立地自治体であった。発災から三年が経過した頃、市内には三〇〇〇人前後の同町からの避難者が暮らしていたとされる。朝日新聞の記者からこのことについて問われた布施登米市長（当時）は、南三陸からの避難者受入れの際「注意したのは、普通の登米市民並みの行政サービスは押しつけない」ことであり、「基本方針は「出過ぎず、でも引かず、やれることはやる」」であると語っている[22]。この言葉からは、当初の積極姿勢から方針転換が行われたことが読み取れる。

筆者が登米市に暮らす避難者を対象に実施した聞き取り調査からは、「南三陸町に帰ろう！」といったかけ声で、お互いを鼓舞し合う様子がうかがえた。しかしながら帰町をあきらめ、登米市への移住を選択した避難者も多い。登米市中心市街地に建設されたイオン南方店跡地応急仮設住宅（後述）で自治会役員を務めていた男性は、二〇一四年の時点で同仮設から多くの入居者がすでに登米市へ転出したことに触れ、「登米市では、我々を〔……〕志津川と同じ扱いしてもらって。いいんだけど、なんかあまりにも気持ちが良すぎて、だから〔南〕三陸町に帰っていかずにここで生活する」人が増えてしまった、そして彼らは、「挨拶もなしに」「こっそりと」仮設から出ていってしまうのだとさびしげに語った（二〇一四年二月一〇日）。

ここで、公益社団法人とめ青年会議所が被災者支援を目的に実施した調査[23]の結果を引用したい。青年会議所は、登米市内の仮設住宅で暮らす全世帯を対象に二〇一二年二月から三月までの約一か月で調査を実施し、二二四世帯から回答を得た。「将来居住を希望する自治体」「市に対する要望」など一〇項目を尋ねたが、希望する居住地については九一世帯（四〇・六パーセント）が「南三陸町」と回答している一方で、七八世帯（三四・八パーセント）が「登米市」を選択したという。

さらに、二〇一三年六月一一日から一五日までの期間で、河北新報が市内仮設住宅入居世帯を対象として実施した調査[24]によれば、帰還希望世帯（九五世帯、四八・二パーセント）が半数を割った一方で、登米市への移住希望

(21)　避難者支援を担当することとなったN氏は、まずは「お茶会」を開くことから始め、仮設住宅の高齢者に入居者同士で交流する機会を提供し、また生活に必要な登米市の情報を伝えることにした。その後、より多くの入居者を呼び込もうと、独自色を出すために各種イベントをあわせて開催することとし、「あがらっしぇ」と命名した。あがらっしぇは、二〇一二年一〇月までは月二回、以降は月一回、市内の各仮設住宅団地集会所で開催され、社協職員による「いきいき体操」、市内迫町のボランティアによる本格派コーヒーの提供、夏祭り等季節行事などさまざまなイベントが企画・実施された。イベントの内容は、N氏考案のものに限らずボランティアが持ち込むものもあったという。

(22)　朝日新聞「ここが聞きたい震災3年　登米布施孝尚市長　南三陸の避難者支援は」二〇一四年三月八日付。

(23)　市内四八六戸全戸に調査票を配布したが、そのうちどの程度が空室であったか不明のため、回収率を算出することはできない。また、「登米市」「南三陸町」以外の選択肢を選んだ世帯数とその割合なども公表されていない。河北新報「南三陸町から避難の仮設住民「将来も登米居住」16％」二〇一二年四月一二日付。

(24)　イオン南方店跡地応急仮設住宅（Ⅰ期、Ⅱ期）、横山応急仮設住宅（Ⅰ期、Ⅱ期）、横山幼稚園跡地応急仮設住宅、若者総合体育館仮設住宅の四か所六団地の仮設住宅において、原則一世帯一人を対象に六月一一～一五日に実施。同社記者の聞き取りで一九七人（男性六八人、女性一二九人、五〇代以下六〇人、六〇代以上一三七人）の回答を得ている。河北新報「帰還希望、半数割る　登米市内の宮城・南三陸町仮設住民アンケート」二〇一三年六月三〇日付。

世帯（四一世帯、二〇・八パーセント）が二割に達していた。さらに、「わからない」と答えた五五世帯に対し、現時点での希望を尋ねたところ、登米市が四割で南三陸町の三割を上回り、登米市への潜在的な移住希望者が多いことが明らかとなっている。

またこの調査では、「登米市に対する要望」についても尋ねている。そこでは「南三陸町の被災者向け災害公営住宅の整備」が最多で六一世帯（三〇・九パーセント）の回答があり、「登米市内で住宅を購入する際の資金援助」を選んだ世帯も二一世帯（一〇・六パーセント）と多く、登米市への移住・定住支援を求める姿勢がうかがえる。右記の調査結果について記者から発言を求められた佐藤町長は、「町外避難者は全員、町に帰っていただく思いでずっとやってきた。正直、衝撃的な数字だ」と驚きをもって受け止めている。他方、登米市の布施市長（当時）は仮設住宅の用地提供や公営住宅建設に際し、南三陸町に対する気兼ねが「ありあり」であったことを認め、「南三陸町への帰還を希望する人を登米市に引き留めようとは思っていない」「今までも、これからも出過ぎたことをするつもりはない」と述べている。

登米市の対応

すでに第3章で指摘したように、東日本大震災の被災自治体による独自の住宅再建メニューの大きな特徴として、他の市町村からの転入者を支援対象としている点が挙げられている（近藤 2014）。これには東日本大震災の特質である広域性が大きく関係しているが、同時に、人口減少にあえぐ自治体が他市町村からの転入を期待したものでもあり、結果として少子高齢化社会における「人口の奪い合い」の潮流を強めてしまうこととなった。

一方で登米市では、前述の布施前市長の発言からもうかがえるように、町外避難者の「帰町」を切望する南三陸町への配慮と移住希望者の要望の間で、大きなジレンマを抱えていた。発災後、市は市内四地区に計五団地六〇戸の災害公営住宅を建設する計画を立てていた。当初、市は「南三陸町で集団移転等の用地を確保できるかどうか分からない中で、登米市が公営住宅の建設を先行して進めることは」できない、「登米市ができることを次々とやってしまったら、南三陸町の復興に冷や水を浴びせることになる」との考えのもと、(25)市外被災者の入居は認めない方針であり、入居対象は「東日本大震災時に市内在住であり、住宅を失って自力での住宅確保が困難かつ全壊や大規模半壊などにより住家の解体を行った人」とされた。

しかしながら前出の河北新報の調査で、登米市への移住希望者が多数存在し、移住・定住支援を求めていることが明らかになったことを受け、布施前市長は「南三陸町の復興に水を差すことはしないが、登米市定住を望む被災者の思いには配慮したい」と述べ、登米市の災害公営住宅の活用について再検討する姿勢をみせた。登米市は、二〇一三年一一月に市外の被災者のうちすでに登米市に住民登録済みか、あるいは定住を希望する避難者を対象に「今後の住まいに関する意向調査」を実施した。(26)その結果、多くの避難者が同市への定住を希望していることが示されたため、市内中心部の迫町佐沼大網地区に二四戸の災害公営住宅を新たに整備し、市外の被災者に割り当てることとした。加えて、先んじて建設されていた六〇戸の公営住宅の入居対象についても、規制を緩めて市内の被災者を「優先」することとした。布施前市長は朝日新聞の取材に対し、災害公営住宅への南三陸町出身者受け入れについて、自身の母親が南三陸町出身であることに言及したうえで、「町民を奪うつもりはないが、切実な声もある」と語っている。(27)

(25)　河北新報「2首長に聞く　登米市内の宮城・南三陸町仮設被災者アンケート」二〇一三年六月三〇日付。

(26)　災害公営住宅の建設等の戸数は滅失戸数の五割（激甚災害の場合。一般災害の場合は三割）とされているため、登米市の最大建設可能戸数は八四戸である。申込多数の場合は高齢者世帯や要介護者がいる世帯などに入居者を限定する方針もあわせて示した。河北新報「登米市の災害公営住宅建設　市外被災者に意向調査」二〇一三年一〇月二九日付。

人口流出の背景

以上のような過程を経て、「帰町」を心待ちにする避難者がいた一方で、二〇一一年から二〇一五年までの五年間で一五〇〇人を超える人びとが南三陸町から登米市へ移住を選択し、両自治体間で人口移動が生じた（二〇一一年についてはデータの公表がないものの、図5-7より六〇〇人程度であると推測される。二〇一二年以降は総務省統計局「住民基本台帳人口移動報告」によれば、二〇一二年は一六七人、二〇一三年は二六二人、二〇一四年は二八六人、二〇一五年は二一七人である）。町では登米市内の仮設住宅をすべて「集約」の対象にし、町内の仮設住宅へ入居者を転居させる計画を立てるなどして町への人口還流を促そうとしたものの、被災地一般にみられた沿岸部から内陸部への人口流出のトレンドと同様に、南三陸町から登米市への転出の潮流は継続した。(28)

当初は都市インフラの整備・復旧の遅れなどが主因となり、子どものいる若い世帯など利便性や教育環境などに惹かれた世帯を中心に登米市、とりわけその中心市街地への移住を選択した。その後、南三陸町が「既定（の）復興」様式において大規模な復興事業を推し進めるなかで（第5章第2節参照）、山を切り拓いて造成する災害公営住宅や防災集団移転地の整備予定時期はしだいに後ろ倒しになっていった。そのような状況下、「最期は自分の家で迎えたい」などの想いから、高齢者のなかにも登米市への移住を決断する世帯が現れた。遠藤副町長はある避難者との会話（「これから何年かかるんだっていうことで悲観されて、とてもとても待ちきれないっていうことで、佐沼さ、住宅ね。集団で、設置されたところを購入して、そちらさうちをかまえた方が、けっこう多いんですよね」）を述懐し、大規模な復興事業が結果として登米市への人口流出につながってしまったことへの複雑な心境を口にしている（二〇一九年七月一九日）。

南三陸町の復興が進展したのちも、長期化する避難生活のなかで雇用や教育、買い物などの面において避難先である登米市に〝根付いて〟しまい、「戻って来られなかった」というケースも多い。たとえばG氏は以下のように説明する[(29)]。

当時は当時の考えで向こうさいって、いちはやくもとの生活を取り戻したいっつうことで移った方。あと子どもたちが学校を、仮設で向こうさいったり、あと仮住まいっていうか、そういうかたちでいて、学校そっち〔登米〕さ入って、またこっちさ志津川さ戻るっていうのはやっぱり、子どものこと考えると、子どもが反対するっていうことで、向こうさうちを構えた方も、若い人たちにけっこうあったり。（二〇一九年六月二八日）

南三陸町からの転入者の増加により、平成に入って以来人口減少が加速していた登米市では、まもなく社会減に回帰したものの、一時的に社会動態が増加に転じた（二〇〇六年から二〇一〇年の五年間は毎年三〇〇～七五〇人の社会減、二〇一一年は五四二人の社会増）。こうした状況について、ある男性は驚きをもって筆者に「要は、減らないいんだよ。人口が」と語った。

一方、二〇一八年六月の南三陸町議会定例会では、千葉伸孝議員が「登米市で暮らす、やむなく登米市に移住

---

(27)　一方佐藤南三陸町長は「首根っこをつかまえて戻ってこいとは、まさか言えない。観光などで交流人口を増やしていくしかない」と語っている。朝日新聞「人口流出、財源縮むか　南三陸→登米3000人　／宮城県」二〇一四年三月五日付。

(28)　二〇一四年三月発行の「広報みなみさんりく」には、建設型仮設住宅間の転居について「通勤・通学等の特別な理由があり次の場合の転居を希望されるとき」に限って、①町内仮設から町内仮設へ転居、②町外仮設から町内仮設へ転居の場合のみ可能であるとの記述がある。町外仮設間の転居、町内から町外仮設への転居は認められていなかった。

(29)　また、積極的な帰町を避難者に促してきた立場にある町役場職員においても、登米市の中心市街地に自宅を再建し、そこから通勤してくるケースも多くみられると聞く。

した皆さんを町へ戻すこと、これが人口の増加に私はつながる一つの方法」であると考えを述べ、「南三陸町からやむなく離れた住民の人たち」に対する見守りのあり方について質問をしている。この質問に対し、町側からは「基本的には登米市に転出された方々までの見守りというのは非常に無理がある」との回答がなされており、南三陸町から登米市への転出を選択した人びとが、結果として自治体単位で推進される「既定（の）復興」から零れ落ち、復興の主体から除外されていったことがうかがえるだろう。

本項では、避難者に対する登米市の姿勢の変化とその背景について整理してきた。発災直後、南三陸町役場の機能は著しく低下しており、登米市は「生活再建のためにできることはしよう」と積極的に南三陸町や町民に対して支援を展開し、一部では市民からの反発、不満の声もあった。しかしながら、時間の経過とともに南三陸町行政の機能がある程度回復する一方で、登米市へ定着する避難者の増加が顕在化すると、登米市の避難者対応は「出過ぎない」ものへとシフトした。復興途上の南三陸町との間で「人口の奪い合い」となることを避けたい登米市は、移住希望者の増加の中で板挟み状態となり、支援に対して消極的になっていったものと考えられる。

3　南方仮設をめぐる力学

ここからは、これまでに述べてきたような、「ジレンマ」の状況を踏まえつつ、南三陸町が展開する復興過程に、登米市中心市街地の人びとがどのように関与してきたのか、その実相を明らかにしていきたい。特に登米市中心市街地の一角をなす「佐沼」に注目する。

「佐沼」は古くから登米地方の中心商業地として繁栄した旧佐沼町域を指すほか、この地域の別称・広域地名としても用いられている。佐沼には、商店以外にも病院、公民館、図書館、博物館といった登米市の主要な公共施設が集積している。[30] 第4章で述べたように、佐沼は古くから、現在の南三陸町にあたる地域の人びとにとって「米どころのオカ」であり「生産物の移出先」であった。一方で現代の当地では、旧志津川町域に住む多くの人びとにとって、佐沼は主たる「買い物先」の一つであり（本章第1節参照）、筆者のフィールドワークにおいても「佐沼さ買い物に行く（佐沼へ買い物に行く）」という表現がよく聞かれた。

（1）登米市中心市街地における東日本大震災

佐沼地区に自宅を構えていた自宅が全壊したC氏は、東日本大震災について以下のように語った。特に傍点を付した部分に注目したい。なお、こうした東北地方太平洋沖地震（にともなう津波ではなく）そのものによる被害の語りは、これまであまり記録されていない。

もし津波の被害がなかったら、登米市、特にこの佐沼地区が、一番の被害をこうむったまちなんだろうね、というふうに思ってるね。うろ覚えだけど、全壊家屋が五〇戸くらいかなあ。ま、大規模改修が必要だというふうに判断された家屋も混ぜると、すごい数になるんだけど。倒壊は五〇戸くらいだったかなあ。佐沼地区に偏った感じ。

津波のね、被害が大きすぎるから。もし津波がなかったら、って考えたら、登米市の被害が一番大きかった

（30）筆者が登米市に滞在するなかで、「佐沼銀座」といった言葉を耳にしたり、佐沼出身の高齢女性が「セレブ」として扱われている場面に出くわすこともあった。また、商業施設や企業などが佐沼に近接する地域に立地する場合、「佐沼店」「佐沼〇〇」などと称することがある。たとえば、「イオンタウン佐沼」は南方町新島前に立地しているものの、「佐沼」の名称を用いている。

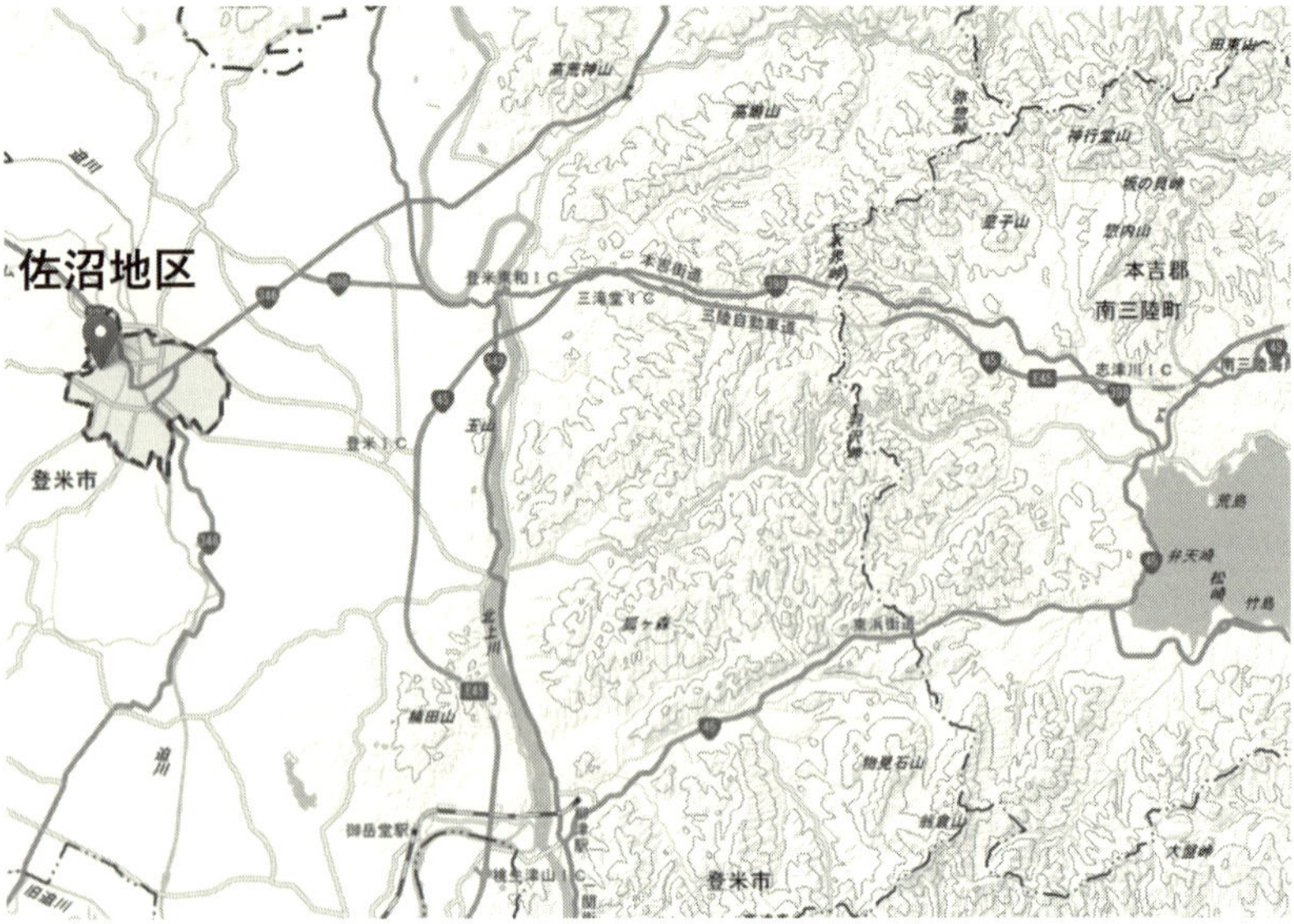

図7－2　佐沼地区（旧佐沼町域、現登米市迫町佐沼）と南三陸町位置図

（出典）「歴史的行政区域データセットβ版」（CODH 作成）を利用し筆者作成

、、、、と思うけど。死人はでなかったけどね。すごい、長い揺れだったの。一分、二分くらい揺れてたからね。最後の最後に倒れたみたいな。（二〇一九年八月九日）

佐沼が位置する旧迫町域では、東北地方太平洋沖地震により、震度六弱を記録した。しばしば地盤の軟弱さが指摘される佐沼では全壊した住家が多くみられ、市内における相対的な被害の大きさが指摘されている[31]（福島・山田・後藤 2012）。また全域の道路において路面亀裂や陥没などによる段差が多数発生し、地盤の液状化により下水道施設が被害を受けた。佐沼地区では、迫《はさま》体育館（佐沼中江）、佐沼小学校（佐沼錦）の二か所に避難所が開設され、最大時一〇〇〇人を超える避難者が身を寄せた（登米市 2014: 101）。

震災発生当時、三陸縦貫自動車道の北端は登米市東部の東和地区にあり、南三陸町の志津川市街地から同市の中心市街地へは、車で四〇～五〇分程度を要した（三陸道の延伸後は三〇〜四〇分程度）。こうした地理的要因を背景に、発災直後、沿岸部から登米市中心市街地への避難者は少なく、市外避難者向けの一時避難所が設置されることはなかった。しかしながら発災から日がたつにつれ、津波被災後の沿岸部に比べて整ったライフラインや、雇用、医療設備や最寄品購入の場といった日常生活上の利便性、空き物件などを求めて、市外からの避難者が増加していった。

南三陸町からの避難者に対しては、後述する有限会社コンテナおおあみや、特定非営利活動法人さくらんぼくらぶのように、登米市市街地の多くの企業やＮＰＯ法人、有志の市民などが発災直後から市内外の避難所を回り、炊き出しや、市内に運び込まれた支援物資の配布などの活動に従事した。精力的に支援活動を展開したある女性は当時を述懐し、以下のように語る。

今〔登米東和〕インターの降り口のところ、〔東和地区の〕米谷《まいや》の降り口のところにっさ、支援物資〔の衣服〕を、数ないから一か所に集めて。お店みたいにして〔ハンガーにかけて〕着てもらって、あと、欲しいの持って行ってもらったらいいんじゃないと。お洋服だって、こういうふうにちゃんとお店みたいにさ。かけて、並べて。ただこうやって〔段ボール箱のまま〕置いとくと、見られねえから。箱さ入れたままにしないで、きれいに、店のようにして持って行けるような〔機会を〕。週一回〔開催〕した

(31) 佐沼地区において特に家屋被害が集中した西佐沼、小金丁《こがねちょう》地区に最も近い震度観測点は、約一キロメートル北西の登米市市役所に隣接する迫総合支所保健センター敷地内に設置されており、本震で震度六弱を観測した。ただし、西佐沼地区での本震の推定を行った福島康宏、山田真澄、後藤浩之は、同地区の地震動は局所的に震度七相当であった可能性があると推定している（福島・山田・後藤 2012）。筆者が実施した地元住民への聞き取り調査においても、東北地方太平洋沖地震を含め過去の地震による佐沼地区への被害の大きさがたびたび強調された。

らいいんじゃないですかって話をしてね。
そしたらみんな喜んでね。

ただし、市内避難所において避難者への支援活動に取り組んだ人びとが多い一方で、「隣町だからこそ気を遣ってしまう」「物見遊山に行けない」「何もないのに行けない」などと、津波被害の大きかった南三陸町には容易に足を運ぶことができなかったと語る人も多い。

(2) 南方仮設

南方仮設の設置

前述したとおり、沿岸部自治体からの避難者に対応するかたわら、登米市は、仮設住宅建設用地の選定が難航する南三陸町に対し、敷地の提供を申し出た。その一つが、中心市街地の一角をなす南方北東部の商業集積地帯南端に位置する大型スーパー跡地であり、南三陸町最大の仮設住宅団地である「イオン南方店跡地応急仮設住宅Ⅰ期、Ⅱ期（三五一戸）」（以下、入居者が用いる呼称に基づき、「南方《みなみかた》仮設」と表記）が設置された。

南方仮設は、序章冒頭で語りを取り上げた佐藤氏が三年半の間暮らし、自治会長を務めた仮設住宅でもある。最大時一〇〇〇人もの入居者を抱えたうえ、入居者の選定にあたっては抽選に基づく一般公募型が用いられ町内各地の津波避難者が入居することとなり、「リトル南三陸」[32]と形容された。

一方、南方仮設から志津川市街地までの道のりは三〇キロメートル近くあり、同仮設は町外仮設住宅団地のなかで最も遠隔地に建設された団地でもあった[33]（図7-3）。三陸縦貫自動車道を利用しても、片道に車で三〇～四〇分ほどを要する距離である。こうした町外遠隔地への仮設住宅建設には「住み慣れた町から離れたくない」

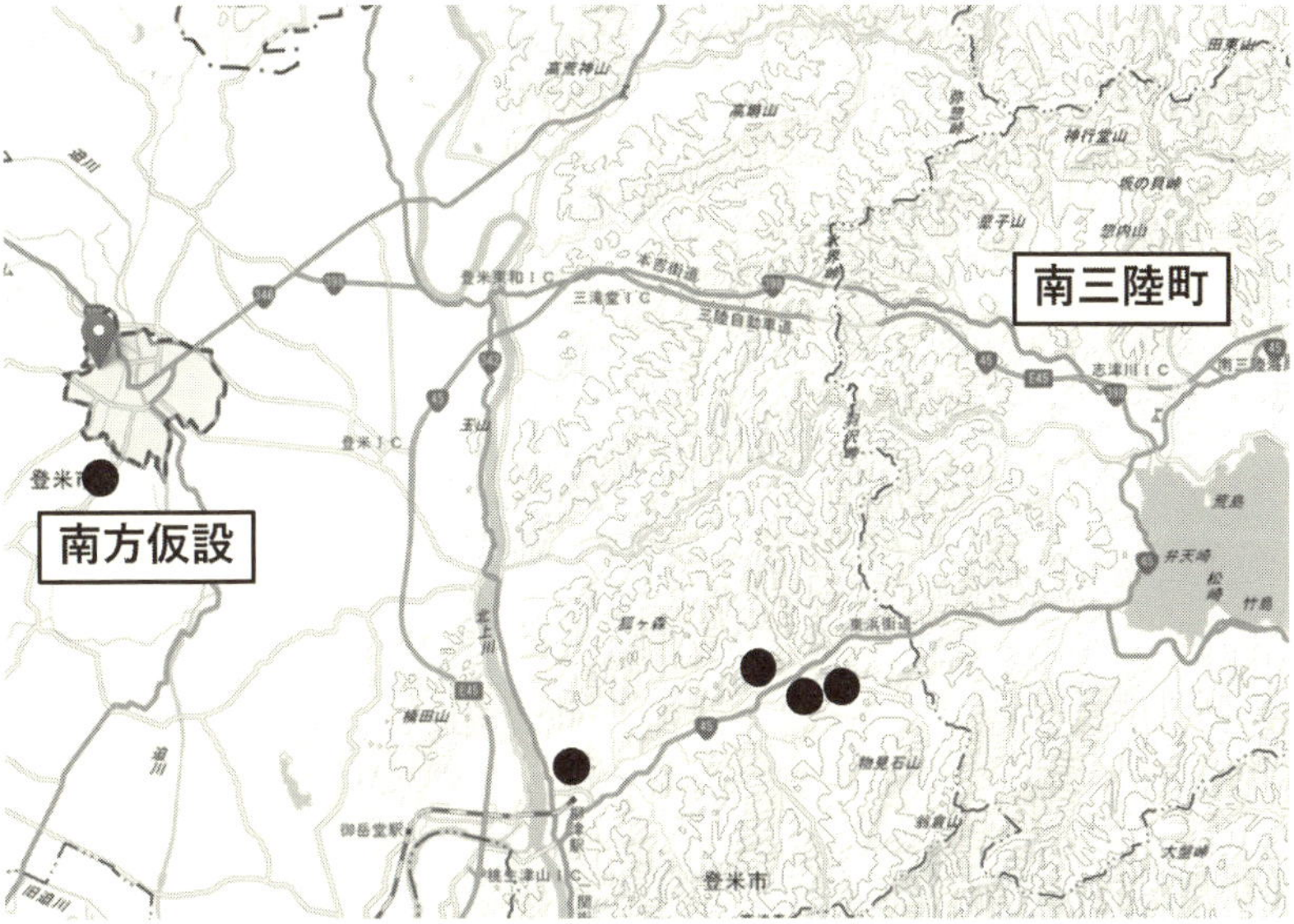

図７－３　登米市内の仮設住宅位置図（黒丸は仮設団地の位置）

（出典）「歴史的行政区域データセットβ版」（CODH 作成）を利用し筆者作成

図７－４　南方仮設（朝のラジオ体操）

（出典）筆者撮影（2014年12月）

「復興の様子がわからなくなる」「町内への通勤が不便」など、当初より町民の根強い反対があった。また、「町内の仮設に落選し続けたためにしかたなしに「町外」希望に切り替えた」「町内の仮設は通るはずがないとあきらめてこちらに希望を出した」といった声も多くあり、南方仮設に入居した避難者においても、消極的な「町外」希望者が多かったことがうかがえる。当時の南三陸町副町長である遠藤氏は、「あのときは、俺たち、この町から追い出すのかという話も出た」が、町の復興を進める間、「生活の、少しでも利便性の良いところ、そういうところに皆さんを入れたい」と考えたのだと語る（二〇一九年七月九日）。ただし、電気水道の復旧が遅れ、都市機能が失われた町内に比べ、ライフラインが整い、利便性の高い登米市中心市街地での避難生活に期待する声もあり、町外への避難には期待と不安という相反する感情が寄せられたのであった。

南方仮設は病院や市役所に近く、また県北最大級の大型ショッピングセンター「イオンタウン佐沼」から徒歩一〇分程度という好立地にあった。町内や登米市内津山地区に建設された他の仮設住宅に比べてアクセスしやすく、町最大の「マンモス仮設[34]」であった南方仮設には、支援物資の提供や災害ボランティアによるイベントの開催、義援金の送付など多くの支援の申し出があった。特に、入居から数か月ののちに二つの仮設自治会が結成され、両自治会が管理する集会所が使用可能となると、こうした支援の申し出が急増した。このような背景から、南方仮設は南三陸町の小規模な仮設住宅に暮らす人びとから「恵まれている」と形容されることもあり、アンビバレントな存在であったといえる。

入居者と周辺住民

前章で述べたとおり、入谷地区では、行政区や公民館を核としたと地縁組織が主体となって避難者への対応にあたった（第6章第2節参照）。それに対し、南方仮設が立地した南方町鴻ノ木《こうのき》は新興住宅街といえ、住民間の結びつきがそれほど強くはない。また広大な土地に一〇〇〇人もの避難者が流入してきたために、規模の観点から支援活動を行うにあたっての障害も大きかった。こうした要因が重なり、南方仮設への入居が始まったのちも、立地地域の地縁組織による支援活動、南方仮設の入居者と周辺地域の住民との交流は低調であったという。

三陸道が延伸される以前は、町役場から南方仮設へは山道を三〇分近く走行する必要があり、高頻度の行き来は困難であった。特に、震災から数か月の間は南三陸町役場の混乱が収まらず、人的資源も不足していたことから、南方仮設を訪れる職員は少なかった。このような状況から、当時の南方仮設では町の情報が不足しがちであり、「鍵をよこされてから一回も顔を見ていないんだ、足がなく向こうにも行けないしどうしたらいいかわからない」「見捨てられた」という思いを抱く入居者が次第に増えていった。

登米市社会福祉協議会でも、市内の仮設住宅入居者への支援の機運が高まったが、町社協との調整に時間を要した（本章第２節参照）。南方仮設においてサロン「あがらっしぇ」が開催されるようになったのは、入居開始か

(32)　「リトル南三陸」は、町内各地の避難者が入居した南方仮設の実情を表現するために、佐藤氏がしばしば用いた言葉である。ただし、筆者の聞き取り調査によれば歌津地区出身者は相対的に少なく、志津川地区と戸倉地区の出身者が多かった。また、入谷地区からの入居はなかった。南三陸町では仮設住宅入居者の選定にあたって、「地区優先」と「一般公募」の二つの手法が用いられた。「地区優先」型は行政区の住民をまとめて一つの仮設団地に入居させる手法であり、「一般公募型」はあらかじめ避難者の入居希望地区（町内四地区と町外）を聴取しておき、仮設住宅団地が建築された際に、その立地地区の入居希望世帯数が当該団地の入居枠を超えていた場合に、抽選を実施する手法である。町職員によれば、「地区優先型」は当該行政区内に土地提供者があり、入居予定者らで建設する仮設住宅の計画を提出できた場合に適用されたため、漁村集落など小規模な集落が集団入居を希望する際に採用された。一方、公共用地に立地する大規模団地や南方仮設のような町外団地は「一般公募」型である。南方仮設においても、「ハマ」ではなく志津川の「マチ」出身者の占める割合が大きいとされた。

(33)　登米市内津山町域に建設された南三陸町の三仮設住宅団地から志津川地区市街地までの道のりは、一〇～二〇キロメートル程度である。

(34)　一〇〇〇人もの人びとが暮らした南方仮設の規模を表現するために、南方仮設に出入りしていた支援者が用いた言葉である。

ら一年が経過した二〇一一年五月のことである（注21参照）。この「あがらっしぇ」は、登米市社協を窓口として、「支援に行きたいがなかなか単独では入りにくい」という登米市のボランティアや地元企業が、復興支援に取り組む場としても機能した。また周辺地域の住民は、外部から南方仮設を訪れる支援団体があった際にその手伝いとして参加するなどして、仮設住宅入居者との関係性を築いていった。すなわち、周辺の住民は「何かを通したほうが、入りやすかった」のである（周辺地域の住民、二〇一九年六月一二日）。

地元NPO法人による支援

一方で、入居当初から仮設住宅入居者と積極的に関わり、彼らに周辺地域の地理を教え、登米市街地での暮らしのすべを伝授したのは、主に佐沼地区の特定非営利活動法人や地元企業であった。

一例として、高齢者向けのデイケアサービスの提供等を専門としている佐沼地区のNPO法人さくらんぼくらぶの活動を取り上げたい(35)。発災後、南三陸町を訪問した際に混乱した行政の様子を目の当たりにした同法人代表は、入居者の生活実態を把握し同町に伝達するために、二〇一一年六月、町の賛同を取りつけつつ南方仮設の戸別訪問活動を開始した。市内のNPO法人であることとデイケアサービスを専門としていることを繰り返し伝えて入居者の警戒を解き、町職員を待ち望む入居者の想いに対しては、自分たちはあくまで町職員が来るまでの「つなぎ」であることを強調して不安感の解消に努めた。入居者も次第に心を開いていき、「仮設に知り合いがいない」「出かけるための足がない」「持病の薬を買う場所がわからない」などの悩みを打ち明けるようになったという。

先述したとおり、仮設自治会が設立されると、南方仮設への支援の申し出は加速度的に増加したが、設立間もない仮設自治会は大量の申し出に対応できる体制になかった。そこで、登米市、南三陸町の両社協と、入居当初より支援に入っていた二団体（さくらんぼくらぶと任意団体の東京災害ボランティアネットワーク[36]）が話し合い、自治会が集会所を適切に管理できるようになるまで、同四団体が定期的に支援に入ること、南三陸町社協が支援受付の窓口となり、支援の乱立とそれにともなう入居者の混乱を防ぐこと、他の三団体は南三陸町社協の負担を軽減するため、支援提供を申し出る団体の事前調査を行い、町社協に情報提供をすることで合意したという。なおこうした体制は、仮設自治会における機能の充実をもって、支援の受付権限を自治会長へと移譲し、解消した。

(3) コンテナおおあみによる媒介

次に取り上げるのは、迫町佐沼大網地区の有限会社「コンテナおおあみ」（登米市大網商工振興会の地域社会活動活性化事業部）である。地域の活性化事業に取り組み、地域住民から「コンテナさん」と親しまれるコンテナおおあみ（以下、コンテナ）の活動は、次節の内容とも密接に関連するため、震災と同社の活動が交差する局面について少々詳しく言及したい[37]。

同社の設立は二〇一一年六月であり、東日本大震災発生当時は立ち上げ準備を行っていた状態であった。体制

(35) 二〇一四年一二月一五日に実施した同法人代表への聞き取り調査に基づく。

(36) 東京災害ボランティアネットワークは、阪神・淡路大震災を契機に、市民、企業、NPO・NGO、行政など、セクターを越えて防災啓発活動に取り組むため、一九九八年に設立されたネットワーク組織である（以下、東災ボ）。東災ボは二〇一一年五月、登米市内に設置された南三陸町民向けの避難所一一か所のうち、七か所において昼食を提供する「ふれあい食事会」を開催し、炊事を担当する女性たちの負担軽減や、被災者同士、また被災者とボランティア間の交流をはかった。避難者が仮設住宅に移ってからも、東災ボは登米市内に拠点を置き、「ふれあい食事会」の開催と並行して被災者の身の上話の傾聴や、支援物資の配布なども行った。筆者が聞き取り調査を実施した登米市津山町横山地区では、メンバー全員が赤い帽子を着用していることから、東災ボは「赤帽さん」と呼ばれて親しまれ、仮設住宅居住者と地域住民の橋渡し役を担っていた。東災ボの事務局は二年程度で閉鎖され、実質的な支援活動はその時点で終了したが、その後も個人的に横山地区を訪れ、地域行事に参加しているメンバーも多い。

図7－5　コンテナおおあみ外観

（出典）筆者撮影（2019年6月12日）

の整わないなかで、のちの従業員であるO氏とP氏は、発災直後から市内外の避難所を回り、南三陸町からの避難者を対象に、炊き出しや携帯電話を充電するサービスを展開した。そんななか、避難所で同社のバッテリーが盗難される事件が生じ、避難者だった知人に管理をお願いしたことから、コンテナの従業員と個々の避難者との親交が深まっていったという。南方仮設が建設されたイオン南方店の跡地はコンテナから一キロメートルほどの場所にあり、O氏によれば、かねてから避難所で知り合った避難者や南三陸町の関係者らと「あそこ〔南方仮設〕に来られれば、私たちの大網とはすぐ隣だし、何らかの形で関わっていけるよね」と話していたという。O氏は実際に建設が決まった際、「うれしかった」と述懐した（二〇一四年一一月一七日）。

すでに述べたとおり、南方仮設への入居が始まると、全国から南方仮設に対して支援物資が集まるようになったが、仮設自治会の体制が確立されるまでは統一された支援の受入れ窓口がなかった。O氏によれば、こうした状況下、南方仮設から一キロメートルほどの距離にあり、物理的な空間としても機能するコンテナ（図7-5）に、さまざまな団体の支援物資が持ち込まれた。

コンテナの従業員は、南方仮設の入居者への支援として持ち込まれたさまざまな物資の仕分けにあたったが、この作業に協力した入居者の男性がその後に設立された自治会の副会長に就任したことから、コンテナと仮設自治会との間につながりが生まれたという。こうしたつながりを背景に、コンテナは、自治会設立後も入居者と企業、支援団体との仲介役として機能することとなった。

南方仮設で支援を行いたいっていうときは、ここ〔コンテナ〕に来んだな。そういうような……流れみたいになってるんだな。そうするとなんでもわかるよって。だから何かそこ〔南方仮設〕でしたいっていうときに、誰に声かけたらいいのってまずここ〔コンテナ〕に来たよね、最初にね。電話なり問い合わせなりは。そのくらい関わってるなって周りの人たちは思ってたんだね。（O氏、二〇一四年一一月一七日）

こうしてコンテナおおあみが橋渡し役となり、多くの団体や企業が南方仮設にて支援活動を実施した。筆者が所属する特定非営利活動法人「人間の安全保障」フォーラム（Human Security Forum、以下、ＨＳＦ）もその一つであり、南方仮設内の集会施設を利用し、子どもたちへの学習支援活動を展開した。

登米市を経由して沿岸部への支援活動に従事した人びとのなかには、そのまま同市に定住したり、継続的に同

（37）　同社ウェブサイトによれば、コンテナは、「創業間もない企業または起業家等」に「不足するリソース（低賃料スペースやソフト支援サービス等）を提供するビジネスインキュベータ（新事業支援施設）」である。「物理的な空間の提供だけでなく、人と人、組織と組織、場所と場所、そして志と志とがつながるきっかけをつくりながら」、「様々なネットワークを活用し、連携、育成し」、「豊かで元気な地域」の創生を目指して活動している。コンテナおおあみ「About」コンテナおおあみウェブサイト（http://www.kontena.jp/ 二〇一四年九月一七日最終閲覧）。

市を訪問しているケースも多い。この点について前出のC氏は、以下のような見解を述べている。傍点を付した箇所に注目したい。

登米市にもいろんな人が、震災をきっかけに来てくれてさ、そのまま根を下ろしつつ。震災がなかったら、縁もゆかりもないような人たちなんだろうけども。被災地には泊まれないから、結局。特に、登米市に泊まって被災地に通っててってなんだりかんだりやってたからね。(二〇一九年八月九日)

加えて、南方仮設など市内の仮設住宅における支援活動の経験から、その後も登米市に出入りするようになった支援者も存在する。そのなかには、二〇一五年三月をもって宮城県内での支援活動を終了したのちも定期的に知人を訪問しにやってくるHSFのスタッフたち、フィールドワークを行う大学院生として再び登米市を訪れた筆者も含まれる。

また、コンテナは、南方仮設の入居者を周辺に住む登米市民と「つなぐ」プロジェクトについても積極的に展開していった。その一つが、コンテナの隣地に立っていた空き家を活用したコミュニケーション・スペースづくりである。仮設住宅入居から数か月たつと、支援を受け続けることに危機感を抱いた入居者、具体的には、序章で語りを取り上げた佐藤氏らから、「被災者から復興者になりたい」「自分たちの手で何かしたい」という声があがるようになった。

そうしたなかに、「登米市と南三陸町の住民のためのコミュニティ・スペースがほしい、つくりたい」という声もあった。これを受けたコンテナや登米市行政らの声がけにより、二〇一二年二月、登米市民と南方仮設入居者による、築五〇年の木造古民家を改修するコミュニティ・スペースづくりが始まった。作業は主に登米市と南三陸町の男性が担い、しばしば両自治体の子どもらの参画も得ながら進行し、同年一一月に居酒屋型コミュニティ・スペース「心家」が完成した。「心家」は、夜は登米市と南三陸町の食材を使った料理を出す居酒屋として、毎週水・木曜日の午前中は仮設入居者の女性がこちらも両自治体の食材を活用した「登米・南三陸絆弁当」を製造する厨房としても利用されることとなった。

またコンテナの協力のもと、南方仮設敷地内のグラウンドを利用して実施された「夏祭り」も、南方仮設の入居者と外部の支援者、地域住民をつなぐ架け橋となった。「夏祭り」は、震災前に南三陸町で毎年開催していた盆祭りを南方でも行いたいという入居者の声がきっかけとなり、二〇一二年から二〇一四年まで毎年八月に開催されたイベントである。この夏祭りには、入居者に限らない南三陸町民や登米市民が集まり、両自治体の首長が来場した年もあった。また、前出のＨＳＦのスタッフや、ＨＳＦが実施したボランティアツアー「まなび旅」に参加したボランティアも、支援活動の一環として夏祭りに参加している[38]。

本書では、支援者である「まなび旅」参加者が受援者である仮設入居者からさまざまなおもてなしを受け、両者の間に既成の支援／受援の関係を超越した「ゲスト／ホスト関係」（内尾 2018: 126）が構築されるに至った背景に、コンテナの従業員による働きかけがあったことを指摘したい。とりわけ初年度は、登米市の業者に精通し、イベント開催のノウハウのあるコンテナが、資金調達や補助金申請、企画立案など夏祭りの運営を一手に引き受けていた。その後、佐藤氏ら入居者の間で「今度は自分たちの手で」という機運が高まり、翌年度の夏祭りはⅠ期Ⅱ期自治会が主体的に企画・運営を行うこととなったものの、二〇一四年は、前年に指揮を執っていた第Ⅰ期

(38)　なお、こうした外部者が「盆祭り」に参加することとなった経緯やその実践的・学術的意義については、山下（2015）や内尾（2018）に詳しい。

自治会役員が仮設を退去したため、再びコンテナおおあみ中心の体制に戻っている。その際は、地元登米市の商工会や市民を巻き込んだ包括的な「盆祭り実行委員」が組織され、南方仮設と登米市の市民、団体が一体となって夏祭りが実施された[39]。このように、コンテナおおあみは津波被災者と支援者、そして地元住民を媒介する役割を担ったのである。

（4）南方仮設と人口流出
南方仮設をめぐる力学

すでに述べたように、発災直後の混乱期において、遠隔地に設置された南方仮設の入居者はなかなか町の情報にアクセスできず、また地域住民も突如出現した大規模な避難者コミュニティを前に「何をどうしていいのかわからない」状態であった。加えて急性期の混乱がある程度収束したのちも、南方仮設のように被災自治体の外に建設された仮設住宅の管理手法は確立されず、管理主体や住民登録の移動等のルールも整備されなかった（第3章注13参照）。そのような状況下、南方仮設をめぐっては支援に取り組んでいた登米市行政と市民の側にある問題が生じる。登米市で民生委員・児童委員（以下、民生委員）を務めるQ氏は、入居からしばらく時間が経過した後も南方仮設と周辺地域の交流が低調であった背景について、以下のように説明した。

なぜ〔交流が〕ないかと。これは行政的な対応で、南三陸町から住民が離れるのではないかなっていう懸念があったらしくて。〔……〕〔南方地区のほかに南三陸町の仮設住宅がある〕横山と違って、南方の仮設については、なんらかの力が働いて、交流ができなかったというのが現状です。行政を巻き込んだ組織的な協力ができなかったのね。公の団体としてのね。（Q氏、二〇一六年八月二五日）

ここから、Q氏による説明をもとに、傍点の箇所について掘り下げたい。Q氏によれば、登米市は当初、南方仮設が立地する地域を担当する市の民生委員を町の民生委員のサポートにあたらせる方針でいたが、市側の提案に対し南三陸町から明確な回答はなく、南三陸町では「南方地区（南方仮設）担当」の民生委員を新設し、同団地の戸別訪問活動等にあたらせた。登米市の民生委員は、南方地区担当の町民生委員に情報交換会の開催を直接持ち掛けたが、この申し出も断られてしまったという。申し出を断った町の委員は、筆者の聞き取り調査において、その理由について「登米市の委員が南方仮設の訪問を始めれば、見守りの主体が増え、入居者を混乱させてしまうため」だと説明した（町民生委員、二〇一四年一二月一五日）。その後、同仮設に入居する避難者に対して、登米市側の民生委員が組織的に対応することはなかった。

コンテナの関係者であり、発災直後より避難者支援に奔走したR氏は、この点について、特に傍点を付した箇所において先述の登米市のジレンマと関連づけ、以下のように捉えている（二〇一九年八月一〇日）。

〔南方〕仮設のときは、やっぱりね、あそこだけ別のコミュニティになっちゃっていて、あそこに立ち入ることが、あるいは向こうからすると出ることが、まかりならん的な空気感はあったんだよね。それはやっぱり、他人のまちにお世話になってるっていう、そういう後ろめたさみたいなものがあったりしたし。たぶんだよ。そんなこと全然ないのに。で、それね、行政同士のこと〔が背景にあるん〕だと思う。

---

(39)　なお、夏祭りの運営に際しては南方仮設を退去し、登米市に移り住んだ「元」南三陸町民への声掛けを求める声もあったそうだが、「仮設のお祭りなんだから入れられない」という意見があり、実現しなかったと聞いている。

それはさ、どうしてもさっき言ったさ、行政間、自治体間の、その、人口減少対策の関係でもあるのか。要は、その当時は〔市長が〕布施さんだったけどね、登米とすればいろいろやってあげたかったわけ。もっと。ところがそれをすることで、登米市ってなんて優しくていいまちなんだろう、だったらこのまま登米市に住みたいわっていうふうに思ってくれる。ところが、志津川〔南三陸〕、志津川っていうか志津川〔南三陸〕町長さんなんかはやっぱり、登米市にやさしくしてもらったら困るわけよ。

この点に関し、南三陸町の立場からは、前副町長の遠藤氏が、「登米とはヒトモノカネの交流って、それこそ産業構造こそ違え、においとか、そういうものは、やっぱり親近感があった」ために、避難生活を「違和感なく」始めることができたとしたうえで、以下のように語っている。

登米市のほうから、えらい支援、物心両面から、〔……〕いろんなかたちで支援もらったんで。結局それが、二年三年生活してる間に、避難した町民は、なんていうか、生活の利便、都市機能っていうかさ。特に南方なんか、〔筆者は〕まあわかってると思うけどさ、ここの町の人たちにとって、もっとも住みやすい、なんていうのか、ある程度都市機能が整ったっていう環境が、実は仙台とかなんかよりも。仙台ではデパートに行くとかなんかに行くとき、サンダルでは行けないでしょ。服も替えてエプロン外して、行かなきゃいけないでしょ。ところがあそこ〔南方〕だと、サンダル履いてジャスコ〔イオンモール佐沼〕にも行けるしさ。〔……〕で、玄関開ければ遊技場はある、飲み屋さんはある、医療機関はそろってる、ショッピングもできる。もしかしたらね、そこ〔南方仮設〕で生活してた人たちは、自分たちにとって最も快適な都市機能が佐沼だったんだと思うんだよ。で、今度はなおかつ地域の人たちから、まあいろんな面で支えられたり。〔二

〇一九年七月九日）

遠藤氏の発言、特に傍点を付した箇所からも、南三陸町行政において利便性の高い南方仮設の存在が駆動する登米市への人口流出が懸念されていたことが推測される。このことは、当時町職員の立場にあった阿部忠義氏の危惧（第6章第4節参照）からも裏付けられるだろう。

こうした南方仮設をめぐる両自治体のジレンマの結果、入居者の視点からすれば、何か要望や相談があっても「登米市と南三陸町どちらを頼ればよいかわからない」という状態に陥った。南方仮設で自治会長を務めた佐藤清太郎氏によれば、「行政の挟間」に落ち込んでしまったような感覚を覚えたという（二〇一四年一一月一一日）。また一面では、こうしたジレンマが一因となった地域住民との交流の少なさが、南方仮設の居住者を「よく知らない人びと」「何をするのかわからない人びと」に留め置いてしまい、前述したような悪評の流布（本章第2節参照）を招いたものとも考えられる。

民の領域における支援

一方、南方仮設には当初からNPO法人や地元企業が支援の手を差し伸べた。彼らの活動は「民」の領域であるため、公的な性格の強い民生委員に比べて行政的なジレンマから自由であり、南方仮設をめぐる行政間の事情を理解しつつも、積極的な支援活動を展開することができた。たとえば、前述のコンテナ関係者であるR氏は、自身らの活動について「僕らもけっこう嫌われたわけよ。要するに、余計なことするなって」としつつも、「僕らはそういうのあんまり関係ないし」と述べ、以下のように語る。

そんな、関係ねえよ、自治体間の垣根っていうのは。っていうことは、やっぱり我々はみんな思ったんだけれども、なんとかしなきゃって。津波だよ。もう、その状況を目の当たりにして、避難所の状況見て。こんなの、自分だったら自分の子どもだったらと思ったよ。皆動くじゃん。それが、仮設に移ったとたんに、もう優しくしないでくれみたいなね、そういうところがあったよ。(二〇一九年八月一〇日)

前出のNPO法人さくらんぼくらぶも、登米市から「不測の事態に対応できるように準備はしているが、基本的に仮設内は南三陸町の管轄であり、町より要請がない限り登米市の関与は困難」であると伝えられ、南三陸町の手が行き届かないケースが生じた場合、支援に入るよう依頼を受けたという。また、登米市はそのような支援活動への協力を約束した。その後さくらんぼくらぶは町外避難者向けの町社協の事業を手伝いつつ、仮設入居者の様子や支援活動の様子、南三陸町の現状などを市側に逐一報告するなど、両者の仲介役として立ちふるまうこととなった。

すでに述べたように、当初は慣れ親しんだ土地を離れ、町外遠隔地の仮設住宅に入居することに抵抗を覚えた避難者が多かったものの、資材の不足や工事費の高騰、そもそもの規模の大きさなどから復興事業が長期化したことに加え、遠藤氏の懸念通り、病院や市役所に近く、大型ショッピングセンターから徒歩一〇分程度という登米市中心部の便利な環境に慣れたことなどにより、登米市への移住を希望する南方仮設の入居者は徐々に増えていった。たとえば、先に取り上げた河北新報社の調査では、二〇一三年六月の時点で南方仮設入居世帯における南三陸町への帰還希望は四四・〇パーセントであり、津山町域の仮設住宅入居者の五九・二パーセントに比べて低かったことが確認されている。実際、二〇一三年度頃からは、通学・進学の問題から南方仮設を退去し、登米市中心市街地に新居を構えた子どもをもつ若い世帯が目立つようになった(宮城県警佐沼警察署への聞き取り調査、二〇一四年一二月一九日)。また、このあとみていくように、登米市内の災害公営住宅全八四戸の大部分が中心市街地に建設され、市役所や市民病院から近い好立地であるため、南方仮設から入居する世帯が多数生じた。南方仮設は実際に人口流出・移動を駆動したのである。

4　南三陸町の復興は何をもたらしたか

(1)「復興」から零れ落ちた転入者
転入者が抱えた問題

本節では、人口移動をめぐる南三陸町に対する登米市のジレンマという文脈において、登米市中心市街地における地元の住民の実践が南三陸町の復興過程とどのように交わってきたのか、市の災害公営住宅に入居した元南三陸町民、そして筆者自身の関わりのあり方を交えつつ、描出していきたい。ここでは特に、「佐沼」の南部に位置する大網地区に設置された災害公営住宅をめぐる実践を取り上げる。

大網地区は、昭和四〇年代に集中的に開発が進んだ新興住宅地である。大網、大網上《かみ》、大網下《しも》により構成され、後述するYを含む複数の行政区に区分される。国勢調査によれば、二〇一五年一〇月一日時点における大網地区の人口は一九〇七人である。なお、一九九五年は一九二四人、二〇〇〇年は一九〇九人、二〇〇五年は一八一四人、二〇一〇年は一八六四人であり、一九九〇年代から震災前にかけゆるやかに減少傾向にあった人口が、震災後には増加に転じていることがわかる。(40)

(40)　ただし、二〇二〇年一〇月一日時点の人口は一七〇六人であり、五年前と比べて大幅な減少をみている。その背景については、本書執筆時点で調査中である。

大網地区には災害公営住宅が四六戸建設され、先述の経緯により南三陸町からの避難者にも開放された（本章第2節参照）。四六戸の内訳は、二〇一四年に完成した戸建て（迫西大網住宅）が二二戸、南三陸町からの避難者における同市への定住意向を踏まえ、新たに二〇一六年に建設した共同住宅が一棟二四戸である（迫西大網第二住宅）。なお後者の共同住宅については、地域住民の呼称である「長屋方式」を本書でも踏襲する。市役所や市民病院から近い好立地であることもあり、公営住宅の周囲には町外ではあるが自力再建を果たした元南三陸町民の戸建て住宅も並び立っている。

立地地域の民生委員であるS氏によれば、二〇一九年七月時点で、迫西大網住宅・第二住宅では、四六戸のうち南三陸町の津波被災者が四〇戸以上に居住していた。とりわけ長屋方式については、入居する二一世帯のうち、二〇世帯が南三陸町からの転入者であるといい、南方仮設の元入居者も多く含まれる。なお、災害公営住宅が単独で構成する行政区が新設された入谷地区（第6章第3節参照）とは異なり、大網地区では既存行政区Yへの編入が選択されている。

このように、多くの元南三陸町民が大網地区において生活再建に取り組むことになったのであるが、彼らの新生活においては、さまざまな問題が生じた。まず顕在化したのが、公営住宅入居者の孤立である。一般に、災害時に建設される災害公営住宅には、通常の公営住宅と同様、住宅に窮する低所得者が入居するため、周辺地域と比較して住民の高齢化率が高くなる傾向にある。登米市においても災害公営住宅の高齢化率は四〇パーセントを超え（Q氏、二〇一九年九月一一日）、特に長屋方式ではその傾向が顕著である。高齢者のみの世帯は周辺住民との接点をもちづらく、閉じこもりがちになりやすい。大網地区においても、長屋内に設けられたコミュニティルームの利用が進まないなど、当初から入居者の孤立問題が表面化していた。入居者間の交流をはかろうと、災害公営住宅におかれた班の班長を中心に月二回の「交流会」が開かれるようになったものの、当初はなかなか参加者が増えなかったという。

受け入れ側の困惑

Y行政区の区長と市の民生委員を兼任するS氏は、こうした状況への対応に頭を悩ませ、筆者に以下のように打ち明けた。

私としては、本当のことを言えばさ、向こう〔南三陸町の災害公営住宅〕空いてるから、向こうさ帰ってほしいの。本当のこと言えば。志津川のね、住宅、復興住宅がものすごい空いてるわけさ。（二〇一九年六月二五日）

同氏の言葉を、避難者への批判の声、あるいは〝純粋に〟南三陸町の人口減少を案じての声と解釈するのは早計である。以下、S氏と筆者のやり取りを続けてみていきたい。

ただね、俺ね、すごくショックだったのは、〔Y行政区に〕入れてもよかったの。私、〔災害公営住宅に入居した方々を〕引き受けました。そんで、なぜ引き継ぎをしてくれないのかと。〔南〕三陸町で。〔南三陸町から登米市やS氏への〕引き継ぎないんですよ。さようならっていうかんじですよ。こっち〔登米市へ〕籍移して、そのまんまですよ。

――〔筆者〕南三陸町のほうの民生委員さんだったりとか、保健師さんだったりとかから何も引き継ぎがないんですか?

来ないです。私が単独であそこぜんぶ、Qさんとかね、応援いただいて、やってるわけだっちゃ。

――(筆者)情報が何もない状態だった?

そうです。〔災害公営住宅に〕誰が入ったとか、わかんない。名前だけは、ほら、抽選あったときには、わたし区長だったから行ってました。〔名前がわかったところで〕どういう人かわからないもん。

――(筆者)町に戻らなかった方はそのような対応をされる

そうなんですね。でもやっぱりね、こっちさ住んだんだから一応引き継ぎってもの必要だと思う、俺は。長屋方式のほうでまたひどかったのはね、最初にコミュニケーション場〔コミュニケーションルーム〕ありましたよね、コミュニケーションの、あそこね。あそこ集会所になってたんですよね。私、集会所になっていれば、これは〔行政区の〕分離ですから、同じ集落に集会所、二ついりませんので。そこは、別行動ですね。市のほうに、私ね、言ってけだんですよね。本当のこと言うと。私は受けないよ、と。集会所、おらほう〔私たち〕で二ついらないからと。あそこ〔長屋方式〕は〔Y行政区から〕分離してくださいって。長屋方式は。そういうふうなこともありました。集会所っていう名前つくったから、あそこに。だから分離すんだね、ってこと。

公営住宅の入居者の個人情報は、細心の注意をもって取り扱われるべきものであり、制度上、転居先の区長や民生委員に自動的に伝達されるものではない。一方で繰り返し南三陸町と登米市の対応を批判するS氏の語りの背景にあるのは、自治体を単位とする「既定（の）復興」が地域にもたらした一つの帰結——南三陸町への帰町を選択しなかった人びとは復興の〈当事者〉性を失い復興支援の枠組みから零れ落ちてしまう、そしてS氏ら受け入れ先の人びとがその対応に追われることになる——への困惑ではないだろうか。

第3章にて述べたように、基礎自治体が一義的な主体となる「既定（の）復興」においては、避難先からの帰還が復興の柱となり、帰還しない避難者は「復興」の枠内から除外されて〈当事者〉性を失う。南三陸町でも、転出した元町民へのサポートは困難であると明言されている。「帰町」を前提とした避難から、避難先への移住・定住を選択した人びとは、町による遠隔地の避難者への支援の網から外れ、また、公営住宅に転居後も引き続いた外部からの支援の手からも零れ落ちていった。一方で、もとより高齢者が多い公営住宅の入居者については「被災者」として長期化した避難生活のなかで、とりわけ南方仮設のように外部から多くの支援者が訪れる状況において、「完全に「誰かが何かをしてくれる」という考え方が身についてしまっている」状態であった（Q氏、二〇一九年六月一九日）。

受け入れ側の奮起

こうした状況において、大網地区には、「既定（の）復興」から零れ落ちてきた人びとに寄り添い、自立に向けて彼らを支える人びとの姿があった。本節では、地区内Z行政区の民生委員を務めているQ氏の実践に着目する。

本章においてすでに多くの語りを引用してきたQ氏は、消防職員ＯＢであり、発災時、災害ボランティアのコーディネートを行うNPO法人の役員を務めていた。震災発生当初から、登米市内にとどまらず沿岸部においても支援活動に従事していた同氏は、アドバイザーとして南方仮設における自治会の設立に携わるなど、民生委員という立場にとどまらない支援活動を展開してきた。

大網地区に災害公営住宅が建設されたのち、Q氏は、入居する元南三陸町民に対して、できることは自分たちで解決してもらおうと「何かを手伝ってほしい」と言われた際に手を貸すという姿勢で、寄り添い型の支援活動を実践してきたという（二〇一九年六月一九日）。具体的には、長屋方式のコミュニケーションルームで開催されている交流会の運営サポート、災害公営住宅におけるニーズの取りまとめと行政への陳情サポートなどを行ってきた。また、入居者の孤立を防ぎ、大網地区の住民が一丸となって彼らを見守っていくため、町内会の会長らとの交流会なども企画・運営してきた。なお、Q氏の声掛けもあり、当初長屋方式の住民が中心で参加者数が低迷していた長屋方式コミュニケーションルームにおける交流会には、二〇一九年の時点で周囲に立地する戸建ての災害公営住宅の住民（南三陸町出身）や、震災前からその地域に暮らす住民らまで参加者が拡大しており、一堂に会して食事をとる「お弁当の日」といった行事を定期的に開催するなど、盛り上がりをみせていた(41)。

また、南三陸町からの転入者は、もとより南方仮設で暮らしていた避難者に限らないため、周辺の地理に不案内な場合があった。そこでQ氏は入居者らとともに、近所のスーパーマーケットや医療機関などをめぐる「まちめぐり」（Q氏、二〇一九年三月一四日）を行うなどし、地域の事業者らとも顔合わせを行って、地域に親しみをもってもらう取り組みを展開してきたという。なお、筆者に「向こうさ帰ってほしいの。本当のこと言えば」と吐露した前述のS氏であるが、こうしたQ氏の理念と実践に共鳴し、協働でさまざまな取り組みを展開している。次項で述べる「ビックネット」の活動にも立ち上げ期から参画している。

（2）町の「復興」がもたらしたもの
「ビックネット」への参加

前項では、登米市への定住にあたり転入者が抱えた課題と、自治体間の境に起因する行政的な支援の不連続性に困惑しながらも、南三陸町から手を離されたかたちとなった転入者を救おうと奮起したQ氏やS氏ら大網地区の人びとの実践に焦点を当てた。本項では、彼らが立ち上げた任意団体である「ビックネット」の活動と筆者自身の関わりのあり方から、南三陸町の復興と大網地区における住民らの実践の交わりを照射していきたい。

筆者がQ氏と知己になったのは、所属するNPO法人HSFのスタッフとして復興支援活動に従事していた二〇一三年のことである。発災後、Q氏は県内で広く活動するNPO法人の役員として、南方仮設敷地内に子どもの勉強の場を設けたいと宮城県の担当部署、南三陸町教育委員会に掛け合い、南方仮設における集会所の使用許可を取り付けた。二〇一一年九月、学びの場を運営する「先生」を探していたQ氏は、支援先の選定のために当地を訪れていたHSFの理事長と面会し、同年一一月から、HSFが南方仮設における学びの場の運営を担うこととなった。そして二〇一三年六月から二〇一五年三月まで、この学びの場の運営を担当したのが、ほかならぬ筆者であった。筆者は、法人の撤退（二〇一五年三月）と大学院進学（二〇一五年四月）を機に当地を離れたが、その後大学院生として登米市、南三陸町を現地調査で訪れる際、しばしばQ氏を訪問してきた。

二〇一九年三月一四日、同月に実施された追悼イベント等への参加を終えた筆者は、Q氏と大網地区にあるファミリーレストランで待ち合わせをした。当時の筆者は、南三陸町から登米市へ移住した方々が抱える問題の

(41)　たとえば、筆者が参加した交流会（二〇一九年一〇月二三日）では、二〇名程度の参加者がカラオケや室内でのボーリングに興じ、二時間ほどをともに過ごしていた。

構造を明らかにしようと調査を始めた時分であり、同年五月から数か月間に及ぶ現地調査を実施する計画を立てていた。近況報告を終えたあと、さっそくそうした話題を切り出した筆者に対し、Q氏は、前項で示したような転入者が抱える問題についての認識を示したうえで、以下のように語りだした。

〔災害公営住宅に暮らす転入者が抱える問題が〕あるの。だからそれをサポートするために、今やってるんだけども、直接支援をしようとするんじゃなくて、私は、子どもの居場所にぜひ来ていただけませんかって協力をお願いしてんの。〔声掛けをしている方々には〕七五、八〇〔歳〕の人も〔いる〕。年取った人がね、そこにいるってことは、子どもたち、ほっとするじゃないですか。いくら悪い子でも、元気な子でも、やっと杖ついて歩く人にはやさしいよね。だからその人がいる、一役があるわけさ。その一役をね、「あんたがここに来ることで一役なんだ」と。「私っすかや〔私が〕」。引っ張り出すっていう視点が必要だからね。直接的な効果でなくて、波及効果を狙った事業の展開っていう、私は今、これをやってるんですよ。

聞けばQ氏は、「子どもたちの生活圏に安心安全で、信頼できる大人が見守ってくれる場の継続的運営」を目的に、二〇一八年四月、大網地区の他の民生委員らと任意団体「子どもの居場所ビックネット（以下、ビックネット）」を設立したという。ビックネットは、大網地区に暮らす子どものための自習室開設や子ども食堂の運営、子どもと大人の交流の場の創出などの活動に取り組んでいた。Q氏はこのビックネットの枠組みにおいて、転入者が抱える問題の解決を目指し、支援活動に取り組んでいるのだと語ったのである。この場で筆者はQ氏より依頼を受け(42)、二〇一九年度の現地滞在期間中、具体的には六月から一〇月にかけて、週一、二回、「先生」としてビックネットの活動に参加することとなった。

ビックネットは登米市社会福祉協議会の助成などを原資とし、月・水・金曜日の週三日、コンテナおおあみ一階の貸しスペース(43)を、子どもの「居場所」として開放している。子ども食堂については、コンテナから徒歩一分ほどの距離にあり、コンテナが管理・運営する多機能施設アルテラスおおあみ（図7-6）の調理室や地区の集会所を利用し、不定期で開催していた。

前述のとおり、大網地区は昭和四〇年代に開発された新興住宅地であり、その時代に建設された賃貸物件も多い。こうした物件は相対的に家賃が安く、ひとり親世帯など低所得世帯も多く居住していることもあり、子どもの貧困が地域の大きな課題とされる。Q氏がこうした子どもたちの存在を問題視し、地域の大人が地域ぐるみで彼らを見守ることの必要性を痛感したことが、ビックネット立ち上げにいたる直接のきっかけとなった。

筆者が「先生」として活動に参入した二〇一九年六月当時、ビックネットの自習室には、大網地区に暮らす小学生から中学生までの子どもたち一〇名ほどが入れ代わり立ち代わり訪れていて、各回五名程度の参加があった（図7-7、7-8）。当時は始動から一年が経過した時分であり、Q氏らは前年度の反省を踏まえて活動を改善しようと、試行錯誤を重ねていた。そうして編み出された策の一つが、「先生」の経験者、すなわち筆者の参入を

---

(42)　筆者はその場でこの申し出を受諾したが、その後本書を書き進めるなかで、Q氏が単に大学院生としての筆者の質問に答えるために「転入者が抱える課題」についての会話からビックネットの活動へと話題を「スライド」させたわけではないのではないかと考えるようになった。すなわちQ氏には、筆者が「転入者が抱える課題」について尋ねる前より、HSFスタッフとして仮設住宅における学習支援活動に従事した経験をもち、また二〇一九年度に数か月間の現地調査を予定している筆者を、ビックネットの活動に「先生」として「スカウト」しようとする明確な意図があったのではないか。大恩あるQ氏の要請を断るという選択肢は筆者にはとりえなかったし、「災害公営住宅の入居者への支援とも関係する」という説明に当然ながら筆者の学術的な関心が掻き立てられたため、こうした申し出は願ってもないものであった。

(43)　かつてHSFが南三陸町からの避難児童・生徒を対象に学習支援を行う際、会場として利用していたスペースである。

図7－6　アルテラスおおあみ外観

（出典）筆者撮影（2019年６月12日）

通した「学びの場」としての場の再構築であった。それまでは六〇～七〇代の民生委員を中心に「教える」よりも「見守り」[44]を核とした体制のなかで「自習室」としての性格が強かったが、中学生が出入りするようになり、「先生」の必要性が高まったのだという。

災害公営住宅入居者の参入

「先生」である筆者の存在は、ビックネットが開設した「子どもの居場所」に「学びの場」としての性格を添加し、外部から訪れる支援者と地域社会との接点の場ともなった。もう一人、この場所に別の性格を付与していたのが、毎週水曜日にコンテナを訪れ、「見守り」に加わっていたT氏である。

南三陸町出身で自宅が津波被災したT氏は、南方仮設への入居経験をもち、退去後に長屋方式に引っ越してきた。Q氏とは仮設入居時からの付き合いであり、二〇一九年当時はY行政区で班長を務め、Q氏らのサポートを得ながら、月二回の「交流会」を主催していた。同年六月一九日、子どもたちが帰宅したのちのコンテナ一階において、筆者はT氏にビックネットの活動に参加するようになった経緯について尋ねる機会を得た。T氏も筆者と同様、世話になっているQ氏の要請に応えるかたちで、立

図７－７　ビックネットの看板

（出典）筆者撮影（2019年６月12日）

図７－８　ビックネット活動中の様子

（出典）筆者撮影（2019年6月12日）

(44)　子どもたちは学校が終わると自宅にいったん荷物を置くなどし、一六時前から「居場所」に集まり始める。Q氏ら「地域の大人たち」と筆者は、一五時三〇分頃からロの字に机や椅子を設置するなどコンテナで準備を始め、部屋の隅に「大人たち」用の机と椅子を用意して、雑談をしながら子どもたちの到着を待つ。子どもたちは到着すると宿題のプリントやノートを広げ、めいめいに取り組む。この間、Q氏らは、しばしば子どもたちへ学校の様子を尋ねるなどの声掛けを行うが、積極的な学習指導を行うことはなく、基本的には「大人たち」用の机に腰掛け、子どもたちの様子を眺めている。「先生」である筆者への指示は特になく、筆者は南方仮設等での学習支援の経験をもとに対応することとなった。

ち上げから四か月程度経過したのちに、ビックネットの活動に参加するようになったのだという。

人いねえから、ちょっと顔出せって。〔Q氏に〕引っ張られたの。まさかなあ、世話になったもの、〔参加できないとは〕言わねえっちゃ。人いねえからや、他人〔ひと〕の子どもの面倒さ見てけろっていうことで。だめだって言われねえから。世話になってるから。

先述のとおり、Q氏は筆者に「子どもの支援」を旨とする団体の活動において、災害公営住宅の入居者をサポートしていると説明した。T氏の言葉から、そのメカニズムがうかがえよう。すなわちQ氏は、南三陸町からの転出を経て災害公営住宅にこもりがちになっている高齢者と、地域の大人との接点をもたない子どもたちとの交流の場として「居場所」を構想していたのである。こうした交流については、T氏が毎週水曜日に「見守り」[45]に来ることに加え、子どもたちがビックネットの大人たちとともにアルテラスの調理室で調理した食事を公営住宅に持参し、お茶飲みをしたり、紙芝居を披露するなどといった活動も行ってきた。

こうした大網地区における実践について、前出のR氏は「新しいまちづくり」のあり方として捉え、以下のような見解を述べている。

大網に関しては、新しい住民とのコミュニケーションを活かした新しいまちづくりっていうか復興っていうか、〔……〕基本的には、〔南三陸町の仮設が立地した登米市内の〕横山にしても大網にしても震災があってもなくても、まちは衰退の一途をたどってたんだよね。で、なんとかしなくちゃなっていうことが、考えていてもけっきょく何もしてこなかったというなかで、全国のいなかってだいたいそうだと思うんだけどさ。そのなかでこの、震災でなんとかしなきゃというきっかけにはなったな。どっちかっていうと、最初の段階は、仮設に来た人たちの身の回りの世話だったりさ、なんとか支援しなくちゃっていう思いだったのが、自分たちのことも、それを契機にいろいろ考えたりして。

そんな意味で、大網にも、たまたまこの施設〔コンテナ〕もそうだけど、いろんな視察だったりさ。勉強会だったりさ。こっちからも〔来てくれと〕言うし、向こうからも来る。そういうのが、いくつかあるわけね。〔……〕〔大網地区は〕外から来た人と地元の住民と、南三陸から来た人たちをつなぐ〔機能を果してきた〕。

（二〇一九年八月一〇日）

次章では、傍点の箇所においてR氏が指摘する大網地区の「つなぐ」、すなわち媒介する機能と、震災を契機とした転入者や交流・関係人口の参画を得た「新しいまちづくり」について、災害研究の視点から考察し、南三陸町の復興を捉え直していきたい。

小括

本章では、南三陸町に隣接し、同町最大の〈越境〉先であった登米市における東日本大震災の実相を描き、また、登米市民が南三陸町の復興過程（第５章）へどのように関与してきたのか、収集した語りを軸に検討してき

(45)　T氏も、自身はコンテナに来て、子どもたちが勉強している様子をただ「見てる」のだと笑った。

た。

発災後、登米市では官民を挙げて南三陸町からの避難者の支援活動に取り組んだ。しかしながら「つくり変え」を背景とする復興事業の長期化等に起因する同町から同市への転入者の増加が顕在化すると、登米市は南三陸町への配慮と移住希望者の増加のなかで板挟み状態となり、積極姿勢を転換した。特に市内中心市街地の南端に設置された南三陸町最大の仮設住宅団地「南方仮設」は、人口流出を促進しかねない存在として両自治体から捉えられた。入居者は「行政の狭間」に落ち込むような感覚を覚えたが、地元の企業やＮＰＯ法人が積極的な支援活動を展開した。さらに彼らは、入居者と登米市行政、外部の支援者を媒介する役割を担ってきた。

第４節では、〈越境〉に際し自治体を一義的な主体とする復興枠組みにおいて〈当事者〉性を失った「元」町民に寄り添い、自立に向けて彼らを支えた〈越境〉先地域の人びとの取り組みを描写した。次章では、南三陸町の復興が登米市にもたらした交流・関係人口である筆者自身の立場を再考したうえで、境界概念を補助線としてこうした取り組みを分析する。

第8章　〈境界的な被災地〉における復興

本章は、〈境界的な被災地〉における語りに耳を傾けることにより再構成してきた人びとの復興への関与のあり方（第6章・第7章）から、南三陸町の復興（第5章）をどのように捉え直すことができるか検討することを目的とする。具体的には、以下の観点から総括的な考察を行い、終章において復興の当事者をめぐる議論に接続する。第一に、南三陸町の復興過程をローカルな脈絡、特に地域に内在する複層的な〈差異〉の網の目のなかに位置づけ、災害研究の立場から検討する。第二に、「既定（の）復興」をめぐる議論とも関連づけたうえで、被災程度の〈差異〉の問題と絡めながら〈境界的な被災地〉における「〈当事者〉になりにくい構造」の組成について、考察する。また、こうした考察の結果に基づき、「人間（の）復興」という近年の災害研究におけるパラダイムを導入する際の留意点を指摘する。第三に、本書が〈境界的な被災〉概念を提示した背景について説明し、第6章・第7章で示された〈境界的な被災地〉からの復興への関与のあり方について、〈境界的な被災〉がゆえの混淆性の観点から吟味する。

1　ローカルな〈差異〉と東日本大震災

（1）救援・支援活動

災害ユートピア

本節では、特に第4章で確認したハマ・マチ・ヤマ／オカの空間的・社会的分節とつながり、そして南三陸町と登米市との間の行政界に着目し、南三陸町における発災から復興までの過程を描き直す。結論を先取りすれば、ここで描出される対象地域に内在するローカルな〈差異〉は、発災直後は被害からの回復を推進する方向に作用する災害文化、レジリエンスの源である一方で、脆弱性を生む不均衡性をともない、また、時間の経過とともに不和や葛藤をもたらした。

まずは、発災後の入谷地区、登米市において展開された地元住民による救援・支援活動を取り上げる。精神医学博士のビヴァリー・ラファエルは、災害時の人間の代表的な役割として「被災者」と「救援者」に言及している。「救援者」がその役割につくにはいくつか異なるルートがあり、「災害ボランティア」のように自発的に外部から被災地に集まる者もあれば、「被災者自身が自分よりひどい被害を受けた他者の救援に当たるような」、「被災者と救援者の二重の役割をもつこと」もありうるという。たいていの災害において救援者は、災害の直接的な影響を受けなかった被災者たちのなかから先陣を切って現れ、負傷者の手当、避難のための応急措置など速やかに対応し始める。そして周辺の地域から、次の救援者がやってくるという（Raphael 1986=1989: 23, 355）。

町内で唯一「海の見えない」地区であり、津波による直接的な被害が軽微であった入谷には、発災後、地区の人口の半数にも上るほどの津波被災者が避難した。また、地区の住民は発災直後から集会所に参集し、米や野菜を持ち寄っておにぎりづくりや炊き出しに従事した。入谷地区でも電気や水といったライフラインが途絶したが、井戸水や沢水、被害のなかったプロパンガスを活用するなどして対応している。また、個人宅への避難者も多く、二人世帯の住居に五〇名以上の避難者を受け入れていたケースもある。連日の炊き出しや個人宅の避難者への食事提供により備蓄食料が尽き始めてからも、地区内で融通し合うなどして対応した。こうした入谷地区住民の支援行動については、当時行政区区長会の役員を務めたA氏が「〔入谷〕地域の人たちは、あのとき、一か月、三月いっぱい、誰一人文句言う人もなくて。ここの入谷地域はまとまったっていうことなのね」と述懐している（第6章第2節参照）。

また、登米市も二〇〇〇棟以上が全半壊するなど大きな地震被害を受けたが、「南三陸に一番先に駆けつけたのは登米市の人たちだって、今でも言われている」「登米市の被害は比べものにならない〔……〕だから沿岸部の方の支援をまずします」といった声（第7章第2節参照）からもうかがえるように、官民を挙げて南三陸町の救援・支援活動に取り組んだ。市行政による支援活動は、市外からの避難者向けの避難所の開設から、支援物資の輸送、救援活動を行う各組織の後方支援まで多岐にわたる。民間領域では、物資の仕分けなどを担ったコンテナおおあみ、さくらんぼくらぶのように、NPO法人や地元企業などの活躍がみられた。

発災当初の入谷地区、登米市の住民らの救援・支援活動からは、まさに津波災害に直接的に影響されなかった「被災者」たちのなかから「救援者」が現れ、「よりひどい被害を受けた他者」への手当を行った様子がうかがえる。こうした利他的な実践は対象地域に限ったものではなく、牡鹿半島に出現した自宅小規模避難所の事例（序章第2節参照）[1]や川内村の事例などから、東日本大震災の被災地一般で行われたものであることが推測できる。[2]

ラファエルは、このような相互の助け合いが行われる被災当初の社会について、「積極的感情にあふれた愛他的で治癒力のある社会」と表現しているが（Raphael 1986=1989: 461）、これは近年の災害研究においては「災害ユートピア」概念で説明される現象である。

レベッカ・ソルニットは、巨大災害によって大きな被害を受けた社会でしばしば発生する利他性や水平性、即時応答性に基づいた特別な共同体を「a paradise built in hell（日本語訳、災害ユートピア）」（Solnit 2009=2010）と名付け、さまざまな事例から、被災者同士が年齢・性別・肩書などの区別なく固い絆で結ばれ、協力し合いながら日々を乗り切っていく様子を描き出している。「災害ユートピア」は、多額の義援金や救援物資、大挙するボランティア、被災地域における英雄の誕生といった、さまざまな非日常的なかたちをとって現れるとされる。本書の記述から、東日本大震災の被災地においてもこの「災害ユートピア」の現出を確認できよう。

さて、〈被災者〉が支援される側から支援する側に回ることで、彼／彼女自身の「復興感」、すなわち被災した生活が再建したという感覚が高まることは、実証的にも、経験的にも多くの識者が指摘するところである（永松 2020b）。また、内尾太一が明らかにしたように、被災者から支援者へ反対給付を行うことは、支援者／受援者間の不均衡を乗り越える一つの契機となる（内尾 2018）。しかしながら、本書が注目した語り手たちは、そもそも、〈被災者〉になりきれない、どっちつかずの立場に置かれた人びとであり、彼らの経験を理解するためには、また別の枠組みが必要となる。この点に関する検討は次節の課題とし、以下ではハマ・マチ・ヤマ／オカのローカルな脈絡から、地元住民による救援・支援活動についてより深く検討する。

ハマ・マチ・ヤマ／オカの災害文化、レジリエンス

発災直後の南三陸町では、人的・物的な津波被害により、災害対応の指令機能を完全に喪失した。そのような状況下でいち早く生存者救出に向かったのは、入谷地区の消防団であった。また先述のように、発災後、入谷地区の住民は自らが避難するのではなく、避難してきた津波被災者に対応し、炊き出しなどの救援活動に従事した。

こうした対応は、三陸沿岸に繰り返し襲来した津波災害の歴史に加え、定期的な防災訓練を通して、入谷地区の住民において、自身らの役割として「自分たちのなかでシステム化されてる」ようなものであった。ハマ・マチ・ヤマから構成される当地域の災害は、被害が特定の地域に集中する場合が多く、過去の災害においても被害がなかったり、あるいは軽微であったりした近隣の地域・集落から救援活動に駆け付ける人びとの動きがみられた。また、津波を想定した防災訓練において、沿岸部では高台への避難訓練が主眼であった一方で、入谷地区では、沿岸部からの避難者を受け入れ、「とにかく食べさせる」ことを念頭に置いた、「炊き出し訓練」や「避難所開設訓練」に取り組んできた。今般の津波の襲来後も、「さあ今から炊き出しに来てくださいとか言われなくても」、地区住民は集会所に参集したのである（第6章第2節参照）。

登米市中心市街地への避難行動についても、ハマ・マチ・ヤマ／オカの成り立ちと結びつけて捉えてみたい。現在の南三陸町にあたる地域は狭い耕地、水不足、冷涼な気候などの要因から食料生産が不十分であり、かつての人びとは、北上山地を隔てた内陸部の米どころであるオカに米を求める「オカアキナイ」を行った。ハマ・マチ・ヤマ側からみれば分水嶺の向こうに広がるオカは自然環境が異なり、同地に甚大な被害をもたらす津波被害や飢饉の直接的な影響が及ばない地域であり、古くからいざというときの避難先であったと捉えられる。

（1）　福島県双葉郡川内村は、東京電力福島第一原子力発電所事故により大きな影響を受けた富岡町の西側、阿武隈山脈側に隣接している。住民たちの多くが仕事や買い物、そして病院受診などのために日常的に富岡町に出入りするなど、同町と生活圏を共有していた。発災時、人口約二八〇〇人の川内村は、倍以上の数の避難者を富岡町から受け入れたために、食料が枯渇するなど危機的状況に陥った（辻内・滝澤・岩垣 2019: 142-143）。

（2）　阪神・淡路大震災でも、発災後に生き埋めになった人のうち、家族や友人・隣人によって救出された人の割合は約六割である。少子高齢化など社会情勢の変化を背景に、近年、地域や市民レベルで助け合う「共助」の力の大きさが強調されている（日本火災学会 1996）。

災害という危機は、「ある社会における社会機構の本質」を明るみに出す機能をもつ（Hoffman and Oliver-Smith eds. 2002=2006: 14）。生態人類学者の田中二郎は、「可能なかぎり災害を回避し、いったん災害に遭遇したときには、社会システムの破綻を最小限度にくいとめ、人々の生存可能性を高めようとする」「有形無形の文化」を「災害文化」と位置づけた（田中二郎 1986: 9）。災害文化はある自然環境のもと、繰り返される同種の災害経験に基づいて共有・継承・発展されるものである(3)（林 2016a: 23-27, 2016b: 188-190）。東日本大震災は対象地域において、複数の空間的・社会的なまとまりのつながりのなかに埋め込まれた「南三陸町」の姿を顕在化させた。対象地域における発災当初の人びとの動きからは、相互に差異化されながらもつながりあうハマ・マチ・ヤマ／オカ、そうしたつながりにおいて醸成されてきた適応的な力としての災害文化の存在が示唆されよう。

また、筆者と同じく入谷地区など津波被害を免れた南三陸町内陸地域でフィールドワークを行った島田和久は、入谷地区を含む内陸地域・高台における自発的な支援活動について、レジリエンスの観点から分析を行っている。島田は、レジリエンスの構成要素として、地震や津波が生じた際に被害を低減するための「予防力」と、被害が出てしまった場合にその被害から迅速に回復するための「回復力」を挙げ、本書でも取り上げたように入谷地区において人びとが在来知を活用（代替水源や代替熱源といった地域の自然資本の利用による多重化、炊き出しの習慣の継承による回復力）したことに関し、高いレジリエンスの現れであるとして評価している（島田 2018, 2021）。右記の適応的な力としての災害文化について、レジリエンスの観点から位置づけ直すことも可能かもしれない。

ただし東日本大震災は、ハマ・マチ・ヤマ／オカの〈差異〉とつながりに内在する災後の苛烈な状況への適応的な力を発現させるのみならず、潜在していた不均等性をも明るみに出した。第6章で明らかにしたように、地域経済のけん引役となる産業に乏しい近年の入谷地区は、「何もないヤマ」として志津川を中心とする経済圏において周縁化され、地区住民は暮らしのさまざまな局面で志津川のマチへの依存性を高めていた。こうした固有の状況において、「ハマ・マチ・ヤマ」は単なる地理的・空間的な範疇の区分であるのみならず、「マチ」と残りの二者（「ハマ・ヤマ」）の間にある不均衡な社会的・文化的関係まで含み込む分節となり、また、表現となっていた。東日本大震災により志津川のマチは甚大な津波被害を受け、マチに集中していた町の行政機能・都市機能は機能不全に陥った。入谷地区は直接的な津波被害こそ軽微であったものの、前述のようなマチへの依存性において「見えにくい被災」を受け、人びとの暮らしは「変化」した。「見えにくい被災」は、歴史的に蓄積されてきた不均衡なマチとヤマの関係としてのヤマの脆弱性を顕在化させたのである。(4)

また、ラファエルが指摘するように、「被災当初の積極的感情にあふれた愛他的で治癒力のある社会」は、「その機構体系が災害のもたらした長期的な影響に対応せざるをえなくなるにつれて、より消極的、幻滅的な反応を示すようになる」（Raphael 1986=1989: 461）。すなわち「災害ユートピア」は時間が経過すると消失する。第1章で坂田邦子の議論を引用したように、代わりに顕在化してくるのが〈差異〉である。対象地域においても、愛他的な行動に代わり徐々に前景化したのが、登米市で聞かれた避難者への批判の声であり、「意向調査」などに示された「見えにくい被災」の存在を訴える声であった。後者については次節での検討に委ね、本節では前者を手がかりに、ローカルな〈差異〉の網の目のなかで展開した復興実践を引き続き吟味する。

（3） 林勲男によれば、災害文化は「過去の災害経験の伝承や災害観などを採取・記録する「記述的」アプローチ」に加え、「災害に対処する防災・減災といった積極的な意図や行動と結びつけて、災害と関わる知識や技術などを「価値ある」ものとして評価する「価値評価的」アプローチ」から論じられてきた。後者のアプローチでは、しばしば「防災文化」という用語に置き換えられる（林 2016b: 188-190）。

（4） 入谷地区のB氏は避難者への救援活動の経験を振り返り、「この入谷が動き出したので、その日からご飯を食べられる、足りなかったとは思いますけども、わずかでも、どこかに届いたんではないかなっていう、自負はみんな持ってるんじゃないのかなって思います。入谷の人はね」と述べている（二〇一六年八月二二日）。こうした語りのなかに、「マチ」に依存するような状況にあった「ヤマ」である入谷地区が、過酷な状況下にあって「マチ」の人びとを救ったことへの、B氏の強い自負心を読み込むことができよう。

（2）〈越境〉

登米市中心市街地での不和

「災害ユートピア」が消え去った登米市では、南三陸町からの避難者に対して、被災者として支援を受け続けていること、仕事をせずに酒を飲み、パチンコに興ずることを揶揄する声が聞かれるようになった。第7章ではこうした潜在的な不和の背景として、「行政的なジレンマを一つの要因とする地域住民との交流の少なさ」に言及した。以下では、避難者と地域住民との間の軋轢に関する先行研究を引用し、対象地域における〈越境〉者と地域住民の共生という観点から考察を深めたい。

第3章で取り上げたように、「既定（の）復興」が復興のデフォルトである日本社会では「被災者は現地にとどめるのが原則」であり、自治体のレベルで「住民の〝面倒を見る〟」（木村 2015: 239）ことが想定されている。したがって過去の災害においてもしばしば行われてきた避難者の〈越境〉は、「既定（の）復興」枠組みからはみだす行為であり、避難元自治体が避難者の所在地の把握に苦慮する一方で、避難先自治体は住民票を残してきた避難者への対応に頭を悩ませるなどの問題が生じた。東日本大震災に際しては広域避難が大規模に実施され、〈越境〉先の地域住民との間で生じた問題についての研究が蓄積された。以下、原発避難者の最大の受け入れ自治体でもある福島県いわき市に関する研究を取り上げたい。

いわき市では、仮設住宅や避難者の自家用車などがいたずらの対象となったり、「被災者帰れ」という落書きが市役所の玄関にされたりするなど、受け入れ側のいわき市民と原発避難者との間の軋轢が顕在化し、全国紙などで大きく報道された(5)。社会学者の川副早央里は、この軋轢が、政策的線引きによる賠償の格差や支援の格差に加え、急激な人口増加による生活上の問題（不動産の需要過多、交通渋滞や医療施設の混雑のほか、ゴミ出しや駐車の仕方の差異、賠償金を居酒屋やパチンコで使う避難者の姿）など、多様な要因が複雑に絡み合った結果であることを指摘している（川副 2014）。

また、いわき明星大学（現医療創生大学）の菊池真弓と高木竜輔は、統計資料や市民への質問紙調査から、軋轢の構造・実態の解明を試みた。その結果、震災後、いわき市において自動車保有数や新築住宅着工件数が急増したものの、都市機能に大きな混雑が出ているとはいえないこと、その一方で賠償額の不公平感や暮らし向きの悪化がいわき市民の避難者に対する厳しいまなざしへとつながっていることが明らかになった(6)（菊池・高木 2015）。川副は、いわき市において避難者が「居酒屋やパチンコ屋などで賠償金を散財している」という発言がよく聞かれたことを指摘したうえで、「これらの言葉にも誤解や風評が含まれているかもしれない」が、それらの裏には複雑な「心情や体験」があることを理解し、それぞれの被災者が置かれた状況と抱く意識を「社会構造の中に位置付けて理解することが必要」であると主張している（川副 2014: 28）。

本書が注目してきた登米市中心市街地においても、〈越境〉者の増加により不動産需要が高まり、迫町佐沼や中田町石森（加賀野）の地価が上昇したことが明らかになっている（山﨑 2017）。また、すでに述べたように、仕事をせずに散財する避難者の姿は、市内仮設住宅の周辺住民の目にするところとなった。こうしたことから、いわき市と同様、中心市街地への〈越境〉者の増加による受け入れ側地域社会の変化という観点から、避難者に

（5）　たとえば、毎日新聞の二〇一三年五月二四日付の記事「共生遮る誤解の連鎖　仮の町構想　寝耳に水」では、原発避難者をめぐっていわき市に寄せられた苦情が約三九〇件に達しており、その内訳は、①住民税などの税負担の公平性を求めるもの、②住宅事情のひっ迫、③病院の混雑、④ゴミの出し方や交通ルールなどのマナー、⑤道路の混雑であるという。関連して二〇一六年には、神奈川県横浜市や新潟県新潟市などで発生した広域避難者に対する「原発いじめ」が大きく取り上げられた。たとえば、朝日新聞「原発避難の小４に担任が「菌」発言　いじめ相談の５日後」（二〇一六年一二月二日付）など。

（6）　菊池・高木は、加えて、客観的なデータと市民の意識・態度との間にギャップを生じさせる可能性のあるものとして、「いわき市－避難者」という対立構図が日常生活・マスコミを通じて再帰的に形成されていることを指摘している（菊池・高木 2015: 95）。

対する登米市民の不満の高まりを読み解くことができるだろう。

さらに、川副の指摘を鑑み、ハマ・マチ・ヤマ／オカという当地のローカルな〈差異〉の脈絡にも位置づけて理解したい。登米市で聞かれた避難者への批判の声について言及した箇所（第7章第2節参照）で最後に引用した語り（「あの人たちは狩猟民族だからね。私たち農耕民族とは違うの。一個何百円もしないような野菜を何か月もかけて育てるなんてできないのよ。海では一回漁に出ればお金になるっちゃ」）からは、南三陸町の住民を「狩猟民族」として自分たち「農耕民族」に対置し、暮らし方の〈差異〉を強調する姿勢がうかがえる。被災地一般でみられた沿岸部から内陸部への人口流出のトレンドと同様に、発災後、登米市、とりわけ同市の中心市街地には多くの南三陸町民が〈越境〉したが、両地域は北上山地によって隔てられ、藩政期から明治期にかけて道路が整備されるまで、人びとが容易に行き来できる関係になかった。南三陸側からみれば、現在の登米市は慢性的なコメ不足に悩む沿岸部、山間部の住民が、冷害などの影響で特に窮乏した際に米を求めて移動した「オカ＝米どころ」であり、暮らし方の異なる人びとが暮らす、海産物の販売先であった。また、第7章第1節では通勤通学や転出転入人数のデータなどを用いて、震災前の両自治体間での人びとの移動状況を概観したが、南三陸町と似通った気候や風土、暮らし方をもつ石巻市あるいは気仙沼市との間での移動状況に比べ、南三陸町と登米市間の移動量は大きくはなかった。

以上の議論を総括すると、東日本大震災の発生により、それまではあまり盛んではなかった南三陸町と登米市間の人口移動、特に中心市街地への〈越境〉の増加という事象は、オカである内陸の平野部に住まう住民にとって、同地に古くから「水産物をもたらしてきた」地域から流入してきた「暮らし方の異なる」他者によるコミュニティが、市の中心部に形成されたものとして経験された。対象地域では暮らし方や生業と人びとの気質を結びつける語り口がよく聞かれるが、こうした、隣接する地域の人びとに見出す〈差異〉が、いわき市の事例でもみられたような生活上の問題、後述する義援金など支援の格差の問題などと絡み合って、登米市の農業従事者に右記のように語らせたのだと考えられる。登米市の人びとは、歴史的に形成されてきたローカルな脈絡において、災害をきわめて多層的に経験したのである。

マチとヤマ

その後登米市の災害公営住宅には南三陸町からの転入者が居住するようになり、入居者の孤立といった別種の問題が生じた。自治体単位で展開される「既定（の）復興」において、「恒久住宅」である災害公営住宅への避難者の入居は、住宅復興の「ゴール」として位置づけられる。しかしながら〈越境〉先の地域社会において、やってきた「他者」との共生には、さまざまな困難がともなう[7]（大網地区での〈越境〉と共生に関する考察は、本章第3節で行う）。以下では、ハマ・マチ・ヤマ／オカというローカルな〈差異〉の脈絡を前提に、行政界を越える〈越境〉ではない入谷地区の事例についても、〈越境〉先での共生に関する課題という枠組みで捉えてみたい。

被災自治体内での避難者の移動に着目した研究では、仮設住宅や災害公営住宅を単位に、〈被災者〉を主体とした見知らぬ者同士の新たなコミュニティの形成を主題とするものが多い。しかしながら入谷地区のように、津波被災自治体において直接的な津波被害の軽微だった地域では、従前住民が居住を続ける一方で、発災後は自治体内の他地域からの避難者、移住者が増加する。そこで問題となるのは、「見知らぬ者同士の新たなコミュニ

（7）岩手県では内陸部に建設した沿岸部から転入する被災者向けの災害公営住宅において、入居者の孤立を防ごうと、各地で地域住民との交流がはかられている。また、福島県いわき市薄磯地区では、地区の津波被災者が主に入居する災害公営住宅薄磯団地の自治会と、原発事故の影響でいわき市に避難している双葉町出身者による「いわき・まごころ双葉会」のメンバーとの交流も試みられている（齊藤 2017）。

ティの形成」ではなく、既存の地域社会への〈差異〉をともなった他者の編入である。

南三陸町、登米市の成り立ちからもうかがえるように、戦後の度重なる合併において、自治体は広域化の一途をたどった。「既定（の）復興」では、「被災者は現地にとどめるのが原則」である一方で、避難者はさまざまな理由のために〈越境〉する。ただし、自治体の広域化にともない、大災害であっても広域化した自治体のスケールでみれば、甚大な被害が局所にとどまることも多くなり、近年は自治体内の旧他自治体にあたる地域への避難・移住を選択するケースが増えている。たとえば、新潟県中越地震による被災地では、「平成の大合併」後の単位でみれば、地震を機に集落を離れた人の約九六パーセントが、同一自治体内で住宅を再建したという（澤田 2017: 436）。また東日本大震災の津波被災地に関しても、二〇〇五年に石巻市と合併した旧雄勝町域についてみると、人口の八割以上が地域を離れる判断をした（災害前の五六〇世帯のうち、もとの地区で再建七〇世帯）ものの、多くの人が、避難先であった三陸縦貫自動車道ＩＣ近くの便利な場所に立地する防災集団移転団地、もしくは石巻市の中心市街地での再建を選択しており、同市の人口減少率は災害前と同等の水準を保っている（牧 2020: 76）。これは、発災後に被災地全般で生じた沿岸部から内陸部への人口移動と同様、利便性を求めた、旧自治体の行政界をまたぐ〈越境〉であると捉えられる。

南三陸町において震災後にみられた入谷地区への人口移動は利便性を希求したものではないが、右記と同様に、旧自治体単位でみれば〈越境〉と呼ぶことのできる現象である。南三陸町では沿岸部の三地区が急激に人口を減らしたのに対し、同町初の災害公営住宅である入谷住宅が入谷地区内に建設されたことなどにより、避難先でもあった入谷地区のみが増加に転じた。入谷住宅には、特に志津川のマチからの転入者が多く暮らす。住宅の建設に際し行政は既存行政区への編入を試みたが、地元住民から反対意見が出され、公営住宅が単独で構成する行政区を新設することとなった（第6章第3節参照）。ここで注目すべき点は二つある。第一に、世帯数の問題や、金銭的負担といった「合理的」な理由の背後に、沿岸部からの転居者という、これまでとは逆向きの人口移動のあらわれに対し、「私たちの生活とは違う生活をしてきてる」「新しい被災された方々」が、既存の行政区に「溶け込めるでしょうか、ちょっとこれは、難しい」という、〈差異〉を強調する言説がみられること、第二に、「まあ、行政区はどうあれ、交流をはかりましょうということで」、ある程度の「距離感」を保ったうえでの交流が行われていることである。〈越境〉先の住民にとって、「仮の住まい」である仮設住宅の入居者ではない災害公営住宅の入居者ですら「私たち」の範疇になく、「他者」にとどまっている。また、災害公営住宅の自治会役員であるM氏の語りから、こうした自他認識は災害公営住宅の住民側においてもみられ、入谷地区が地域を挙げて取り組んでいる「入谷打囃子」に「誰も手伝いに行かない」など、人びとが強く結びつく「入谷」という単位に、G氏の言葉を借りれば、「溶け込む」うえで、課題を抱えていることが明らかになった。

以上、古くは別自治体であった入谷地区において、「既定（の）復興」様式における住宅復興の到達点である災害公営住宅への入居は、他者との共生として、地区住民に経験された。ただし、入谷地区への〈越境〉は、先述した登米市への〈越境〉と同様にハマ・マチ・ヤマ／オカというローカルな〈差異〉の脈絡において生じたことを忘れてはならない。この点に関し、第6章で引用したB氏の語りを抜粋して再掲する。

それで、作業も出なきゃならないんですよ。草刈りとか。消毒とか。そうするとそっちの人たちはやったことがないことばっかりなの。田舎のほうの暮らしをしてこないから。〔……〕やっぱり私たちの生活と違う生活をしてきてるから、そんなの向こうではなかったとか、なるじゃないですか。そういう婦人部とか入んなくていいでしょとか。あるわけですよ。

ここから、この〈越境〉は旧志津川町から旧入谷村へと旧自治体の行政界を越える行為であるにとどまらず、志津川のマチからヤマである入谷という、対象地域において形成されてきた空間的・社会的な境を越える〈越境〉でもあったことが確認できる。

登米市のケースと同様に、入谷地区の人びともまた、地域固有の脈絡において災害をきわめて多層的に経験したのであった。第一に、ハマ・マチ・ヤマ／オカという空間的・社会的な差異化の文脈において、入谷住宅に入居したマチの人びとは、同じ南三陸町民でありながらも、入谷地区の人びとにとって「他者」であった。第二に、両者は他者であるのみならず、両者の関係は歴史的・社会的に形成された不均衡なものであった。そして、復興過程においても「ヤマ」が「マチ」になることはなく（第6章第3節参照）、ヤマの周縁性は維持された。前述した〈差異〉がもたらすトラブルへの懸念、一線を引いた関係への志向からは、南三陸町における周縁性を押し付けられながら、町の中心であるマチから〈越境〉してきた他者を受け入れた、入谷の人びとの戸惑いを読み取ることができるだろう。

本節でみてきたように、対象地域におけるローカルな〈差異〉は、対象地域の人びとにきわめて両義的な経験をもたらした。こうした〈差異〉は、次節で示す「〈当事者〉になりにくい構造」の形成に寄与するコミュニティ内、あるいはコミュニティの内と外において発災からの時間の経過とともに顕在化してくるさまざまな差異や格差（坂田 2022）でもあり、本節で示されたその両義性は、あとに続く第2、3節の議論とも密接に関係する。

2 〈境界的な被災地〉における「〈当事者〉になりにくい構造」

(1) 被災のあいまいさとミクロな〈差異〉

被災者・被災地の定義

前節では、南三陸町における災害経験の多層性を確認し、ローカルな〈差異〉の脈絡が災害経験に及ぼした影響を検討した。本節では、人びとに〈差異〉をもたらす被災という現象のあいまいさに起因する、災害・復興経験への影響を分析する。具体的には、第1章で吟味した先行研究の整理によりながら、本書で取り上げた入谷地区、登米市の事例に基づき、〈境界的な被災〉という「どっちつかず」の立場・状況において人びとが災害・復興の〈当事者〉になりにくい構造が形成されるメカニズムの解明に取り組む。

先述したいわき市の事例では、賠償金や支援の格差が地域住民と避難者との間の軋轢の一因として指摘された。その背景には、原発避難者における最大の〈越境〉先である一方で、地震・津波による甚大な被害、原発事故による放射能汚染を経験した「被災地」でもあるといういわき市の二面性がある。本書の対象地域に目を転じると、これまでみてきたように、南三陸町における津波被害についてさまざまな立場から「壊滅」という表現が適用されるのに対し、自宅の流出を免れた人びとも多い。入谷地区では、直接的な津波被害は相対的に軽微であったものの、「見えにくい被災」が生じていた。入谷地区住民における支援の実践はこの「見えにくい被災」下で行われたものであり、第6章2節で取り上げた「意向調査」の自由記述欄や地域住民の発言には、「自分も被災者のはずなのに」という葛藤がにじんでいる。この葛藤は、序章で引用した、登米市内の被災者がもつ「遠慮」の感覚に言及する語りや、「B級被災地」という発言にも通底している。

筆者は、こうした葛藤や遠慮の感覚は、第1章で示した〈当事者＝被災者〉主義の力学のもとで表出されたものであると考える。すなわち、自身が被災者なのかそうではないのかどっちつかずの状況にある場合、突きつけられた〈当事者〉性の希薄さ、あるいは〈非‐当事者〉性により言葉が奪われてしまうが、いざ語る立場に立った際もその語りにはポジショナリティの不安定さによる、葛藤や遠慮の感覚が多分に含まれてしまうのである。災後の社会を席巻する〈当事者＝被災者〉主義が生み出す問題を腑分けして吟味するために、第1章では〈当事者〉性の捉えどころのなさに照準した。一方で本節では「自身が被災者なのかそうではないのかどっちつかずの状況」に置かれる人びとを生み出すような、被災という現象のあいまいさ、そして〈境界的な被災〉という「どっちつかずの状況」そのものから捉え返したい。

ここで重要なのが、文化人類学者である木村周平・清水展による被災者・被災地に対する分析である。両氏によれば、災害の前には被災者も被災地も存在しないのであり、救援活動と短期、中期、長期にわたる復旧・復興のさまざまな事業あるいは支援の対象として、両者は「事後的に意味ある対象者や地理空間として現出する」。加えて、同じ災害であっても「被災者という均質な集団がいる」わけではなく、生業や生活スタイル、政治経済的な階層によって被災の受け方、その内実と深刻さ、復旧・復興の道筋と到達点は大きく異なるのである（木村・清水 2015: 363, 367）。本節では両氏の指摘を踏まえ、事後的に立ち上がってくる多様性を内包し外延の不明瞭な「被災者・被災地」の実相に、ある被災が固定化され、別の被災が不可視化されることで〈境界的な被災〉が生じるメカニズムを検討することで迫っていきたい。

まずは先行研究をもとに、「被災者・被災地」の定義、すなわち「ある災害における被災者・被災地とは誰か・どこか」という問いを掘り下げる。一般に「被災者・被災地」とは災害にあった人（地域）、特に地震や台風などの自然災害にあった人（地域）のことを指す。すでに述べたように、今日の災害研究においては自治体が一義的な主体となる「既定（の）復興」へのアンチテーゼとして「人間（の）復興（被災者主体の復興）」が提唱されている（第2章第2節参照）。しかしながら、「被災者」は本章でも取り上げてきた「壊滅」のように、本来的に内在する多様性を捨象しひとからげにする言葉であるとの批判もある（第1章注11参照）。

近年は「人間（の）復興」が前提としてきた「被災者」そのものも、学術的な検証の対象として浮上している。第2章で取り上げた日本災害復興学会「復興とは何かを考える連続ワークショップ」でも、「「被災者主体」という言葉は近年、前提として語られる」が、「復興」と同様に「諸外国においては被災者のもつ意味の幅を直接表す言葉はなく」、また「日本語の場合でも、その範囲が曖昧な言葉となっている」ことが確認された(8)。東北大学の関菜子は、本書でも取り上げてきた災害時のツーリズムを事例に、東日本大震災における「被災者・被災地」が指す対象の相対性を明らかにしている。関は東日本大震災を機に誕生したツアーやプログラムを「被災地訪問型」「被災者招待型」および「被災地訪問＋被災者招待型」という三類型に分類し、具体的な事例からそれぞれのツアー・プログラムにおいて「被災者・被災地」が何を指しているのかを調査した。関によれば、ツアー・プログラムによって「被災地」が日本全体から宮城県石巻市といった基礎自治体まで多様に捉えられており、それにともなって「被災者」の範囲も伸縮した。すなわち、地域や人びとによって「被災地」「被災者」の定義やそれらに対する認識が、大きく異なることが明らかになったのである（関 2014）。

こうした被災者・被災地の相対性は日常的にもさまざまな局面で観察される。たとえば、東日本大震災後は「がんばろう日本！」「がんばろう東北！」という掛け声がよく聞かれたが、それぞれマクロな視点から日本全体

(8)　日本災害復興学会設立10周年記念企画「復興を考える連続ワークショップ」最終討論会（二〇一九年三月二日）における事務局からの配布資料。

や東北全体を被災地として捉え、暗にそこに住まう人びとを「被災者」として位置づけている。このように、「被災者・被災地」の外延は、話者や文脈によって自在に伸縮するものである。

では、「被災」の定義を法制度に求めることはできないだろうか。[9] たとえば災害救助法は「被災者」（「災害で被害を受け、救助を必要とする者」）について言及してはいるものの、明確な定義はなされていない。一方で被災者生活再建支援法が規定する「被災者」は「居住していた住家が被災し生活の場を失った居住世帯」であり、その被災程度を証明するのが「罹災証明書」である。この場合、災害により仕事を失った人びとについては、対象（＝被災者）とならない。ほかにも東日本大震災の文脈において、「東日本大震災の被災者に対する援助のための日本司法支援センターの業務の特例に関する法律」が、「被災者」を「東日本大震災に際し災害救助法（昭和二十二年法律第百十八号）が適用された同法第二条に規定する災害発生市町村の区域（東京都の区域を除く。）に平成二十三年三月十一日において住所、居所、営業所又は事務所を有していた国民又は我が国に住所を有し適法に在留する者」と定義している。

以上でみてきたように、条文に「被災者」に関する文言があっても、定義がなされていない法律もあり、また、定義に関する記述があっても、法律の趣旨によって該当する範囲にずれが生じている。こうした「被災者・被災地」の相対性、法制度上の定義の不明瞭性は、そもそも「被災」という現象そのものがあいまいであることによるところが大きい。

被災のあいまいさ

序章でも述べたように、災害は空間的な広がりをもち、衝撃を全面的に受ける地域もあれば、影響が少ない地域もある。死、破壊、混乱の発生も、救助や回復の能力も、この空間的な広がりのなかで〈差異〉を生じる

（Wallace 1956: 3; Raphael 1986=1989: 22）。また、第1章で明らかにしたように、災害は地域固有の脈絡においてかたちづくられるのであり、それぞれの地域の立地条件、地域社会の存在形態、そして各種インフラ施設のあり方などに規定されて、多様な個性をもった災害が、個々の住民の生活領域において生じる（岡田 2012: 14）。たとえば東北地方太平洋沖地震が東北地方を中心に太平洋側沿岸地域に津波被害をもたらしたのに対し、登米市など内陸部では地震動による建物の破壊が目立つ。また、関東圏では液状化の被害が大きく、帰宅困難者の大量発生という問題も生じた。もちろん、双葉郡を中心とする福島県と、隣接する各県では、東京電力福島第一原子力発電所事故により大きな影響を受けた。

災害による被害を受ける側の視点から捉えた「被災」という現象も、災害の空間的な広がりにおいて現出し、個々人に固有の脈絡において経験される。尺度についても、個人や世帯の単位でみれば、住家への被害の有無、身体への影響の有無など、自治体や地域のレベルでみれば、死者行方不明者数や全壊家屋数などとさまざまである。また第6章でも触れたように、直接的な被災に対する間接被災という被災の仕方も、すでに概念化されている。志津川のマチに行政機能や都市機能を依存していた入谷地区の「見えにくい被災」は、さらに直接被災と間接被災のあわいに位置づけられよう。

つまり、「被災」は「有り無し」の単純な二分法ではなく、グラデーションとして捉えるべきものである（山崎 2020b: 29）「私」と「他者」の被災の間には必ず何らかの〈差異〉が生じる。こうしたミクロな〈差異〉の連続に線を引くこと、すなわち災害において「誰までが被災者か」、「どこまでが被災地か」と被災者・被災地の

（9）なお、法制度において「被災地」は、災害救助法など災害・復興関連法令が適用された行政区画として扱われるものと考えられる。しかしながら、法律によって適用される範囲が異なるなど、その範囲もまた、不明瞭である。

「範囲」を画定することは困難である。文化人類学者の箭内匡は、ジル・ドゥルーズとフェリックス・ガタリの用法に従い、「生」と「死」が、「安全」と「危険」が明確に区別されないような中間的な場所のことを「白」でも「黒」でもない中間色としての「灰色地帯」と捉えた。箭内は、二〇一一年の原発事故について、東日本の広い地域に住む人びとを、多かれ少なかれ「灰色地帯」に投げ込む出来事であったと捉えるが（箭内 2019: 32）、筆者は、原発事故に限らず、地震や津波も東日本における広い範囲に「安全＝非－被災」と「危険＝被災」の「灰色地帯」を現出させたものと捉えている。

こうした被災のあいまいさに対しては、災害による影響の程度によって、被災者、被災地を分類しようとする試みがなされてきた。たとえば、スティーブン・W・ドゥダシクは、第1章にて言及したペルー大地震（一九七〇年）の被災者を四つのグループに分類した。①「破壊による被災者」（Event victims）は、地震などの災害の影響を直接受けた者であり、②「影響を受けた被災者」（Context victims）は、地震などの災害がもたらす直後の急性的な物理的・社会文化的環境により、影響を受けた者を指す。③「周辺的被災者」（Peripheral victims）は、災害発生時に被災地域に居合わせたわけではないが、被災地域と強い関係をもち、その結果として影響を受けた者であり、④「進入被災者」（Entry victims）は、支援団体の職員やボランティアなど、直接的な被災地域に外部から集まってきた者である（Dudasik 1980: 331-336）。

すでにラファエルの研究から、被災地においては「被災者」が「救援者」ともなることを指摘したが、ドゥダシクのように、近年は、直接的な被災地域の外からやってきて、死や破壊、喪失といった被災者の経験を共有する救助者やボランティアら支援者もまた、被災する可能性があるものとして捉える傾向がある。一方で、こうした人びとのストレス体験は認識されないままのことが多く、彼らは「被災」経験が不可視化される「隠れた被災者」になるとされる。

第6章2節では、開沼博の議論に基づき、震災後に入谷地区で生じた「目に見えない変化」が不可視化・等閑視され、住民が「見えにくい被災者」として潜在化したことについて確認した。ミクロな〈差異〉が連続する混とんとした被災の「グラデーション」において、特定の被災状況が固定化され、被災者・被災地として構成されていく力学、裏を返せば特定の被災者・被災地を不可視化し「どっちつかずの状況」へと移行させていく力学は、いったいどのようなものであろうか。

（2）〈境界的な被災〉の形成

一般に津波を含む水災害・土砂災害による被災では、水や土砂の到達の有無という「浸水域」が、直接的な被害のあった場所となかった場所を可視的に「分断」する〈境界〉となる。関谷直也によれば、東日本大震災では地震被害がそれほど大きくなかったことからも、この境界が明確なものになった（関谷 2012: 198）。開沼博は、岩手県釜石市を訪れた際のことを振り返り、「同じ釜石市内でも津波で大きな被害を受けた地域に住む人たちは、海に近い東側を「被災した所」、その住人を「被災した人」と当然のこととして呼んだ」ことに驚いたと述べており（開沼 2013）、ここでも直接的な津波被災の有無が被災の境界として認識されていることがうかがえる。また、この浸水域に基づく被災の線引きは、「罹災証明書」の発行や「災害危険区域」の指定など、行政的な施策が紐づくことで、より強固なものとなっていく。

一方でラファエルが、旱魃や飢饉による緩慢な災害よりも風水害や地震などの方が関心と援助を集めやすいこと、政治的な理由から特定の被災者が無視されることなどに言及しているように（Raphael 1986=1989: 347）、特定の被災者・被災地を不可視化／固定化していくメカニズムは、明示的な被災の境界線にとどまらない、さまざまな要因、諸力が絡み合った複雑な過程であることが想定される。本項では、入谷地区、登米市中心市街地における被災が不可視化され、両地域が〈境界的な被災地〉へと留め置かれた力学の一端を解明する。

被災地のドミナント・ストーリー

第1章で引用した近年の議論においても強調されているように、やはり「どっちつかず」の〈境界的な被災〉の状況を生み出す力学の中心はメディアの作用である。標葉隆馬らによれば、社会では、災禍をめぐる複雑なリアリティのなかから、メディアの関心に沿って切り取られたごく一部が「記録」として流通し、定型化された「物語」として消費されていく（標葉編 2021: 9–12）。そうした「物語」は社会的関心を方向づけるため、それ以外の多くの被災者・被災地が「どっちつかず」の状況に置かれかねない。まずは、「どっちつかず」の被災地を生む被災地のドミナント・ストーリー[10]についてみていきたい。

災害時には、被災地にヒト・モノ・カネなどさまざまな資源が集中する（Raphael 1986=1989: 22; 関谷 2008: 221）。関谷直也は、これを「過集中」と呼んだうえで、「見方を変えれば「被災地域の固定化」ともいうことができる」と指摘する（関谷 2008: 221–222）。すなわち、右記でみてきたように、被災地の「範囲」があいまいであるなかで、ある特定の地域、人びとに資源が集中していけば、その過程で被災者・被災地が固定化＝中心化され、それ以外の地域、人びとが不可視化＝周辺化されていくのである（関嘉寛 2016）。

では、こうした〝特定の地域、人びと〟はどのように見出されていくのだろうか。関谷は、日本国内の事例をもとに、その要因として「報道の過集中」に言及する（関谷 2008: 222）。発災後、多くの報道関係者も被災地に集まるが、報道では、「悲惨さ」を強調するために典型的な映像が必要であり、被災地のなかでも特に被害の大きい場所に関心が集中するという（関谷 2008: 222）。ただし、被害の大きかった自治体が必ずしも多く取り上げられるわけではなく、ほかにもアクセスの問題や、取材拠点との近接性、「物語」の有無などが特定の地域へ報道が集中する要因として指摘されている（松山 2013）。またラファエルは、災害のもつニュース・ヴァリューの大小と報道の仕方について、「外部の世界の反応の仕方」と大いに関係するものとして位置づけている（Raphael 1986=1989: 459）。マスメディアの挙動は個々の災害のイメージづくりに強く影響を与え、その提示の仕方が外部からの反応と援助のあり方を方向づけてしまうのである。

報道の過集中の結果として生じるのが、支援物資、義援金などの「支援の過集中」である。発災直後においては特に、被災地のなかでも中心的に報道されている自治体に支援が偏ってしまう[(11)]（関谷 2008: 222; 沼田ほか 2013: 11）。とりわけ東日本大震災のような広域的な災害ほど、被害の全容を掴むことは容易ではなく、報道の多寡が支援のあり方に大きな影響を及ぼす。南三陸町は津波による甚大な被害に加え、被災し、安否不明だった佐藤仁町長が生還していたこと、その町長が積極的にメディア露出したこと、東北地方の被災地では、天皇・皇后（当時）のはじめての訪問先であったことなどを背景に、発災直後からマスメディアにおいて大々的に取り上げられ、「象徴的な被災地」となっていった（松山 2013）。また、骨組みだけが残った防災対策庁舎も、のちに「天使の声」と呼ばれる町危機管理課職員の女性のエピソードとともに、南三陸町の「物語」として広く知られている（坂田 2022: 84）。報道の集中を背景に、南三陸町は、小規模な自治体であるにもかかわらず、他の自治体に比して相対的に多くの支援を受けた（第5章第1節参照）。

このように報道・支援が集中した結果、南三陸町は被災地として中心化・固定化されていき、社会は同町のよ

(10)「ヒト」には、警察・消防・自衛隊などの救助者、ボランティアやNPO・NGO、報道関係者に加え、多くの調査関係者も含まれる。序章でも触れたように、東日本大震災は筆者をはじめ多くの研究者が災害の現場に、あるいは災害研究の領域に足を踏み入れる契機ともなった。

(11) たとえば沼田宗純らは、東日本大震災の被災地域へ向けた義援金の送付先の決定は、被害の大きさではなく、報道に影響されたことを明らかにしている（沼田ほか 2013）。

うな「ブランド被災地」（開沼 2013）に繰り返し目を向け続けた。一方で、登米市のような地震の被災地域への関心は高まらなかった。第6章でもみてきたように、いわき市における東日本大震災の被害の複合性に着目した川副早央理は、津波、原発事故の被災地に関心が集まった背景として、「地震は自然災害であるうえに、津波に比べると被害が小さかったこと」を指摘する（川副 2012: 11）。第7章で取り上げた語り（「もし津波の被害がなかったら、登米市、特にこの佐沼地区が、一番の被害をこうむったまちなんだろうね」）からも読み取れるように、登米市の地震被害は大きく、災害関連法の適用を受けたことから、制度上でも「被災地」に分類される。住民にもそのような認識があったにもかかわらず、外部からの注目は集まらず、「B級被災地」という表現がなされるようになったのである。

加えて、大きく取り上げられた被災自治体のなかでも、報道が手薄だった地域もある。[12] たとえば、「被災者を救う」「避難者受け入れ自治体」であり、原発事故の復旧作業員を受け入れている「復興拠点」としての姿を対外的にアピールするなかで、津波被災した沿岸部が不可視化されていったいわき市のようなケースがある（川副 2012）。南三陸町においても、甚大な津波被害に注目が集まり、内陸の入谷地区や沿岸三地区における高台の地域などの様子はなかなか取り上げられず、「どっちつかずの状況」が形成された。

そうした状況において、「どっちつかず」の地域に暮らす人びともまた、「どっちつかずの状況」へと回収されていく。南三陸町に送られてくる支援物資や、外部からやってくる支援者は津波被災者のイメージを念頭に置いており、また入谷地区の人びともそうしたイメージを内面化して、外部支援の対象者ではなく媒介者としてふるまった。彼らが支援物資を受け取ったり、支援活動の対象となるのは、避難者に配布していた支援物資の過剰集積が生じたり、「復興住宅だけではあんまり人もいない」（第6章第3節参照）ようなときであった。

被災者のドミナント・ストーリー

第1章でも言及したように、標葉隆馬らは、研究者や記者らある種の権力をもつ記述者のフレーミングによる「語り」の捨象と「記述」の限定性と公式性に注目する（標葉編 2021: 15）。研究者の研究実践が特有の偏りをもつことについてはこれまでにもすでに触れてきたため、ここでは特に報道や外部からの期待によって形成された「被災者役割」や「被災者像」と呼ばれる被災者のドミナント・ストーリーの前景化と「どっちつかず」の状況との関係を明らかにしたい。

ラファエルの指摘を引用することから始めよう。ラファエルは、一般に「「救援者」は強く力があり、一方「被災者」は弱く無力・無能であると、はっきり二つの型にはめ込んでしまう」「役割」の存在を明らかにしている。また「被災者」に寄せられる同情と支援は、一般からの期待――「当然感謝すべきだとの期待」、「被災者は与えられた物を喜び感謝し、苦情は言うべきではない」という期待――をともない、「救援者や治療者との相互関係では服従する立場にあること」、また「世話を受ける代償として自立と苦情の権利は放棄すること」、ある程度時間が経過したのちは、「もう当然立ち直って」いることが要請される（Raphael 1986=1989: 169, 346）。

また、大きすぎる世間の関心や期待のために、「肝心の被災者自身の反応や要求が見えなくなる」こともありうる。場合によっては、「被災者が被害者として以外の役割や観点からは認めてもらえぬままに、いつまでも被害者であり続ける」ことになる。「被害者としてのアイデンティティが、その人間の他のすべての人格要素を排除してしまうのである」（Raphael 1986=1989: 350）。こうした状況下で、被災者は「他からの恩恵と、それを受け

(12)　たとえば、石巻市においては、アクセスの不均衡性などを背景に、震災および復興をめぐる報道は石巻市中心部に偏りがちであり、旧牡鹿町や旧雄勝町、旧北上町といった半島部の復興は宮城県内でも報じられにくかった（長谷川 2016: 11）。

ねばならない自分自身に対して、ひどく恨めしい気持ち」(Raphael 1986=1989: 211) を抱くかもしれない。

近年の国内の災害研究においても、外部者から被災者に期待される「被災者役割」、あるいは外部者のまなざしにより構築される「被災者像」の存在が、実証的に明らかにされてきた。たとえば寄藤昂と中川裕美の調査によれば、発災初期の新聞記事において、「被災者」として取り上げられた人びとは、六〇代男性に大きく偏り、女性の場合は無職に偏っていた(寄藤・中川 2012)。また、記事の多くはふるさとへの帰還を強く望む避難者を中心に取り上げている。内尾太一は文化人類学の立場から、「あるべき被災者像」が念頭にある世間の視線と実生活との間で「被災者」に求められるバランス感覚や、「被災者」というラベリングに対して被災住民が抱く、違和感や抵抗感に言及している。また、すでに述べたように、被災地に押し寄せた善意の支援が、支援者と受援者(被災者)の間に非対称的な関係をもたらし、「痛みなき抑圧」となって被災者の尊厳を傷つける様についても、つまびらかにしている(内尾 2018)。

なお、第1章でも触れたように、近年は定型化した被災者の「物語」が捨象してきたリアリティのあり方をすくい上げようとする、研究者や支援者らの潮流がある。被災者像との関係でいえば、高森順子と諏訪晃一は、災害体験をもつ個々人が「創られた」像を自らの体験に織り込んで「被災者」になっていくことを指摘し、手記の執筆を通してそうした枠組みに抗おうと試みる人びとの姿を描出している(高森・諏訪 2014)。このような動きのなかで、「在宅被災者」[13]など、被災者の「物語」を共有しない人びとが徐々に概念化されつつある。

一方でこうした被災者の「物語」と入谷地区、登米市の人びととの関係について誠実に向き合おうとするのであれば、「被災者の「物語」により捨象されてきた彼らのリアリティをすくい上げる必要がある」と結論する素朴な態度では不十分であり、より注意深く問題のからまりをときほぐしていく必要がある。第6章・第7章でみてきたように、彼らは対象地域に生じた被災の〈差異〉ゆえに「被災者」であると同時に「救援者」ともなった。

したがって、彼らには「強く力があること」と「弱く無力であること」が同時に求められたことになる。しかしながらこうした両極の役割を一手に引き受けることは困難であるし、実際、彼らはより「弱く無力である」ようにみえる避難者の存在を前に、外部から寄せられる支援の対象とはならず、むしろ支援側に回ったのであり、被災の苦しみを抱えながらも「強く力がある」ようにふるまうことになったのであった。被災者の「物語」の流布は、〈境界的な被災地〉に生きる人びとの「どっちつかず」ゆえの葛藤を生み出す方向に作用したといえる。

(3)「〈当事者〉になりにくい構造」

他者の存在とサバルタニティ＝語りにくさの構造

次に本項では、東日本大震災からの復興過程において〈境界的な被災地〉としての入谷地区、登米市中心市街地の人びとをめぐる「〈当事者〉になりにくい構造」が形成されていったダイナミクスについて明らかにしたい。ここでは、①被災の苦しみについての「サバルタニティ＝語りにくさの構造」、②復興過程に主体的に関わりにくい構造（復興についての「サバルタニティ＝語りにくさの構造」と不可分の関係にある）の二つの位相に腑分けし

(13)　在宅被災者とは、被災して避難所などに赴くも、その避難所に居場所を確保できず、やむをえず修理するなどして被災した自宅に戻り、避難生活を送った人びとを指す。東日本大震災では、被災者の生活場所が避難所から仮設住宅に移ってからも、仮設住宅には引っ越さず、自宅での生活を続けた人たちが多くみられた。もとより「在宅被災者」については、国の中央防災会議でも震災の一〇年以上前から認知されていた。ただし、ここでの理解は文字通り「家（宅）に在って被災する者」で、寝たきりの高齢者など屋内でものが倒れた際の被害者が想定されており、安否確認や救出・救助の対象として扱われてきた。しかしながら、東日本大震災発災後、「在宅被災者」として概念化されたのは、被災した避難所などに赴くも、そこに居られずに再び全半壊した自宅に戻らざるをえない人びと、すなわち「被災して家（宅）に在る人（＝在宅被災者）」であった（大矢根 2015b: 283）。さまざまな理由から被災した自宅にとどまった「在宅被災者」は、「自立している」と捉えられたことで、公的な被災者支援の枠組みからはみ出してしまった。また、「避難所、あるいは仮設住宅において避難生活を送っている」という被災者イメージから外れたことで、災害ボランティアによる支援も受けにくかった。

たうえで検討し、〈被災者＝当事者〉主義がはらむ問題を浮き彫りにする。

まずは、①被災についての「サバルタニティ＝語りにくさの構造」が対象となる。標葉隆馬らいわく、「語りにくさ」の構造は、当事者自身の被害やつらさ――たとえば、「もっとつらい目にあっている人がいる」といった主観的／客観的比較や外部者らによる「語りの制限」、定型化された物語の流布、人災における加害／被害のあいまいさ――をめぐってかたちづくられる[14]（標葉編 2021）。彼らの整理に従えば、前項で述べてきた「どっちつかずの状況」を形成・再生産する被災地、被災者の「物語」は、〈境界的な被災地〉に生きた人びとを取り巻く「サバルタニティ＝語りにくさの構造」の形成にも寄与する。続けて、本項では、第6章・第7章において引用した語りにみられた、被災程度の〈差異〉とその主観的／客観的比較、他者による被災の社会的不承認に着目したい。先取りすれば、本書が取り上げた〈境界的な被災地〉における「サバルタニティ＝語りにくさの構造」を特徴づけるのは、津波被災を逃れた〈越境〉者の存在であった。

そもそも被災や復興の経験について語るにあたっては、「被災」に対する主観的な認識のあり方が大きく影響する。福井英次郎と岡田陽介は、被災者が自身を「被災者」という社会的立場にあると捉える認識を「主観的被災者意識」と呼ぶ。直感的には、主観的被災者意識の有無と被災の有無は直接的に結びつくようにも思えるが、福井・岡田によれば主観的被災者意識をもつ人であっても、必ずしも災害により客観的な被害を受けたとは限らない（福井・岡田 2014）。この指摘を踏まえ、茨木瞬は、逆に客観的被害があっても、主観的被災者意識をもたない人びとが存在することを明らかにし（茨木 2017）、岡田陽介も主観的被災者意識への注目により浮き彫りとなる「客観的被害の程度や被害地域を超えた被災者の存在」、「潜在的な被災者の存在」を指摘している（岡田 2017: 119）。

また、「主観的被災者意識」が時間とともに減衰していくことは想像に難くないが、被害の程度によってはかなり長く持続することもわかっている。たとえば、阪神・淡路大震災の被災者の生活再建過程を継続調査した木村玲欧らによれば、家屋の被害が大きかった被災者は、震災から一〇年経過した時点でも自分を被災者として認識する割合が半数以上にのぼったという（木村ほか 2006）。東日本大震災の被災者においても、発災から一〇年を前にＮＨＫが実施した調査から、岩手・宮城・福島の被災者のうち主観的被災者意識をもつ人が未だ六割あまりにのぼることが明らかになっている[15]。

本書の議論において重要なのは、この「主観的被災者意識」が他者の認識や存在そのものによって挑戦されることである。災害人類学においては、災害発生後に生じる災害の「所有権」をめぐる論争に注目する動きがある。所有権とは、災害が発生したとみなし、被災者が誰であるかを定義し、そして起こった事柄・発端・結果・責任に関して「本当の話はこうである」と定義する権利を指す（Hoffman and Oliver-Smith eds. 2002=2006: 15–16）。たとえば関美菜子は、「所有権」には被災の有無を判断する権利も含まれるとみたうえで、東日本大震災を機に誕生したツアーやプログラムにおける「被災地・被災者」の定義から、文脈に応じて決定される「被災地・被災者」の相対性を描出した。関の調査では、他者が定義した「被災地・被災者」と、定義の対象となる地域や人びと自身の認識に「ずれ」が存在し、その狭間で人びとが揺れ動いていたこと、また意識しているか否かにかかわらず、

（14）　加えて、時として「語ることができる」物語も、定型化された物語の型にはめ込んだかたちで構築されていく。序章でも取り上げたように、「喪失・悔恨の語り」「苦闘・悲嘆の語り」「美談・献身の語り」「回復・克服の語り」「教訓・備えの語り」が被災に関するドミナントストーリーであり（矢守 2018）、被災者にはこうした「わかりやすい物語」を語ることが期待される。「わかりやすさ」にはなじまない、人びとの感情の断片や耐えがたい苦しみ、言葉にならない思いといった、かたちにならないものや個人的なストーリーなどは、特にマスメディアでは伝えようもない（坂田 2022: 86）といえる。

（15）　NHK「東日本大震災10年　被災者アンケート」二〇二一年、ＮＨＫのウェブサイト（https://www3.nhk.or.jp/news/special/shinsai-portal/10/questionnaire/ 二〇二四年九月一七日最終閲覧）。

他者からの「被災地・被災者」という認識を受け入れていた、もしくは受け入れざるをえない状況にあったことが明らかにされている（関 2014）。

被災のあいまいさゆえに不可避的に生じる認識のずれは、主観的には経験されたはずの「被災」が客観的に認められなかった被災者に、被災を語ることへの躊躇や葛藤を生じさせる。ラファエルは、災害からの回復をはかるための第一歩として、「被災した」という事実が行政や周辺の地域社会によって社会的に承認されることが重要であると指摘した。外部からの救援者の到着や追悼行事などの公的な儀式は、災害の苦難が認知されたことを意味し、被災者の苦しみ、怒り、悲しみの解除が促される（Raphael 1986=1989: 121, 153, 377）。加えて、マスメディアの報道もこうした社会的な認知の指標となる。

しかしながら、第6章、第7章の記述から明らかなように、主観的には被災をしながらも、他者からの認知が与えられない場合がある。前項ですでに述べたが、マスメディアによる報道は、被害の大きさ、利便性、「物語」の有無などによって左右されるため、「派手に採り上げられ」る被災地がある一方で、「他の町村と同じように被害を受けたのに無視され」（Raphael 1986=1989: 377-378）る被災地が生じる。マスメディアによる承認の有無は官民による支援の多寡とも直結するため、「無視された」地域の住民においては、自分たちが被災者として認知されなかったと感じ、承認を求めて行動を起こすケースもある。たとえば原口弥生は、福島第一原子力発電所事故の激甚被害を受けた地域の周辺に位置し、汚染などの影響を受けた地域に着目し、「制度的に被災地として十分にとり扱われていない地域」であり「被災状況の社会的認知ならびに公的支援・救済を求める動きがある地域」として「低認知被災地」という概念を提唱している[16]（原口 2013: 9）。

他方、他者の存在による「主観的被災者意識」への挑戦は、意識的／無意識的な比較行為（信田さよ子は「不幸の比較」と呼ぶ（信田 2011: 116））を通して行われる。ラファエルによれば、災害で家や田畑を失った人たちは

「自分よりももっと困っている人たちがいる。自分はまだいい方だ。大丈夫だ」という反応を示す傾向にあるという。「自分の命が助かり、他者が苦しんでいるのに、家を失ったことを嘆き悲しんだり、不平を言うべきではない」という気持ちから、災害による住居の喪失への悲嘆が抑圧・否認されることも多い（Raphael 1986=1989: 185）。

第1章でも触れたように、東日本大震災による被災者らのなかには、自らの被害の程度を他者と比較しつつ、自身が被災体験を語るほどの大きな経験はしていないという理由で、自らの被災の苦しみを話すことを躊躇する人がいた。加えて自分の不安や苦痛を表現する人を不謹慎だとバッシングする言説も生まれ、またそんな言動を監視する視線が満ちているような重苦しさが満ちていた（信田 2011: 116）。過去の災害においても、阪神・淡路大震災の語り部活動に従事してきた被災者が時折漏らす「（わたしに）語る資格があるのでしょうか」ということばに注目した矢守克也と杉山高志が、そのことばに込められた意味の一つとして、「「他の被災者（語り手）」と比較して、自分に語る資格があるかと問う」被災者の姿勢に言及している[17][18]（矢守・杉山 2016: 29）。

(16) 原口によれば、「低認知被災地」という描写は、「控え目」には「ある地域の被災状況への社会的関心と社会的承認の欠如を示唆するターム」であり、積極的には「その地域への社会的・制度的対応を暗に要求するもの」である（原口 2013: 10）。原口は、低認知被災地が社会的・制度的対応の獲得を目指すにあたっての専門家の役割として、被災状況の科学的な証明などを通し、市民活動を支援することを挙げている（原口 2013: 27）。

(17) 加えて、「（目の前の）聞き手」に対して問うケース、「亡くなった家族」を念頭に置いたときに問うケース、「かつての自分」との比較において問うケースを分析している（矢守・杉山 2016）。

(18) 矢守・杉山は、「「他の被災者（語り手）」と比較して、自分に語る資格があるかと問う」ケースにおける「語る資格」について、その先には「そもそもどの範囲までが被災者（被災地）なのか」といった問いがあり、さらに突き詰めていけば「第2、3世代」は語る資格をもつのか、ある出来事以降に生まれた人びとによってのみ構成される社会においては誰がいかなる資格で語るのかなどといった問題へと視野が広がり、線引きは困難になると指摘している（矢守・杉山 2016: 29）。

こうした被災程度の比較行為は前述の社会的な認知の有無とも結びつき、他者との関係において被災者に葛藤を生じうる。第1章でも参照した〈環状島〉などの独自概念を用いながら、東日本大震災がもたらしたトラウマ、そして復興過程におけるストレスについて論じた宮地尚子は、「トラウマを受けた人と周囲との間でまきおこる対人関係の混乱や葛藤」を〈風〉と表現した。そして「被害者どうしの間に吹くもっとも強い〈風〉」として「重さ比べ」（被災や喪失、症状やトラウマの程度についての比較行為）を挙げている（宮地 2011: 21-25）。この〈風〉は支援や受け取る金銭の多寡と結びつくことで、さらなる「強風」となる。ラファエルは、金銭的な補償が地域社会において「羨望、反感、怒り」を生み出す源泉にもなりかねないことを指摘している（Raphael 1986=1989: 190）が、東日本大震災の被災地でも、とりわけ原発事故の避難者の最大の受け入れ先であったいわき市において、賠償額の多寡が一因となり避難者と地域住民の間に軋轢が生じたことは、すでに述べたとおりである。

発災後の入谷地区、登米市には、社会的に認知され、自分たちよりも「弱く、無力である」ようにみえる、そして多くの場合、実際にそのような状態にある津波被災者が〈越境〉してきた。これまでに述べてきた、被災のあいまいさのもとで形成された〈境界的な被災地〉に特有の状況――手薄な報道と支援、「被災者役割」や「被災者像」といった定型化した「物語」からの疎外――に加え、彼らの被災に対する社会的な認知の欠如、そして津波被災者の存在（を通した意識的／無意識的な比較行為）それ自体により、入谷地区、登米市の人びとの被災をめぐる〈当事者〉性が揺るがされ、彼らをめぐる「サバルタニティ＝語りにくさの構造」が形成されたと考えることができるだろう。

主体的に関わりにくい構造

次に、東日本大震災からの復興においても導入された「既定（の）復興」の枠組みと、近年そこに接合されている〈当事者＝被災者〉の主体性を重視する社会的潮流が、〈境界的な被災地〉における人びとの②復興過程に主体的に関わりにくい構造（同時に復興についての「サバルタニティ＝語りにくさの構造」でもある）の形成に寄与してきた過程を明らかにする。

東日本大震災の被災地では、「創造的復興」理念のもとに展開された、土地区画整理事業や防災集団移転促進事業などハード事業を中軸とする復興において自治体内の一部地域が周縁化され、「つくり変え」にともなう復興の「遅れ」や転出者の増加といった問題が表出することが、すでに各所において指摘されてきた。たとえば石巻市の中心部に対する半島部の復興の「遅れ」は、報道機関によってもしばしば取り上げられている。とりわけ復興の「遅れ」が顕著な旧雄勝町域では、利便性の高い市中心部などへの転出者が続出し、人口減少と高齢化が加速度的に進行している(19)。

第5章でみてきたように、南三陸町では、沿岸三地区において復興まちづくりのための大規模な公共土木事業が進んだ。筆者の聞き取り調査では、石巻市の事例と同様、南三陸町においても、二か所ある従前市街地（志津川、伊里前）への復興事業における志津川の優位性や「マチ」の事業に対する「ハマ」の事業の「遅れ」などを指摘する声が聞かれた。一方で入谷地区の周縁性は、こうした復興事業の対象地域間での中心／周縁の構図とは性質の異なるものである。「どのような津波に襲われた場合でも命を守る」災害パターナリズム的な土地利用が

(19)　雄勝地区における復興の「遅れ」に関しては、毎日新聞の一連の記事（二〇一二年三月一四日付、二〇一四年三月三〇日付、二〇一四年一〇月一〇日付、二〇一七年四月一八日付）に基づく。「遅れ」の背景としては、資材・人件費の高騰に加えアクセスの悪さなどのために漁港復旧事業の入札が不調となったこと、住民の望む声が大きかったかさ上げによる現地復興か、安全を優先した市が計画した高台移転による移転復興かで議論が紛糾したこと、また「平成の大合併」で支所の職員が半減したことで両者の合意形成に対応できなかったこと、高台移転に際しても造成に時間がかかったことなどが指摘されている。なお、石巻市では半島部の復興を急ぐため、二〇一七年四月に「半島復興事業部」を新設した（二〇二一年三月をもって廃止）。

求められるなかで、入谷地区における大規模な開発、同地区への行政機能・都市機能の移転を求める声も高まった。しかしながら「ヤマ」に「マチ」が来ることはなく、すでに述べたように、入谷地区での復興公共事業は災害公営住宅一団地の整備程度にとどまった。沿岸部において、莫大な予算をつぎ込まれた復興事業が進むなか、入谷地区の住民は「置き去りにされている」感覚を抱いてきた（第6章第3節参照）。

第2章で述べたように、社会の変化を背景に、自治体が一義的な主体となる「既定（の）復興」へのアンチテーゼとして提唱された「人間（の）復興」パラダイムは、〈当事者＝被災者〉を復興の一義的な主体として位置づける。「復興まちづくり協議会」といった「まちづくり組織」は、「既定（の）復興」枠組みにおいて〈当事者＝被災者〉性を担保する住民側のカウンターパートとして機能する。しかしながら、既存研究では、「まちづくり組織」に参画しないことにより、復興過程で周縁化される人びとがいることも明らかになっている。東日本大震災により大きな津波被害を受けた複数の地区におけるまちづくり組織のあり方を比較検討した小林秀行によれば、まちづくり組織を担う成員の属性は、地域によってさまざまである。たとえば気仙沼市鹿折地区では、当初、地区全二六自治会のうち、津波被災した一三自治会のみが参加するまちづくり協議会が立ち上げられたが、住民から行政区すべてを参加させる組織に改編すべきという要望が出され、解散した二行政区を除く二四行政区から構成される組織として再編された。一方、山側と海側の被災程度の差異に起因する復興への温度差、住民間の潜在的不和がみられた岩手県大船渡市越喜来《おきらい》地区泊《とまり》区では、地区全世帯がまちづくり組織に参加するものとされた一方で、高台移転を主眼としていたことから津波被災者を中心に役員が構成されるなど、津波被災者の代表としての性格が強かった（小林 2020d）。

本書が取り上げた入谷地区では、町が町内全世帯を対象に実施した「「南三陸町の復興まちづくり」に関する意向調査」において他地域よりも高い復興まちづくりへの参加意向が示されたものの、話し合いの場に参加する機会が十分に与えられたとは言い難い。「震災復興町民会議」の町民委員二四名のうち、入谷地区在住の参加者は一名のみであるとみられ、延べ二三会場で実施された「震災復興計画地域懇談会」も、入谷地区では一回限り、入谷公民館のみでの開催であった。また、南三陸町において設置された「まちづくり組織」である「復興まちづくり協議会」は高台移転先の選定や移転地でのまちづくりを主眼としており、入谷の人びとは参加していない。

南三陸町の復興計画において「町民一人ひとり」が「復興の主体」であると明記されているが、序章、第6章で引用したA氏の語りでは、「復興」の主語は、「私たち」ではなく、「沿岸部の人たち」とされていた。すなわち、右記のような経緯でもって復興過程において周縁化されたことで、入谷地区の人びとは自らを復興の当事者として位置づけることが困難になったのである。こうした状況において、入谷地区の人びとの「どっちつかず」の感覚（「ある意味被災者と同じような位置にいても、うちがあったりするから被災者じゃない」）が再生産されてきたと考えられる。彼らは、「ただ中」ではなく、〈周縁〉から象徴的な被災地である南三陸町の復興を経験したのであった。

ここから、〈当事者＝被災者〉の中心性を尊重する「人間（の）復興」の考え方が「まちづくり組織」などをチャネルとして「既定（の）復興」様式に接合された場合、結果として過程としての復興に〈当事者＝被災者〉主義を呼び込み、復興に携わる〈当事者〉の限定を強化しかねないことが推測できる。今後も「右肩下がり」の状況が続くことが予想されるなかで、よりいっそう「人間（の）復興」の重要性は高まっていくだろうが、入谷地区の事例は〈当事者〉の「権理」（山中 2015: 2）の拡大を目指す研究者・専門家に、「人間（の）復興」が前提とする〈当事者＝被災者〉の実相についてあらためて検討するよう要請するのである。

一方、登米市においてみられた「主体的に関わりにくい構造」には、また別の視角からの説明を要する。第一に、彼らは「どこの（あるいは何の）」復興について語る・関わることができるのか、という問題に向き合わねばならない。

繰り返し述べるようだが、登米市は最大震度六強の地震被害を受けた「被災地」であり、災害対策に関連する法律の適用も受けている。本書が注目する「被災からの回復を目指す多様な主体による実践の過程、そのダイナミックな相互作用の総体」としての復興が展開して然るべき自治体であり、実際に、第7章で取り上げた復興計画に基づき被害からの回復が行われた。国からの復興交付金（二〇二二年三月末時点で総額二四億四六三九万円）を活用した事業としては、これまでに災害公営住宅整備事業、災害公営住宅駐車場整備事業、埋蔵文化財発掘調査事業などが実施されている。なお、復興計画の策定に際しては二〇一一年八月に「復興に関する市民アンケート」（市民五〇〇〇人を対象に「登米市まちづくり市民意向調査」と同時実施）が実施され、また登米市震災復旧・復興市民会議（各地区の地域づくり委員などから一八名が参加）が開催されて復興計画の素案が検討された。災後の登米市においてさまざまな〈差異〉を抱えた人びとの個別の状況をつぶさにみていけば、南三陸町のケースと同様に登米市の復興においてもある特定の人びとが「〈当事者〉になりにくい構造」が形成されたものと推察されるが、その実相についての検討は別稿の課題としたい。

他方、本節で分析した報道と支援の過集中がもたらす「どっちつかず」の境界性により、「被災地」としての登米市の復興は社会的な認知を受けているとはいえない。たとえば河北新報のデータベースで「南三陸町の復興」「登米市の復興」をキーワードとして過去記事（二〇一一年三月一一日以降一一年分）の検索を行ったところ、前者については八三件の記事が該当したところ、後者は四件のみであった。このような脈絡において、登米市の人びとは市の復興に主体的に取り組むことができても、そもそも東日本大震災からの復興の当事者として社会的にみなされにくい状況があったものと思われる。やはり彼らもまた、復興をその〈周縁〉において経験してきたといえる。

加えて、こちらも再三指摘してきたように「既定（の）復興」様式において、復興過程は自治体単位で展開する。南三陸町の復興計画には、すでに述べたように「復興の主役」をあくまで「町民一人ひとり」としながらも、さまざまな主体がそれぞれの分野において復興事業に携わることで、相乗的に効果を上げていくことを重視する姿勢が示されている。ここで挙げられている「さまざまな主体」は、民間事業者、大学研究機関、NPO等、行政、各種団体であり、他自治体の行政や住民については触れられていない。

こうしたことから本書では、登米市の人びとをめぐっては「登米市の復興についての「サバルタニティ＝語りにくさの構造」」、「南三陸町の復興についての主体的に関わりにくい構造」が形成されていたものと結論する。

以上、本節では、報道と支援の過集中がつくりだす被災地の「物語」、外部の期待が生む〈被災者〉の物語、他者の存在、「既定（の）復興」様式といった位相から、〈当事者＝被災者〉主義のもとで入谷地区や登米市における被災者が復興の「〈当事者〉になりにくい」構造が形成されるメカニズムの一端を明らかにしてきた。

しかしながら、第6章・第7章における記述からは、彼らが〈当事者＝被災者〉とは異なる立場から、南三陸町の復興に関与してきた様子がうかがえる。次節では、〈境界的な被災地〉にみられる独特のポジショナリティについて掘り下げることで、復興の当事者をめぐる議論を発展させることを目指す。

3　〈境界的な被災地〉の両義性

（1）〈境界的な被災〉の発生

境界性と周縁性

まずは、「境界性」と「周縁性」との相違を整理したうえで、「被災と非‐被災のどっちつかずの状況」を表現するため、「中途半端な被災」（西村 2023: 43）「周辺的被災」（佐藤・田垣内・池田 2024）などの既存概念を採用するのではなく、新たに〈境界的な被災〉[20]概念を提起した背景を説明する。

弘文堂の『文化人類学事典』（一九八七年）において境界の項の執筆を担当した渡邊欣雄によれば、境界は、空間的、時間的な社会の分節化を通して人間社会の秩序を画する基軸である。最も抽象的な意味では、「自然のままでは連続していて切れ目のない」現象に対して、人工的に現象を分断するものを指す（Leach 1976=1981: 73）。一般的な境界の概念は地理的＝領域的分断や区切りの意味で広く用いられてきたが、文化人類学者は、境界が人びとの内面に大きな影響を与える点に注目してきた。そうした境界のあり方を理解するには、社会的単位を構成する集団（家族、地域社会、部族、民族集団）の境界維持機構としての体系を理解する必要がある。渡邊によれば、諸社会関係は、たえず限定された社会的あるいは領域的境界のもとで生起する。人間の社会生活はこのような境界をもつ社会集団のなかで営まれ、行動様式が境界によって枠づけられているばかりではなく、境界そのものがまた人びとの主観的な経験の一部をなす。境界は可変的で、社会集団や人びとの諸実践、相互作用によって生成維持されるものである。境界はアイデンティティ・シンボル（たとえば共通の名、固有の言語など）の存在する中心から遠くへだたった周縁におかれるがゆえにきわめてあいまいな存在であり、それゆえ集団間の紛争や葛藤の「たね」（Leach 1976=1981: 73）ともなりうる。

まとめれば、境界は社会集団により反復される実践によってダイナミックに構築される可変的なものである。そうした力学のもとで境界が隔てる内部（うち）にも外部（そと）にも所属しないような「どっちつかず」の人びとが生み出される。本書の文脈でいえば、切れ目のない災害被害の連続性のなかで、メディアを中心に流布する被災地や被災者の「物語」が被災／非‐被災の境界を構築、再生産し、本書が注目してきた「どっちつかず」の状況が創出されてきたといえる。

なお、本書では類似の概念である〈周縁〉もたびたび使用している。たとえば、志津川を中心とする経済圏における「何もない地域」としての入谷の位置づけや、対象地域の人びとが復興に主体的に関われない状況について表現する際、〈周縁〉という概念を用いており、特に後者についてはそのまま本書のタイトルともなっている。この点において、『被災者発の復興論』（山下・横山編 2024）による国の復興政策は〈当事者＝被災者〉を排除してきたという指摘、そして本章で明らかにしてきた「〈当事者〉になりにくい構造」のありようを踏まえれば、〈境界的な被災地〉の人びとは、「既定（の）復興」という枠組みのなかで中心から二重に疎外された〈周縁〉において復興を経験したものと表現できる。本書が一貫して照準してきた不可視化された被災状況についても、第6章・第7章の議論を踏まえると「周縁化された被災」などと表現することもできたかもしれない。

しかしながら、本書では赤坂憲雄による境界と周縁の整理を取り入れ、〈境界〉概念を採用することとした。赤坂によれば、周縁性とはある価値体系の内部における構造の揺らぎ（弛緩）であり、中心からの距離の遠さを重要な指標の一つとする。この、中心／周縁という構図にとって、構造上の外部は必ずしも必要とはされず、ときに捨象される。一方、境界は内部（または中心）の補完項ではなく、むしろ、内部／外部の分割という不断の運動そのものを指す（赤坂 1992: 291-292）。周縁性と境界性は、社会集団のマージン（境界＝周縁）に位置づけられる人びとの二つの貌でもあるが、境界性はつねに周縁性を含むが、周縁性はつねに境界性をともなうわけではない（赤坂 1992: 292-294）。

（20）宮地尚子は、「よそ者」である一方で「味方」の立場にもある支援者について、「ウチとソトの重なった境界領域にいる」とも捉えられると指摘している。また、開かれた公共の場であるようにみえる一方でプライベートな場所でもある被災地そのものも、境界領域として捉えられるという（宮地 2011: 33-34）。宮地は被災の現場において生じるウチとソトがはっきりしないリミナルな状態に「あらたなものを生み出す力」（宮地 2011: 34）をみており、本書の議論とも重なる部分が多い。

本書の各所で取り上げてきた災害をめぐる被災者・被災地、当事者、支援者といった論点は、「外部」としての非-被災者・被災地、非-当事者、被-支援者との二分法で捉えられ、本書はそれら二項を分割しようとする諸力が生み出す「どっちつかず」のあわいに注目してきた。こうした筆者の関心を十分に包摂するために、〈境界〉概念が必要となったのである。

境界の両義性

加えて、「中途半端な被災」「周辺的被災」などの既存概念によらず、新たに〈境界的な被災〉概念を提起した本書の目論見について、境界概念に関する先行研究からその意義を示したい。

境界が生成維持されるダイナミックな過程において生み出されるあいまいな存在は、各方面において描出されてきた。たとえば、民俗学、文化人類学分野において長らく議論されてきた「異人」である。異人とは、定住民の間で、幸福をもたらすものとして歓待されると同時に、災害を呼び起こすものとして畏怖され、排除される両義的存在である（伊藤 1987: 49–50）。また、赤坂によれば異人は実体概念ではなく関係概念である。一つの内集団（われわれ集団）としての共同体の内側（中心）に視点を据え、共同体への来訪者や移住者、あるいは周縁部へと疎外・排除された者たちが異人（かれら）として表象される（赤坂 2002: 99）。内部の成立のためにはまず外部が析出される必要があり、共同体は異人を創出することによって、自分たちのアイデンティティを確認してきたのである（赤坂 1992: 22–23）。関係概念としての異人は内部と外部の狭間である境界に生きる両義的な存在であり、共同体が外部に向けて開いた「窓」（赤坂 1992: 15）として内外を媒介する。

異人論では、何らかの人物に付託された文化的記号や表象の読解と、それを通じた民俗世界やその時代に生きる人びとが共有する世界観を浮かび上がらせることが目指されているのに対して、社会学をベースとしたよそ者論では、当該個人の社会的地位・役割やメンバーシップのあり方、そしてよそ者の到来や滞在がその社会においてどのような意味をもつのかに関心をもってきた（徳田 2020: 11）。ゲオルグ・ジンメルは、よそ者（der Fremde）を「今日訪れ来て明日去り行く放浪者」ではなく、「今日訪れて明日もとどまる者」、すなわち「潜在的な放浪者」として位置づけた（Simmel 1923=1994: 285）。徳田剛の整理によれば、よそ者は、社会集団との緊密な結びつきから排除されながら集団内に存在する両義的な存在であり、仲介商人に代表されるような遠くのものを近づけるという側面と、金融家や仲裁者のように近くのものと距離をともなった関係をもつという二つの側面（「近接と遠隔との統一」、Simmel 1923 = 1994: 285）に特徴づけられる（徳田 2020: 25）。

こうしたジンメルのよそ者論に着目したR・Eパークは、移民やエスニック・マイノリティへの応用を通し、排除されるよそ者である「マージナル・マン」という新しい概念を提示した（Park 1928=1986）。個人による移動・移住が活発化した近代社会では、移住者が文化的・人種的差異性を理由に新しい社会における参加や承認の拒絶にあう場合、「二つの世界で暮らしている人間であり、多かれ少なかれどちらの世界でも余所者である」（Park 1928 = 1986: 111）ような存在となる。こうした個人は、元来過渡期的なものであるはずの移住者の不安定な精神状態が持続的となり、一つのパーソナリティ特性として固定されてしまう。ここで誕生したのが、「マージナル・マン」という新しいタイプの人間である。出自集団にも新しいホスト集団にも十分に帰属できず、アイデンティファイもできないこうした人びとは、文化的・人種的葛藤が個人に内面化され、心理的な不安定性、葛藤にさいなまれる（徳田 2020: 61–65）。一方で、パークの研究を引き継いだE・V・ストーンクィストにより、マージナル・マンは身を置く複数の文化・社会集団における「仲介者」となることも可能であるし、マージナルな状況や心性を積極的なリソースとするような社会的役割を得てそのことが自己肯定感の基盤となっていくような場合には、新しい社会秩序におけるパイオニアや創造的な担い手となることができることも示された（徳田

2007)。

境界は日常／非日常、時間的限定性／無時間性、中心／周縁、俗／聖といった二項対立の認識のなかで、双方の領域が交じり合う不分明な範疇である。それゆえに、浄不浄いずれかの両義的な聖性を帯びる聖なる閾として意味づけられ、境界をよぎるときには儀礼がついてまわる（Leach 1976=1981: 75-77）。民俗学的視点からも、境界ないし周縁は、内部と外部を隔てると同時につなぐ結節点であり、多義的な意味（魔性・カオス・闇）の湧きいづる混沌とした空間として捉えられる（赤坂 2002: 33）。前掲のマージナル・マンや異人が独特な能力と危険を具有する両義的な人物として位置づけられるのも、こうした境界の隠喩的特性に由来している。

〈境界的な被災〉という視座

以上で整理してきた境界という不分明な地理的・社会文化的・象徴的位相とそこに生きる人びとをめぐる議論から、外部と内部をつなぐ混淆性ゆえの両義的な二つの特性が析出できよう。すなわち、心理的緊張と葛藤、そして多義性・豊饒性・創発性などの語で表現される創造的な力である。

入谷地区は、全国的な注目を集める「象徴的な被災地」である南三陸町の一部でありながら、直接的な浸水被害を受けなかった。町内沿岸部の津波被災地域や津波被災者にヒト・モノ・カネと外部の関心が集中するなかで、住民たちはむしろ支援者として立ち回り、「ある意味被災者と同じような位置にいても」、自身は「被災者じゃない」と意識するようになった。登米市も、沿岸部自治体の甚大な津波被害を前に「被災地」とはみなされず、「津波よりいいだろう」ということで、「〔登米〕市内の被災者の声っていうのは、出せるような雰囲気」ではなかった。自嘲的に同市を「B級被災地」と称した住民もいた。

本章第2節においては、こうしたどっちつかずの地域に暮らす人びとの心理的な葛藤を、〈当事者＝被災者〉

主義のもとで被災のあいまいさが駆動する「〈当事者〉になりにくい」構造の形成メカニズム（報道と支援の過集中がつくりだす被災地の「物語」、外部の期待が生む〈被災者〉の物語、他者の存在、「既定（の）復興」様式）といった観点から捉え、考察してきた。

本節では、被災／非‐被災の内外を設定するような諸実践のなかで、両者を往来するような「どっちつかず」の存在として〈境界的な被災〉に生きる人びとを捉え、本章第2節で考察した彼らが抱える葛藤を、境界性に由来するものとして位置づけ直す。そうすることで仮説的に導出されるのが、〈境界的な被災〉が地域社会にもたらすであろう、もう一つの特質としての創造性である。すなわち、「どっちつかずの状況」を「中途半端」ではなく、また〈周縁〉ではなく、〈境界〉として捉えることで、「外部」と接し交じり合う地域の混淆性が人びとにもたらす不安定性と同時に、そうした混淆性ゆえに発揮される創造的な力をも分析の射程に収めることが可能となるのである。(21)

（2）〈境界的な被災〉がもたらす混淆性と創造性

南三陸町の復興

最後に、こうした視座からあらためて第6章・第7章に示された〈境界的な被災地〉からの復興への関与のあ

---

(21)　こうした本書の目論見は、関根康正が提唱した「境界内部的視点」（脱中心的思考）にも示唆を得ている。関根は、「高等宗教の視点でアニミズムを「周辺」化する視線をエポケーして、むしろその「周辺」的存在に見えるアニミズムの場こそが、「自然から文化への移行」のホットな光景を目撃できる「境界」であると自覚的に注視してみる」ことで、宗教の発端という「融通性の高いダイナミックな基底的風景」に有効に接近できるとする（関根 2006: 19）。周辺であるがゆえに外部（他者）と接している〈境界〉は「自己の文化と他者の文化とが「構造」と「変換」の関係に入れる個々にユニーク（単独的）でかつ普遍的な場所」であり、重大な開放性を有しているという（関根 2006: 20）。

り方について論じたい。

まずは、第5章で取り上げた南三陸町の復興について、発災以前のまちづくりとの対比を含め、その特徴を整理する。風光明媚なリアス海岸の景観を誇り、多様で豊かな自然を有する南三陸町は、震災以前から官民一体となって、自然と調和・共生したまちづくりに取り組んできた。また、自然環境を活かしたグリーン&ブルーツーリズムが、教育旅行と相互にオーバーラップしながら推進されていた。一方で、豊かな恵みをどう循環させ、持続可能なものにしていくのかというところまでは、具体的に踏み込んでいなかった（アミタホールディングス株式会社 2017: 57）。また、町の基幹産業は水産業であり、「南三陸杉」のブランド化など新しい動きもみられたものの、農林業への関心はそれほど高くはなかった。

南三陸町では、巨大津波により沿岸部全域が被災し、「壊滅」の言葉をもって表現・総括されるような甚大な被害を受けた。沿岸部の低地に展開していた市街地が津波被災したことで町の行政機能・都市機能は麻痺状態に陥り、最大時約一万人もの人びとが町内外で避難生活を送った。また、同町は「既定（の）復興」の様式において「創造的復興」理念のもと、ハード中心の復興事業による「つくり変え」を展開したが、震災後は転出者が増加し、復興計画などでの想定を大きく上回る人口減少が生じている。

こうした状況に対処するため、町では、第二次総合計画において「震災による〝気づき〟」をもとに従来のまちの将来像を発展させた「森里海ひと いのちめぐるまち 南三陸」を掲げた。この将来像には、一つの完結した地理的・生態的構造、空間として町を提示する分水嶺のイメージが前景化している。この計画のもとでさまざまな実践が展開されてきたが、なかでも①資源循環型社会としてのブランディング（山と海双方の国際認証の取得やラムサール条約湿地への登録、「南三陸バイオマス産業都市構想」）と②交流・関係人口の拡大（「南三陸応縁団推進事業」などによる「南三陸ファン」の創出、移住・定住にとらわれない「南三陸コミュニティ」の拡大、グリーン&ブルーツーリズムの再活性化）は、震災経験を踏まえ、二〇〇七年に策定された総合計画では想定されていなかったような取り組みが推進された領域である。

とりわけ②について、「象徴的被災地」である南三陸町では、そのこと自体が引力ともなり、災害ボランティア活動や復興ツーリズム経由で多くの人びとが訪れた。南三陸町では災害ボランティアとのつながりの維持を目的に「ボランティアの方と町民の懸け橋」として「南三陸応縁団」を整備し、町の観光協会も「さんさん商店街」や福興市、震災遺構である防災対策庁舎を訪れるツアーの案内人となる語り部活動をプログラム化した。近年ではこうした「復興ツーリズム」が震災以前から取り組まれてきた教育旅行、「グリーン&ブルーツーリズム」とオーバーラップするかたちで訪問者へ提供されている。

こうした復興過程における資源循環型の町としてのブランディング、交流・関係人口の拡大、グリーン&ブルーツーリズムと復興ツーリズムのオーバーラップのなかで、「山の価値を見直そうという考え」も浸透しつつある。本書では南三陸町の復興について、「水産のまち」であった同町が、災害、そして「既定（の）復興」がもたらした人口減少と対抗策としての交流・関係人口への着目を経て、多様な主体の実践のなかで「分水嶺に囲まれ、被災を経験したまち」として再編成されてきた過程として捉えたい。

むらづくりを通した復興の駆動

町内の〈境界的な被災地〉であった入谷地区の人びとは、こうした過程にどのように関与してきたのであろうか。〈境界的な被災〉がもたらす混淆性と創造性に注目する立場から、第６章の記述をあらためて吟味したい。

繰り返しとなるが、災害ボランティア活動や復興ツーリズムを契機とした交流・関係人口の創出と増大は、「既定（の）復興」様式での復興事業も一因となり人口減少に歯止めがかからない町の復興において見出されたまちづくりの活路であった（第3章第3節参照）。南三陸町では、発災後、津波被害が相対的に軽微であった入谷地区が、ハード事業中心の「既定（の）復興」枠組みにおいては周縁化される一方で、当初は復興支援の拠点として、その後は交流・関係人口の創出と増大とを通した「復興」そのものの拠点として、町内外を媒介することとなった。本節の主題との関係でまず指摘したいのが、前章で引用してきた阿部氏、F氏の語りから明らかなように、「いりやど」を運営する南三陸研修センターが展開する事業においては、いりやど設立以来の「南三陸町の「復興」」とかねてより懸案であった「入谷地区の地域づくり」という、二つの次元の目的が交差していることである。

宿泊研修施設である「いりやど」の設立目的は、「南三陸町」という「学びのフィールド」を訪れる学生を中心に交流・関係人口を拡大し、南三陸町の「復興」を支援することにあった。研修センターでは、こうした目的のためにさまざまな研修プログラムを提供し、「学びのフィールド」の構築に取り組んできたが、阿部氏には、こうした過程において、「いりやど」が立地することで、施設を利用する多くの人びとが訪れるようになった入谷地区のむらづくりを推進していく、という狙いがあった。このような意図のもと、展開されたのが「花見山プロジェクト」であった。同プロジェクトは、被災地南三陸町を訪れる交流・関係人口の拡大をはかる「復興」の枠組みを活用することで、地区において一九九〇年代から取り組まれてきた、地域ぐるみのむらづくりを推し進めたものである。

入谷地区に生まれ、住まう人びとは、「入谷」という範囲を重視している（第6章第1節参照）。南三陸町の沿岸部が東日本大震災により甚大な津波被害を受けるなか、入谷地区は、ほぼ全域が津波被害を免れた。こうした状況下、彼らは、「入谷に住む、「被災者だけど被災者じゃない」（どっちつかずの）私たち」という認識をもつようになり、町の復興において入谷が周縁化されていると感じ、心理的な葛藤に苛まれた。その反面、「南三陸町の「復興」と「入谷地区の地域づくり」という二つの次元の目的が交差する「花見山プロジェクト」の事例から明らかなように、「私たち」の範囲を「入谷」から「象徴的な被災地である南三陸町」へと拡大したり、「南三陸町」から「入谷」へと縮小したり、状況によって意識的／無意識的に切り替えることで、どっちつかずの境界的な状態に身を置きながらも、あるいは境界的な状態にあるからこそ、町の「復興」を支えるチャネルを通して入谷地区を活性化させる手法を創造したと考えられる。A氏の言葉を借りれば、「花見山プロジェクト」は、旧志津川町との合併後に過疎化が進み、「何もない地域」と揶揄された入谷地区を、「入谷の中心地」に立地する「いりやど」を拠点に、「東京とか、全国」とつながる「南三陸町の文化の中心地」にしていこうとするような取り組みであった。

こうした創造的な取り組みを可能にしたのは、被災と非‐被災のあわいに身を置く入谷の人びとの、状況に応じて複数の立場を行き来する独特のポジショナリティである。こうしたポジショナリティによって支援／受援に付随する上下関係や緊張をある種回避し、外部から訪れた人びとの力を「花見山プロジェクト」などの事業に「すんなりと」つなげることができた。前述の事業の展開において、そして津波被災者の支援に訪れた人びとや「いりやど」を通して地区に入ってきたよそ者との関わりにおいて、入谷地区の〈境界的な被災〉がもたらした混淆性と創造性を見てとることができるのではないか。

なお、こうした復興を活用した入谷地区のむらづくりは、同地区が「ヤマ」であるからこそ、推進された部分もある（第5章第3節参照）。分水嶺に囲まれた南三陸町では、震災以前から豊かな自然と調和・共生したまちづくりを標ぼうし、グリーン&ブルーツーリズムを推進してきた。一方で発災後は、第二次総合計画において「森里海ひと いのちめぐるまち 南三陸」を掲げ、町土を外部から隔てる分水嶺のイメージを前景化させ、それまであまり踏み込んでこなかった資源の循環に意欲的に取り組み、環境循環型の町として「まるごとブランド化」を推進してきた。その背景には、被災経験から「生きることに必要な最低限のものを、できるだけ地域内でまかなう」地域づくりを志向した町長らの思いがある。また、分水嶺に囲まれた独特の地形からなる「水産のまち」として再建をはかるなかで、山林を適切に管理することで水産資源が豊かになる、「山の価値を見直そう」という考えが町民の間に浸透してきた。町民からは「海だけでなく、山や里に恵まれ、自己完結している地域として広くアピールしていきたい」という声があがり、近年は復興ツーリズムのコンテンツと組み合わされたグリーン&ブルーツーリズムが訪問者に提供されている。

復興過程における入谷地区における地域づくりは、こうした復興過程における「ヤマ」への町行政・町民の関心の高まりにある種「便乗」したものでもあり、それまで「マチ」との間に社会的・文化的な不均衡を生じていた「ヤマ」としての位置づけが、積極的に捉え返されている。何より、こうした復興の枠組みを活用したヤマのむらづくりが、再帰的に町の復興へと作用していることに注目したい。

地域課題の解決を通した復興の補完

それでは、津波被災隣接自治体として「どっちつかず」の状況に置かれた登米市の人びとは、隣町の復興にどのように関与してきたのであろうか。〈境界的な被災地〉にみられる混淆性と創造性に照準しつつ、第7章の記述についても振り返りたい。

第7章でみてきたように、登米市の中心市街地では、南方仮設などに暮らす津波被災者への復興支援をきっかけに登米市に出入りするようになった筆者を巻き込みつつ、地域づくりの枠組みにおいて、自治体を単位とする復興枠組みから零れ落ちてきた転入者へのサポートを行った人びとがいる（第7章第4節参照）。

「既定（の）復興」が復興のデフォルトである日本社会において、復興の一義的な単位は基礎自治体であり、

「被災者は現地にとどめるのが原則」である。しかしながら被害の広域性が特徴である東日本大震災では、多くの被災者が市町村境、都道府県境を越えた広域避難を行った。とりわけ甚大な津波被害を受けた沿岸部自治体から内陸部自治体への避難行動は、「つくり変え」にともなう復興事業の長期化も影響し、前者から後者への人口移動の引き金ともなった（第3章第1節参照）。第7章でみてきたように、発災直後、南三陸町役場の機能が著しく低下するなかで、登米市は積極的な支援を展開した。しかしながら、南三陸町行政の機能が回復に向かうなかで登米市への人口移動が顕在化すると、復興途上の南三陸町との間で「人口の奪い合い」となることを避けたい登米市は、移住希望者の増加のなかで板挟み状態となり、そうした姿勢を転換していった。自治体単位の復興の柱は早期帰還であり、住宅再建事業も自治体内で完結する。南三陸町でも、転出した元町民へのサポートは困難であると明言しており、本書で取り上げた大網地区の災害公営住宅に入居した南三陸町からの転入者は、町の復興の枠組みから零れ落ち、復興における〈当事者〉性を失うかたちとなった。

登米市の被災の境界性、「既定（の）復興」枠組みにより登米市の人びとの「〈当事者〉になりにくい構造」が形成されたが（本章第2節参照）、困惑しつつも南三陸町からの〈越境〉者に寄り添い、自立に向けて彼らを支えたのは、〈越境〉先地域に暮らす登米市の人びとであった。佐沼地区は「もし津波の被害がなかったら、登米市、特にこの佐沼地区が、一番の被害をこうむったまちなんだろう」と思われるほど甚大な地震被害を受けた地域であり、前述したような心理的な葛藤が表出し、「登米市はB級被災地だ」という発言も聞かれた。一方で、行政的なジレンマを理解しつつも、地元住民や民間団体が避難者への積極的な支援、あるいは津波被災者を対象とする支援者の媒介を行った地域でもある。地区内へ災害公営住宅が設置されたのち、Q氏らが立ち上げた「ビックネット」は、地域ぐるみで「子どもの生活圏に安心安全で、信頼できる大人が見守ってくれる場」を運営することを主眼とした団体であるが、南三陸町から転入し公営住宅にこもりがちになっている高齢者を「子どもを見守る主体」として位置づけることで、彼らをこの活動に巻き込み、子どもたちとの交流を創出することに成功し、結果として彼らが抱える孤立という問題への対応策ともなっている。

旗揚げから一年が経過し、ビックネットが運営する「居場所」に「見守り役」にとどまらない「先生」の担い手が必要となった。そこに現れたのが、かつてQ氏の仲介により南方仮設において学習支援活動を展開したNPO法人HSFのスタッフ、すなわち筆者であった。活動を通して培った学術的な関心に加え、活動のなかで個人的な関係を築いたQ氏やコンテナおおあみの従業員らに会うことを目的に、法人の撤退後もたびたび登米市を訪れていた筆者は、まさに「特定の地域に継続的に関心を持ち、関わるよそ者」（田中輝美 2021: 77）としての関係人口である。Q氏は南三陸町など沿岸部の復興が登米市にもたらした交流・関係人口の典型例である筆者という存在を巻き込むことで、懸案であった地域課題の解決へ向けた取り組みを進めたのである。

登米市と南三陸町、津波被災者と支援者を媒介したコンテナおおあみやQ氏の実践、そして右記ビックネットの活動における、南三陸町の「既定（の）復興」枠組みから零れ落ちた存在（災害公営住宅入居者）と同町の復興がもたらした存在（元支援者としての筆者）を巻き込んだ展開において、〈境界的な被災地〉としての登米市中心市街地がはらむ混淆性と創造性、すなわち境界を介して出入りするさまざまな事物を結びつけ、新たな取り組みを生み出す力を見てとることができよう。その取り組みは、結果的に南三陸町の復興が取りこぼしてきた箇所を手当てし、復興のほころびを補完することとなった。

複数の立場を往来する独特のポジショナリティによる復興への関与

最後に、本節の議論を当事者をめぐる議論に接続し本書を結論する終章へと橋渡しするために、本項で述べてきた〈境界的な被災地〉からの復興への関与のあり方について、ポジショナリティという切り口から論じる。結論からいえば、内外を媒介する〈境界的な被災〉ゆえの混淆性は、そこで復興過程を経験した人びとに〈被災者〉にとどまらない多面的な立場（被災者、支援者、媒介者）を担わせた。「どっちつかず」の「〈当事者〉になりにくい構造」において揺らぐ彼らが獲得したのは、揺らぎゆえの、状況に応じて複数の立場間を往来する独特のポジショナリティである。こうしたポジショナリティから、彼らは必ずしも復興とは位置づけられないような創造性の高い取り組みを展開し、南三陸町の復興に「結果的に」関与したと考える。

本章第2節においては、自分たちよりも「困っている」また、「弱く、無力である」ようにみえる避難者を受け入れたことによって、被災者でありながらも支援者ともなった〈境界的な被災地〉の人びとのありようを描いてきた。一方、本項が特に焦点を当てたのは、媒介者としての役割である。

境界は内部と外部を隔てると同時につなぐ結節点でもあり、〈境界的な被災地〉には外部からいわゆる「被災地」をめがけてやってくるヒト・モノが集積した。そこに暮らす人びとは、それらを内部へと媒介する役割を担った。具体的には、まず、両地域は〈境界的な被災地〉であるがゆえに沿岸部の津波被災地へのさまざまな救援・支援活動の前線基地となった。「いりやど」設置の経緯からもわかるように、「中心的な被災地ではないが、中心的な被災地に近い」ことでこの地域には支援物資や支援者が集積し、〈境界的な被災地〉の人びとは「内部」、あるいは「内部」から〈越境〉してきた「より困っている」津波被災者たちへとそれらを媒介した。第1章で触れたように、小松理虔は当事者／非‐当事者の「揺らぎの中にいる」「割り切れない存在」の役割として、「凝り固まった課題のなかに外の風」をもたらし、「外からの関わりしろ」を増やす内外の「翻訳」に言及している（小松 2021: 406; みやぎボイス連絡協議会編 2022: 136）が、「翻訳」もここでいう「媒介」の一つの局面ではないだろうか。また、すでに指摘したように、複数の立場を往来する独特のポジショナリティは支援／受援の緊張関係を回避し、支援者をすんなり受け入れることもできた。

こうした発災後の社会的なうねりにおいて高まった〈境界的な被災地〉の混淆性は、そこに住まう人びとが「〈当事者〉になりにくい構造」の形成にも寄与することになったが（前節）、「既定（の）復興」が一因となった人口減少を背景に、交流・関係人口の創造・増大を重視する復興・創生へと重点が移るなかで、度重なる「媒介」の経験のなかで蓄積された「外部」からやってきた支援者らとのつながりが、〈境界的な被災地〉における創造的な取り組みの礎ともなった。入谷地区における「花見山プロジェクト」は、「被災地南三陸」を訪れる交流・関係人口の維持・定着へとつながるものである。また、町に広がる「山の価値を見直そうという考え」に便乗した「ヤマのむらづくり」を志向することで、発災後の町のブランディングの中軸となる分水嶺イメージを強化してもいる。すなわち、復興過程における「水産のまち」から「分水嶺に囲まれ、被災を経験したまち」への再編と、「ヤマのむらづくり」が、結果的に相互に駆動しあって進行してきたのである。また、登米市における創造的な取り組みは、復興を駆動するのではなく、登米市への転出を積極的／消極的に選択することで町の復興から疎外されてしまった人びとに対応することで、復興のほころびを結果的に補完したものと捉えられよう。これらは南三陸町の復興が〈境界的な被災地〉にもたらした交流・関係人口を活用した取り組みであり、再帰的に町の復興に影響を与えることとなった。

ただし、右記は本書が注目した固有の脈絡（人口減少社会における復興実践、ハマ・マチ・ヤマ／オカ、南三陸町と登米市）において見出されたものであることに注意が必要である。本章第1節でみてきたように、東日本大震災は対象地域において、複数の空間的・社会的なまとまりのつながりのなかに埋め込まれた「南三陸町」の姿を顕在化させたのであり、相互に差異化されながらもつながりあうまとまりには、災害に対する適応的な力が内在している。今後は、他地域の事例との比較検討により、この空間的・社会的まとまりの〈差異〉とつながりにおける適応的な力が、〈境界的な被災〉がもたらす混淆性と創造性にどのように作用するのか、探究する必要があろう。

小括

本書における総括的な考察を行った本章では、〈境界的な被災地〉における語りに耳を傾けることにより再構成した人びとの復興への関与のあり方から、南三陸町の復興を再考・相対化することで、復興をめぐる議論を発展させる一助となることを目指した。

終章では以上の議論を踏まえ、〈当事者〉という観点から復興をめぐる実践・研究に対して新たな視点を提示したい。

終章

1 全体総括

本書では、東日本大震災からの津波被災自治体の復興を論じるにあたって見落とされがちな、住家への直接的な津波被害を受けず、津波被災者の〈越境〉先となった地域を〈境界的な被災地〉として概念化し、そこで語られる語りから津波被災自治体として全国的に知られた南三陸町の復興過程を描き直してきた。そうした作業を通して示されたのは災害、復興という現象の多元的な広がりであり、そのさなかで生じる境界的な状況において、人びとが復興をめぐる〈当事者〉性の問題に逡巡しつつも「結果的に」復興に深く関与するさまであった。本章では本書の議論を総括し、〈当事者〉という切り口から復興をめぐる議論に対して新たな視点を提示したうえで、本書の限界、今後の展望を示したい。

序章では、問題の所在とそこから導き出された本書の課題、それらを見出した筆者自身のポジショナリティを明示した。右記で示した課題を設定するにあたり、〈境界的な被災地〉〈被災地でありながら被災地でないような、どっちつかずの地域〉で聞かれた災害・復興をめぐる三名の語りを引用している。A氏にとって「俺たち」は復興の主体ではなく、B氏は自身らが置かれた「被災者だけど被災者じゃないような」状況を訴えている。二人は南三陸町民であるが、住家への浸水被害を免れ、避難者の支援・受け入れにあたった。C氏は南三陸町に隣接し、最大の避難先となった登米市の住民であり、「内陸部の被災者には遠慮があった」と明かした。また、被災／非-被災の境界に着目する本書の問題意識が形成された背景として、復興支援活動とフィールドワークに取り組んだ筆者自身のポジショナリティに言及している。そうした活動自体がチャネルとなり、〈境界的な被災地〉における人びとの語りを引き出してきたのである。

第1章では、〈境界的な被災〉という切り口から復興という現象を描き直す本書のアプローチと分析視角を設定し、研究手法としてのエスノグラフィについて説明した。まずは近年公刊された災害・復興の「当事者」をめぐる先行研究の議論から、発後の社会を席巻する〈当事者＝被災者〉主義を浮き彫りにしたうえで、災害・復興の当事者を捉える二つの視座（「与えられる〈当事者〉性」「獲得する〈当事者〉性」）を整理し、広範かつ多元的な現象として災害を論じようとする際は「〈当事者＝被災者〉主義の呪縛」を解き放ち、〈当事者〉観を押し広げていく必要があることを示した。本書もこうした視座のもとに執筆している。加えて、人類学者による災害研究領域への問題提起（災害を平時から社会に内在する構造的諸要素との結びつきのなかで捉えるという姿勢の重要性、復興過程における住民やコミュニティの主体性の重視）を整理し、前掲のアプローチをとるにあたって文化人類学的な理論と方法論が持つ有用性を確認したうえで、災害研究としての本書の位置づけを示した。本書は、被災後の南三陸町が再編されていく動態的な場における語りとその背景となるさまざまな〈差異〉を含みこんだ脈絡を民族誌的に記述したうえで、復興をめぐる災害研究の知見を導入して練り上げた、複合的な分析の成果である。

第2章では、日本社会における復興をめぐる議論と復興実践に焦点を当て、本書が対象とする復興概念の射程を画定したうえで、国内の災害復興研究における近年のパラダイムを示した。復興は非常に多義的な概念であり、さまざまなアプローチにより学術研究や言説の対象となってきた。第2章では、復興を「被災からの回復を目指す多様な主体による実践の過程、そのダイナミックな相互作用の総体」として位置づける。本書が耳を傾けるのは、その〈周縁〉から社会関係を構築しようとする人びとの語りである。日本社会では、自治体が一義的な主体となり、復興計画に基づいて既存の基盤再整備の公共事業を展開する「既定（の）復興」が定式化してきたが、低成長・人口減少・高齢化の時代に突入した今日では、〈当事者＝被災者〉を、復興の「権理」をもつ一義的な主体とする「人間（の）復興」へのパラダイムシフトが提唱されており、住民主体のまちづくり組織には「既定（の）復興」の枠内で〈当事者＝被災者〉の主体性を高める役割が期待される。

第3章では、東日本大震災の津波被災自治体において、「既定（の）復興」枠組みのもとに展開されてきた復興の実相について、主に自治体の視点から描出した。被災地では「創造的復興」の旗印のもと、物理的・制度的なつくり変えが推進された。震災以前より少子高齢化・過疎化が進行していた被災地域では、東日本大震災そのものに加え、大規模な「つくり変え」がこの傾向に拍車をかけた。こうした状況下、避難者の早期帰還の促進が復興の柱となった一方で、復興の要諦として被災自治体に注目されたのは、定住人口に代わる交流・関係人口の創出・拡大であった。近年関心が高まる関係人口は「特定の地域に継続的に関心をもち、関わるよそ者」であって、「地方創生」政策の要として行政の強い期待が寄せられている。この「地方創生」枠組みが「既定（の）復興」様式に接合され、復興期間後半の五年は「復興・創生期間」と位置づけられた。第3章では、被災地域に特徴的な交流・関係人口として、特に「災害ボランティア」「復興ツーリズム」に言及している。

第4章から第7章にかけては、東日本大震災の象徴的な津波被災自治体である南三陸町という行政空間の周縁・外部から、同町の復興過程を照射した。

まず第4章では、南三陸町が埋め込まれた地理的、歴史的、社会的な脈絡を捉え、震災前夜の同町の諸相を多角的・多層的に描出した。南三陸町は、二〇〇五年に志津川町と歌津町が合併して誕生した「水産のまち」である。明治期に成立した一町三村の範囲にあたる四地区（志津川・戸倉・歌津・入谷）に大別され、近年は比較的広い沖積平野がある志津川地区に行政施設や商業施設が集積していた。海と山双方の豊かな自然環境に恵まれた南三陸町は、山頂を結ぶ分水嶺を隣市との行政界とする地理的なユニットであり、一定程度独立した生態系を擁する。震災前夜の南三陸町では、こうした独特の自然環境を活かし、町を挙げて観光・交流事業に注力していた。また、地形やそれに伴う生業の違いから、南三陸町では「ハマ（沿岸部の漁村集落）」、「マチ（沿岸部低地の市街地）」、「ヤマ（同町中山間地や登米市中山間地）」の〈差異〉が意識されており、それぞれの住民の気質の違いに結びつける語り口もよく聞かれる。加えて、当地の人びとは、山稜によって隔たれた内陸部の穀倉地帯を「オカ」と呼んできた。当地にとって、オカは古くから米の調達先であり、生産物の移出先であった。

次に第5章では、「既定（の）復興」様式で展開された南三陸町の復興について、町行政の視点から描出した。東日本大震災により沿岸部全域が津波被災した同町では、行政機能・都市機能が麻痺状態に陥り、最大時約一万人もの人びとが避難者となった。「壊滅」と表現・総括される津波被害が発災直後からマスメディアにより大々的に取り上げられ、「象徴的な被災地」となった南三陸町には、多額の義援金が提供され、多くの災害ボランティアが訪れた。町の復興事業の主眼は沿岸部、とりわけマチにおける大規模な「つくり変え」であったが、避難生活の長期化が引き金ともなり、登米市を中心とする他自治体への人口流出が続いた。なお、町内でも沿岸部から内陸の入谷地区への人口移動がみられた。一方で、同町は、第二次総合計画（二〇一六年三月策定）において、「震災による〝気づき〟」をもとに従来のまちの将来像を発展させた「森里海ひと　いのちめぐるまち南三陸」を掲げた。同章では、第二次総合計画のもとに展開されてきた実践のなかでも特に、①資源循環型社会としてのブランディング、②交流・関係人口の拡大に注目する。こうした復興過程における取り組みのなかで、「水産のまち」であった南三陸町は災害、そして「既定（の）復興」がもたらした人口減少と対抗策としての交流・関係人口への着目を経て、「分水嶺に囲まれ、被災を経験したまち」として再編成され、町民の間には、「山の価値を見直そうという考え」が浸透してきている。

第6章では、南三陸町をめぐる固有の社会・文化的な脈絡を前提に、「ヤマ」である入谷地区における東日本大震災の実相と町の復興過程の展開について描出した。かつて蚕糸業で栄え、町内で唯一「海が見えない」入谷地区は、南三陸町の一部として編成される過程で「何もないヤマ」へと変貌し、地区住民は志津川地区のマチへ、生活のさまざまな局面で依存した。発災後、住家への直接的な津波被害を免れた入谷の人びとは沿岸からの避難者を前に支援側に回ったが、同時にマチへの依存性の高さにおいて「見えにくい被災」を受け、人びとの暮らしは「変化」した。この「変化」が町内外において等閑視され、また、ハード中心の「既定（の）復興」枠組みにおいても周縁化されたことで、入谷の人びとは被災者なのかそうでないのか、あいまいな状態に留め置かれ、心理的葛藤を抱えた。他方、「ヤマ」である入谷地区では、住民の間に伝統芸能などを核とする結びつきがあり、住民は震災前から地区をあげてさまざまなむらづくり活動を展開してきた。こうした特質もあり、多くの交流・関係人口が携わった南三陸町の復興過程では、同地区が町内外を媒介する結節点として機能した。そのなかで、地区には新たな「変化」もみられる。

第7章では、南三陸町の避難者の主たる〈越境〉先であった登米市における東日本大震災の実相と、同町の復興過程への登米市民の関与のあり方について描写した。登米市は、二〇〇五年に九町の合併により誕生した大規模な自治体であり、県内有数の穀倉地帯を有する。東日本大震災発生後、市では官民を挙げて南三陸町を中心とする沿岸部自治体・人びとの救援・支援活動に重点的に取り組んだ。避難者受け入れにあたっての登米市の積極的な姿勢は、市内の被災者に不満を抱かせたが、物理的な「つくり変え」が一因となった南三陸町から登米市への人口移動が顕在化すると、南三陸町への配慮と移住希望者の増加のなかで登米市は板挟み状態となり、積極姿勢を転換させた。市内の災害公営住宅には南三陸町からの転出者が相次いだが、自治体主体の復興の柱は住民の早期帰還であり、彼らは町の復興の枠組みから零れ落ちたかたちとなっている。困惑しつつも彼らに寄り添い、自立に向けて彼らを支えたのは、南三陸町の復興過程において同町、登米市、外部からの支援者、避難者を媒介する役割を担ってきた、登米市民であった。

第8章では、本書における総括的な考察を行い、〈境界的な被災地〉における語りに耳を傾けることにより再構成してきた人びとの復興への関与のあり方から、南三陸町の復興（第5章）をどのように捉え直すことができるか検討した。

第一に、対象地域におけるローカルな〈差異〉の脈絡（第4章）に注目し、災害研究の立場から、入谷地区、登米市において展開された救援・支援活動、避難・移住にともなう人口移動を考察した。そうした考察を通し、南三陸町における災害経験の多層性を確認し、ローカルな〈差異〉の脈絡が当地の人びとの災害経験に及ぼした両義的な影響を浮き彫りにした。

第二に、被災状況のグラデーションにおいてどっちつかずの〈境界的な被災〉が生じるメカニズムに照準し、〈境界的な被災地〉における「〈当事者〉になりにくい構造」（①被災の苦しみについての「語りにくい構造＝サバルタニティ」、②復興過程に主体的に関わりにくい構造の二つの位相からなる）の組成を検討した。まず報道と支援の過集中がつくりだす被災地の「物語」、外部の期待が生む被災者の「物語」による「どっちつかず」の状況の形成・再生産への寄与のあり方を確認した。対象地域における「〈当事者〉になりにくい構造」は、こうした「どっちつかず」の状況が、津波被災を逃れた〈越境〉者の存在、ハード重視の「既定（の）復興」様式とそこに接合された〈当事者＝被災者〉の主体性を重視する社会的潮流などと一体となって形成してきたと考えられる。

第三に、本書が〈境界的な被災〉概念を提示した背景について説明し、〈境界的な被災地〉からの復興への関与のあり方について、境界的な状況の混淆性の観点から吟味した。まずは、境界という不分明な地理的・社会文化的・象徴的位相とそこに生きる人びとをめぐる議論を整理し、外部と内部をつなぐ混淆性ゆえの両義的な特質（心理的緊張・葛藤と創造性）を析出した。本書における境界概念の導入は、後者の創造的な力をも分析の射程におさめることを企図したものである。次に、こうした視座から第6・7章の事例を再び吟味した。「花見山プロジェクト」の事例からうかがえるように、町内外を媒介してきた入谷地区の人びとは、「私たち」の範囲を「入谷」から「象徴的な被災自治体である南三陸町」へと、あるいはその逆へと意識的・無意識的に切り替えることで、「被災者だけど被災者じゃない」境界的な状態にありながら／あるからこそ、町の「復興」の枠組みにおいて、入谷地区を活性化させる手法を創造した。また、被災と非‐被災の境界に身を置くからこそ支援／受援の上下関係や緊張をある種回避し、外部から訪れた人びとの力を「花見山プロジェクト」などの事業に「すんなりと」つなげ、結果的に南三陸町の復興を駆動してもいた。「ビックネット」の事例には、登米市、南三陸町、そして外部からの支援者を媒介してきた大網地区の人びとが、南三陸町の復興から零れ落ちた存在（災害公営住宅入居者）と町の復興がもたらした交流・関係人口（元支援者である筆者）を地域課題への取り組みという枠組みにおいて接合し、結果的に南三陸町の復興のほころびを補完するような、創造的な力を見出すことができた。こうした創造的な取り組みを可能にしたのは、〈境界的な被災地〉における「揺らぎ」ゆえの独特のポジショナリティである。状況に応じて複数の立場（被災者、支援者、媒介者）を往来するポジショナリティにおいて、〈境界的な被災地〉の人びとは、南三陸町の復興へ「結果的に」関与したのであった。

2　結論――結果的な〈当事者〉性

本節では、前節に整理した本書の成果、特に前章第3節で示した考察を、災後の社会における当事者性をめぐる議論と接続し、復興についての学術的議論、そして復興の現場における実践に対して新たな視点を提示したい。すでに示したように、本書では〈境界的な被災地〉に生きる人びとが、状況に応じて複数の立場（被災者、支援者、媒介者）間を往来する独特のポジショナリティにおいて創造的なむらづくり、地域課題に対する取り組みを展開することで、南三陸町の復興に「結果的に」関与したものと整理した。〈境界的な被災地〉の混淆性、創造性に裏付けられたこうした復興への関与のあり方は、復興の〈当事者〉をめぐる議論からどのように捉えることができるだろうか。以下、〈当事者〉性の第三の位相として、「結果的な〈当事者〉性」を提起し、本書の結論としたい。

第1章では、近年「ブーム」ともなっている当事者をめぐる学術的議論、そして震災の文脈においてそれらの議論を深めた坂田邦子や西村高宏の議論に拠りながら、〈当事者〉性における二つの位相を示した。すなわち、本人の意思に関わりなく〈当事者〉であることを強いられる「与えられる〈当事者〉性」と、ニーズに突き動かされ、実際に行動を起こすことであとから震災の〈当事者〉になる「獲得する〈当事者〉性」である。一方、本書第6章、第7章の記述から浮き彫りになったのは、被災の〈当事者〉性を与えられたのかどうかに疑問をもち、自治体単位で展開する復興という局面では〈当事者〉性を与えられず、その獲得には遠慮を示した〈境界的な被災地〉の人びとが、復興とは別の一義的な目的をもった活動を展開することで結果的に〈当事者〉になっていたという復興への関与のあり方である。すなわち「その課題に直接携わるわけではないのに、結果として課題解決に結びついてしまうような」（小松 2021: 406）〈当事者〉性のあり方である。

すでに第1章で示したように、小松は、〈当事者〉／〈非‐当事者〉の揺らぎのなかにいる「割り切れない存在」の、結果として何らかの課題に関わってしまうような「事を共にはしている」あり方を「共事」と称し、「共事者」（小松 2021: 442）という概念を編み出した。一見すると、本書はそれを、復興をめぐる〈当事者〉性の第三の位相として位置づけ直したようにもみえる。なぜ小松は当事者概念の拡張ではなく、「共事者」という新たな概念の提唱へと歩を進めたのであろうか。

『新復興論　増補版』を読むと、第1章でも引用した宮本楓美子が指摘したように、小松の目が「外部」を向いていることがわかる（宮本 2024）。すなわち「共事者」とは、もとより〈非‐当事者〉を自認するような人々にも新たに復興に携わる回路を開く戦略的概念であり、好きなこと、興味のあることなど「ふまじめ」であるにせよ、「外」から被災地域での活動に能動的に関わることで、〈非‐当事者〉が〈当事者〉性を獲得する余地を残すものであるといえる。坂田邦子や西村高宏が提起した「獲得する」という〈当事者〉（観）拡大の方向性についても、「新たに復興に携わる回路を開く」という意味では軌を一にしているものと捉えられる（坂田 2022; 西村 2023）。

一方で本書により示された復興をめぐる「結果的な〈当事者〉性」は、甚大な津波被災地のすぐ隣に広がる〈境界的な被災地〉において収集された語りから再構成された人びとの悪戦苦闘の痕跡を、〈当事者〉という概念の範疇において練り上げた概念である。すなわち、〈境界的な被災地〉に目を向けた本書と、「共事者」を提唱した小松の関心は異なるといえる。この点に関し、あらためて「結果的な〈当事者〉性」概念の新規性、価値を主張したい(1)。

(1)　筆者のように、〈境界的な被災地〉に展開する取り組みに関与することで、結果的に復興にあたることになった「外部」者については、「共事者」概念が適用できよう。

関連して、「共事者」概念の提唱という小松の選択に滲むのは、震災の文脈での「当事者インフレーション」(上野 2013: 28)の発生を懸念する各方面への配慮である。第1章でも触れたように、上野千鶴子によれば、「当事者インフレ」は「当事者」概念の流行や拡張(「当事者」ブーム)が引き起こした意図せざる効果である。本来であればステーク・ホルダーという用語を使用すべき場面にまで「当事者」概念が拡張されることで、誰もが「当事者」たりえてしまう。問題への関わり方により、人びとはそれぞれの立場において「それぞれの当事者性」(中西・上野 2003: 93)をもつということだ。複数の当事者を対等であるとみなすと、当事者同士の利害が対立し、たとえば「家族当事者」が「障害当事者」のニーズを自覚なしに代弁(僭称)してしまうといったことが生ずる(関水 2011: 111)。

そのため、上野はニーズ概念に限定をかけることで当事者概念を精錬し、複数の当事者に「階層的区別」(上野 2013: 41)をつけ「真正な当事者」の析出を目指した。こうした上野の試みには、「当事者以外の発言が抑圧され、排除される危険がある」といった批判が寄せられたが、上野は「当事者」とは「当事者能力」を奪われ、「マジョリティによって代理・表象されてきた「社会的弱者」」であり、非対称なバランスを均衡するために、当事者の発言を「少々過剰といえるほど」強調する必要があると説く(上野 2013: 31-32)。第1章で引用した『被災者発の復興論』の記述から、震災の文脈においても同様に「当事者インフレ」への懸念がみられると捉えられる。こうした懸念が作用し、小松に〈当事者〉の拡張から「共事者」概念の提唱へ、すなわち「真正な当事者」の存在を前提としながらも〈非‐当事者〉が復興に携わる回路を拓くという選択をさせたのではないか。

ただし、第1章でも指摘したように当事者概念の精錬と「真正な当事者」の設定により、当事者の多様さが切り詰められ、そこから零れ落ちるものが周辺化される懸念もある。本書が注目した〈境界的な被災地〉の人びとは、〈被災者〉というカテゴリーを定義しようとして引かれた境界により生み出された「どっちつかず」の人びとであり、まさに周辺化の憂き目にあってきたことはこれまでに述べてきたとおりである。上野は、当事者／第三者（非 - 当事者）の区別を「当事者論」の認識利得と定義した場合、両者を決定的に分かつのは「立ち去ることができる／できない」（中根 2010: 118）ことにあると指摘する（上野 2013: 40-41）。すなわち「状況から立ち去ることができない者にこそ、当事者の「資格」がある」（中根 2010: 118）という考え方である。小松が目を向ける「外」と〈境界的な被災地〉を差異化するのは、この「逃げられなさ」である。〈境界的な被災地〉に生き、復興の〈周縁〉にたたずむ人びとは、外向きの〈当事者〉（観）の拡張によっても、あるいは「当事者インフレ」への懸念と「真正な当事者」を設定しようとする内向きの動きによってもその実相を捉えきることはできない。そうした彼らを捕捉するのが、本書が提示した「結果的な〈当事者〉性」概念なのである。

以上の議論を踏まえたうえで、あらためて本書の意義を整理したい。第1章で示したように、災後の社会には〈当事者＝被災者〉主義が席巻する。もちろん、繰り返し断っておくが、被害からの回復を目指し社会を再編していく過程では、まさに直接的な被害の中心（〈内海〉）において沈黙する直接的な〈被災者〉の「語れない」声をすくい上げる取り組みが重要であることは言うまでもない。ただし、災害を、個々人それぞれの立場性、文脈のもとに立ち現れる、広範かつ多元的な現象として捉え、「〈当事者＝被災者〉主義の呪縛」を解き放ち、〈当事者〉観を押し広げながら読み解いていくことは、依然として重要である。本書の議論は、〈境界的な被災地〉というあいまいな対象に目を向け「結果的な〈当事者〉性」という新たな視座を示すことで、災害復興という多元的な現象の広がりを解明する一助となろう。序章にて指摘したように、現代の日本社会では、目前に迫る次なる巨大災害、絶え間のない災害への対応を迫られるなかで、外部支援者が分散するうえ、人口減少にともなって行政機能も縮小し「被災住民自身による災害対応の比重が自然と増していく」（宮本ほか 2023）。この〈災間〉の時代において被災地における復興への関わり方の複数性をあらためて示した本書は、災害事象に向き合う新たな社会的態度の醸成に寄与するものとして位置づけられよう。

なお、本書は〈境界的な被災地〉（この概念の外延を画定することもまた困難であるが）に住まう人びとに対し「復興に主体的に取り組むべきだ（すなわち、〈当事者〉性を獲得すべきだ）」と伝えることを目的としない。そうではなく、災後の地域社会の文脈において〈境界的な被災地〉に住まう人びとが結果として「〈当事者〉になっている」可能性があることを、行政、研究者側が復興をめぐる問題を取り扱う際に念頭に置いておく必要があることを示したのである。第6章、第7章、そして第8章で整理した「〈当事者〉になりにくい構造」の議論からもうかがえるように、どっちつかずの人びとと固定化された〈被災者〉の間には亀裂が潜在している。「被災者かつ支援者かつ媒介者」であるようなどっちつかずの人びとに、復興を駆動し、あるいは補完していくような力が備わっていることが社会的に共有されれば、こうした亀裂への手当てともなろう。

また、第3章では、東日本大震災からの「創造的復興」として進められた制度的・物理的な「つくり変え」が、「ショック・ドクトリン」「予算の流用」といった観点から批判されてきたことに言及したが、本書の成果を踏まえ、筆者は字義的な意味での「創造的な復興」は当事者／非‐当事者、被災者／非‐被災者などの二分法に包摂されない混淆性から立ち上がるものなのかもしれないと考える。第1章で引用した西村高宏は、災後の社会には「自分が被災者なのか被災者ではないのか、支援される側なのか支援する側なのか、さらには当事者なのか非‐当事者なのかといった、自身の今の立ち位置を両極端のいずれかの極へと振り分けるかたちでしか理解することができない」「思考の癖」があることを指摘し、それが「いずれかの輪に入らなければならない（属さなければならない）、もしくは入るべきである（属するべきである）」といった妙な義務感や「同調圧力」を生むことへとつながると論ずる（西村 2023: 45）。一方本書が注目した〈境界的な被災地〉の事例からは、「媒介者」としてのポジショナリティが、被災者／非‐被災者、支援者／被‐支援者、当事者／非‐当事者間での「振り分け」をある種棚上げしたまま「事に当たる」ことを可能にすること、そしてそうした取り組みがきわめて創造性に富んでいることが示唆された。筆者はこれまで着目されてこなかった災害の〈境界的な被災地〉にこそ、真に「創造的な復興」への手がかりを見出すことができるかもしれないと考える。

3　本書の限界と今後の展望

前節では本書の功績として、「結果的な〈当事者〉性」と〈境界的な被災地〉の混淆性がはらむ創造性という、災害復興という領域を対象とした研究、実践に対する新たな視座を提示した。しかしながら、明らかになった〈境界的な被災地〉の可能性について検討するならば、その可能性を導いた本書の課題と限界について最後に論じておく必要があるだろう。以下、本書が踏み込むことができなかった重要な論点を列挙したうえで、今後のさらなる研究について展望する。

まずは、〈境界的な被災地〉のなかでも〈越境〉先に着目した本書の問題設定に関してである。本文中でもみてきたように、南三陸町で甚大な津波被災を受けた志津川、歌津、戸倉地区においても、高台の家屋は流失を免れている。特に、歌津地区における罹災率は約五〇パーセントである。町の「復興」におけるこうした、津波被災地区の高台に残された住家に居住する人びとの経験は、津波被災者のものとも、入谷地区住民のそれとも異なってくることが想定される（第6章の主要な語り手である入谷地区の阿部忠義氏も沿岸集落のなかで「家が残った」場合は「大変苦痛だったらしい」と述べている）。こうした地域の人びともまた「どっちつかず」の状況において「〈当事者〉になりにくい」立場に置かれたのではないか。すなわち、〈境界的な被災地〉の実相をより多層的に描出するためには、「他者」が住まう〈越境〉先（新旧の行政界とハマ・マチ・ヤマの境）に対して「われわれ集団」内部における「どっちつかず」の状況にも目を向ける必要があったと考える。ある〈境界的な被災地〉における「〈当事者〉になりにくい構造」に照準することで、別の〈境界的な被災地〉における「〈当事者〉になりにくい構造」を不可視化している可能性がある。この点については外延を画定しきれないはずの〈境界的な被災地〉を概念化によって領域として切り分け、具体的な事例を取り上げて論証しようとする本書にとって避けられない限界であり、課題であるといえる。

次に、右記の内容とも深く関わるが、〈境界的な被災〉概念の精緻化には、最優先で取り組む必要がある。第8章第2節で述べたように、「主観的被災者意識」（被災者が自身を「被災者」という社会的立場にあると捉える認識）が時間とともにある程度減衰することを考えれば、本書が注目した空間をめぐる境界的被災のみならず、時間をめぐる境界的被災の存在も措定できる。厄災が繰り返し、多重被災をこうむる地域・人々が生ずる〈災間〉の時代においてこの〈境界的な被災〉と復興、当事者についての議論を深めていくにあたっては、時間的な境界についての問い（「いつまで被災地・被災者なのか」「〈当事者＝被災者〉主義と時間をめぐる境界的被災の交点の実相はどのようなものか」）を深める調査研究が必要となろう。

最後に、「時間」という観点からみた本書の課題と展望について述べたい。本書は自治体主体の「既定（の）復興」に照準する立場から、時間的視野をおおよそ一〇年（＝行政的に設定された当初の復興期間）という節目で区切った。発災から九年を迎えた頃、対象となる地域社会にとどまらず、日本社会、グローバル社会が巻き込まれていった新型コロナウイルス感染症のパンデミックが生じた。現前（能登半島地震）や将来の災害（南海トラフ地震）の脅威により上書きされつつある先般のパンデミックであるが、「復興とは何か」「どこが被災地なのか」「誰が被災者なのか」といった、本書に通底するいくつかの重要な問いを再び喚起するものであった。本書はこのパンデミックを時間的視野に含みつつも、この点を議論に組み込むことができていない。(2) パンデミックの発生は、能登半島地震の発生よりも前に、東日本大震災が社会にもたらした影響が共通課題となる〈災後〉から、次なる大災害が繰り返し生じることを前提とした〈災間〉へと社会的な前提が変質したことを浮き彫りにした。こうした社会情勢からも、やはり時間をめぐる境界的被災という視座から言葉をあてがっていくことが、今後の重要な課題となるだろう。

また、時間の経過は、復興の〈当事者〉の眼前に「伝承」の問題を突きつける。震災に関連した議論はすべて直接的な被害を受けた〈被災者〉による語りや考えを軸に進められるべきであるとする〈当事者＝被災者〉主義は伝承の領域においても支配的であるが、近年、実践の現場において徐々に相対化しようとする動き（災害体験の鮮明な記憶をもたない若手の語り部やそもそも災害体験をもたない語り部の活躍）がみられる。今後、こうした伝承の問題についても、〈当事者〉性という視座から論じる挑戦的な試みが必要とされるだろう。

本書は震災を扱う学術書としてはかなり後発の部類ではあるが、あの日から一四年という出版のタイミングと本書の主題は、結果的に適合してしまったように思う。一つには、先に触れたパンデミックを経た〈災後〉社会の変質である。小松理虔は、「コロナ禍において、被災地や震災について語る回路は確かに狭くなった」と吐露する。時間の経過、パンデミックを経て、多くの人たちにとって震災や原発事故が「他人事」になり、「自分事」だと考えている当事者との「間」が抜けおり、「その間にあったはずの声が不可視化」されてしまったのだとい

(2)　本文中で述べたように、南三陸町の復興の特徴的な局面として、「循環型社会としてのブランディング」「災害ボランティア活動、復興ツーリズムとグリーン&ブルーツーリズムの組み合わせによる交流・関係人口の拡大」が挙げられる。交流・関係人口を重視する戦略については、すでに指摘したように他の東日本大震災の被災自治体においても採用されたものであったが、この方向へ舵を切ったがゆえに、多くの被災自治体が「人流を抑制」する方向へ社会を向かわせるパンデミックにより大きな影響を受けた（「二重被災」「多重被災」として概念化されてもいる）。本書では十分に検討することはできなかったが、災害それ自体も非常に多義的な概念であり、感染症がその範疇において論じられることも多い。

う（小松 2021: 400-403）。第二に、序章でも強調した眼前（能登半島地震）や将来の災害（南海トラフ地震）の脅威により浮き彫りとなった、〈災間〉の社会特有の課題である。今後、外部支援者が分散し、人口減少にともなって行政機能も縮小するなか、被災住民自身による災害対応の比重が増していくだろう。本書の成果である「結果的な〈当事者〉性」の提示が多様な復興との関わりのあり方を社会に向けて示し、右記の「間」を少しでも埋めること、そして複数の〈当事者〉性を前提とした、災害事象に向き合う新たな態度の醸成に少しでも寄与することを、切に願うばかりである。

参考文献

【邦文の文献】

青田良介・津久井進・山崎栄一・山中茂樹・山本晋吾　2010「特集　災害復興基本法試案」『災害復興研究』2: 1–115

赤坂憲雄　1992『異人論序説（ちくま学芸文庫）』筑摩書房

――　2002『境界の発生（講談社学術文庫）』講談社

浅野慎一　2015「東日本大震災が突きつける問いを受けて――国土のグランドデザインと「生活圏としての地域社会」」『地域社会学会年報』27: 45–59

渥美公秀　2004「語りのグループ・ダイナミックス――語るに語り得ない体験から」『大阪大学大学院人間科学研究科紀要』30: 160–173

――　2007「「復興デザイン研究会」と「法末宣言」」浦野正樹・大矢根淳・吉川忠寛『シリーズ災害と社会2　復興コミュニティ論入門』弘文堂 24–25

天田城介　2010「底に触れている者たちは声を失い - 声を与える――〈老い衰えゆくこと〉をめぐる残酷な結び目」宮内洋・好井裕明編『〈当事者〉をめぐる社会学――調査での出会いを通して』北大路書房 121–139

アミタホールディングス株式会社　2017『バケツ一杯からの革命』

池田浩敬・中林一樹　1999「地震災害が地域の人口変動、商工業活動へ及ぼす影響と被災地の地域特性との関係に関する基礎的研究」『地域安全学会論文集』1(0): 125–130
井出明　2015「ダークツーリズムの真価と復興過程――〝復興〟のさらに先にあるもの」『日本災害復興学会誌「復興」』7(1): 49–56
伊藤幹治　1987「異人」石川栄吉・梅棹忠夫・大林太良・蒲生正男・佐々木高明・祖父江孝男編『文化人類学事典』弘文堂 49–50
伊藤滋　2000「復興まちづくりをめぐる課題とあり方」兵庫県企画管理部防災局防災企画課・兵庫県震災対策国際総合検証会議事務局編『阪神・淡路大震災震災対策国際総合検証事業検証報告 第5巻〈まちづくり〉』1–80
稲垣文彦　2008「復興支援の展開――新潟県中越地震の現場から」菅磨志保・山下祐介・渥美公秀編『シリーズ災害と社会5　災害ボランティア論入門』弘文堂 192–203
茨木瞬　2017「被災地における「被災者」と政策評価――福島市民意識調査より」村瀬洋一・立教大学社会学部社会調査グループ編『２０１４～２０１６年度立教大学学術推進特別重点資金（立教ＳＦＲ）東日本大震災・復興支援関連研究成果報告 生活と防災についての社会意識調査報告書――仙台市、福島市、東京都における震災被害と社会階層の関連』立教大学社会学部村瀬研究室 93–108
入谷郷土史研究会編　1980『入谷物語』入谷地区公民館
入谷の祭りと打囃子を伝承する会　2016『新版教本 入谷の祭りと打囃子の由来』一般社団法人南三陸研修センター
植田今日子　2012「なぜ被災者が津波常習地へと帰るのか――気仙沼市唐桑町の海難史のなかの津波」『環境社会学研究』18: 60–81
植田浩史・植田展大　2016「東日本大震災と南三陸町の地域産業・中小企業――震災後の現状とポスト「復興需要」」『企業環境研究年報』21: 41–71

上野千鶴子　2008　「当事者とは誰か？」上野千鶴子・中西正司編『ニーズ中心の福祉社会へ――当事者主権の次世代福祉戦略』医学書院　10-37
――　2013　「「当事者」研究から「当事者研究」へ」副田義也編『シリーズ福祉社会学2　闘争性の福祉社会学――ドラマトゥルギーとして』東京大学出版会　25-46
歌津町史編纂委員会編　1986　『歌津町史』歌津町
内尾太一　2018　『復興と尊厳――震災後を生きる南三陸町の軌跡』東京大学出版会
浦野正樹　2007a　「災害研究の成立と展開」大矢根淳・浦野正樹・田中淳・吉井博明編『シリーズ災害と社会1　災害社会学入門』弘文堂　18-25
――　2007b　「脆弱性概念から復元・回復力概念へ――災害社会学における展開」浦野正樹・大矢根淳・吉川忠寛『シリーズ災害と社会2　復興コミュニティ論入門』弘文堂　26-34
及川祥平　2021　「災禍と「日常の記録」――宮城県気仙沼市旧小泉村での調査から」標葉隆馬編『災禍をめぐる「記憶」と「語り」』ナカニシヤ出版　269-296
大矢根淳　1992　「社会学的災害研究の一視点――被災生活の連続性と災害文化の具現化」『年報社会学論集』5: 131-142
――　2007a　「生活再建と復興」大矢根淳・浦野正樹・田中淳・吉井博明編『シリーズ災害と社会1　災害社会学入門』弘文堂152-158
――　2007b　「被災地におけるコミュニティの復興とは」浦野正樹・大矢根淳・吉川忠寛『シリーズ災害と社会2　復興コミュニティ論入門』弘文堂18-23
――　2012　「被災へのまなざしの叢生過程をめぐって――東日本大震災に対峙する被災地復興研究の一端」『環境社会学研究』18: 96-111
――　2015a　「現場で組み上げられる再生のガバナンス――既定復興を乗り越える実践例から」清水展・木村周平編

『災害研究の地域研究５　新しい人間、新しい社会 復興の物語を再創造する』京都大学学術出版会　51-77
――――　2015b「小さな浜のレジリエンス――東日本大震災・牡鹿半島小渕浜の経験から」清水展・木村周平編『災害研究の地域研究５　新しい人間、新しい社会 復興の物語を再創造する』京都大学学術出版会　267-298
岡田知弘　2012「農山漁村の復旧・復興のあり方――「人間の復興」を中心にした地域経済の再生」『農林業問題研究』48(3): 355-364
――――　2013「東日本大震災と復興政策をめぐる対抗」岡田知弘・自治体問題研究所編『震災復興と自治体――「人間の復興」へのみち』自治体研究社　13-40
岡田陽介　2017「主観的被災者意識と政治参加・参加意識――東日本大震災後に機能した政治参加形態は何であったのか?」村瀬洋一・立教大学社会学部社会調査グループ編『2014～2016年度立教大学学術推進特別重点資金（立教ＳＦＲ）東日本大震災・復興支援関連研究成果報告 生活と防災についての社会意識調査報告書――仙台市、福島市、東京都における震災被害と社会階層の関連』立教大学社会学部村瀬研究室　109-121
岡村健太郎　2017『「三陸津波」と集落再編―ポスト近代復興に向けて』鹿島出版会
尾崎寛直　2016「人口減少下における「復興」と地域の持続可能性――「よそ者」受け入れの視点から」長谷川公一・保母武彦・尾崎寛直編『岐路に立つ震災復興――地域の再生か消滅か』東京大学出版会　39-62
小田切徳美　2018「関係人口という未来――背景・意義・政策」『ガバナンス』202: 14-17
小野英一　2019「東日本大震災後の復興と観光――復興ツーリズムの事例を中心に」『地域活性研究』10: 178-185
尾松亮　2020「「福島第一原発」をめぐる事件被害と「災害復興」ナラティブの齟齬に関する考察――チェルノブイリ被害地の語彙の変遷から考える」『日本災害復興学会論文集』15: 111-120
開沼博　2013「被災地・福島をめぐってすれ違う課題【前進編】」ダイヤモンド・オンライン（https://diamond.jp/articles/-/33001 二〇二一年三月二二日最終閲覧）

片山知史　2016「被災地漁業の復興」長谷川公一・保母武彦・尾崎寛直編『岐路に立つ震災復興――地域の再生か消滅か』東京大学出版会 91–106
金菱清　2013「内なるショック・ドクトリン――第二の津波に抗する生活戦略」『学術の動向』18(10): 50–53
金井利之　2012『原発と自治体――「核害」とどう向き合うか（岩波ブックレット）』岩波書店
金子由芳　2021「東日本大震災が残した災害復興法制の課題」『日本災害復興学会誌「復興」』9(2): 27–32
上村靖司　2020「中越地震被災地における復興のモノサシの模索」『日本災害復興学会論文集』15: 55–64
川﨑梨江・匹田篤　2021「２０１４年の広島土砂災害の被災者の語りの変化」『「災害語り継ぎ」に関する研究論文集（ＤＲＩ調査研究レポート）』50: 137–148
川島秀一　1998「ムラの歴史を語ること――仙台藩入谷村の「郷土誌」の発生」『口承文芸研究』21: 11–23
川副早央里　2012「いわき市の東日本大震災の影響に関する一考察――〈中心〉と〈周縁〉の視点から」『ソシオロジカル・ペーパーズ』21: 1–26
――――　2014「原子力災害後の政策的線引きによるあつれきの生成――原発避難者を受け入れる福島県いわき市の事例から」『早稲田大学総合人文科学研究センター研究誌』2: 19–30
菊池真弓・高木竜輔　2015「原発事故に対するいわき市民の意識構造（2）――原発避難者との「軋轢」の構造」『いわき明星大学大学院人文学研究科紀要』28: 81–96
喜多加実代・浦野茂　2017「実践の記述としての「当事者」の概念分析」『社会学年報』46(0): 3–15
北原糸子　2016『日本震災史――復旧から復興への歩み（ちくま新書）』筑摩書房
貴戸理恵　2007「「当事者の語り」の理論化に向けて――現代日本の若者就労をめぐる議論から」『ソシオロゴス』31: 86–98
――――　2012「支援者と当事者のあいだ」「支援」編集委員会編『支援』2: 65–71

木村周平　2013『震災の公共人類学——揺れとともに生きるトルコの人びと』世界思想社
——　2015「トルコ・コジャエリ地震の経験の継承——私の声が聞こえる人はいるか?」清水展・木村周平編『災害研究の地域研究5　新しい人間、新しい社会　復興の物語を再創造する』京都大学学術出版会　233-264
——　2020「トルコ・コジャエリ地震から見る「復興」——文化人類学の立場から」『日本災害復興学会論文集』15: 101-110
——・清水展　2015「おわりに——被災とともに」清水展・木村周平編『災害研究の地域研究5　新しい人間、新しい社会　復興の物語を再創造する』京都大学学術出版会　363-378
木村玲欧・林春男・田村圭子・立木茂雄・野田隆・矢守克也・黒宮亜希子・浦田康幸　2006「社会調査による生活再建過程モニタリング指標の開発——阪神・淡路大震災から10年間の復興のようす」『地域安全学会論文集』8(0): 415-424
桐谷多恵子　2020「誰の視点から復興を描くのか——被爆者が語る〈私たちの復興〉から広島の「復興」を捉え返す試み」『日本災害復興学会論文集』15: 129-138
ギル、トム／シテーガ・ブリギッテ／スレイター・デビッド編　2013『東日本大震災の人類学——津波、原発事故と被災者たちの「その後」』人文書院
小林秀行　2020a「「復興とは何かを考える連続ワークショップ」の展開と到達点——「復興」とはいかなるものなのか」『日本災害復興学会論文集』15: 19-28
——　2020b「「災害復興」の含意をめぐる一考察」『日本災害復興学会論文集』15: 159-168
——　2020c「「象徴化された復興像」に関する研究——被災住民が災害復興の政治的な主体となるための道具立てを視点として」『日本災害復興学会論文集』16: 1-13
——　2020d『初動期大規模災害復興の実証的研究』東信堂

小松理虔　2021『新復興論　増補版（ゲンロン叢書009）』ゲンロン
近藤民代　2014「東日本大震災の被災自治体による独自の住宅再建支援メニュー――広域巨大災害にそなえて住宅再建支援の再構築を進める」『日本災害復興学会誌「復興」』5(3): 57–64
齊藤綾美　2017「津波被災者と原発避難者の交流――いわき市薄磯団地自治会といわき・まごころ双葉会の事例」吉原直樹・似田貝香門・松本行真編著『東日本大震災と〈復興〉の生活記録』六花出版　295–316
坂田邦子　2022『メディアとサバルタニティ――東日本大震災における言説的弱者と〈あわい〉』明石書店
坂田悠江　2014「なぜ災害ボランティアを続けるのか――宮城県の離島における一事例研究」『東北人類学論壇』13: 188–204
阪本英二　2007「同じ〈場所〉にいること――「当事者」の場所論的解釈」宮内洋・今尾真弓編著 2007『あなたは当事者ではない――〈当事者〉をめぐる質的心理学研究』北大路書房　146–156
作野広和　2019「人口減少社会における関係人口の意義と可能性」『経済地理学年報』65(1): 10–28
桜井厚　2002『インタビューの社会学――ライフストーリーの聞き方』せりか書房
佐々木晶二　2014「東日本大震災の復興事業の3つの再検証ポイント」『日本災害復興学会誌「復興」』5(3): 13–22
―――― 2017『最新防災・復興法制――東日本大震災を踏まえた災害予防・応急・復旧・復興制度の解説』第一法規
佐藤香・田垣内義浩・池田大輝　2024「東日本大震災における「周辺的被災者」の経験」『東京大学社会科学研究所パネル調査プロジェクト　ディスカッションペーパーシリーズ』180: 1–25
塩崎賢明　2014『復興〈災害〉――阪神・淡路大震災と東日本大震災（岩波新書）』岩波書店
―――― 2021「東日本大震災10年と住宅復興」『日本災害復興学会誌「復興」』9(2): 3–10
敷田麻実　2009「よそ者と地域づくりにおけるその役割にかんする研究」『国際広報メディア・観光学ジャーナル』9: 79–100

志津川町誌編さん室編　1989a　『志津川町誌1（自然の輝）』志津川町
――――　1989b　『志津川町誌2（生活の歓）』志津川町
――――　1991　『志津川町誌3（歴史の標）』志津川町
標葉隆馬編　2021　『災禍をめぐる「記憶」と「語り」』ナカニシヤ出版
嶋田暁文　2016　「「増田レポート」再考――「自治体消滅」論とそれに基づく処方箋は正しいのか？」『地方自治ふくおか』60 (0): 3-20
島田和久　2018　「南三陸町にみる「地域レジリエンス」試論」窪田順平編『新しい地域文化研究の可能性を求めて6　震災復興と地域のレジリエンス』人間文化研究機構広領域連携型基幹研究プロジェクト「日本列島における地域社会変貌・災害からの地域文化の再構築」40-51
――――　2019　「宮城県南三陸町入谷地区における東日本大震災発生直後の地域住民による被災者支援活動」『地域安全学会東日本大震災特別論文集』8: 7-10
――――　2021　「宮城県南三陸町入谷地区の自助・共助にみる在来知――東日本大震災時の被災者支援活動を例として」古川柳蔵・生田博子編著『在来知と社会的レジリエンス――サステナビリティに活かす温故知新』筑波書房 23-40
清水展　2003　『噴火のこだま――ピナトゥボ・アエタの被災と新生をめぐる文化・開発・NGO』九州大学出版会
菅磨志保　2008　「「災害ボランティア」とは」菅磨志保・山下祐介・渥美公秀編『シリーズ災害と社会5　災害ボランティア入門』弘文堂 60-67
菅豊　2021　「災禍のパブリック・ヒストリーの災禍――東日本大震災・原子力災害伝承館の「語りの制限」事件から考える「共有された権限（shared authority）」」標葉隆馬編『災禍をめぐる「記憶」と「語り」』ナカニシヤ出版 113-152
須田寛　2013　「「震災」と「観光」――反省と復興へ」総合観光学会編『復興ツーリズム　観光学からのメッセージ』同

文舘出版　2-8
関耕平　2016「被災地における復興行財政と住民参加——自治と自律の復興に向けた政策課題」長谷川公一・保母武彦・尾崎寛直編『岐路に立つ震災復興——地域の再生か消滅か』東京大学出版会　63-89
関満博・松永桂子　2014『震災復興と地域産業5　小さな〝まち〟の未来を映す「南三陸モデル」』新評論
関美菜子　2014「東日本大震災と「災害ツーリズム」の人類学的研究」『東北人類学論壇』13: 83-104
関嘉寛　2016「東日本大震災における復興とボランティア——中心-周辺の分断から考える」『フォーラム現代社会学』15(0): 92-105.
関根康正　2006『宗教的紛争と差別の人類学——現代インドで〈周辺〉を〈境界〉に読み替える』世界思想社
関水徹平　2011「「ひきこもり」問題と「当事者」——「当事者」論の再検討から」『年報社会学論集』24：109-20
——　2018「ひきこもり経験者による当事者活動の課題と可能性——当事者概念の再検討を通じて」『Journal of Welfare Sociology』15(0): 69-91
関谷直也　2008「災害報道の負の効果」田中淳・吉井博明編『シリーズ災害と社会7　災害情報論入門』弘文堂　218-227
——　2012「分断と格差の心理学」藤森立男・矢守克也編著『復興と支援の災害心理学——大震災から「なに」を学ぶか』福村出版　196-217
関谷雄一・高倉浩樹編　2019『震災復興の公共人類学——福島原発事故被災者と津波被災者との協働』東京大学出版会
総務省これからの移住・交流施策のあり方に関する検討会　2018「これからの移住・交流施策のあり方に関する検討会報告書——「関係人口」の創出に向けて」
高倉浩樹・滝澤克彦編　2014『無形民俗文化財が被災するということ——東日本大震災と宮城県沿岸部地域社会の民俗誌』新泉社

――――　2021「記憶と慰霊を媒介にした社会の新しい形――東日本大震災10年目の被災地をめぐって」『日本文化人類学会研究大会発表要旨集』0: A07
高森順子・諏訪晃一　2014「災害体験の手記集の成立過程に関する一考察――「阪神大震災を記録しつづける会」の事例から」『実験社会心理学研究』54(1): 25–39
竹沢尚一郎　2013『被災後を生きる――吉里吉里・大槌・釜石奮闘記』中央公論新社
立花敏　2016「域内外のネットワークを通じた被災地の新たな森林管理と山村復興――南三陸町を事例に」長谷川公一・保母武彦・尾崎寛直編『岐路に立つ震災復興――地域の再生か消滅か』東京大学出版会　173–191
田中淳　2007「日本における災害研究の系譜と領域」大矢根淳・浦野正樹・田中淳・吉井博明編『シリーズ災害と社会1　災害社会学入門』弘文堂　29–34
田中二郎　1986「災害と人間」田中二郎・田中重好・林春男共著『動物その適応戦略と社会14　災害と人間行動』東海大学出版会　2–23
田中輝美　2021『関係人口の社会学――人口減少時代の地域再生』大阪大学出版会
辻内琢也・滝澤柚・岩垣穂大　2019「原発事故避難者受け入れ自治体の経験――ソーシャル・キャピタルを活用した災害に強いまちづくりを目指して」関谷雄一・高倉浩樹編『震災復興の公共人類学――福島原発事故被災者と津波被災者との協働』東京大学出版会　133–167
筒井一伸編　2021『田園回帰がひらく新しい都市農山村関係――現場から理論まで』ナカニシヤ出版
津山町史編さん委員会編　1989『津山町史　後編』
――――　1990『津山町史　前編』津山町
寺島英弥　2016「被災地で聞かれぬ言葉、当事者の言葉」『日本災害復興学会誌「復興」』7(3): 12–17
東北学院大学政岡ゼミナール・東北歴史博物館編　2008『波伝谷の民俗――宮城県南三陸沿岸の村落における暮らしの

諸相』東北歴史博物館
徳田剛　2007『よそ者の社会学――近さと遠さのダイナミクス』神戸大学大学院文化学研究科二〇〇六年度博士学位論文
――　2020『よそ者／ストレンジャーの社会学』晃洋書房
登米市　2011「登米市震災復興計画」
――　2014「東日本大震災の記録――震災対応と復興に向けて」
――　2015「第二次登米市総合計画」
友澤悠季　2018「ここはここのやり方しかない――陸前高田市「広田湾問題」をめぐる人びとの記録」中田英樹・髙村竜平編『復興に抗する――地域開発の経験と東日本大震災後の日本』有志舎 31–83
豊田利久　2020「災害対応における国際協力の枠組み――「より良い復興」の国内外の課題をめぐって」『国際協力論集』27(2):1–15
豊田正弘　1998「当事者幻想論――あるいはマイノリティの運動における共同幻想の論理」『現代思想』26(2):100–113
中島直人　2013「「近代復興」とは何か」『建築雑誌』128(1642):12
中西正司・上野千鶴子　2003『当事者主権（岩波新書）』岩波書店
中根成寿　2010「「私」は「あなた」にわかってほしい――「調査」と「承認」のあいだで」宮内洋・好井裕明編著『〈当事者〉をめぐる社会学――調査での出会いを通して』北大路書房 105–120
中野英夫　2019「東日本大震災における地域コミュニティの再生と住宅復興」『専修経済学論集』53(3): 87–102
中林一樹　2011「壊滅的な津波被災地の復興と課題――南三陸町の震災復興計画策定過程から」『日本災害復興学会誌「復興」』4: 17–22
――　2020「日本における「復興」とは何か――成長社会の復興と持続可能社会の復興」『日本災害復興学会論文

集』15: 1–10

永松伸吾　2010「復興とは何かを考える委員会　第14回研究会資料」日本災害復興学会ウェブサイト（https://f-gakkai.net/wp-content/uploads/2020/09/100918nagamatsu.pdf 二〇二四年九月二七日最終閲覧）

――――　2020a「経済復興手法から復興政策評価の研究へ」『日本災害復興学会誌「復興」』8(4): 3-6

――――　2020b「復興とは何か――日本災害復興学会「復興とは何かを考える委員会（２００９-２０１１）」の経緯と成果」『日本災害復興学会論文集』15: 11–18

西芳実　2020「地域の文脈を踏まえて復興を理解する――２００４年インド洋大津波被災地アチェの経験から」『日本災害復興学会論文集』15: 121–128

西村高宏　2023『シリーズ臨床哲学6　震災に臨む――被災地での〈哲学対話〉の記録』大阪大学出版会

仁平典宏　2012「〈災間〉の思考――繰り返す3・11の日付のために」赤坂憲雄・小熊英二編著『「辺境」からはじまる――東京／東北論』明石書店　122–158

日本火災学会　1996「１９９５年兵庫県南部地震における火災に関する調査報告書」

沼田宗純・原綾香・目黒公郎　2013「災害報道のunbalanceによる義援金とボランティアへの影響」『生産研究』65(4): 359–363

野崎泰伸　2004「当事者性の再検討」『人間文化学研究集録』(14): 75–90

信田さよ子　2011「訪れる痛みと与える痛み」『現代思想』39(11): 108–116

長谷川公一　2016「岐路に立つ震災復興――地域の再生か消滅か」長谷川公一・保母武彦・尾崎寛直編『岐路に立つ震災復興――地域の再生か消滅か』東京大学出版会　1–23

林勲男　2011「災害のフィールドワーク」日本文化人類学会監修　鏡味治也・関根康正・橋本和也・森山工編『フィールドワーカーズ・ハンドブック』世界思想社　244–262

――― 2013「災害を語り継ぐ――ミュージアムと災害の記録・記憶」『日本災害復興学会誌「復興」』5(2): 21–28
――― 2016a「災害にかかわる在来の知と文化」橋本裕之・林勲男編『災害文化の継承と創造』臨川書店 14–28
――― 2016b「災害文化」室﨑益輝・岡田憲夫・中林一樹監修，野呂雅之・津久井進・山崎栄一編『災害対応ハンドブック』法律文化社 188–190
――― 編 2010『みんぱく実践人類学シリーズ9 自然災害と復興支援』明石書店
――― ・川口幸大 2013「序〈特集〉災害と人類学――東日本大震災にいかに向き合うか」」『文化人類学』78(1): 50–56
林春男 2001「防災の基礎（第7回地域防災計画実務者セミナー資料）」京都大学防災研究所巨大災害研究センターwebサイト（http://www.drs.dpri.kyoto-u.ac.jp/projects/jitsumusha/jitsumusha7/download/1-1hayashi.pdf 二〇一四年九月二七日最終閲覧）
――― 2003『いのちを守る地震防災学』岩波書店
原口弥生 2013「低認知被災地における市民活動の現在と課題――茨城県の放射能汚染をめぐる問題構築」日本平和学会編『「3・11」後の平和学（平和研究 第40号）』早稲田大学出版部 9–30
樋口葵 2017「観光による震災復興における地域コミュニティの構造分析――宮城県南三陸町入谷地区を事例として」『日本観光研究学会全国大会学術論文集』32: 353-356
――― 2019「台湾桃米村、宮城県南三陸町における歩く観光――震災復興地域でのフィールドワークから」木村宏・下林場千秋編『CATS叢書第12号 歩く滞在交流型観光の新展開』北海道大学観光学高等研究センター 261–276
広原盛明 2012「〝選択と集中〟の震災復興計画は被災地を救うか――東日本大震災復興政策の枠組みを問う」『日本災害復興学会誌「復興」』4(1): 3–12
福井英次郎・岡田陽介 2014「東日本大震災における主観的被災者意識と投票参加の非連続性――負のエピソード記憶

を手がかりとして　２０１１年仙台市調査より」『学習院高等科紀要』12: 63-79
福島康宏・山田真澄・後藤浩之　2012「臨時余震観測記録を用いた東北地方太平洋沖地震における登米市迫町佐沼の地震動推定」『土木学会論文集Ａ１（構造・地震工学）』68(4): I_119-I_125
藤田昌久・浜口伸明・亀山嘉大　2018『復興の空間経済学――人口減少時代の地域再生』日本経済新聞出版社
藤本典嗣　2014「福島県の地域構造の変遷――震災前と震災後」星亮一・藤本典嗣・小山良太『フクシマ発　復興・復旧を考える県民の声と研究者の提言』批評社　123-174
復興10年委員会　2005「阪神・淡路大震災　復興10年総括検証・提言報告（第２編　総括検証）」兵庫県復興10年総括検証・提言データベース（https://web.pref.hyogo.lg.jp/kk41/documents/000038655.pdf　二〇二四年九月二七日最終閲覧）
古川美穂　2015『東北ショック・ドクトリン』岩波書店
紅谷昇平　2013「宮城県における広域避難の実態と課題」『季刊　消防科学と情報』112: 18-21
本多清　2013『未来をつなぐ人間物語――渡されたバトンの重み』株式会社アミタ持続可能経済研究所
本間照雄　2016「住民主体の福祉コミュニティづくり――南三陸町民が取り組む被災者支援の事例から」長谷川公一・保母武彦・尾崎寛直編『岐路に立つ震災復興――地域の再生か消滅か』東京大学出版会　215-238
牧紀男　2013『復興の防災計画――巨大災害に向けて』鹿島出版会
――　2020「東日本大震災における津波被災地の復興――復興から生まれた新たな取り組みを次の災害にどう活かすのか」『日本災害復興学会論文集』15: 75-80
松井克浩　2011『震災・復興の社会学――二つの「中越」から「東日本」へ』リベルタ出版
松山秀明　2013「メディアが描いた震災地図――震災報道の「過密」と「過疎」」丹羽美之・藤田真文編『メディアが震えた――テレビ・ラジオと東日本大震災』東京大学出版会　73-117

丸岡泰・泰松範行　2016「東日本大震災の被災地への復興ツーリズムの可能性――宮城県南三陸町の事例から」『日本海水学会誌』70(4): 231-238
水谷武司　1988「震災による東京からの人口流出の予測」『総合都市研究』35: 59-73
――――　1989「災害による人口の減少、移動および回復のプロセス」『地理学評論 Ser. A』62(3): 208-224
南三陸町　2007a「南三陸町総合計画」
――――　2007b「南三陸町町勢要覧 2007――リアスと人とまちと未来が満ちる」
――――　2010「南三陸町環境基本計画」
――――　2012「南三陸町震災復興計画――絆 未来への架け橋（改訂版）」
――――　2016「南三陸町第2次総合計画」
――――　2018「南三陸町人口ビジョン（改訂版）」
――――　2021「東日本大震災からの復興――南三陸町の進捗状況（令和3年9月1日）」
――――　2024「南三陸町東日本大震災記録誌」
――――・東北大学災害科学国際研究所　2019「南三陸町東日本大震災職員初動対応等検証報告書」
宮入興一　2018「東日本大震災における復興財政と財源問題」『災害復興研究』10: 39-62
宮内洋・今尾真弓編著　2007『あなたは当事者ではない――〈当事者〉をめぐる質的心理学研究』北大路書房
宮内洋・好井裕明編著　2010『〈当事者〉をめぐる社会学――調査での出会いを通して』北大路書房
宮城県　2003「宮城県の商圏――消費購買動向調査報告書（平成15年3月）」
――――　2009「宮城県の商圏――消費購買動向調査報告書（平成21年3月）」
――――　2011「宮城県の市町村合併誌――平成の市町村合併の記録」宮城県ウェブサイト（https://www.pref.miyagi.jp/soshiki/sichouson/sityouson-gappeishi.html　二〇二四年九月二七日最終閲覧）

みやぎボイス連絡協議会編　2022『東日本大震災復興シンポジウム　みやぎボイス２０２２――災害が日常になった今』
　みやぎボイス連絡協議会
宮地尚子　2007『環状島＝トラウマの地政学』みすず書房
――　2011『震災トラウマと復興ストレス（岩波ブックレット）』岩波書店
宮原浩二郎　2006「「復興」とは何か――再生型災害復興と成熟社会」『先端社会研究』5: 5-40
宮本匠・大迫雅俊・立部知保里・頼政良太　2023「災間の災害復興における住民組織の再編と展開――平成30年7月豪
　雨・広島県坂町の事例から」『自然災害科学』42(2): 101-112
宮本楓美子　2024「福島発の「復興論」がもたらした当事者排除――三つの論から」山下祐介・横山智樹編　2024『被災
　者発の復興論――3・11以後の当事者排除を越えて』岩波書店　35-57
室井研二　2006「災害の都市社会学――学史的整理と課題」『香川大学教育学部研究報告第I部』128: 11-23
――　2018「災害社会学の理論的系譜と課題（上）」『名古屋大学社会学論集』39: 1-24
――　2019「災害社会学の理論的系譜と課題（下）」『名古屋大学社会学論集』40: 31-76
――　2020「方法としての災害社会学――理論的系譜の再検討」『西日本社会学会年報』18(0): 7-19
室﨑益輝　2020「復興の歴史的展開から導き出される復興の普遍的原理」『日本災害復興学会論文集』15: 29-36
森岡正芳　2015「ナラティヴとは」森岡正芳編著『臨床ナラティヴアプローチ』ミネルヴァ書房　3-17
箭内匡　2019「灰色地帯を生き抜けること――「つくば映像アーカイブ」から考える」関谷雄一・高倉浩樹編『震災復
　興の公共人類学――福島原発事故被災者と津波被災者との協働』東京大学出版会　31-53
山﨑真帆　2014「だから私は登米にいる」山本哲史編『人間の安全保障を求めて――東日本大震災被災者のための仮設
　住宅における支援活動の現場から』特定非営利活動法人「人間の安全保障」フォーラム　72-114
――　2017「東日本大震災をめぐる人の移動――宮城県北東部における避難、帰還、移住の経験から」一橋大学大学院

社会学研究科二〇一六年度修士論文
――2020a「住家への津波被害を免れた人々における東日本大震災からの「復興」――津波被災自治体南三陸町における「被災者だけど被災者じゃない」住民の経験から」『日本災害復興学会論文集』15: 179–191
――2020b「復興過程における「被災者」の自己認識に関する一考察――仮設住宅居住者と非津波被災者の語りに基づく「被災者」の構造と輪郭の分析から」『日本災害復興学会論文集』16: 24–36
――2021「グローバル〈災害（ディザスター）〉スタディーズ試論――不可視化された被災者・被災地をめぐって」足羽與志子／ジョナサン・ルイス編著『グローバル・スタディーズの挑戦――クリティカルに、ラディカルに』彩流社 253–278
――「津波被災自治体における移住者と復興、まちづくり――移住後の元支援者に注目して」『自然災害科学』44（1）印刷中
山下晋司 2015「復興ツーリズム――震災後の新しい観光スタイル」清水展・木村周平編『災害研究の地域研究5 新しい人間、新しい社会 復興の物語を再創造する』京都大学学術出版会 328–356
山下祐介 2014『地方消滅の罠――「増田レポート」と人口減少社会の正体（ちくま新書）』筑摩書房
――・開沼博編著 2012『「原発避難」論――避難の実像からセカンドタウン、故郷再生まで』明石書店
――・横山智樹編 2024『被災者発の復興論――3・11以後の当事者排除を超えて』岩波書店
山中茂樹 2010「求められる「人間復興」というパラダイムシフト」『季刊 消防科学と情報』101: 13–17
―― 2013「集団主義的復興論に立ち向かう被災者責任のネットワークを――公布された法律をネグレクトするこの国の構造を考える」『災害復興研究』5: 1–9
―― 2015『復興 興論――山中茂樹先生退職記念 災害復興研究別冊』関西学院大学災害復興制度研究所
―― 2018「理念の変遷からたどる災害復興の系譜学――復興の個人主義と集団主義の構造的解明を試みる」『災害

復興研究』10: 1–37
山中茂樹　2023『人間の復興（関西学院大学災害復興制度研究所叢書１）』関西学院大学出版会
矢守克也　2018『アクションリサーチ・イン・アクション――共同当事者・時間・データ』新曜社
――――　2020「災害復興のパラダイムシフト」『日本災害復興学会論文集』15: 37–44
――――・杉山高志　2016「わたしに語る資格があるのでしょうか（ことばをめぐる実践と考察）」『日本災害復興学会誌「復興」』7(3): 29–31
横山智樹・山下祐介・阿部晃成・市村高志・三浦友幸　2023「復興の主体は誰か？」『学術の動向』28(3): 52–55
吉原直樹　2017「「小文字の復興」のために」吉原直樹・似田貝香門・松本行真編著『東日本大震災と〈復興〉の生活記録』六花出版 9–27
寄藤昴・中川裕美　2012「新聞報道が描く〝被災者〟像と被災地の社会構造との乖離について」『東北地理学会東日本大震災報告集』（http://tohokugeo.jp/articles/j-contents11.pdf、二〇二四年九月二七日最終閲覧）
渡邊欣雄　1987「境界」石川栄吉・梅棹忠夫・大林太良・蒲生正男・佐々木高明・祖父江孝男編『文化人類学事典』弘文堂 200–201

欧文の文献

Aldrich, D. P. 2012 *Building Resilience: Social Capital in Post-disaster Recovery*, Chicago: The University of Chicago Press.（石田祐・藤澤由和訳　2015『災害復興におけるソーシャル・キャピタルの役割とは何か――地域再建とレジリエンスの構築』ミネルヴァ書房）
Barrios, R. E. 2017 *Governing Affect: Neoliberalism and Disaster Reconstruction*, Lincoln: University of Nebraska Press.
Button, G. 2010 *Disaster Culture: Knowledge and Uncertainty in the Wake of Human and Environmental Catastrophe*, Walnut

Creek, CA: Left Coast Press.

Dudasik, S.W. 1980 "Victimization in Natural Disaster." *Disasters*,4(3): 329-338.

Fritz, C. E. 1961 "Disaster," Merton, R. K. and Nisbet, R. A. eds., *Contemporary Social Problems: An Introduction to the Sociology of Deviant Behavior and Social Disorganization*, New York: Harcourt, Brace & World, 651-694.

Hoffman, S. M. and Oliver-Smith. A. eds. 2002 *Catastrophe & Culture: The Anthropology of Disaster*, Santa Fe, N.M.: School of American Research Press.（若林佳史訳 2006『災害の人類学――カタストロフィと文化』明石書店）

Klein, N. 2007 *The Shock Doctrine: The Rise of Disaster Capitalism*, New York: Metropolitan Books, Henry Holt.（幾島幸子・村上由見子訳 2011『ショック・ドクトリン――惨事便乗型資本主義の正体を暴く』岩波書店）

Klein, R. J. T., Nicholls, R. J. and Thomalla, F. 2003 "Resilience to Natural Hazards: How Useful Is This Concept?," *Global Environmental Change Part B: Environmental hazards*, 5(1): 35-45.

Leach, E. 1976 *Culture and Communication: The Logic by Which Symbols Are Connected. An Introduction to the Use of Structuralist Analysis in Social Anthropology*, Cambridge; New York: Cambridge University Press.（青木保・宮坂敬造訳 1981『文化とコミュニケーション――構造人類学入門』紀伊國屋書店）

Lennon, J. and Malcom F. 2000 *Dark Tourism: The Attraction of Death and Disaster*, London: Continuum.

Nagamatsu, S. 2018 "Building Back a Better Tohoku After the March 2011 Tsunami: Contradicting Evidence,"Santiago-Fandiño, V., Sato, S., Maki, N. and Iuchi, K. eds., *The 2011 Japan earthquake and Tsunami: Reconstruction and Restoration,* Cham: Springer, 37-54.

Oliver-Smith, A. 1986 *The Martyred City: Death and Rebirth in the Andes*, Albuquerque: University of New Mexico Press.

――― 2009 "Anthropology and the Political Economy of Disasters," Jones, E. C. and Murphy, A. D. eds, *The Political Economy of Hazards and Disasters*, Lanham: AltaMira Press, 11-28.

——— and Hoffman, S. M. eds. 1999 *The Angry Earth: Disaster in Anthropological Perspective*, New York: Routledge.

Park, R. E. 1928 "Human Migration and the Marginal Man,"*American Journal of Sociology*, 33(6): 881-893.（町村敬志・好井裕明編訳 1986「人間の移住とマージナル・マン」町村敬志・好井裕明編『実験室としての都市――パーク社会学論文選』御茶の水書房 91-112）

Putnam, R. D. 2000 *Bowling Alone: The Collapse and Revival of American Community*, New York: Simon & Schuster.（柴内康文訳 2006『孤独なボウリング――米国コミュニティの崩壊と再生』柏書房）

Raphael, B. 1986 *When Disaster Strikes: How Individuals and Communities Cope with Catastrophe*, New York: Basic Books.（石丸正訳 1989『災害の襲うとき――カタストロフィの精神医学』みすず書房）

Quarantelli, E. L. 1987 "Disaster Studies: An Analysis of the Social Historical Factors Affecting the Development of Research in the Area,"*International Journal of Mass Emergencies and Disasters*, 5(3): 285-310.

Simmel, G. 1923 *Soziologie : Untersuchungen über die Formen der Vergesellschaftung*, München; Leipzig: Duncker & Humblot.（居安正訳 1994『社会学――社会化の諸形式についての研究（下）』白水社）

Solnit, R. 2009 *A Paradise Built in Hell: The Extraordinary Communities That Arise in Disaster*, New York: Viking.（高月園子訳 2010『災害ユートピア――なぜそのとき特別な共同体が立ち上がるのか』亜紀書房）

Tierney, K. and Oliver-Smith, A. 2012 "Social Dimensions of Disaster Recovery," *International Journal of Mass Emergencies & Disasters*, 30(2): 123-146.

UNISDR 2018 "Economic Losses, Poverty & Disasters 1998-2017," Geneva: UNDRR（Retrieved September 27, 2024, https://www.preventionweb.net/files/61119_credeconomiclosses.pdf).

Wallace, A. F. C. 1956 *The Tornado in Worcester: An Exploratory Study of Individual and Community Behavior in an Extreme Situation*, Washington: Committee on Disaster Studies, National Academy of Sciences—National Research Council.

Wisner, B., P. Blaikie, T. Cannon and I. Davis eds. [1994] 2004 *At Risk: Natural Hazards, People's Vulnerability and Disasters*, London; New York: Routledge.

Zolli, A., and Healy, A. M. 2012 *Resilience: Why Things Bounce Back*, New York: Free Press.（須川綾子訳 2013『レジリエンス 復活力——あらゆるシステムの破綻と回復を分けるものは何か』ダイヤモンド社）

あとがき

本書は二〇二二年に「境界からまなざす災害復興――葛藤する境界的被災者とレジリエンス」として、一橋大学大学院社会学研究科に提出した博士学位論文に、本文中で繰り返し指摘した近年の研究潮流を踏まえ、大幅な加筆修正を行ったものである。公益財団法人日本証券奨学財団（Japan Securities Scholarship Foundation）の助成金を受けたことで、刊行までたどり着くことができた。あらためて感謝の意を表したい。

すでに述べたように、本書は東日本震災を扱う学術書としてはかなり後発の部類である。本書の原稿を大まかに書き終えたのは二〇二三年末であったが、その際、このタイミングでの出版がもつ意義について（もちろん大前提として、〈災間〉の時代において過去の災害復興の多角的な理解と蓄積した知見の将来に向けた活用は重要である）は、第1章、終章でも触れたように以下二点に整理していた。

①発災から一〇年を経た頃より徐々に形成されてきた、〈当事者〉性を問い、復興を語り直そうとする学術的な潮流と関心を同じくし、災害研究における新たな視覚の形成に寄与できる。

②新型コロナウイルス感染症のパンデミックを経て、被災地や震災について語る回路が狭まったこんにちにこ

そ、〈当事者〉観の問い直しをもくろむ本書が抜け落ちた「間」を埋め、震災の影響への社会的な関心の維持・増大に貢献できる。

しかしながら、直後に発生した能登半島地震（二〇二四年一月一日）により、別の観点から本書出版への思いを強くすることとなった。

二〇二四年八月、知人研究者の案内により筆者ははじめて能登半島地震の被災地を訪問する機会を得た。三日間という短い滞在期間のなかで、被害状況の確認を行ったほか、伝統工芸輪島塗の再起を目指す職人、自らも被災した輪島市職員、自治体外からの避難者に対応する羽咋《はくい》市社会福祉協議会職員らに対して聞き取り調査を行うことができた。その際、筆者から問わずとも、対象者から被災の〈差異〉をめぐるさまざまなエピソードが語られた。

まず、彼らの語りから、同地において被害の「重さ比べ」が行われていることがうかがえた。たとえば、輪島市職員の男性は「被害自慢」という言葉を口にした。彼によれば、「一部損壊（彼の自宅の被害はそのように判定された）であっても被害はある」が、「被害が大きいほうがえらい」風潮があり、また彼自身も「悪いんじゃねえか」と感じ、炊き出しや物資の受け取りに行きづらかったという。なお、こうした風潮は罹災証明書が発行された頃をピークに落ち着きつつあるという。また、同市出身の輪島塗職人の男性（自宅は一部損壊）からも、「うち〔家〕はどうだった?」とは聞けず、また、「うちは大丈夫だった」とも言えなかったという発言があった。能登半島でのインタビュー調査は、筆者が被災の〈境界〉に注目する調査の必要性をあらためて確認する経験となった。

また、中能登地域を構成し、被害の大きかった奥能登地域から多くの避難者を受け入れている羽咋市の関係者からは、同市の被害は局在的であり、被害の実態が市内でも共有されていないこと、住民には「奥能登に比べて大したことない」という遠慮があること、奥能登からの避難者がそのまま羽咋市に移住するケースもみられることなどが共有され、本書で描写した発災後の登米市の情景と見紛うほどであった。こうした〈境界〉の被災自治体が後方支援基地として機能し、別自治体の復興の綻びを補完する際の要件はどのようなものか。今後は比較の視点からも調査を継続し、〈境界的な被災〉概念の一般化を目指す研究に取り組みたい。

発災から一年以上が経過した現在に至っても、各種団体が現地調査を行った研究者らによる成果報告会（多くがオンラインと対面のハイブリッド形式）の開催を続けている。筆者もたびたびこうした集会に参加し、現地の情報を収集してきたのだが、社会学系の災害研究者が多く参加したある集会（二〇二四年初夏の開催）が終盤に差し掛かった頃、参加者から報告者に対し、以下のような質問が投げかけられた。

珠洲市のような中心的な被災自治体のなかでも大きな被害を免れた地域の人びとや、金沢市のような相対的に被害の軽微だった近隣地域の人びとはどのような暮らしを送っているのか、あるいはどのような支援活動に取り組んでいるのか。

報告者は虚を突かれたように言葉に詰まり、「どうなんですかね」と口にしたのち、「たしかにこういうことがある」と輪島市や珠洲市へ報道が集中している状況に言及した。それまで活発に行われていた口頭やチャット欄での参加者間のやり取りも、ぱたりとみられなくなってしまった。

もしかすると、こうした質問は時期尚早と捉えられたのかもしれない。本章でも繰り返し述べたように、もちろん被災という現象について知ろうとするのであれば、まずは直接的な被害の中心にいる〈被災者〉の声をすくい上げる必要があろう。しかし、災害を単なる自然現象ではなく、個別具体的な文脈において立ち現れる社会的現象として捉えようとする際には、〈周縁〉や〈境界〉にも目を向ける調査研究が求められよう。前述のように能登半島地震の被災地では被災の〈差異〉をめぐるさまざまな事柄が生起している（が、十分に取り上げられていない）のであるが、本書が明らかにしたように、〈周縁〉や〈境界〉のもつあいまいさのなかには、復興を駆動する創造性を見出すことができるかもしれない。

東日本大震災後、右記のような「時期尚早」感（あるいは〈当事者〉性に〈揺らぎ〉をかかえる人びとの〈負い目〉）が薄れ、第1章で取り上げたような一連の研究が世に出るまでに一〇年以上の時間がかかってしまった。本書に至っては一四年である。ただし、こうした知見が現前の、あるいは将来の災害復興に向き合うにあたって活用されるのであれば、一概に「遅い」とはいえないように思う。

＊

本書の執筆にあたっては、さまざまな方々から多大なるご協力をいただきました。この場を借りて御礼申し上げます。そのなかでも、まずは災害復興という大きな課題に向き合われているなか、卒業論文執筆時から約七年間にわたり、突然現れそのまま居着いた「よそ者」である筆者の調査に快く応じてくださった南三陸町、登米市の皆様には、あらためて多大なる感謝を申し上げます。とりわけ南三陸町入谷地区の皆様、南方仮設の入居者だった皆様、有限会社コンテナおおあみの皆様、登米市迫町佐沼大網地区の皆様には、調査に不慣れで無礼な筆者を温かく迎えていただき、さまざまな面でサポートをいただきました。「いりやど」や南三陸町滞在中に入居していた「花見山ハウス」の皆様には、筆者の細かい質問にも丁寧にお答えいただくのみならず、議論のまとまらない筆者の相談相手になっていただくなど、プライベート面からも筆者の調査研究活動を支えていただきました。力不足ゆえ、お話しいただいたこと、ご教授いただいたことのすべてをこの論文に反映することはできませんでしたが、皆様のご協力があったからこそ、今日、このようなかたちで成果を取りまとめることができました。誠にありがとうございました。

調査の成果を学術的な研究として構成にしていくにあたっては、多くの先生方にご指導いただきました。とりわけ、指導教員の足羽與志子先生には博士論文の指導にとどまらず、震災直後の二〇一一年四月に学部ゼミに入ってからおよそ一一年にわたり、多岐にわたるご助言やサポートをいただきました。本文中で繰り返し言及してきたように、学部在籍時に行ったフィールドワークや、大学を休学して取り組んだNPO法人における支援活動が、本書を貫く筆者の学問的関心を方向付けることとなりました。こうした取り組みは、「ゼロベースで考えよう」という足羽先生のご指導のもと、学部ゼミナール生一丸となって理論・実践の両面から東日本大震災に向き合った経験なくしては、行いえなかったことでした。修士課程進学以降は、一歩進んでは二歩下がる筆者の研究活動をときに厳しく、ときにやさしく導いてくださいました。深く感謝申し上げます。

四年間にわたり博士論文の論文指導委員をお引き受けいただいた町村敬志先生のご指導からは、空間という観点から災害復興を捉える視点を授かりました。宮城県と東京都を往来する院生生活であり、新型コロナウイルス感染症のパンデミックもあって直接ご指導いただく機会にはあまり恵まれませんでしたが、先生からいただいたご助言は本書の血肉となっています。あらためて感謝申し上げます。また、所属した地球社会研究専攻の先生方には、主に修士課程在籍時の講義のなかで本書執筆において有益な示唆を賜りました。とりわけ博士後期課程進学時の口頭試験において的確なアドバイスをくださった宮地尚子先生には、ご著書で提示された「重さ比べ」や〈風〉といった概念が本書執筆の大きな手掛かりとなりました。さらに、足羽ゼミの先輩方、同期、後輩たちからも多くの助言・助力をいただいています。深く感謝いたします。

災害研究の立場からは、明治大学の小林秀行先生、早稲田大学の野坂真先生をはじめとした多くの先生方に、文化人類学の立場からは、国立民族学博物館の林勲男先生、筑波大学の木村周平先生をはじめとした先生方に、学会や研究会の場で幾度となくさまざまなご助言をいただきました。誠にありがとうございました。野坂先生には、先に言及した能登半島でのフィールドワークに同行させていただきました。あらためて本書刊行への思いを強くする機会となりました。調査にご協力いただいた皆様とともにあらためて感謝申し上げます。

また、高須幸雄先生、山下晋司先生、峯陽一先生、関谷雄一先生、内尾太一先生、宮下大夢先生をはじめとした特定非営利活動法人「人間の安全保障」フォーラムの先生方には、活動面のみならず調査研究面でも多岐に渡るサポートをいただきました。あらためて御礼申し上げます。

第三期のフィールドワークの実施にあたっては、認定特定非営利活動法人高木仁三郎市民科学基金様より国内調査研究助成制度による研究助成と、公益信託澁澤民族学振興基金様より大学院生等に対する研究活動助成制度による研究助成をいただきました。十分なフィールドワークなしには本書の議論を深めることはできませんでした。深く感謝申し上げます。

本書の編集に際しては、ナカニシヤ出版の酒井敏行様に膨大な分量の原稿の校正作業を迅速かつ丁寧に行っていただきました。出版に関し右も左もわからない状態であった筆者を、辛抱強く刊行まで導いてくださり、誠にありがとうございました。

最後に、筆者の不安定かつ不確定な研究生活を支えてくれた東京の家族、南三陸町の家族に心より感謝申し上げます。支援活動と地続きに着手し、足掛け七年にも及んだ筆者のフィールドワークは、終盤、世界各地で猛威を振るうパンデミックにより大きな影響を受けました。二〇二〇年三月、追悼行事に出席するため南三陸町を訪れていた筆者は、四月七日の緊急事態宣言の発令を受けてそのまま同地に残る選択をし、身動きのとりにくい東京から南三陸町へ研究の拠点も移しました。その際、東京の家族には大きな心配をかけ、また、新しく家族の仲間入りをした南三陸町のご一家には、本来であれば踏むべきもろもろのステップを一足飛びに越えることとなり、大きな迷惑をかけてしまいました。重ねてお詫び申し上げるとともに、深く感謝をいたします。

令和七年三月

山崎真帆

マ行

ヤ・ラ行

タ行

ナ行

ハ行

索　引

山﨑真帆（やまざき　まほ）
1990年生まれ。一橋大学大学院社会学研究科地球社会研究専攻博士後期課程退学。博士（社会学）。現在、東北文化学園大学現代社会学部講師。専攻は人文・社会科学的な災害研究。共著に『〈メガイベントの遺産〉の社会学』（青弓社）、論文に「住家への津波被害を免れた人々における東日本大震災からの「復興」」（「日本災害復興学会論文集」第15号）、「復興過程における「被災者」の自己認識に関する一考察」（「日本災害復興学会論文集」第16号）など、

復興の〈周縁〉で
〈境界的な被災地〉における東日本大震災のエスノグラフィ

2025年3月31日　初版第1刷発行

著　者　山﨑真帆
発行者　中西　良
発行所　株式会社ナカニシヤ出版
〒606-8161 京都市左京区一乗寺木ノ本町15番地
TEL 075-723-0111　FAX 075-723-0095
http://www.nakanishiya.co.jp/

装幀＝宗利淳一デザイン
印刷・製本＝亜細亜印刷

ISBN978-4-7795-1871-3　C3036